U0132394

亞洲史的研究方法

——以近世東部亞洲海域為中心

葛兆光——著

商務印書館

本書繁體字版經由商務印書館有限公司授權出版發行

責任編輯： 徐昕宇
裝幀設計： 涂 慧
排 版： 肖 霞
校 對： 趙會明
印 務： 龍寶祺

亞洲史的研究方法 —— 以近世東部亞洲海域為中心

作 者： 葛兆光

出 版： 商務印書館（香港）有限公司

香港筲箕灣耀興道 3 號東匯廣場 8 樓

http://www.commercialpress.com.hk

發 行： 香港聯合書刊物流有限公司

香港新界荃灣德士古道 220-248 號荃灣工業中心 16 樓

印 刷： 美雅印刷製本有限公司

九龍觀塘榮業街 6 號海濱工業大廈 4 樓 A 室

版 次： 2023 年 5 月第 1 版第 1 次印刷

© 2023 商務印書館（香港）有限公司

ISBN 978 962 07 5940 6

Printed in Hong Kong

版權所有 不得翻印

"葛兆光講義系列"·說明

我對大學人文學科的教學，曾經有個說法，"給大學生常識；給碩士生方法；給博士生視野"，很多朋友引用過，覺得我講得有那麼一點兒道理。不過，說歸說，做歸做，真正能夠按照這種方式上好課，卻沒那麼容易。我在不同的大學講了三四十年的課，也換着各種主題講過很多門課，也曾盡力通過講課實踐這種理想，所以，準備課程和撰寫講義，要佔去我大部分工作時間。不過，也因此從講義到著作，出版了不少論著，包括我的《中國思想史》兩卷本和《思想史研究課堂講錄》三卷本，其實原本都是講義。儘管錢鍾書先生曾經在《圍城》裏很諷刺這種拿"講義當著作"又拿"著作當講義"的車輪戰法，可能那是因為他不必總在大學講課的緣故。

我有一個基本固定的講義撰寫模式。為了準備講課，我常常用紙筆先寫詳細的大綱，然後在這些大綱上，貼滿各種抄錄了史料或心得的籤紙；在講述一兩輪之後，便把這些五顏六色亂七八糟的紙本，轉錄成電腦格式的文本，接着再把它打印出來，在天頭地腳左邊右邊批注種種文字，並且繼續貼滿修補的籤紙。這樣經過三五輪增補和刪訂後，就成為最終的講義，而我在完成了最終講義之後，也就不再講這門課了。為甚麼？因為既然已經完成，自己也已經沒有新鮮感了，這就彷彿《世說新語》裏說的王子猷雪夜訪問戴逵，"吾本乘興而行，興盡而返，何必見戴？"其實，好的講課人自己講述也是要"乘興而行，興盡而返"的，那種憑一本講義照本宣科講幾十年的事兒，我還真做不來。

講義和著作畢竟不同。著作可能需要有思想和新見，而講義最重要的不僅要明白，還要有知識。這個"葛兆光講義系列"，收錄了我多年講課講義的最終修訂稿。除了已經丟失的《中國史學史講稿》，已經由三聯書店出版的《思想史研究課堂講錄》（三冊）之外，這個系列大概應該包括以下若干種講義，即針對大學通識課程的《中國經典十種》和《宋代文學十講》，針對大學歷史系本科生的《古代中國文化講義》和《古代中國藝術的文化史》，針對碩士生的《學術史講義 —— 給碩士生的七堂課》，以及針對博士生的《亞洲史的研究方法 —— 以近世東部亞洲海域為中心》。以上這些講義，正在陸續整理出版中，如果還有餘力，那麼這個系列中也許還應該有一本給博士生的《亞洲中古宗教、思想與文化的交流》。

特此說明如上。

2021 年 4 月

自序

這是近十幾年在復旦大學講"亞洲史的研究方法"這門課的講義。

之所以要講這門課，是因為 2010 年，復旦大學文史研究院設立了"亞洲宗教、藝術與歷史研究"博士招生方向，必須要有一門和"亞洲史"有關的基礎課程。可是亞洲那麼大，沒有誰能包攬，沒有誰願意承攬這個活兒，我只能硬着頭皮自己來，於是開始準備講義。

講義的初稿是 2011 年的春天，我在美國普林斯頓大學客座時開始草擬的。胡適曾經任職的普林斯頓大學葛思德東亞圖書館（Gest Library），就在東亞系的 Jones Hall 隔壁 Frist Campus Center 的樓上。我真應該感謝這個圖書館！它收藏的東亞文獻給我提供了豐富的歷史資料，收藏的東亞論著也刺激了很多的研究思路。至今還記得，我當時在葛思德圖書館裏，攤開稿本開始撰寫課程大綱，想到甚麼就用筆在紙上寫下來，看到甚麼也用貼紙記下來貼在大綱上。就這樣，兩個月裏，漸漸積累了一大疊稿紙和五花八門的資料。五月中回到上海，就開始把大綱和資料，另外手寫，重新修改成講稿，那時的講稿很粗略，只是作為講課時的提示性內容。我歷來講課，都是一邊講一邊完善。這一年的九月開學，在復旦大學文史研究院和歷史學系第一次講這門課，當時的自我感覺，好像還頗像模像樣。於是此後十一年裏，陸陸續續講了八九次，講了再改，改了又講。在十幾年裏，這份講義漸漸地從手寫的大綱和抄錄的貼紙，變成錄入電腦打印出來的講義，打印的講義天頭地腳上，陸陸續續又寫滿了新的內容，旁邊又貼上了好多寫滿字的貼紙，然後，再一次重新錄入打印。週而復始，到了 2021 年，終於成了現在這個樣子。

經過近十輪講述，2021 年的秋冬學期，我最後一次上這門課，手中的講義也漸漸成型。正如成語所謂"敝帚自珍"，我決定把這份講義交給商務印書館，作為"葛兆光講義系列"中的一種出版。很多人都知道，多年來我的習慣是，一旦講義完成並交付出版，這門課便不會再講了，既是自信它已經完成使命，也是因為害怕再照本宣科讓聽眾笑話。可是，也許是因為這門課完全是一個嘗試吧，這回我還是感到了一點兒不自信。我總是在想，課雖然講完了，但不知道這門課的目的，是不是真的達到。

因此，我很想聽到讀者的反饋。

葛兆光

2022 年 2 月於上海

繁體版序

　　我的講義系列（《中國經典十種》《古代中國文化講義》《學術史講義》《亞洲史的研究方法》）要由香港商務印書館出版繁體字版，出版社讓我為之寫幾句話，我當然樂於從命。

　　這裏的四部講義，來自我過去開設的四門課程。早的如《中國經典十種》《古代中國文化講義》，是 1990 年代初期，我在清華大學任教時開始講的；稍後的《學術史講義》，大約是從 2000 年前後開始講的，而最晚的《亞洲史的研究方法》，則是 2010 年以後，我在復旦大學時才開始講的。這四部講義不僅涵蓋了大學通識、本科、碩士和博士課程，也記錄了我這三四十年來在各個大學任教的軌跡。需要提及的是，與此同時的幾十年間，我也曾陸陸續續在香港的幾所大學，為不同層次的學生講過課，前後加起來恐怕有十幾次，共兩年時間。我記得，這幾部講義中的部分內容，就曾在香港中文大學、香港浸會大學、香港城市大學講過。

　　一位朋友說，傳統中國士大夫總是兼懷廟堂、廣場和講堂，而近代以來，經歷分化後的現代中國讀書人，也許更多只剩下講堂了。因此，為學生認真講課，就是作為教師的現代讀書人的最大責任。我不喜歡高調大話地説，教師能 "傳道、授業、解惑"，其實，如今的大學教師，不過就是傳授知識罷了，因此，新鮮的、準確的、普世的那些知識的講授，就格外重要。我當然想始終站在講台上，努力為學生講課，可是現在人已年過七旬，精力不足以再擔任完整課程，這讓我很遺憾。好在如今，講堂口授可以換成講義呈現，因此，這次講義在香港出版，就等於是延續了我在香港課堂上繼續面對學生講授的理想。

　　是為序。

2023 年 5 月 1 日於上海

目　錄

第一單元
亞洲史 / 東部亞洲史研究的可能性

第二單元

亞洲史的學術史：歐洲東方學、日本東洋學與中國的亞洲史研究

第三單元

環東海南海作為一個歷史世界：十五世紀以後的東部亞洲海域史

第四單元

域外有關近世東部亞洲的歷史文獻舉例

開場白
"亞洲史的研究方法"課程要旨

　　這是一門給博士生開的課，在進入本課程之前，我想首先説明"亞洲史的研究方法"這門課的目的和意義。

　　為甚麼要開這門課？為甚麼要把這門課的主題，確定為"亞洲史的研究方法"？為甚麼復旦大學文史研究院要把宗教、藝術與文化交流史，作為亞洲／東亞史內容的重心？

　　簡單説起來，考慮的只有三點，很簡單的三點：

　　先説第一點。毫無疑問，"亞洲"不是一個。過去，明治、大正時代（1868－1926 年）的日本學界往往以"東洋"代指"亞洲"，他們的"東洋史"，幾乎就等於是"亞洲史"，關於這一點，我們在後面的課程裏還會詳細説。比如日本著名學者桑原騭藏（くわばらじつぞう，1871－1931 年）在十九世紀末二十世紀初影響很大的《東洋史要》裏就説，所謂"東洋"是以蔥嶺也就是帕米爾高原為中心的亞洲，包括：東亞（中、日、韓及俄國遠東地區），南亞（印度、阿富汗、巴基斯坦），中亞（興都庫什山以北，蔥嶺以西，錫爾河以南），西亞（阿姆河以西到鹹海、裏海以南，包括伊朗、土耳其、阿拉伯地區）和北亞（阿爾泰山及鹹海、裏海以北，俄屬西伯利亞）。[1] 當然，這裏還沒有說到環南海地區的東南亞呢。大家可以看到，很顯然，一個亞洲，各自不同。說到底，"亞洲"原本只是歐洲人給東方很大一塊地方命名的地理名詞，就像他們常說的"近東""中東""遠東"一樣，這是從歐洲看東方生出來的一個地理概念。雖然歐洲很早就有這個"亞洲"的說法，大家都知道早期歐洲以耶路撒冷為中心展開三個葉子形狀的世界地

W. J. Blaeu（1571−1638 年）繪《亞洲新地圖》
（1662 年印刷，香港科技大學圖書館藏）

1　桑原騭藏《東洋史要》（中學堂教科書《重譯考訂東洋史要》，金為重譯，上海：商務印書館，光緒三十四年二月初版）第一篇第一至四章，一至九頁。

圖上，右上方的那片就是亞洲，不過，要到傳教士把歐洲的世界知識傳到明代中國，中國才逐漸有了這個叫做"亞洲"的地理概念。

所以我們說，這個亞洲，本來並不是一個在政治、文化、族群上有同一性的歷史世界。亞洲族群太複雜、空間太廣袤、文化太豐富、語言太多樣。桑原騭藏就說，東亞、西亞、南亞、北亞以及中亞，差異非常大，單單從族群或人種上說，亞洲就包括了蒙古人、波斯伊蘭人、印度雅利安人、馬來人等。就算你僅僅指我們這門課重點要說的"東部亞洲"，也就是環東海南海這個區域，也不那麼簡單，複雜得很。這門課之所以也採用"亞洲"這個概念，把它作為一個歷史世界來研究，主要是考慮到在歷史上，這個區域裏面，和中國之間曾經有過密切的互動、聯繫和激盪，比如中古時期的"西域"，就把中國和突厥、粟特、回鶻、波斯、吐蕃、天竺、大食連成一片。近世以來的"東海南海"，就把東部亞洲海域周邊北到庫頁島，南到爪哇都連成一片。如果我們能把"中國"放在這個廣袤背景下去討論和分析，也許，我們可以看到更多的、單純在中國背景下看不到的歷史線索。當然，這並不意味着亞洲"自古以來"就有，日本人岡倉天心（おかくら てんしん，1863－1913 年）在 1903 年寫的一本很有名的書《東洋的理想》裏開篇就說"亞洲是一個"[2]。其實這話並不對。亞洲各地雖然互相

2　岡倉天心《東洋的理想》（閻小妹譯，北京：商務印書館，2018），1 頁。

有聯繫而且是密切聯繫，但無論從族群、信仰、歷史、文化、制度上看，並不是一個。而一個自我認同的"亞洲"，恰恰是在看似同一個"歐洲"的對照和刺激下，在近世才逐漸自我建構起來的地理、文化和歷史的"區域"。

亞洲實在太大，任何一個歷史學者在這種複雜、多樣、差異的歷史裏面，都會感到自己的知識欠缺。任何一個學者都不敢說，自己可以研究亞洲。更何況，要請大家原諒，我也是"趕鴨子上架""半路出家"，我研究的主要領域，還是在中國史，特別是中國思想、宗教和文化史，只是現在，越來越希望年輕一代學者在亞洲 / 東部亞洲的語境或背景中，來重新研究中國史。所以，我的這門課，也許不可能討論如何研究整個亞洲 / 東亞，而更主要是討論以下三個問題：

第一，中國學界要不要超越國境，來重新研究中國史？

第二，對亞洲，特別是近世東部亞洲海域的歷史，怎樣有，或者能不能有一個整體認識？

第三，同時，我們又如何反過來，把"亞洲 / 東部亞洲海域"的歷史作為"中國史"（或者"日本史""韓國史""越南史"）研究的視野和背景？

近年來，歷史學變化很大，有人曾經預言，未來歷史學研究的趨勢，可能是"文化接觸"，也就是不同文化間的相互影響、接受與轉移，邊緣對中心的影響，以及從邊緣重思世界史，強調聯繫、互動、影響的全球史，也許就是這個趨勢的表現之一。這話說得很對，也很有預見性。過去，我們都習慣了所謂"就中國講中國"，只是在中國範圍內以中國史料談論中國，但這是不夠的，可能要大大改變。所以，儘管大家將來要做的，也許只是個別國家的宗教、藝術和歷史研究，但你一定要考慮，它與周邊——具體到中國，就是亞洲——的文化背景和互動可能。

如果我們能把這種超越個別國家的歷史背景和文化聯繫，作為自己的研究視野，我們一定會看到一些過去孤立地研究某個國家宗教、藝術和歷史的時候，可能發現不了的線索和被遮蓋了的現象。

再說第二點。研究亞洲或者東亞，為甚麼我們要把"藝術""宗教""歷史"這三者綜合在一起？也有人會問，復旦大學文史研究院為甚麼要把"亞洲宗教、藝術與歷史研究"當作博士招生方向？這當然一方面是因為我的知識有限，不能不局限在幾個領域裏。像區域史裏面佔得比重很大的、資料很豐富的商品貿易、物質交流，我就不敢多說，因為涉及絲綢、茶葉、香料、瓷器、白銀還有鴉片，那些方面的知識我不具備。而另外一方面呢，我想，是因為藝術史、宗教史和文化交流史，在我看來恰好構成了"文化史"的主幹，而這三個領域的關係，恰恰又十分密切。

關於這方面的例證很多，大家都知道中古時期粟特墓葬中石棺牀的精美雕刻，就和中亞、族群、商貿、移民相關；又比如日本神道教所謂天皇象徵的三神器（八坂瓊曲玉、八咫鏡、草薙劍），就和中國道教的劍、印、鏡等法器信仰有關。這種例子太多了，這裏不妨再舉個非常小的例子。孫機先生曾經寫過一篇文章叫《從米芾〈蜀素帖〉說起》[3]，裏面提到台灣故宮博物院收藏的米芾《蜀素帖》裏有一首《擬古詩》，講到烏龜和仙鶴合作渡河的故事，仙鶴叼着烏龜飛越河流，約定不可開口，因為一開口就掉下去了，但烏龜忍不住還是開口，於是就墮入河流。所以，米芾詩歌最後一句就是"報汝慎勿語，一語墮泥塗"。這個故事呢，周一良先生已經指出説，它來自印度佛教的"海禽啣龜"故事，"雙鶴啣龜，龜咬竹竿，草薙劍一通渡河，但龜不可開口，否則墮入

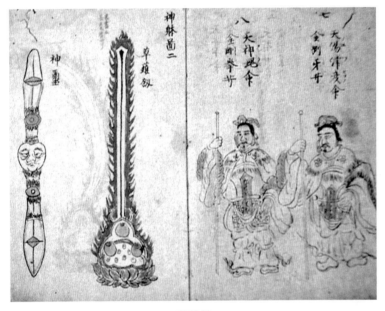

草薙劍

3　孫機《從米芾〈蜀素帖〉說起》，原載《中國歷史文物》2008年第5期，後收入氏著《仰觀集：古文物的欣賞與鑒別》（北京：文物出版社，2012）。

泥塗"，意思本來是佛教告誡信眾，不得"妄語"。不得妄語是佛教很重要的一條戒律，佛教認為人就是因為多嘴多舌，所以才陷入煩惱而不能解脫。這故事見於康僧會翻譯的《舊雜譬喻經》以及《法苑珠林》卷八十二。但是孫機指出，這個故事後來逐漸改變，在中國形成以"龜鶴"為主題的圖像，這個圖像又逐漸從中國影響到日本，一直到十五世紀。

你看，這麼一個小小的文學故事和繪畫主題，就影響到亞洲的三個區域，印度、中國、日本。所以，如果你是研究藝術史的學者，面對中古中國大量的磚雕石刻、墓室壁畫、石窟造像，你既不能忽略這些圖像和中亞、南亞的聯繫和淵源，也不能忽略它們和往來東西之間的各種異族、異國商人、宗教徒的關係，也不能忽略它們從中國到朝鮮和日本的流傳和分佈，更無法不掌握佛教、道教、回教以及三夷教（祆教、摩尼教、景教）的知識。歷史研究需要文字文獻，也需要圖像資料，藝術史研究需要歷史語境，也需要宗教知識。所以，如果我們能夠把這三個領域綜合起來，既可以使用所有的文字文獻、圖像資料和考古發現，也可以把它們看成是亞洲文化史領域，它兼容理性和感性、政治與信仰、歷史和藝術，也許可以對過去時代的歷史與文化有貫通的認識。

當然，還有第三點，那就是如今研究超越國境的區域史，不能不考慮全球史研究潮流的影響。現在"全球史"已經成為一個熱門，但是全球太大，誰能講一個包羅萬象的全球史呢？很難。現在有沒有真的可以籠罩全球的歷史著作呢？很少。有人告訴我，世界史和全球史，主要就有兩種：第一種是"滿天星斗式的世界史"，就是把各個國家、區域、族群的歷史相加，彷彿拼圖一樣。可這和過去的"世界史"區別不大，過去中國學界，無論是周一良、吳于廑的《世界通史》四卷本，還是吳于廑、齊世榮的《世界通史》六卷本，大體上就是這樣的。我們大學裏面的世界史也是這樣教的。這是西方的世界史被引進中國以來，無論是晚清、民國還是中華人民共和國一直延續的史學傳統。還有第二種，是"檯球撞擊式的全球史"，就是重點描述各種事件、人物、現象之間的互動和聯繫，就好像古代禪宗詩歌說的，"一波才動萬波隨"，看看互相交錯的漣漪和波紋，一圈一圈怎樣互相波動互相影響，這當然才是理想的全球歷史。但是你要注意，這種全球史寫起來沒那麼容易，我建議，在全球史背景之下，先做區域史的研究。為甚麼？原因很簡單。

第一，全球史怎樣既超越國別史，又能夠容納國別史？這是一個難題，但是區域史則相對比較容易。

超越國家的歷史聯繫，主要是在經濟史、知識史、文化史、科學史上，也就是貿易、宗教、藝術和物質文化史上，可能比較容易找到很多證據，可以勾勒一個互相衝擊和彼此往來的圖像，可以寫出聯繫的全球或區域歷史。然而，在政治史研究上，做起來也許比較困難。我以前寫過一篇文章，大家可以去看看，叫做《在全球史潮流中國別史還有意義嗎》[4]。為甚麼我一方面強調全球

4　葛兆光《在全球史潮流中國別史還有意義嗎》，載《中國文化》第 36 期（2012 年秋季號），26—31 頁。

史、區域史的重要，一方面還要強調國別史必須存在？就是因為在傳統時代，政治常常被國家或王朝控制，不同國家或王朝的制度也常常有差異，而各個國家的政治，也會塑造各個國家的不同文化和環境，你不研究一個一個國家特別的社會、政治和制度，你就說不清楚這個國家和那個國家，在政治上、在文化上為甚麼不一樣。更何況有時候，你也不大容易找到古代各國在政治上和制度上彼此的影響和聯繫，也許，只有在東西方交通開始發達，在同屬一個文化系統的歐洲內部或東亞諸國之間，才比較容易找到政治史上某種彼此關聯。

可是，有時候一些相互聯繫比較緊密，彼此影響相對明顯的"區域"，倒是很容易看出它的互相撞擊、互相滲透。比如受到古希臘羅馬文明、基督教影響的歐洲，受到伊斯蘭教影響的西亞、中亞，以及我們後面會重點說的，由儒家文化、佛教文化和回教文化交錯，朝貢圈和貿易圈連接起來的"東部亞洲海域"。

第二，全球史並不是上下五千年，縱橫十萬里，其實，它更是一個觀察歷史的角度、視野和方法。

大家可能熟悉卜正民（Timothy Brook）的《維米爾的帽子》。卜正民是一個很棒的學者，這本書從荷蘭畫家維米爾（1632－1675年）的幾幅畫作開始說起，涉及了十六到十七世紀荷蘭的代爾夫特和全球貿易，這兩個世紀之交的明清交替，中國的寒冷和瘟疫，傳教士的來到東亞，還說到荷蘭東印度公司的亞洲經營，荷蘭人從海洋到達亞洲，甚至講到"全球性流動現象重新界定他

們 (荷蘭人) 的世界觀，還拓展了他們的世界。"[5] 書裏面有一段話說得很好，我給大家唸一唸："我們不妨再把 17 世紀的世界當做一面因陀羅網，有如蜘蛛網一般。這面網時時刻刻在變大。網上每個結都吐出新線，觸及新的點時，就附着在點上，這些線也往左右橫向連接，每條新出的線都不斷重複這個過程。隨着線的分佈愈來愈稠密，網愈來愈往外延伸，愈來愈複雜糾結，也愈來愈緊密相連……17 世紀初的人就在做這樣的事，其速度之快、次數之頻，前所未見。"[6] 維米爾的繪畫，可能只是一個引子或者象徵，不過通過這個小小的繪畫，大大的世界歷史就漸漸凸顯了。

所以，我給牛津大學沈艾娣 (Henrietta Harrison) 教授新書《傳教士的詛咒》寫的推薦詞就說，"全球史並不一定要縱橫十萬里，上下五千年，其實它更是一種方法，試圖發掘各種微妙的全球性聯繫、交流和影響。"像沈艾娣的這本書，雖然寫的是微觀歷史，寫的是中國山西一個不起眼的村莊洞兒溝，居然會和遙遠的神聖羅馬教廷曾有過三百年的互動。當年傳教士來到這裏，影響了這裏的人一直信仰天主教，這個地方的宗教信仰，因為一代代村民們留下了歷史記憶，一個個傳教士們留下了文獻檔案，而且這些歷史記憶代代口耳相傳，這些文獻檔案保存在了羅馬教廷，所以，有關這個村莊的小歷史，就沒有湮滅在整個中國的大歷史

5　卜正民《維米爾的帽子：17 世紀和全球化世界的黎明》(黃中憲譯，長沙：湖南人民出版社，2017)，26 頁。

6　卜正民《維米爾的帽子》(黃中憲譯，長沙：湖南人民出版社，2017)，135–136 頁。

《維米爾的帽子》　　　　　　《傳教士的詛咒》

中，還和羅馬教廷發生了關係，這就是全球史。[7]所以，全球史不只是寫那些大的歷史，也可以寫小的歷史，過去中國所謂"草蛇灰線"和西方所謂"蝴蝶效應"，就可以通過這些小故事，成為全球史。更可以提出好些值得深思的問題，比如，歷史上天主教在中國傳教為甚麼有的成功，有的不成功？外來的傳教者和中國的信仰者之間，應該是怎樣的關係？政治性的國家認同和宗教性的普世信仰之間，應當怎樣處理？

　我最近也寫過關於一個人物的隨筆，就是萬曆年間（1573－

7　沈艾娣《傳教士的詛咒：一個華北村莊的全球史》（郭偉全譯，香港：香港中文大學出版社，2021）。

1620年）曾經當過福建巡撫的許孚遠。[8]那時候正好是"壬辰之役（1592－1598年）"，中、日、朝打得不可開交，許孚遠到福建當官，就派間諜到日本偵察敵情，和呂宋的西班牙殖民者建立聯繫，建議拉攏琉球斬斷日本的左臂右膀，甚至主張開放海上貿易，孤立日本，而這一切的大背景，又與大明和日本之間的東部亞洲海上爭霸有關。你看，這是不是也是一種從微觀看宏觀，從一個人觀察全球變動的途徑？所以我說，"全球史"是一種角度、視野和方法。

第三，全球史早期資料不夠，這是一個難題。所以，我們不妨先從資料相對容易收集的區域史開始。

全球史有它自己的困難。為甚麼？因為它一方面受到時代的限制，一方面受到資料的限制。時代越早，這種全球或廣大區域之間聯繫的資料就越難找，因為古代交通條件有限，古人活動範圍也有限，就好像在桃花源裏，不知有漢，無論魏晉，小國寡民，雞犬之聲相聞，民至老死不相往來。這時候你上哪兒去找"聯繫""互動"和"影響"的資料？當然，越到後來，全球的聯繫就越多，不僅僅是絲綢之路出來了，航海技術也發達了，除了貿易之外，戰爭、宗教、移民越來越多了，疾病、物品、藝術也就彼此交錯，互相影響，這時候資料多了，聯繫和互動的全球史也就可以寫出來了。

8　參看葛兆光《難得儒者知天下：側寫朝貢圈》，載《讀書》2021年第12期，23頁以下。

因此，在聯繫還不充分的時代，是不是可以先敍述區域史？大航海時代以前，雖然全球聯繫也存在，比如法顯的故事，絲綢之路和粟特商隊，玄奘天竺取經，鄭和下西洋等等。像 1984 年發現的唐代《楊良瑤神道碑》，説明八世紀末唐朝官方使者楊良瑤（736－806 年）就在貞元元年（785）十月從廣州出海，出使黑衣大食，很可能到過現在伊拉克的巴格達。後來《新唐書・地理志》中引用中唐賈耽編撰《皇華四達記》記載了廣州到縛達（巴格達）的 "廣州通海夷道"，可能就是來自楊良瑤的報告。[9]

　　但是，這樣的全球性聯繫資料畢竟不多，更容易看到和找到考古或文獻資料的，是區域之間的貿易、戰爭、傳教、藝術、移民等。而 "區域" 的聯繫很早就存在。我以前寫過一篇《從 "西域" 到 "東海"》，你可以看布羅代爾（Femand Braudel，1902－1985 年）關於 "地中海" 的研究，環地中海就是一個聯繫密切的區域[10]；你也可以看敦煌文書發現之後的 "西域" 研究，西域也是東亞和西亞之間的一個 "地中海"，它把整個亞洲連起來。當然，很多人認為 "蒙古時代" 以後，就進入 "世界史" 了，按照日本學者本田實信、岡田英弘、杉山正明等人的説法，"蒙古時代" 終於把世界

9　參看張世民《楊良瑤：中國最早航海下西洋的外交使節》，載《咸陽師範學院學報》2005 年第 3 期；榮新江《唐朝與黑衣大食關係史新證》，見其《絲綢之路與東西文化交流》（北京：北京大學出版社，2015），91－95 頁。

10　葛兆光《從 "西域" 到 "東海" ── 一個新歷史世界的形成、方法及問題》，載《文史哲》2010 年第 1 期，後收入《宅茲中國：重建有關 "中國" 的歷史論述》（北京：中華書局，2011）。

連在一起了，但這"世界"其實一方面主要還是歐亞大陸，而且另一方面，這種聯繫的世界也有曲折。我以後會說到，在十四世紀後半到十五世紀前半之後，由於蒙古在東部亞洲潰退，歐亞又形成"東是東，西是西"。

所以，中國學界不妨先從和自己相關的區域史開始，在這個區域史裏面，我覺得"東海"——現在我用"東部亞洲海域"這個詞兒——這個區域在十五世紀以後，成了一個有機的歷史世界。我最近正在寫一篇文章，就是想說明，在跛子帖木兒 1405 年去世之後，西亞（當然包括更遙遠的歐洲）和東亞又開始各自分離，宗教往來、商品貿易，雖然也不是沒有，但是，東部亞洲尤其是環東海南海區域，也就是我們說的東北亞和東南亞，聯繫非常密切，比較明顯地構成了一個相對完整的歷史世界。[11] 你從政治（朝貢圈），經濟（環東海南海貿易圈）和文化（東北亞儒家與大乘佛教，東南亞儒家、小乘佛教和伊斯蘭教）三方面，就可以看得比較清楚。英國學者約翰·達爾文（John Darwin）《全球帝國史：帖木兒之後帝國的興與衰（1400－2000）》也注意到，帖木兒去世是一個大事件[12]，只是他沒有強調全球帝國史的另一面，也就是我說的"合而又分"。

所以，研究亞洲東部，也就是環東海南海這個區域的互動與

---

11 這一點，日本學者已經有不少研究，參看上田信《海與帝國：明清時代》（高瑩瑩譯，桂林：廣西師範大學出版社，2014）。

12 約翰·達爾文（John Darwin）《全球帝國史：帖木兒之後帝國的興與衰（1400－2000）》（陸偉芳、高芳英譯，鄭州：大象出版社，2015），1–2 頁。

聯繫，在現象上、理由上、資料上都很充足，如果把"東部亞洲"或者"東海／南海"作為一個區域，充分研究環東海南海地區的互動和聯繫，比如明清中國、朝鮮、日本、琉球、安南之間，加上東南亞的呂宋、暹羅、爪哇、滿剌加諸國，以及從南海過來的西班牙、葡萄牙、荷蘭和西洋諸國的互動。我覺得，這樣的"區域史"，也許是對未來理想全球史的貢獻。

所以，我們這門課雖然叫"亞洲史的研究方法"，實際上，會比較多地提及東部亞洲海域，也就是環東海／南海的東南亞和東北亞這一塊。

好了，"開場白"說完，下面我們就開始討論"亞洲史的研究方法"。

第一單元

亞洲史／東部亞洲史
研究的可能性

問題：亞洲作為一個歷史世界，可能嗎？

大家可能都注意到，在中國學術界，"亞洲史"的研究和教學，還沒有形成規模或風氣，我曾經在中國知網上用"亞洲史"(Asian History) 作為主題來檢索，結果讓我相當吃驚，不算最喜歡研究"アジア史"的日本學界，近七百篇有關亞洲史的論文中，絕大多數是英文也就是歐美學界的，一小部分是韓文或韓國學者的，中國學者的貢獻絕不超過百分之三，而且很少有真正有分量的論文，幾乎可以忽略不計。

這是為甚麼？一般來說，中國的大學和研究所裏面，有"世界史"也有"中國史"，亞洲史的研究，從屬於"世界史"。不過，似乎你要問起來，有人會跟你說，我是"世界史"專業的，我是"中國史"專業的。如果再細問世界史領域的學者，有人會告訴你，我研究的是羅馬史、美國史或者法國史，也有人會告訴你，我研究的是日本史、韓國史、印度史、伊朗史，很少有人會大而化之地說，我是研究"亞洲史"的。

為甚麼？因為就像我們前面說的：第一，亞洲地方太寬闊了，政治、宗教、文化、族群、語言差異太大了，誰也沒這個本事整體來研究這個亞洲。第二，事實上"亞洲"確實是來自歐洲的一個觀念，烏拉爾山、黑海以東，日本、菲律賓以西，印度尼西亞以北，那麼大一個地方可以籠統叫亞洲，那麼，它真的能在某種共性的基礎上，成為一個歷史世界嗎？第三，中國自古以來的天下中心觀念和天朝四裔傳統，加上習慣於以中國為中心的歷史觀察和歷史敍述，再加上近代以來形成的中和西的對立和比較，常常不習慣把"亞洲"看成是一個整體，而且，由於日本明治、大正、昭和以來與侵略行為相關的"亞洲主義""東洋學""大東亞共榮圈"一直到"アジア史觀"的傳統，使得中國學界對提倡"亞洲史"多少有一點兒警惕。第四，中國學界也非常敏感地注意到，提倡"亞洲史"，會不會不自覺地把"亞洲"作為"歐洲（西方）"的他者，雖然可以接受薩義德（Edward Waefie Said，1935－2003年）"東方主義"的西方中心主義批判，但又會不會忽略這個"亞洲"內部的差異，把"亞洲"畫地為牢？

這些懷疑和猶豫都有道理。在一次演講中，有人就問我說，其實，歷史上看西亞、南亞和歐洲之間的人員互動和文化親緣，要比它和東亞的聯繫密切得多，為甚麼你要把它也放在一個"亞洲"裏面來談歷史？

這些質疑有道理。我們承認，歐洲有猶太教、基督教、希臘文化、羅馬帝國等因素，各種文字和語言也有親緣關係，這些有機聯繫使得歐洲形成一個相對獨立穩定的歷史世界，所以現在才有歐共體、歐盟等建設。現在，儘管獨立島國英國要脫歐，但是大陸歐洲還是有一個大體清晰的輪廓的，因此歐洲史也是可能的。但是，亞洲這片廣袤的空間裏，各個族群、宗教、政權，確實沒有那麼密切、顯著、交錯的歷史聯繫。不過，我們也注意到，由於陸地和海上的交通、貿易和交流，也就是絲綢、香料、瓷器等商品物質的流動和儒家、佛教、祆教、摩尼教、印度教等宗教文化的互滲，可以看出"亞洲"在歷史上的聯繫還是不少的。特別是，如果從傳統中國這個位置出發，環中國的所謂"周邊"，正好就是日本學者所謂的"東洋"，如果從歷史聯繫來看，學術史上所謂"西域南海"，也正好就是一個現在所説的"亞洲"，只是作為聯繫的樞紐地區是移動的，古代曾經在南北也就是長城兩邊的遊牧族群和農耕族群之間，中古是在"西域"也就是東西之間，近世則是在東海南海海域。

重要的話要再說一遍。從傳統中國歷史角度看，中古時代之西域北疆，和近世之東海南海，也就是過去所謂的"西域南海"，確實曾經是有實際上密切聯繫的歷史世界。所以，我們第一部分的內容，就是來尋找和論述亞洲各個區域之間的歷史聯繫，尤其是東部亞洲海域的歷史聯繫，看看我們把亞洲或者東部亞洲海域作為一個歷史世界來研究，是不是有可能。

第一講

從「元寇～蒙古襲來」事件說起

引言　同一個歷史事件，在不同的區域、角度和影響

今天講的是"亞洲／東亞史研究的可能性"這個單元裏的第一講。我想先用一個歷史事件，來說明三個問題[1]：

第一，在歷史裏面，即使是在一國史裏面，有的事件、人物、變化，因為涉及某個區域內很多國家，這就需要學會超越國家或王朝的邊界，使用多方面的史料，才能看清楚。

第二，這個事件、人物或變化，可能很複雜，如果站在不同國家的立場，會有不同的解讀，橫看成嶺側成峰，當然你可以說，這裏面有"深刻的片面"，但是，也可能落入"盲人摸象"。

第三，發生在多國之間的區域性事件，也許在不同國家會引起不同後果，東山敲鐘，也許東山沒有甚麼反應，可是也許會引起西山磬應，所謂城門失火，殃及池魚，所以，你不能只看城門樓子，你還得關注池塘。

下面要講的這個事件，是所謂"元寇／蒙古襲來"。可能大家都知道，1274 年、1281 年，蒙古為主的聯軍兩次渡海進攻日本失敗，這在日本叫做"元寇"或者"蒙古襲來"，也用日本的年號叫做"文永、弘安之役"，影響非常大。可是在中國史研究者裏面，對這件事情的關注還不夠，大家應該注意到，這個事件不是

1　選擇"蒙古襲來"來分析，其實是隨機的。毫無疑問，我們也可以用"白村江之戰"（663年）、"回鶻吐蕃北庭爭奪戰"（789年）、"壬辰之役"（1592年）、"甲午戰爭"（1894年）作為例子，討論如何超越一國史的範圍，從大區域來觀察事件的意義，從不同國家的角度，來理解這一事件中各方的主觀訴求和客觀影響。

僅僅涉及日本和蒙古，也涉及中國、高麗，其實，對於整個東亞世界的影響非常深遠。

一、"元寇／蒙古襲來"的前前後後

1265年，也就是元世祖忽必烈至元二年，南宋度宗咸淳元年，距離南宋滅亡還有十幾年。

這一年，有一個高麗人趙彝，向忽必烈介紹了日本的情況，作為繞道進攻南宋的一個戰略計劃，忽必烈希望日本也歸順蒙元，於是派人到高麗，要高麗國王派嚮導，帶蒙元使臣出使日本。[2] 至元三年（1266），忽必烈派遣黑的（兵部侍郎）和殷弘（禮部侍郎）分別擔任國信使和副使，給日本送去國書，自稱"上天眷命大蒙古國皇帝"，稱日本國王是"小國之君"，要日本效法高麗，服從蒙元。這份國書有一個很早的抄本叫《蒙古國牒狀》，現在保留在日本奈良的東大寺，在日本的瑞溪周鳳《善鄰國寶記》一書中也有，大體相同的文本也收在《元史》裏。[3] 這份國書威脅日本說：

2　鄭麟趾《高麗史》（《四庫全書存目叢書》史部 159 冊影印本，台南：莊嚴文化事業公司影印，1996）卷二十六《元宗世家》記載，忽必烈派黑的、殷弘去高麗，就說："今爾國人趙彝來告，日本與爾國為近鄰"（528 頁），可見趙彝的建議起了很大作用；而這個高麗人趙彝，據《高麗史》卷一三〇《趙彝傳》說，是個搞陰謀，"常以讒毀為事"的小人。

3　《元史》卷六《世祖本紀三》，111 頁；又見《元史》卷二〇八《外夷一・日本》，4625–4626 頁。田中健夫編《善鄰國寶記》（譯注日本史料，東京：集英社，1995）卷上，82 頁。

奈良東大寺藏《蒙古國牒狀》抄本

"聖人以四海為家,不相通好,豈一家之理哉?以至用兵,夫非所好。"忽必烈嘴上說不用兵,實際上暗示的卻是要用兵,話裏話外的意思就是,你要是通好臣服就算了,要是不通好不臣服,那麼,我就不得不用兵了。

順便提一句,日本和中國的官方往來文書裏面,有一些是可以互相參證的。不要輕易懷疑這些文獻的真偽,也不要單看一方的記載,應當儘量找雙方的文書對照起來看。不光是這份蒙元和日本往來的國書,還有明初和日本往來的官方文書。比如洪武二年(1369)和三年(1370),明太祖兩次派遣使者(楊載、趙秩)去日本宣諭新建立的明朝招撫天下,讓日本前來朝貢的旨意,沒想到日本當時南邊(日本當時是南北朝)的領袖懷良親王(中國史書裏作"良懷")態度很強硬,回函說:"天下者,乃天下人之天下,非一人之天下也",還譴責明太祖"作中華之主,萬乘之君,城池數千餘座,封疆百萬餘里",卻貪心不足,要來滅我。他表示,"陛下有興戰之策,小邦有禦敵之圖",也就是"水來土掩,將至兵迎，豈肯跪途而奉之。"他還說，你不妨放馬過來打一仗試試，"又何懼焉"。這封回書很掃明朝的面子，可是，明太祖也無可奈何。這一份文書，在《明史‧日本傳》裏也有，但更完整的，一見於明朝人王世貞《弇山堂別集》，二見於明朝人嚴從簡《殊域周咨錄》，文字多有不同，你可以對照來看。[4]

扯遠了，讓我們回到蒙元時代。1266 年，蒙元使臣黑的和殷弘，由高麗國王派出的宋君斐、金贊陪同前往日本，但是，他們並沒有到達日本，所以《元史‧日本傳》裏說他們是"不至而還"。那麼，怎麼這份國書又到了日本了呢？實際上，這份國書是下一年（1267）高麗派出的使臣潘阜送達日本的。

日本當時是北條時宗（ほうじょうときむね，1251－1284 年）掌權的時代，北條當時很年輕，要到 1268 年十七八歲才真正掌權。當時的日本官方的掌權者，都和南宋往來較多，受南宋文化影響很大，對北方遊牧民族，大概多少有一些來自南方中國的消息，所以格外警惕和畏懼。第二年（1267），忽必烈再次催促高麗國王王禃和日本聯絡，那時，整個高麗都在蒙古控制之下，王禃原來曾經在蒙古做人質，是蒙古人扶持他當了國王的。忽必烈責令王禃去勸說日本歸順，所以，九月份，王禃只好派出禮部侍郎潘阜出使日本，不光帶去了蒙元的那份國書，還帶去高麗國王的

4　《明史》卷三二二《日本傳》，8343－8344 頁；王世貞《弇山堂別集》（北京中華書局，1985、2006）卷八十五《倭國求通表》，1630－1631 頁；嚴從簡《殊域周咨錄》（北京：中華書局，1993、2000）卷二，56－57 頁。

國書。王禃在國書裏面委委屈屈地說："我國臣事蒙古大朝，稟正朔，有年於茲矣"，並且轉告日本，蒙古也"欲通好於貴國"。為甚麼呢？因為帝國就是天下，籠罩四海，"以無外之名，高於天下耳"。日本方面對蒙古國書和高麗文書的傲慢和威脅，大概相當惱火，於是決定不理不睬。關於這一點，《元史》記載不詳細，大家可以看《新元史》的記載。順便插一句，研究元代歷史，除了《元史》之外，大家還可以看看邵遠平的《續弘簡錄》、汪輝祖的《元史本證》、魏源的《元史新編》，特別是洪鈞的《元史譯文證補》、屠寄的《蒙兀兒史記》和柯劭忞（1850－1933年）的《新元史》，這部書資料很豐富，多有《元史》缺略的資料，它已經由上海古籍出版社出版了點校本了，很方便。《新元史》卷二五〇《外國二·日本》就說，日本方面"以為牒狀多失禮，莫如不答，故抑而不遣"，[5] 日本的《太宰府天滿宮史料》卷八也記載，說是"以其失禮，不及回翰"。[6] 而潘阜在日本待了六個月，最終"不得要領而歸"。

甚麼是"無外之名，高於天下"？就是蒙元覺得，自己是天下的統治者，"至大無外"，普天之下莫非王土，不可能有例外的國家，所以高麗臣服，日本也必須臣服。這種傲慢口吻，大概激怒了當時的日本上下。當時的日本，對於蒙古不是那麼了解，大概還沒那麼仰慕或敬畏。一方面，那個時代的日本深受宋代文化尤

5　柯劭忞《新元史》（張京華、黃曙輝點校，上海：上海古籍出版社，2017）卷二五〇《外國二·日本》，4741 頁。

6　參看竹內理三（編集擔當）編《太宰府天滿宮史料》（福岡：九州文化綜合研究所太宰府文獻調查班，1957）第 8 冊，137、145 頁。

其是宋代佛教禪宗文化的影響，宋代文化是日本模仿對象，而蘭溪道隆、大休正念、兀庵普寧等南宋的臨濟宗僧人（北條時宗最崇拜的禪師，是南宋來日禪僧無學祖元），也對鐮倉佛教影響很大，鐮倉佛教把日本上層習俗整個兒帶到南宋文化風格裏面。但另一方面，日本作為一個長期懸隔在大陸之外的國家，沒有成為中華朝貢體系的一國，也沒有經歷過蒙古鐵騎的蹂躪，自尊和自保的意識又相當強，所以面對蒙元使者，態度一直很強硬，使得他們空手而歸。

其實，那個時候日本相當緊張，問題也很多。一方面，十三世紀中葉日本接連天災和瘟疫，京都又發生大火，鐮倉還遭遇地震。另一方面，種種來自南宋的消息，也使日本人感到，蒙古人的巨大威脅絕不是可以輕忽的。所以，內憂加上外患，日本人就隱隱約約感到了危機來臨。事後，日本相當推崇的日蓮宗創始人，也就是鐮倉的日蓮上人，就寫了一篇《立正安國論》，告誡當權者要注意內憂外患。

有一點請大家注意，那個時候蒙元還沒有騰出手來東征，因為他們還沒有拿下南宋最關鍵的戰略要地，戰爭還很糾結。那些年裏，蒙元的主要目標還是南宋。1266 年，蒙元和南宋在開州，也就是現在的重慶一帶打仗；1268 年到 1269 年，蒙元和南宋在襄陽和樊城，就是現在湖北一帶打仗，這就是金庸小說《神雕俠侶》裏面，郭靖和黃蓉堅守的地方，襄陽和樊城擋住了蒙古大軍南下滅宋的腳步；到了 1270 年，蒙古大軍仍然在重慶和湖北兩邊作戰，一直要到 1273 年，蒙元大軍才攻破襄樊。直到這個時候，蒙古才能騰出手來。這是下面講到的蒙元和日本交涉的背景。

就是在這幾年裏，蒙元和日本之間的交涉仍在進行。至元五年（1268），蒙元又派了黑的和殷弘再次出使日本，可是還是不成，黑的等人到了對馬島，還和當地人發生衝突，黑的惱羞成怒，把對馬島的兩個百姓塔次郎和彌四郎抓了，當人質帶回國。文獻對此的記載是，"日本人拒而不納"。

至元六年（1269），蒙元再次派高麗使者帶去了蒙元中書省的牒文，威脅說"若猶負固恃險"，不理不睬，你不要怪我"天威赫怒，命將出師，戰艦萬艘，徑壓王城"。同時，蒙元還放還了原來扣留的對馬島人塔次郎、彌四郎，表示日本可以按照高麗國的先例，享受國王待遇，並宣稱"聖天子兼容並包，混同無外"。同時，高麗的慶尚道按察使也給日本的太宰府守護所送去了另一份高麗國的牒文。可是，高麗使臣金有成等一行，到了九州的太宰府，在那裏待了很久，也沒有得到日本方面的回應，只好無功而返。這份中書省致日本的牒文及高麗慶尚道按察使的牒文，居然現在完好地保存在日本京都大學文學部圖書館藏《異國出契》裏面。[7]

7　最早提及這些文書的，是韓國學者張東翼《1269 年"大蒙古國"の中書省の牒と日本側の對應》，載《史學雜誌》114 編 8 號（2005），59−80 頁；後收入張東翼《モンゴル帝國期の北東アジア》（東京：汲古書院，2016），15−52 頁；郭方平的中文譯文《1269 年大蒙古國中書省牒與日本方面的反應》，載劉迎勝主編《元史及民族與邊疆研究集刊》（上海：上海古籍出版社，2007）第 19 輯，147−159 頁；又，參看烏雲高娃《忽必烈的東亞海外政策及禪宗影響》，載《海交史研究》2015 年第 2 期，33−49 頁。

至元六年年末，這時已經是公元1270年年初了，蒙元又派了著名學者趙良弼帶了國書去日本，這份國書又威脅日本，"親仁善鄰，國之美事，其或猶豫，以至於用兵，夫誰所樂為也。"意思是讓日本考慮投降。不過，趙良弼一直要到第二年也就是至元八年（1271），才首次去成日本，到了築前今津（今福岡今津），始終沒能再往前走，哪怕抄錄了國書副本交給當地長官也不行，最後他被遣送，經過對馬島、高麗回國。到了至元十年（1273），趙良弼第二次出使日本，不過，這次也還是只到了九州的太宰府，又同樣被遣送回來，根本沒見到日本的最高當局。但是，趙良弼回來面見忽必烈的時候，就說了一通自己如何如何堅持原則，不見國王不呈國書；如何如何大義凜然譴責日本官員不懂禮儀；而日本官員如何如何羞愧賠罪。這大概有點兒吹牛。據說，他還向忽必烈介紹了日本的"君臣爵號、州郡、名姓、風俗、土宜。"不過，他畢竟是個理智的讀書人，當忽必烈問他用兵之策的時候，他則建議不要攻打日本，理由是"不宜以有用之民力，填無窮之巨壑。"[8]

但是，日本頑固的拒絕態度，激怒了幾乎踏平天下的蒙古皇帝忽必烈，他還是決心要東征。1273年，在終於攻下南宋的襄陽和樊城之後，蒙元大軍第一次渡海進攻日本，這是在至元十一年（1274）十月。當時，蒙元大軍包括歸順的高麗、女真和漢人（北

8　柯劭忞《新元史》卷二五〇《外國二・日本》，4743頁。

方中國人），據説一共兩萬八千人，分乘九百艘船，由忻都（《新元史》説是忽敦）以及高麗人洪茶丘、金方慶率領[9]，從現在韓國南部出發，先是攻打日本的對馬、一岐島這幾個島，"獲婦女，以索貫手心，繫於船側"；到了這個月的二十日，到達博多也就是現在的福岡，在福岡今津上岸。但在這裏，遭到日本地方幕府軍隊的頑強抵抗，據説當時日本方面的統帥是少貳景資（三郎），主要將領則包括竹崎季長等人。這就是日本所謂的"文永之役"，因為當時是日本文永十一年。

關於戰爭的過程，這裏我就不説了，歷史文獻中記載得不太多，倒是繪聲繪色的文學作品《蒙古襲來繪詞》説得詳細，當然那是文學，不大可以全信。但不管怎麼説，總之蒙古聯軍是在"赤坂之戰"（在今福岡市博多區衝浜）和"鳥飼灘之戰"（今福岡市早良區一帶）遭到了強烈的抵抗，接着遭到大風雨的襲擊後，很快，忻都就決定撤退。據説，為了掩蓋失敗，忻都給忽必烈獻上捕獲的日本少男少女兩千人，但據後來朝鮮的史書《東國通鑒》説，這一次蒙元聯軍死傷多達一萬三千人，屬於徹底的失敗。[10]

9　關於洪茶丘和金方慶，參看前引張東翼《モンゴル帝國期の北東アジア》（東京：汲古書院，2016）第三部《日本遠征の指揮官——金方慶と洪茶丘、そして戰爭以後の麗日關係》的考證，173 頁以下。

10　在《元史·日本傳》裏面，只有一小段記載"冬十月，入其國，敗之，而官軍不整，又矢盡，惟虜掠四境而返"（4628 頁）。《新元史》卷二五〇也説是忽敦主動決定"班師"，只是説"是夜大風雨，官軍戰船觸厓石多破壞，忽敦等乃乘夜引去"（4744 頁）。關於《元史·日本傳》，可以參看于磊《〈元史·日本傳〉會注》，載《元史及民族與邊疆研究集刊》（上海：上海古籍出版社，2016）第 31 輯，138–159 頁。這一注釋匯集了相當多的文獻資料，對了解有關蒙元時代日本情況及東亞歷史有很大幫助。

儘管第一次侵略遭到失敗，但忽必烈並沒有就此死心，此後，他又向日本派出使者，試圖要求日本歸順，但是都遭到拒絕。特別是在至元十二年（1275）八月，還把蒙元來使禮部侍郎杜世忠、兵部郎中何文著、計議官撒都魯丁等五人押到鎌倉給斬首了。於是，在最終平定南宋，大體統一了大陸之後的至元十六年（1279），由范文虎主持，再次派遣周福、欒忠和一個入宋日本僧人靈果，一道出使日本，他們在六七月間到達日本九州，沒想到日本居然在博多又把他們斬首，這更激怒了蒙元。[11] 至元十八年（1281），忽必烈再一次組建了包括蒙古人和漢人（北方中國人）三萬，高麗人一萬，善於水戰的南方中國軍隊十萬人在內的，一共十四萬人組成的大軍，兵分兩路出征日本。北邊的一路從高麗南部出發，攻打對馬、一岐，"島民匿山中者，軍士聞兒啼，輒尋而殺之"，六月六日到博多灣（今福岡）；南方的一路，船三千五百艘，兵十餘萬，從慶元即上海附近出發，也到達博多灣，隨即進佔肥前鷹島，開始第二次戰役。因為這時是日本的弘安四年，所以後來也叫"弘安之役"。

結果大家都知道了。日本當時修築了很長的石牆作為防禦工事，我曾經去參觀過遺跡，真想不出來這麼一堵牆，怎麼能抵擋蒙元聯軍的進攻，也許是防止了騎兵？總之，戰爭很殘酷，反覆

11　《新元史》卷二五〇記載，出使日本的范文虎、周福以及日本僧靈果等"俱為日本人斬殺之博多"（4745頁），范文虎是否也出使日本並死於博多？恐怕是一個錯誤，因為同一頁，又記載此後范文虎作為中書右丞，參與了二次出征日本。

廝殺，最終在八月份，由於超大型颱風的緣故，停泊在海邊的幾千艘船，一夜之間被吹翻，連溺水的、被殺的、被俘的，十四萬大軍僅僅活着回來一萬多人，《新元史》記載稱"流屍隨潮汐入浦口，積如丘陵。"[12] 據岡本顯實《元寇》引用《八幡愚童訓》說，當時日本清理戰場，殺戮蒙元聯軍的殘兵，也是相當殘酷的，現在福岡附近還有中川激戰場，那裏是處置俘虜的地方，遺留下來的地名就叫做"首除き"（くびのき）。

儘管元氣大傷，但蒙元王朝對日本並沒有死心，至元二十年

九州福岡之博多灣
（蒙古大軍登岸處）

傳為當年防禦蒙古大軍的石垣

12 《新元史》卷二五〇《外國二·日本》，4748 頁；周密《癸辛雜識》（北京：中華書局，1988）《續集下》也有"征日本"一條，記載親歷者李順（丈）的話說，"至元十八年，大軍征日本。船軍已至竹島，與其太宰府甚邇，方號令翌日分路以入，夜半忽大風暴作，諸船皆擊撞而碎，四千餘舟存二百而已。全軍十五萬人，歸者不能五之一，凡棄糧五十萬石，衣甲器械稱是。是夕之風，木大數圍者皆拔或中折，蓋天意也"（191 頁）。

福岡的元寇史料館

（1283）又成立征東行省，由高麗國王王昛和行省丞相阿塔海負責，手下包括高麗人洪荼丘和中國人劉國傑，但是，當時的江南因為徵調船隻水手，大為騷亂，高麗國王也因為經歷兩次征討日本戰役，痛訴"濱水材木斫伐殆盡，造艦實難。"於是，在很多大臣，比如淮西宣慰使昂吉兒、御史中丞崔彧，以及劉宣等人的反對下，終於在至元二十三年（1286），元世祖宣佈停止第三次東征。

至此，二十年（1266－1286）的蒙古征東，也就是東海戰亂才終於平息。[13]

---

13 《元史》卷十四《世祖十一》"帝以日本孤遠島夷，重困民力，罷征日本"（285 頁）。關於第三次東征日本的取消，可以參看《元史》卷一六八《劉宣傳》，3952 頁；卷一七三《崔彧傳》，4041 頁。

二、"蒙古襲來"及其對東北亞諸國的直接衝擊

好了，關於"元寇 / 蒙古襲來"這個事件的過程，就簡單説到這裏。應當説，這一事件涉及蒙古、高麗、中國北方、中國南方和日本，在東亞史上，這算是一等一的重大事件了吧，如果你單獨講一國史，都講不清楚它，所以，超越王朝 / 國家 / 民族的大歷史就很重要了。

那麼，下面再進一步討論，東亞各國受這一事件的影響，到底是怎樣的？大家都知道，"國無外敵國恒亡"是一個古已有之的思想，傳統時代國家的族群認同和文化獨立，其實也和現代國家一樣有內、外兩方面的原因。從內部來説，他們會努力淡化國家和民族內部的階層差異、職業不同、文化落差等，在某種"愛國"旗幟下，塑造歷史共同起源，想象出具有同一性的"臣民"；從外部來説，他會強化"我"和"他"的不同，強調自我文化的優越，渲染外部敵人的威脅，就是所謂中外華夷，使得我、你、他形成差異，構造"非我族類其心必異"的危險性。而"蒙古襲來"這件事情，就恰恰在東北亞幾個不同國家中，產生了某種奇怪的影響，促成了各個國家自我意識的覺醒。

首先，當然看日本，我們看幾部最重要的論著的説法，內藤湖南《日本文化史研究》、池內宏《元寇の新研究》、黑田俊雄《蒙古襲來》都是最重要的著作，其中，川添昭二《蒙古襲來研究史論》收集了很多文獻資料，説明這一事件對日本的影響是震撼性

的，也是歷史上最大的轉折點之一。[14] 所以，從江戶時代一直到今天，日本不光有很多史書、文學、繪畫、戲曲，反覆敍說這一事件，而且近代學者出版的有關論著，也有幾十上百種，論文就更多了。對戰爭區域的水下考古，對博多灣一帶的考古發掘，加上各種紀念館博物館，都說明這一事件對於日本意義非凡。

在歷史上，外敵直接進入日本，給日本帶來震撼的，當然不止這一次。前有"刀伊入寇"，後有"應永外寇"。前者是1019年（中國宋真宗天禧三年，日本寬仁三年），刀伊人（也就是現在朝鮮北部咸鏡道、中國東北烏蘇里江、俄羅斯海參崴地區交叉地帶的女真人）駕了五十多艘船沿着朝鮮半島南下，在對馬、九州一帶搶掠，震撼了日本；後者是1419年朝鮮王朝攻打對馬島，把對馬收歸朝鮮，引起日本的驚恐。不過，這兩次入侵日本的規模都不大，規模最大的、最帶來危機的還是"蒙古襲來"。據內藤湖南說，"蒙古襲來"這一事件刺激了日本的"神國"意識。北畠親房（きたばたけ ちかふさ，1293－1354年）《神皇正統記》裏面說，蒙古失敗說明，"神明威德，不可思議"；瑞溪周鳳（ずいけい しゅうほろ，1391－1473年）《善鄰國寶記》裏面也說，"神國威靈，不日而胡軍敗矣"。[15] 這一戰役因為關係日本的生死存亡，所以，

14　內藤湖南《日本文化史研究》（東京：弘文堂，1930；中文本，儲元熹等譯，北京：商務印書館，1997）、池內宏《元寇の新研究》（東京：東洋文庫，1931）、黑田俊雄《蒙古襲來》（東京：中央公論社，1971）、川添昭二《蒙古襲來研究史論》（東京：雄山閣，1977）。

15　均見於田中健夫編《善鄰國寶記》（東京：集英社，1995）卷上，90頁。下面還有一句"彼（蒙元）以敗績為國之辱，不記其實，惟書曰：詔罷征日本兵"。

《神皇正統記》

刺激和鼓勵了日本所謂"神國"的自尊意識。內藤湖南《日本文化的獨立》中說,這一事件刺激了日本國家意識覺醒,"以前日本都仰慕中國,視之為日本文化之師。而身為文化之師的中國卻被犬之子孫蒙古滅亡了,蒙古又侵襲日本,日本在國難當頭時,神之子孫卻戰勝了犬之子孫。"這樣一來,在日本人心目中,日本很了不起,中國也沒有甚麼了不起,"中國在日本人看來已不再高貴,日本以神的威力打退了滅亡中國的蒙古,日本是相當了不起的。"這樣,就產生了日本是"神國"的意識,所以《神皇正統記》開篇就說"大日本乃神國"。[16]

對日本,"蒙古襲來"就像晴天霹靂一樣,是震撼性的事件。但是,在高麗也就是朝鮮半島,這件事情則可能像鈍刀割肉,雖然沒有日本那麼劇烈震撼,但是大家注意,這一事件對高麗的影響,卻非常巨大、非常深刻。

為甚麼這麼說呢?蒙古和高麗的第一次接觸,大概在 1218 年,當時成吉思汗與高麗聯合,是為了討平契丹餘部,所以結了

---

16 內藤湖南《日本文化的獨立》,原為 1922 年 5 月的演講,載《日本文化史研究》(儲元熹等譯,:北京:商務印書館,1997),133–151 頁。

"兄弟之盟"。從成吉思汗時代以來，高麗和蒙古，一開始還可以平等合作，高麗還幫着蒙古夾擊契丹。可是，後來蒙古的勢力大了，就對高麗居高臨下。先是索要各種物質（比如水獺皮、絲綢、綿、紙筆），後來則大軍屢次入侵高麗。從1231年到1259年，蒙古七次發動征服高麗的戰爭，窩闊台三年（1231），撒禮塔率兵侵略高麗，此後，蒙古就迫使高麗答應當附庸，每年朝貢，把世子送到蒙古當人質。到了元世祖忽必烈即位的中統元年（1260），高麗國王高宗王皞死了，忽必烈很有謀略，就把原在蒙古為人質的世子王倎送回高麗當國王，並改名為王植，是為高麗元宗。[17]

　　此後，高麗就一直臣服於蒙古。蒙古和高麗關係很緊密，蒙古對高麗的控制也很厲害，他們要求高麗不僅要在戰爭中出兵助戰，輸送軍糧，幫助修驛站，而且還要派達魯花赤來監管高麗，讓高麗上報戶籍資料等等。至元十一年（1274），元世祖忽必烈把幼女齊國長公主嫁給馬上即位的高麗世子，並且在元宗去世後，冊封世子為國王，這就是後來的高麗忠烈王（王諶，後改名王昛，1274-1308年在位）。這奠定了蒙古（岳父）和高麗（女婿）的關係。[18]此後，高麗的七個國王裏面，有五個娶了蒙古公主。

---

17 《元史》卷二〇八《外夷一・高麗》有元世祖中統元年冊命高麗新國王的制書，說到那時蒙古平定四海，"普天之下咸臣服者，唯麗國與宋耳"，但是，宋憑藉長江抵抗，終究"亡在旦夕"，而高麗則讓你回去當國王，"永為東藩"，如果你敢搗亂，"國有常憲，人得誅之"（4611-4612頁）。

18 參看陳得芝《忽必烈的高麗政策與元麗關係的轉折點》，載《元史及民族與邊疆研究集刊》（上海：上海古籍出版社，2012）第24輯，75-77頁。

據史料記載，這個時代高麗非常"蒙古化"，不僅蒙古向高麗大量徵兵，徵女人，而且高麗國的官員，也學着穿蒙古服裝，用蒙古姓氏，梳蒙古辮髮，上上下下彌漫了"胡風"。所以，宮崎市定才說，高麗這個時代是最"外國化"的時代。它成了蒙古的附庸國，一切內外大事都要聽蒙古的。因此，在"元寇／蒙古襲來"這個事件中，當時的高麗作為附庸國，很自然地參與了侵略日本的戰爭，耽羅也就是現在的濟州島，還成了蒙古養馬的基地。但是，到了李朝建立之後，對這件事件則主要強調的是，高麗如何被蒙古脅迫，如何遭受損失，這當然是後話。

　　根據李朝朝鮮世宗時代成書的《高麗史》等文獻的記載，在蒙古遠征日本的那兩次行動中，高麗的代價相當沉重。第一次出征的時候，"蒙漢軍二萬五千，我軍八千，艄工引海水手六千七百，戰艦九百餘艘。"由於當時蒙元還沒有征服中國南方，所以，戰艦和海上的艄公水手都來自朝鮮，加上八千士兵，而且還得貢獻三千頭牛，最後損失相當沉重。到了第二次出征的時候，當時在大都當人質的高麗忠烈王就上書給忽必烈，提出七條建議，希望少派朝鮮人。但是好像他的建議沒有被採納，朝鮮還是派了"東征軍九千九百六十名，艄工水手一萬七千二百名"，最後生還的只有一萬九千三百九十七人。大家有興趣可以參看孫衛國的《朝鮮王朝官修〈高麗史〉對元東征日本的歷史書寫》一文。[19]

19　孫衛國《朝鮮王朝官修〈高麗史〉對元東征日本的歷史書寫》，載《古代文明》（長春）2017
　　年第 4 期，111－122 頁。

蒙古把高麗拖入與日本、南宋的戰爭，在各方面都深刻影響了半島後來的歷史變遷。比如，在這一段時間，高麗王朝政治、文化、習俗上的極度偏向"蒙古化"；經濟、生活、人口也被大量捲入由蒙元發起的頻繁戰爭。所謂物極必反，這和後來十四世紀末朝鮮王朝採取極端的"去蒙古化"政策，極度推崇宋代理學和採用中華禮樂衣冠，也許恰恰有着深刻的因果聯繫。當然，這是後話了，需要有人去做細緻的資料分析。

　　那麼，在中國又如何呢？"元寇／蒙古襲來"事件，包括兩次渡海戰爭，跨越了南宋滅亡之前和南宋滅亡之後。事情發生在海上，雖然前一次有北方漢人軍隊參與，後一次更有南方軍隊參與，也翻了好些船，死了好些人。但是，我感覺，這個事件在整個中國史的視野中，特別是在中國史研究者的心目中，好像佔的比重沒有那麼大，好像也沒有那麼震撼。比如錢穆先生的《國史大綱》就壓根兒不提這件事。而且，在一些歷史學家的筆下，可能還有好些誤解。有的人一方面覺得，這事兒好像不是"中國"的責任，而是"蒙古"的責任，可是，蒙元算不算中國的王朝呢？另一方面覺得，好像這一侵略戰爭中，中國和日本一樣，是"被（蒙古）侵略者"，也是受苦受難的一方。就算是把蒙古和中國連在一起，當作蒙元的歷史事件，有的學者也覺得，蒙元雖然敗了一仗，似乎也只是局部失利，蒙古人的其他大部分戰爭都勝利了，所以好像反應並沒有那麼強烈。

　　大家可以讀一讀魯迅的這段話，看看中國人對蒙元的理解是不是有點兒奇怪？魯迅說，他幼小的時候，就知道中國在盤古開天地之後，有三皇五帝，宋元明，還有"我大清"；到了二十歲，又聽說"我們的"成吉思汗征服歐洲，"是我們最闊氣的時代"，到了二十五歲，他才醒悟過來，原來"我們最闊氣的時代，其實是蒙古征服了中國，我們做了奴才"。大家看看，這裏面是不是有點兒問題？在很多中國人的心目中，有時候蒙古橫掃歐亞的偉大時刻是中國，但有時候又蒙古是蒙古，中國是中國。這種歷史觀，其實糾纏得很，影響着我們的很多歷史敍述。

其實，"蒙古襲來"可能和中國史有很深的關係。

經歷兩次尤其是第二次，也就是 1281 年的東征，原本相當富庶的中國南方，逐漸衰敗凋敝。這兩仗失利以後，忽必烈還準備第三次渡海遠征。至元二十年（1283）四月，元朝成立征東行省，並且讓高麗國王當征東行省左丞相，和阿塔海一起，負責準備攻打日本的軍隊衣甲等物。[20] 這時候，很多大臣都反對，包括蒙古人在內，像管南方那一片的淮西宣慰使昂吉兒和浙西道宣慰使史弼，還有田忠良、崔彧、庾�等人，他們都擔心南方會出問題。因為當時為了打日本，再加上還在遠征南方遙遠的占城、安南和爪哇，大規模地徵調軍需用品和打造海船，他們擔心，這會引起剛剛征服的南方的叛亂。崔彧就說："江南盜賊，相繼而起，皆緣拘水手，造海船，民不聊生。日本之役宜姑止之。"[21] 反對東征最堅決的劉宣也說到，"此役不息，安危繫焉"，你一會兒打占城，

---

20 《元史》卷十二《世祖九》，254 頁。
21 《元史》卷十二《世祖九》，254 頁。

一會兒征安南，幾年裏，湖廣、江西要提供船隻和軍需，弄得"官民大擾，廣東群盜並起"，平定這些騷亂，就死了好些人。[22] 在吳澄為他撰寫的《行狀》裏面，更仔細記載他的反對意見，他説江南、平灤為了東征造船，把江淮兩浙寺觀墳園的大樹幾乎砍伐殆盡，每棵大木頭要用二三百人，翻山越嶺地運輸，搞得民怨沸騰，"江南擾動，過於向來"。雖然部分造船在平灤（今河北北部），但是，船料、油竹、棕藤都來自江南，"綱運絡繹，工匠牛畜，死者相望"，江南各個地方"守城把渡，巡邏遞送，倉庫佔役之外，調用常是不敷"，他還説，連新近收編的南方軍人，也是老的老小的小，毫無戰鬥力可言。[23]

根據史料記載，至元二十三年（1286）正月，元朝攻打日本的計劃暫時停止。《元史》記載是，"帝以日本孤遠島夷，重困民力，罷征日本。"[24] 為甚麼呢？前面我們説了，主要是，一方面因為東征日本需要大量財力物力，為了準備戰爭，蒙元在江南橫徵暴斂，引起民怨沸騰，各地騷亂；另一方面蒙元的戰爭重心又轉向南方的安南、緬甸和更遠的爪哇，精力不夠用。這是學界普遍看法，但是，日本學者岩村忍在《渡日の元寇中止の理由》一文中，卻提出這些因素還只是暫時的，真正影響大的還有另兩個背景。他認

---

22 《元史》卷一六八《劉宣傳》，3952 頁。

23 參看吳澄《大元故御史中丞贈資善大夫上護軍彭城郡劉忠憲公行狀》，李修生主編《全元文》（南京：江蘇古籍出版社，1999）第 15 冊卷五一〇，352 頁。

24 《元史》卷十四《世祖十一》，285 頁。

為，江南叛亂規模不大，不足以打斷忽必烈遠征的雄心，倒是另一個背景，即東北地方蒙古內部的納顏（乃顏）叛亂，這才使得忽必烈捉襟見肘；還有一個背景，是蒙元發行紙幣的鈔法混亂和失靈，由於濫發紙幣，經濟已經出現問題，至元二十四年（1287）更以至元鈔換中統鈔，以一兌五，造成物價上漲，蒙元王朝已經無力承擔征伐日本的財政開支。所以，1286年雖然暫時中止東征日本，但真正完全打消東征的念頭，實際上要到元世祖忽必烈去世（1294年）之後。[25] 這種說法是否有道理，還需要進一步研究。

但是，遠征日本的這一事件，對中國的影響也非常深遠。

不說經濟上的影響，就說其中一個結果，就是造成了南方中國海上力量的削弱。在征伐日本之外，蒙元征伐安南交趾，逼國王陳日烜逃到海上（1287年），征伐緬甸之八百媳婦（1292年），征伐爪哇之葛郎國（1293年），大批江南軍隊從軍遠征，使得原來擅長海上戰事的南方軍隊大量消耗，這導致了後來東海、南海的海賊橫行和元朝衰落。所以，有學者猜想，也許這恰恰是剛剛征服江南的蒙元統治者，為了控制漢族中國所需要的結果。像日本學者川添昭二（かわぞえ しょうじ，1927-2018年）就推測，發動這一戰爭，尤其是第二次侵日戰爭，和蒙元試圖處理南宋滅亡後的軍隊有關。經過弘安一戰，江南水軍大部分衰落了，沒準兒正是為了消耗南宋留

25 岩村忍《渡日の元寇中止の理由》，收入岩村忍《東洋史の散步》（東京：新潮社，1972），134-143頁。

下來的兵力，這難道與中國歷史變化沒有關係嗎？[26]

也許，我們可以讀一讀當時的遺民鄭思肖的《元韃攻日本敗北歌》[27]，和另一個遺民汪元量的《燕歌行》[28]，你看他們的感受還是很強烈的，他們甚至鼓掌慶幸蒙元東征的失敗，痛恨為了東征搜刮江南的財富，感慨渡海東征的將士最終的命運是"沙場雨濕悲風急，冤魂戰鬼成行泣。"可是，在後來的歷史文獻中，對這件事情的記載並不多，反應也沒那麼強烈。很讓人懷疑，是不是文網太密，忌諱很多，有的文獻或者寫得很隱晦，或者被刪除。大家看張佳《圖像、觀念與儀俗》[29]一書，就可以知道蒙元時期也和清朝一樣，有文字管制的，只是沒有清朝那麼厲害就是了。

26　川添昭二《蒙古襲來研究史論》（東京：雄山閣，1977），26－28頁。

27　鄭思肖《元韃攻日本敗北歌》："東方九夷倭一爾，海水截界自區宇。地形廣長數千里，風俗好佛頗富庶。土產甚夥並產馬，舶來中國通商旅。徐福廟前秦月寒，猶怨舊時嬴政苦。厥今犬羊貪猶熾，睥目東望心如虎。驅兵駕海氣吞空，勢力雖強天弗與。鬼吹黑潮播海翻，雹大於拳密於雨。七千巨艦百萬兵，老龍怒取歸水府。犬羊發怒與天敵，又謀竭力必於取。已剟江南民髓乾，又行併戶抽丁語。兇焰燒眉口竟啞，志士悶悶病如蠱。雖傳漳州氣焰盛，又聞襄陽已大舉。割據苟且稍伸氣，律以大義竟何補。縱遇聖明過堯舜，畢竟不是親父母。千語萬語只一語，還我大宋舊疆土。曾夢蘇武開笑口，云牧羝羊今乳乳。仗節還漢欣欣然，鬚髮盡白心如故。一念精烈無不通，天地為實我為主。高懸白眼混沌前，那肯以命落塵土。翻身鼓掌一笑時，萬古萬古萬萬古。"

28　汪元量《燕歌行》："北風颭地愁雲彤，草木爛死黃塵濛。撾鞞伐鼓聲咚咚，金鞍鐵馬搖玲瓏。將軍浩氣吞長虹，幽并健兒膽力雄。戰車軋軋馳先鋒，甲戈相撥聲摩空。雁行魚貫彎角弓，披霜踏雪渡海東。斗血浸野吹腥血，捐軀報國效死忠。鼓衰矢竭誰收功，將軍卸甲入九重。錦袍宣賜金團龍，天子賜宴葡萄宮。烹龍焦鸞割駝峰，紫霞澈灑琉璃鐘。天顏有喜春融融，乞與窈窕雙芙蓉。虎符腰佩官益穹，歸來賀客皆王公。戢門和氣春風中，美人左右如花紅。朝歌夜舞何時窮，豈知沙場雨濕悲風急，冤魂戰鬼成行泣。"

29　張佳《圖像、觀念與儀俗：元明時代的族群文化變遷》（北京：商務印書館，2021），尤其是第二章《"胡元"考：元代的夷夏觀念潛流》，49－104頁。

鄭思肖《無根墨蘭》

　　到了現代的歷史著作，對這件事件的記載和評價也很耐人尋味。我們注意到：(1) 現代歷史著作常常把這一事件算在"中外關係史"上，不把它放在中國史的重要位置，只是輕描淡寫地說一下。(2) 一些歷史學者也許內心還不自覺地把侵略的責任算在"蒙古"身上，忘了我們常常是把"蒙元史"看成是"中國史"的。(3) 有的歷史著作甚至把筆墨更多放在這一事件對中國自己的影響，比較多地去描述由於戰爭，徵發兵員和財力引起國內尤其是"江南人民反抗"。[30] 特別有趣的是 1949 年前的一些通史著作，前

30　翦伯贊主編《中國史綱要》(北京：北京大學出版社，增訂本，2006) 下冊，449 頁，在談到"元朝的對外關係"時說"元世祖時曾多次用兵侵入鄰近國家"，下面只有一句話"至元十一年、十八年兩次出兵日本"。而郭沫若主編的《中國史稿》(北京：人民出版社，1983) 雖然有 400 字左右的敍述，"從至元三年到至元十年，先後五次派遣使節去日本，勸諭日本來朝，日本政府拒絕答覆"，但只是敍述兩次戰役的過程，並沒有特別的分析。在范文瀾《中國通史簡編》(石家莊：河北教育出版社，2000 年重印本) 下冊中，幾乎沒有提到"東征日本"這一事件。而蔡美彪等著 (續范文瀾)《中國通史》(北京：人民出版社，2008) 第 7 冊，156 頁，雖然用兩頁篇幅記載"對日本戰爭的失敗"，但只是敍述一個簡單過程，不僅沒有說到此役對東亞和日本的影響，倒是用了一些篇幅，強調至元二十年 (1283) 計劃第二次東征時，由於徵發工匠、水手，"江南人民紛起反抗"，以及御史中丞崔彧反對的奏章和福建黃華起義調征東行省左丞劉國傑鎮壓，以至於"練兵侵日的事暫時擱置"，顯然關注重心仍在中國。

面我們說到，錢穆先生著名的《國史大綱》，書裏壓根兒就沒有提及"蒙古襲來"這件事情，這大概是因為《國史大綱》撰寫於抗日戰爭之中，強調愛國情感的錢穆，不願意說到蒙元也曾侵入日本並失敗的這件事兒；但另一位呂思勉先生的《中國史》中，雖然說到這件事情，居然說："以當日蒙古的兵力，實足以踏平日本而有餘，乃因隔海之故，致遭變衄，在日本亦可謂之遭直天幸了。"[31]這"天幸"兩個字，好像有點兒太站在"中國"立場，難道應該把蒙古侵略戰爭說成對日本的"天譴"嗎？再看另一個著名學者繆鳳林的《中國通史要略》，更是說"元寇 / 蒙古襲來"這件事兒，使得"日本人震蒙古兵威，嗣後襄祠無虛歲"[32]，好像蒙古不是侵略失敗，反而是宣示天威，讓日本人屈服了似的。

三、"元寇"事件的歷史意義：世界史的開端？

上面囉囉唆唆講了"元寇 / 蒙古襲來"這個事件在東亞發生的情況。下面我們看看這件事情在東亞史上的意義是甚麼，它象徵着甚麼？

大家都知道，現在有一個說法，就是蒙古時代是"世界史的

31　呂思勉《中國史》(上海：上海古籍出版社，2006)，139 頁。

32　繆鳳林《中國通史要略》(南京：鐘山書局，1933；上海：商務印書館，1946)第八章，115−116 頁。根據他的注釋 91 說，是根據了"陳捷譯倭人某著《中日交通史》下卷第二章"。

開端"，比如本田實信、岡田英弘、杉山正明等。[33] 確實，蒙古時代相當重要，它把亞歐整個大陸連在一起，使得東西之間有了更多的聯繫。你看看十五世紀初，朝鮮根據元代地圖繪製的《混一疆理歷代國都之圖》，不僅有東亞，又有西亞，還有中東、有非洲，還有歐洲，就可以知道，元朝秘書監回回人扎馬魯丁所説的，"如今日頭出的地方，日頭落的地方，都是咱每的"，並不是開玩笑。[34]

但是，也應當注意到，"元寇／蒙古襲來"這個事件，對東亞史的後續影響很有意思。由於侵略或者征服的失敗，使得亞洲東部的歷史發生了很有趣的變化。其中以下幾點值得注意：

第一，蒙元發動的戰爭，不僅是日本，還有安南、占城和爪哇，確實使得東海、南海連成一個歷史世界，蒙古、高麗、北方中國、江南，都捲進去了，如果加上蒙古繞道征服雲南大理，征服安南，等於把整個東海、南海一帶，全部勾連在一片了，形成一個歷史世界了。

第二，蒙古籠罩東亞的時代留下來相當多的政治與文化影響，使得原來傳統東亞的政治制度、社會結構和文化風氣，都發

---

33 參看本田實信《モンゴル時代史研究》（東京：東京大學出版會，1991）；岡田英弘《世界史的誕生：蒙古的發展與傳統》（陳心慧譯，新北：廣場出版，2013）；杉山正明《忽必烈的挑戰：蒙古帝國與世界歷史的大轉向》（周俊宇譯，北京：社會科學文獻出版社，2013）；杉山正明《蒙古帝國的興亡：軍事擴張的時代·世界經營的時代》（孫越譯，北京：社會科學文獻出版社，2015）。

34 王士點、商企翁編《秘書監志》（高榮盛點校，杭州：浙江古籍出版社，1992）卷四，72–74頁。

生了一些變化。在高麗，政治、社會和風俗，蒙古化得很厲害；在中國，蒙古的族群等級（蒙古、色目、漢人、江南人），社會分層（九儒十丐），瓦解了原來傳統儒家社會的士、農、工、商結構；在整個亞洲，蒙古帝國拆除了原來壁壘森嚴的國家界限，刺激了海外貿易和陸上貿易，推動了世界商品的交流。尤其是中國，蒙古統治方式和中國傳統鄉村秩序和農業生活的差異，使得它對城市控制的鬆動，無意中刺激了城市與市民的發展，包括商人、市民、戲曲等等，都大大地繁榮起來。杉山正明《忽必烈的挑戰》中說，蒙元是"重商主義和自由經濟"[35]，雖然說得極端了一點兒，但是，確實蒙元時代商業貿易相當發達，以大都為首的城市也非常繁榮。

第三，但蒙古的征服戰爭無論成功還是失敗，很奇怪，都刺激了各個國家自我意識的崛起。意識到自己是"神國"的日本，政治和文化的獨立意識就滋生起來；被壓抑被胡化了的高麗，在被李成桂改朝換代以後，朝鮮王朝就以更加嚴厲的方式"去蒙古化"，甚至用更極端的宋代理學重整自己的意識形態和文化風俗；而明代中國推翻蒙元，更是以"驅逐韃虜"為口號，嚴厲整頓禮制，"去蒙古化"，不許用蒙古姓氏，不准穿蒙古衣服，不准按照蒙古習俗婚姻，重新推行嚴厲的儒家禮制，恢復傳統的鄉村秩

35　杉山正明《忽必烈的挑戰：蒙古帝國與世界歷史的大轉向》（周俊宇譯，北京：社會科學文獻出版社，2013）第15節《重商主義與自由經濟》，203頁以下。

序，這在張佳《新天下之化》[36]一書裏面説得非常清楚。

我同意，蒙古時代確實可以算是"世界史"的開端，因為蒙古時代龐大的歐亞連成一片，不再"東是東，西是西"，很多學者也在使用"中央歐亞"這樣的詞語來描述那一段歷史。但是，橫跨歐亞的世界史形成之後，世界並不一定就是永遠連在一起了，你看後來的歷史，不僅有蒙古時代的"合"，更有後蒙古時代的"分"。

所以，特別是對"東亞史"來説，我要對蒙古時代作為世界史開端，提出一點兒補充和修正。我覺得，世界史中的東亞，它的歷史的一個新起點，恰恰就應當在蒙古時代之後，因為蒙元不過一百多年，這個橫跨歐亞的世界歷史，在東亞剛剛翻開一頁，就遭遇劇烈變化。1368年蒙元被明朝取代，使得這個世界從合而離，又分成若干個各自獨立的空間，東亞史的時代，從這個時候開始算起，可能比較清楚。1368年以後，從蒙元帝國統治下解脫出來的東亞諸國，在這個"蒙古時代"之後，就出現了有意思的變化。從1368年明朝建立，到1419年朝日對馬之戰，到1420年明朝遷都北京，日本、朝鮮互派使者。從此，東亞和中亞、西亞、南亞在蒙古時代之後，分為了兩個歷史世界，亞洲又回到"東是東，西是西"，進入了一個分離的時代，東亞的國際秩序重新建立，東亞新歷史也有了新特徵。

所以，我在過去的一篇論文裏就特別強調，我們研究歷史可

36　張佳《新天下之化：明初禮俗改革研究》（上海：復旦大學出版社，2014）。

以"從西域到東海"[37]，也就是説，如果把中古時代的"西域"，看成是一個類似布羅代爾所謂"十五世紀地中海"那樣，把中國和周邊諸國連起來的歷史世界，那麼，蒙古時代之後，也就是從十四世紀中葉到十九世紀中葉的"東海"，也就是環東海、南海這片區域的東亞，成了一個把日本、朝鮮、中國、琉球、越南以及南海諸國有機連接起來的歷史世界。

關於這個問題，我們以後再説。下面書歸正傳，開始講亞洲或者東部亞洲歷史研究的意義。

37　葛兆光《從"西域"到"東海"——一個新歷史世界的形成、方法及問題》，收入《宅茲中國：重建有關"中國"的歷史論述》（北京：中華書局，2011），254–270頁。

亞洲史研究的可能性

第二講

引言　不要畫地為牢：把中國放進亞洲

大家都知道，1901 年，梁啟超在《中國史敍論》裏就提出過所謂中國歷史三段論，也就是"中國之中國"（上世史）、"亞洲之中國"（中世史）和"世界之中國"（近世史）。[1]他說的上世史，是從早期"黃帝"時代到秦之統一；中世史是秦漢統一到清代乾隆末年，這一段歷史的特點，是皇帝集權制度形成，各個民族交錯與融合；近世史是從清代乾隆末年之後一直到他生活的二十世紀，這個時代的特點是專制瓦解、立憲興起等等。這個說法涉及歷史分期，當然還有值得討論的地方，不過，他能有意識地看到，即使是中世的中國歷史，也應當看到它是在"亞洲"之中的，這一點是很有意思也是很有意義的。

過去，我們研究中國史的學者，常常是把"中國"封閉起來的，研究秦漢到清中期的歷史，也未必特別會把"中國"放在"亞洲"之中來考慮，就算是涉及了"周邊"，大多還是放在所謂"中外交流史"那一部分裏面。所謂"中外交流史"，其實是從本國立場和角度出發觀察外面的世界，好像總有一個"中"在那裏畫地為牢，牢房外面的都不太重要，只是在專門討論"中"和"外"聯繫的章節裏面，才會有一點兒討論。

特別讓我擔心的是，現在制度規定，歷史領域分成三個一級

1　梁啟超《中國史敍論》，《飲冰室合集》（北京：中華書局，1989）第 1 冊 "飲冰室文集" 卷六，2 頁。

學科，世界史、中國史和考古學，這會不會更加畫地為牢，造成"隔行如隔山"？這好像有點兒逆國際學術潮流而動，全球化時代的歷史學正在朝着融合與跨界的方向，可是我們卻在朝着"鐵路警察，各管一段"的方向，真讓我覺得奇怪。

可是，過去我們的老師，像周一良先生那樣，通日本史，通印度佛教和中國佛教，通中古中國史，和吳于廑合編過四卷本《世界通史》，這就是所謂"學貫中西"。"學貫中西"是一個讚美的詞，可是，現在我們就不需要這樣的學者了嗎？

一、"亞洲"或"東部亞洲"，憑甚麼成為一個歷史世界？

我們回過頭來說"亞洲"或"東部亞洲"，它為甚麼，或者由於甚麼可以成為一個歷史世界？

就像我們在一開始說的，我們當然知道，亞洲並不是一個，東亞、南亞、西亞、北亞差得很大，甚至連東部亞洲也未必是一個，從語言、文化、人種、經濟各個方面都千差萬別。

過去寫亞洲歷史，都會碰到這個麻煩。我想舉兩部很典型的書為例：一是宮崎市定《亞洲史概說》，他和前面我們提到的桑原騭藏一樣，亞洲歷史包括了東亞、西亞、北亞和南亞，如果從宗教角度看，至少涉及了祆教、摩尼教、伊斯蘭教、佛教、印度教、儒家覆蓋的廣大地區。所以，他很聰明地不論述甚麼是亞洲的共性這個問題，你看他在第一章《亞洲諸文化的形成及其發展》裏，就是分別介紹古代波斯、古代印度、古代中國，大概地分成三大塊，然後再討論各個民族與文化的相互交往。[2] 但是，美國學者羅茲·墨菲的《亞洲史》，則把大部分西亞的伊斯蘭世界從亞洲隔出去，試圖對此概括出一個亞洲性來。他用了一個“季風亞洲”概念，基本上西邊兒只是阿富汗、巴基斯坦、印度，不包括伊朗、伊拉克、土耳其和阿拉伯半島，你看他的書裏，地圖就只有這一半。為甚麼？他自己說，阿富汗以東和近俄羅斯以南的這一塊兒，還有“一些有着普遍意義的特徵，使它成為一個合適的完整的研究學習單元”，他列舉的歷史與文化特徵包括：(1) 大家庭和親屬關係網及其多重功能具有重要性；(2) 為家庭或地位尊重知識；(3) 尊敬長輩以及長輩有權威；(4) 婦女處於屈從與謙卑地位；(5) 社會分等級；(6) 重視歷史和傳統；(7) 集體優先於個人。他把這些稱為季風亞洲所有地區共有的文化特徵。[3] 可是，這個總結我是不贊成的，因為這些指標不具有根本意義，也不能涵蓋整個季風亞洲，而且，所謂季風亞洲那麼大，內部差異太大了，印度教佛教區域、伊斯蘭文化區域、儒家文化區域，在這些方面不見得趨同。

當然，從歷史上看，亞洲／東亞的某些歷史聯繫，實在也是不少的。以前，我們特別愛用“圈”這個字，表示某個歷史文化共

2　宮崎市定《亞洲史概說》(謝辰譯，北京：民主與建設出版社，2017) 第一章，11–70 頁。

3　羅茲·墨菲《亞洲史》(黃磷譯，北京：世界圖書出版公司，2011)《導言》，5–6 頁。

同區域。比如漢字文化圈、儒家文化圈、佛教文化圈、東海或者南海貿易圈等等。一個區域在歷史學意義上可以成為一個“圈”，一定得有一些聯繫的要素才行，這個聯繫的要素，就是彼此可以成為一個歷史、文化或經濟世界的基礎。而注重“聯繫”的全球史研究或者區域史研究，這個“圈”，也就是他們關注的“網絡”，是把不同國家和族群連在一起的“網”。無論是“圈”還是“網”，一般說來，使一個區域成為一個歷史世界的，應當特別關注的因素大概有以下五個：

一是戰爭。戰爭導致不同地區之間的聯繫，是不消說的。從小的來說，戰爭推動吞併和殖民，秦漢以郡縣制把各種華夏邊緣逐漸“納入中國”，主要依靠的是武力，在政治制度上統一，否則六國諸侯誰聽你的呀。同時，從大的來說，戰爭也推動技術、知識、風俗和物質在全世界範圍的交流，影響宗教信仰和政治文化等的變動。比如：(1) 公元 750－751 年發生在蔥嶺以西，也就是現在中亞一帶的怛羅斯之戰，就使得大批中國戰俘進入中亞、西亞甚至歐洲，《通典》裏面說“高仙芝伐石國，於怛羅斯川七萬眾盡沒。”[4] 你看從《通典》等文獻中重新輯出來的杜環《經行記》就知道，很多東方的文化、東方的技術都向西傳播。據有人說，西方早期都是用羊皮紙，一直到怛羅斯之戰，中國戰俘被虜，大食人學會了造紙術，在撒馬爾罕造紙，向西方出口，從此

4　杜佑《通典》(北京：中華書局，1992) 卷一八五《邊防一》，4980－4981 頁。

這種書寫新材料才逐漸傳到西方，於是，用紙書寫和印刷的世界就形成了，這對歐洲來說影響巨大，甚至後來走出中世紀、文藝復興、民族國家形成，似乎都和這個技術傳播有關。關於這一點，大家可以看年鑒學派大學者費夫賀和馬爾坦的《印刷書的誕生》。（2）接下來八世紀末，回鶻和崛起的吐蕃王國之間爭奪北庭的戰爭，[5]有人指出，盡管吐蕃控制，使得唐王朝失去了北庭和西域的控制權，但是信奉佛教的吐蕃，也使得更西邊的伊斯蘭力量未能更深入地東進，這影響了西域乃至中國內地的宗教與文化。（3）蒙古時代為甚麼可以說是世界史的開端？就是因為蒙古大軍東征西討，通過戰爭把歐亞大陸連起來，成為一個有機的世界了。（4）十六世紀九十年代的"壬辰之役"，就是豐臣秀吉侵略朝鮮的戰爭，朝鮮、日本和中國打了一仗，很多朝鮮人被擄到日本，從這些朝鮮戰俘那裏，日本也學到了很多大陸的文化、知識和技術，包括燒製瓷器（像下面講到的古伊古丹瓷器即"有田燒"），如果談論"瓷器製造的世界史"，中日朝這也是很重要的一個"圈"。

5　安史之亂後，吐蕃即陸續攻佔涼州、甘州、肅州、瓜州、沙州，阻斷了大唐與西域之間的交通，貞元年間（785－805），吐蕃更是大掠涇、隴、邠、寧，攻陷夏、銀、麟州，與唐王朝發生激烈衝突，成為唐王朝的肘腋之患。唐王朝用李泌的策略，聯合回紇和南詔，從兩方面鉗制吐蕃。回紇於788年要求唐王朝改稱其為"回鶻"，唐王朝封其首領為"長壽天親可汗"。貞元五年即789年，吐蕃攻北庭，與回鶻激烈交戰，第二年，吐蕃打敗回鶻，當時，北庭唐守軍與西域葛邏祿、白服突厥、沙陀等原本依附回紇的西域軍事力量，因為不滿回鶻，轉歸吐蕃。從此，由於吐蕃的緣故，唐王朝與北庭、安西音問斷絕。而在西川一線，吐蕃與唐王朝也互有攻守，一直到長慶元年（821）雙方會盟，情況才逐漸穩定下來。

二是移民。在亞洲 / 東亞地區，移民是使各個區域、各個國家在文化上互相聯繫的重要因素。現在，大家都說日本大和民族多麼單純，其實，日本的早期人口中，有多少是原住民？有多少是從百濟移民過去的？現在流行的說法，說日本繩文時代的人來自東南亞，彌生時代的人來自東北亞。就連日本的天皇，還有人說有來自朝鮮半島的血緣呢，這絕對是真的。日本有名的桓武天皇（かんむ てんのう，737－806 年），他媽媽高野新笠就是來自百濟的。如果按照江上波夫（えがみ なみお，1906－2002 年）"騎馬民族" 的理論，日本人還有一部分是北方亞洲遊牧征服者的後代呢。[6] 當然，日本也有中國人後代，你們都會記得 "徐福" 的傳說，徐福是不是真的有，還可以討論，那幾千個童男童女是不是真的去了日本，也可以懷疑，不過早期日本所謂 "歸化人"，也就是中古時代從大陸過去的移民嘛。[7]

　　中國也一樣，不說最早的，就是到了中古，各族移民也同樣多了去了。唐代以前的，你讀一讀姚薇元的《北朝胡姓考》、唐長孺

6　江上波夫說，他用考古發現，經過史料復原、比較分類、綜合研究的三步驟，恢復日本古代史。特別是通過日本早期各種遺址出土的陶器和 Eurasia 的各種陶器比較，認定彌生時代到古墳時代前期，日本的陶器是農耕民族類型的，但古墳時代後期（應神天皇以後的大化時代）卻完全不同，是屬於遊牧民族的，發生了大變化，因此，他斷定古代日本經歷過騎馬民族的 "征服王朝"，所以，後來的日本民族與大陸騎馬民族有很大關係。參看江上波夫《騎馬民族國家 —— 日本古代史へのアプローチ》（東京：中央公論社，1967 年第一版，1997 年修訂版）"まえがき"，2－5 頁。

7　參看岡田英弘《日本史の誕生》（さくま文庫，東京：築摩書房，2008 年第一版，2018 年第十四次印刷；原書初稿曾經是 1994 年弓立社出版的）。他甚至極端地認為 "一言以蔽之，日本的建國者是華僑，日本人在文化上是華僑的子孫，這一點亞洲任何國家都是這樣，不必對此大驚小怪。"

的《魏晉雜胡考》和馬長壽《碑銘所見前秦至隋初的關中部族》，你就知道北方中國胡人移民的情況。[8] 到了七世紀，唐王朝打敗東突厥，也曾把突厥人安排在長安附近居住，突厥人慢慢地就成了長安人；聯合新羅統一朝鮮半島的時候，也強迫高句麗和百濟的很多人進入唐王朝控制的地區，於是，高麗人就變成中國人；[9] 至於西北過來的中亞、西亞的胡人，比如甚麼來自中亞的"昭武九姓"，來自西亞的"波斯胡"，還有所謂"菩薩蠻"，也是外來人口呀。舉兩個大家可能熟悉的例子，一個是白居易，陳寅恪就認為他的先人是"蕃人"；而尉遲恭呢，就是大家知道的和秦叔寶一塊兒當門神的那個武將，日本的羽溪了諦、榎一雄，中國的向達，都曾經猜測他家族來自于闐，而趙和平就考證了在青海、甘肅一帶，有八個尉遲家族的人物。最近尉遲氏的墓誌出土了，證明尉遲氏是鮮卑人，魏孝文帝之後，分為洛陽和并朔兩支，在北周、北齊都很顯赫。你們看，中外之間，是不是移民很多？給大家說一個有趣的例子，以前，葛承雍說崔鶯鶯是"酒家胡"，有媒體借機宣傳說，就是"外國酒店女招待"，這當然是嘩眾取寵的媒體標題黨，但當時長安酒家

8　姚薇元《北朝胡姓考》（北京：中華書局，2007）；唐長孺《魏晉雜胡考》，收入《魏晉南北朝史論叢》（北京：中華書局，1978），383–450 頁；馬長壽《碑銘所見前秦至隋初的關中部族》（北京：中華書局，1985）。

9　參看拜根興《唐代高麗百濟移民研究：以西安洛陽出土墓誌為中心》（北京：中國社會科學出版社，2012）；同氏《石刻墓誌與唐代東亞文化交流研究》（北京：科學出版社，2015）。最近，拜根興對近年出土很多高麗移民墓誌有所介紹，如高牟、南單德、高乙德、高提昔墓誌，他們都是唐代初期作為俘虜或移民進入中國的；見其《從新見入唐高麗移民墓誌看唐代東亞人員流動》，載《古代東ユーラシア研究センター年報》第 3 號（東京：日本專修大學，2017 年 3 月），51–62 頁。

的胡姬,確實是很多,李白的詩就說"胡姬壓酒勸客嚐"嘛。

當然,明清以後的移民現象更值得注意,如果說中古以來,特別是東晉南渡、安史之亂、宋朝南渡為代表,引人矚目的是北方胡人南下,中原漢人再南下,重新定義了中國的地理空間,那麼,對於明清以來的移民,你要關注的,一是海上移民,從東南沿海區域向菲律賓、馬來亞、印尼、文萊的移動;二是從廣西和雲南向緬甸、越南、暹羅的移動;三是從湖廣地區向川黔的移動。前面兩種移民,把東亞、東南亞連起來了,也重新塑造了南方中國和東南亞高地、平原和港口地區的文化交流。後面一種移動,有人說是內部殖民,實際上和西南地區的"改土歸流"、文化開發,逐漸納入華夏,很有關係。

三是貿易。商品流通是廣袤的各區域之間最明顯的聯繫了,也許不用多講,現在學界有說"環東海貿易圈"的,有說"南海貿易圈"的。大家都知道,傳統時代的商品流通裏,最引人矚目的就是"絲綢"和"瓷器"。絲綢的貿易形成了"絲綢之路",把東亞、中亞、西亞和歐洲聯繫起來,而瓷器則構成更廣泛的陸地和海上貿易圈。2016年,我曾經在新加坡的亞洲博物館參觀"黑石號沉船"的出土物品,讓我非常震撼和感慨,在一千三百年前的唐代居然有這麼大的商船,經由中國沿海,到南海,到馬六甲,到印度洋,然後到達波斯;居然有這麼多的瓷器,包括河南鞏縣、湖南長沙的產品,通過這些海上的貿易船,運到遙遠的地方。瓷器的貿易甚至一直到達非洲東岸,考古學家說,在非洲肯尼亞,就出土過元明清三代的瓷器。大家知道,北起韓國木浦、中國山東,南到福建泉州、廣東陽江，都出土了好些沉船，這些從事海上貿易的船隻，很大很大，宋元時代就有可以裝載三十萬斤，五六百人的大船，包括從中國出去的，也包括來自印度洋的，他們通過香料、瓷器、絲綢的貿易，把東北亞、東南亞，甚至印度洋上的印度、波斯、非洲，都連在一起了。

對瓷器的需求，還促使這種製造技術在東亞的傳播，我曾經在日本福岡國立博物館看到，中國的瓷器技術經過朝鮮傳到日本，在十六世紀九十年代的"壬辰之役"中被日本俘虜的朝鮮工匠，就把來自中國和朝鮮的瓷器製作技術帶到了日本，後來，日本九州的所謂"古伊古丹瓷器"，就是後來所謂的"有田燒"，反而比中國的瓷器還好，甚至在外銷歐洲的時候搶了中國的生意。不過，在通常注意的"絲綢"和"瓷器"之外，我覺得香料，以及白糖、茶葉和鴉片這三樣，特別值得注意。像德川時代的日本長崎，與中國合法的貿易中，最大宗的就是白糖，一艘船往往運載幾十噸、上百噸的糖。像乾隆四十四年 (1779) 沈敬瞻當船主的南京船元順號，裝了 165000 斤白砂糖，12000 斤冰糖；乾隆五十四年 (1789) 朱心如當船主的安利船，也是 165000 斤白砂糖，裝了 1420 包，冰糖 19500 斤，裝了 100 桶。在這個需求和貿易背後，也許，還有很多可以說的話題呢。

順便插一句，商品流通的同時，還有錢幣的流通，古代中國出土了不少古羅馬、古波斯的金幣、銀幣，而環東海、南海各國也出土了很多中國的銅錢，中國的銅錢有一段時間就像"國際通貨"，在日本、朝鮮、安南以及東南亞各國流通，為了鑄錢，而中國的銅又不夠，於是要從日本進口銅，一直到清代，各省還是要從日本販運銅來鑄錢，這也可以是一個"錢幣的全球史"吧。

四是文字和圖像。文字和圖像，是"無腳走天下"的東西。以前西嶋定生說的"漢字文化圈"，就是把東亞 —— 其實還包括越南 —— 連在一起，依賴漢字書寫的習慣的一個文化共同體。漢字就像歐洲的拉丁文，各國都用這種文字來書寫、聯絡、紀事，各族就一定共同擁有一些思維習慣、傳統文化、禮儀規則。拉丁文的傳統一旦崩潰，各國開始用各自的"國語"和"國字"書寫、印刷、傳播、教育，大帝國或共同體就開始分崩離析了。以前胡適就說，文藝復興催生的最重要成果就是"國語"，"國語"則是近代建立民族國家的基礎。

但是，在傳統時代，東亞確實就是共同使用漢字的，這種文化把東亞聯繫成為一個歷史世界。到了近世日本用假名，朝鮮用諺文，各自創造自己的語言文字，促成各自的文化獨立意識，以漢字作為通行書寫文字的東亞歷史世界就開始分化了，但是，你看看長崎唐船貿易裏面，有多少漢字的書籍在流通？日本學者大庭脩對江戶時代唐船貿易中的書籍流通研究，[10] 非常重要，因為即使在彼此鎖國的時代，大量漢字圖書也一樣把東亞連成一個知識網絡，而廢棄漢字，可能會導致對中國傳統的背離。所以，朝鮮

10　大庭脩《江戶時代における中國文化受容の研究》(京都：同朋舍，1984)。尤其參看第一章《江戶時代における書籍輸入の概觀》，21—108頁。

世宗二十六年（1444），也就是明朝正統九年，朝鮮國王頒佈《訓民正音》，推廣諺文也就是有音無義的朝鮮拼音文字，有一個叫做崔萬理的三品官員就反對，他說這很危險，因為推廣了這種文字，就違背了"華制"。甚麼是"華制"？就是書同文。他說，只有蒙古、西夏、日本、西蕃（西藏）才另有文字，但是另有文字的"是皆夷狄耳"，可見文字是一種很重要的聯繫，所以才有"漢字文化圈"的說法。

同樣，圖像也是一種構成共同文化的要素，從古代中國形成的繪畫，包括它的色彩線條、形態風格、欣賞習慣，更包括若干共同的主題。比如墓室壁畫中的四神星象、出行狩獵、宴飲歌舞，日本的"飛鳥美人"和集安的高句麗墓室壁畫，以及西安的唐朝墓室壁畫，很多是很像的；再比如宗教雕塑和繪畫中的佛、菩薩、十殿冥王、高僧，以及文人藝術中的幽玄山水、花鳥魚蟲、都市繁華等，這些共同的主題和風格，都是把東亞聯繫為一個歷史世界的"要素"。比如，寧波的畫家，就專門給日本繪製他們訂購的佛畫，現在我們還看到一些日本保存的宋代佛畫，像《十王圖》，就是那個時候的出口商品。最近，藝術史界討論很熱烈的《五百羅漢圖》，分別收藏在日本的大德寺，美國波士頓美術館、弗利爾美術館，這就是南宋前期（約孝宗、光宗、寧宗時代）明州（也就是現在的寧波）畫家周季常、林庭珪畫的，先是輾轉被日本鎌倉壽福寺收藏，後又相繼為日本執政者北條、豐臣秀吉所擁有，最後才被大德寺所得，其中又有十幾幅流落到美國，就是這些羅漢圖，也就構成了一個聯通東亞藝術史世界。我以前讀到石守謙講山水畫的一篇文章，[11] 裏面就提到宋代開封流行十一世紀後期日本的繪畫摺扇，當然這種"倭扇"也可能並不是真的日本貨，而是高麗商品，因為郭若虛《圖畫見聞志》裏面說，高麗國每次派人到中國，都帶了摺疊扇，"其扇用鴉青紙為之"，有的"以銀泥為雲氣月色之狀，極可愛，為之倭扇"，[12] 當時有人分不清日本、高麗，還以為日本是高麗的附屬國，所以高麗的摺扇

奈良高市郡明日香村的高松塚古墳壁畫

也叫做"倭扇"。北宋人記載說，熙寧年間（1068—1077），汴梁相國寺，也就是首都最熱鬧的地方有賣日本國扇，"淡粉畫平遠山水，薄傅以五彩，近岸為寒蘆衰蓼，鷗鷺佇立，景物如八九月間，舣小舟，漁人披蓑衣釣其上，天末隱隱有微雲飛鳥之狀，意思深遠，筆勢精妙"，而且價格非常昂貴。[13] 但是，你從描述來看，這摺扇畫風完全是中國的，但是這摺扇卻是日本的，也可能是在高麗紙上畫的，這個小小的例子，說明東亞藝術確實有

11　石守謙《移動的桃花源 —— 東亞世界中的山水畫》（台北：允晨文化出版公司，2012）第六章。

12　郭若虛《圖畫見聞志》（瀋陽：遼寧教育出版社，2001）卷六，66頁。

13　參看江少虞《宋朝事實類苑》（上海：上海古籍出版社，1981）卷六十，799頁。

共同要素。

五是宗教信仰。在亞洲或者東亞，曾經流行，並且超越國家或王朝的，有好多宗教，中古有所謂"三夷教"，就是從歐洲、阿拉伯半島、西亞逐漸過來的宗教。瑣羅亞斯德就是祆教，摩尼教後來也叫明教、食菜事魔，景教也就是後來的也里可溫、天主教、基督教。此外，還有回教也就是伊斯蘭教。其中，普遍存在於亞洲尤其是東亞，一直不斷的，最明顯的當然是佛教。大家都知道，佛教是一個世界性宗教，但更應當説，它就是亞洲的宗教。它從尼泊爾、印度起源，一面傳到中亞、西域，一面傳到南亞、東南亞，通過陸、海兩道進入中國，從中國到朝鮮，從朝鮮進入日本，不僅形成南傳佛教、漢傳佛教，而且還分成不同流派，密宗從印度傳入中國，在盛唐熱鬧了一下，很快衰落，可是在日本，卻大大興盛，成為日本真言宗；佛教在中國大部分地區是漢傳佛教主要是大乘，但是在雲南卻受緬甸、印度和西藏佛教影響，好多地方是小乘或密宗；在發源地印度，佛教衰落得一塌糊塗，但是，在東南亞卻非常興盛，你看緬甸、泰國、老撾、柬埔寨就知道。

不光是佛教這樣所謂世界性宗教，就是很多看上去是某個國家的土產宗教，像中國的道教、日本的神道教，也有很多外來因素，不把它放在亞洲或者東亞背景中，也研究不好。甚至包括墓葬壁畫、神像、隨葬品等等，也是各個區域互相影響的。舉個前人研究很深的例子。十二支，也就是十二地支，作為十二生肖神像，以前，最早有章卷益討論過，[14] 童書業和他的女婿黃永年先生也考證過；[15] 日本更早，像內藤湖南也考證過，[16] 而西嶋定生則寫過一篇長文《中國、朝鮮、日本十二支像的變遷》，就非常仔細地討論中古墓葬中的十二支像，在新羅、日本和中國的流傳和變化，說明先是在墓誌石上有獸身獸首的十二支，這從隋代就出現了，到了唐代天寶年間，出現了人身獸首的十二支像，到了晚唐九世紀的時候，又出現了人身人首的十二支像。這種十二支的變化，陸續影響到新羅、高麗、契丹、日本，出現了相應的十二支像。[17]

可是，事情沒那麼簡單。如果你再看法國學者沙畹（Emmanuel-èdouard Chavannes，1865－1918 年）的《突厥十二生肖》，就會發現這種信仰實際上還不只在東亞流傳，甚至還傳到吐蕃，宋仁宗時代就由出使的官員傳到唃廝囉（就是吐蕃之一部），也逐漸波及東南亞，元代就傳到了柬埔寨和暹羅，那裏的十二生肖名稱，是從安南語轉譯的漢語；甚至早在唐代中亞、北亞的騎馬民族就已經知道十二生肖並用來紀年。沙畹甚至還認為，可能

---

14 章卷益《十二支神像》，載《中央日報・文物週刊》（上海）1946 年第 5 期。

15 童書業《十二生肖、十二支神像》，原載上海《中央日報・文物週刊》1946 年 10 月 27 日，後收入《童書業史籍考證論集》（北京：中華書局，2005）下冊，520－522 頁；黃永年《〈十二支神〉像補考》《唐代的十二神》，原載《中央日報・文物週刊》，後收入《茭蒲青果集》（北京：中華書局，2012），152－155、156－158 頁。

16 內藤湖南《隼人石と十二支神像とに就きで》，原載《歷史地理》1911 年第 17 卷第 2 期，後收入《內藤湖南全集》第 7 卷。

17 西嶋定生《中國・朝鮮・日本における十二支像について》，收入西嶋定生《中國古代國家と東アジア世界》（東京：東京大學出版會，1983），539－577 頁。

是突厥人發明的十二生肖，在公元初年才傳到中國，"在掌握更多的情況之前，應將十二生肖的發明歸功於突厥人"，[18] 這就更麻煩了。這就是一個貫通亞洲歷史的很好例子。

古代宗教信仰是這樣，那麼，近世的宗教信仰呢？我講一個例子，基督教傳到東亞來，在日本、朝鮮和中國的反應就值得比較，我以前寫過一篇論文[19]，通過十九世紀初朝鮮"辛酉教難"中的黃嗣永帛書，就討論過日本德川時代、李朝朝鮮以及清代中國對基督教的不同反應。

如果你把宗教傳播、宗教反應，放在東亞整個區域連在一起討論，你就能看到很多有趣的文化史現象。

二、所謂亞洲或東部亞洲海域：它與歐洲的不同歷史與文明

那麼，"亞洲"可以作為歷史研究的一個單位，可以寫"史"嗎？這個問題還需要再討論。我最近特別強調，東部亞洲海域，包括環東海和環南海，在十五到十九世紀，應當是一個歷史世

---

18 沙畹《突厥十二生肖》，邢克超等譯，收入《沙畹漢學論著選譯》（北京：中華書局，2014），273-349頁，這句話出自311頁。

19 葛兆光《十九世紀初葉面對西洋宗教的朝鮮、日本與中國 —— 以"黃嗣永帛書"為中心》，《復旦學報》（社會科學版）2009年第3期，收入《想象異域：讀李朝朝鮮漢文燕行文獻札記》（北京：中華書局，2014）。

界。關於這一點，先請大家閱讀我過去的一篇文章《從"西域"到"東海"》，收在《宅茲中國》裏面。後面我們第二部分還要專門討論。因為如果不加時間和空間限制，籠統地說"亞洲"，就有點兒問題了。

亞洲和歐洲，有一點兒不一樣，我們可以做一個比較。簡單說，歐洲是一個從很早就形成有機聯繫的文明區域。作為一個歷史世界，它有幾個把歐洲聯繫成為一個歷史世界的要素：一是由於環地中海的貿易、戰爭和移民；二是古希臘、古羅馬文化，以及拉丁文的輻射和擴散；三是宗教特別是基督教的統治和傳播。這使得任何一個歐洲國家，都無法從這個整體背景中切割出來。一直到大航海、文藝復興、宗教改革之後，形成現代歐洲各個民族國家，儘管政治上趨向"分"，也就是民族國家的建構和獨立，但是文化上始終"合"，即在宗教信仰和語言文化上，都有共同的淵源和底色。

但是亞洲卻不太一樣，亞洲中心的帕米爾高原割開東西兩端，喜馬拉雅山和中國西南大山，又分開了南北兩半。在歷史上，西亞、南亞、東亞和北亞，似乎始終不能在一種生活方式、一個文字文明、一個宗教信仰基礎上，形成共同體，所以看上去，亞洲沒有視野的中心、沒有整體的背景，只有散點透視的區域。用個不恰當的比喻，歐洲好像是一幅平鋪開來掛在牆上的巨大油畫，亞洲則好像是一幅需要徐徐展開的卷軸畫。

不過，具體到東部亞洲就不太一樣了，在歷史上，東部亞洲各國，包括東海、南海，彼此聯繫很多。如果單看亞洲東部，我們可以討論，這個東亞在歷史上是不是一個文明呢？我們先看看世界上的大歷史學家怎麼說。

1954 年，湯因比（Arnold J. Toynbee，1889−1975 年）出版的名著《歷史研究》裏面提出，他覺得歷史就是"文明"的興衰過程，他在書裏列舉 21 個（或 23 個）文明的盛衰變化，其中就說到"遠東文明"（Far Eastern Civilazation）。他說，遠東也就是東亞文明可以是一個，也可以是"主幹"（Main Body）和"分支"（Branch）。主幹就是中國文明，分支是從六世紀起在日本發展出來的那部分。[20] 湯因比的文明史觀很有意義，一方面，他超越了西方文化中心主義，用平等眼光看待歷史上的種種文明，認為各種文明都會有盛衰變化；另一方面，他把歷史研究的基本單位（unit）從"國家"轉向"文明"，使得歷史研究超越了過去的民族國家，也使得區域史或全球史有了可能。後來，他的文明史觀被亨廷頓（Samuel P. Huntington，1927−2008 年）發揮，1996 年，他在《文明的衝突與世界秩序的重建》一書裏面，把全球主要文明分為（1）中國、（2）日本、（3）印度、（4）伊斯蘭、（5）西方、（6）拉美、（7）非洲。他認為，這些文明的核心是宗教信仰，比如中國文明的核心是儒教，伊斯蘭文明的核心是回教，西方文明的核心是基督教。[21]

這些說法對不對，我們先不管。我們先看看，如果東部亞洲

---

20 湯因比《歷史研究》（劉北成譯，上海：上海人民出版社，2005）。

21 亨廷頓《文明的衝突與世界秩序的重建》（周琪譯，北京：新華出版社，2010）。

有一個文明，那麼，屬於東部亞洲的特別的文明是甚麼？這裏最有影響的就是西嶋定生（にしじま　さだお，1919－1988 年）的説法了。西嶋定生的説法見於他的《中國古代國家と東アジア世界》一書[22]，如果大家再看看他的《日本歷史の國際環境》，就會更清楚地知道即使從日本國家、歷史和文化形成的角度，也不能脱離中國為主的東亞文明的刺激和影響。[23] 按照西嶋定生的説法，東亞文化圈的形成，有四個要素：漢字、儒家、佛教和律令制度國家。這當然都是受了中國的影響，由於中國文化輻射的緣故，把周邊各國聯繫成了一個 “文化圈”。

這種説法後來可能有不少人特別是日本學者反對，因為它太強調古代中國的影響，好像東亞就是中國籠罩下的。恪守民族本位立場和捍衞自國尊嚴的學者，常常不能同意這種看法。不過，在過去很長一段時間裏，這種看法是主流意見。比如 1969 年到 1980 年日本出版的 “岩波講座世界歷史” 叢書，把古今世界分為八部分（古代近東世界、地中海世界、東亞歷史世界、東亞世界、內陸亞洲、西亞世界、中古歐洲、近代世界），其中第四冊《古代（4）：東亞世界的形成》分成十二章，就是黃河文明的形成，殷周國家的構造，古典之形成，春秋戰國的社會與國家，諸子百家，皇帝統治的形成，漢王朝的統治機構，均輸、平准與鹽鐵專賣，儒家的形成，王莽政權的出現，後漢王朝與豪族，漢帝國與周邊

22　西嶋定生《中國古代國家と東アジア世界》（東京：東京大學出版會，1983）。

23　西嶋定生《日本歷史の國際環境》（東京：東京大學出版會，1985）。

各民族。好像東亞史的早期就是中國史，甚麼原因呢？這一方面是其他國家的早期歷史沒有資料，另一方面確實東亞文明的源頭就是中國。

後來，上山春平和梅原猛編的《日本與東洋文化》裏面，提到日本受中國影響而進入東亞文化圈的內容，比西嶋定生還多一些全一些，他們列舉了針灸（科學），漢字（假名、文字），周易（世界觀），律令（制度），老莊與道教（人生觀），詩與詩教（文學），禪與淨土（宗教），水墨畫（美術），元曲（能、戲劇），節令與干支（習俗），米、酒（壽司、食物），洋洋灑灑，包羅更廣。[24] 不過，不要以為西嶋定生、上山春平、梅原猛這些日本學者，只是把東亞文化史都追溯到中國，其實，他們同時也指出"受容"之外還有"變容"的一面，即中國文明在各個區域的變異，他們強調的是"文化受容者"也有選擇、改造甚至創新的自主性。西嶋定生說，在東亞的不同區域，這四者的接受和影響是不同的。比如日本，假名文字以及以此寫作的和歌、女流文學、能、茶湯等等，以及更後面的俳句、歌舞伎等等，就是日本特有的。到十世紀，律令制弛緩和莊園的擴大，貴族如藤原氏的全盛與武士階層的勃興，更開始了日本文化主體的形成，這與中華帝國九到十世紀的衰落

24　上山春平、梅原猛編《日本と東洋文化》（東京：新潮社，1969）。

有關，這個時代，日本文化才從中國文化籠罩下超越出來了。[25] 應當說，在十世紀也就是宋代以前，無論是政治上、經濟上、文化上，中國周邊的各國都相當仰仗和羨慕中國。把十世紀以前的東亞海域（包括中國、日本、朝鮮、越南、琉球）看成是一個歷史世界，看成是一個文化圈，應當沒有太大的錯。

但是，不管你重視文明的差異性，還是重視文明的相似性，當你把歷史研究的重心，從政治轉向文明，更重視戰爭、移民、貿易、宗教信仰和文字語言，那個歷史研究的空間無形中就從"國別"轉向了"區域"，區域史的意義就顯示出來了。當然，這並不是說國別史不重要，當你討論國家對政治、經濟、文化的塑造力量的時候，國家作為歷史研究的單位還是很重要的，我不贊成提倡全球史或區域史，就說國別史不重要的偏見。我最近曾邀請一位世界著名的全球史家，德國的于爾根・奧斯特哈默（Jurgen Osterhammel）來演講，他就說，有全球眼光的國別史，和全球史並不衝突，我贊成這種通達的看法。也就是說，當我們注意到戰爭、移民、貿易、宗教和語言的交錯和影響，應當注意到超越國別、放大區域的歷史研究方法。在這個意義上，"東亞"史有點兒窄了，而"東部亞洲海域"史就很有意義了。

---

25 他認為"宋代出現了統一國家，但是，燕雲十六州被契丹所有，西北方的西夏建國與宋對抗，契丹與西夏都對等地與宋自稱皇帝，宋王朝對遼每歲納幣，與西夏保持戰爭狀態。這樣，東亞的國際關係，就與唐代只有唐稱君主，冊封周邊諸國成為藩國的時代大不一樣了，從這一狀況來看，不承認中國王朝為中心的東亞的國際秩序便開始了。"西嶋定生《中國古代國家と東アジア世界》（東京：東京大學出版會，1983），616頁。

當然也要指出，時代不同，歷史重心變化，研究重心也會變化，漢、唐、宋那個時代，中國是籠罩性的，西嶋定生說的那個東亞諸國追隨中國，被籠罩在中國文化的影響下，各自有差異，但差異性不大顯著，彼此文化的不同，好像只是一個時間差。倒是匈奴、鮮卑、突厥、吐蕃、回鶻、沙陀、契丹、女真、蒙古，與漢族中國表現了巨大的衝突和差異。所以，"西域"是各種族群、宗教、政治的接觸鋒面。但是宋明時代以後呢？就不同了，從宋代就開始變化了。十幾年前，美國學者賈志揚（John W.Chaffee），就是寫了有關宋代科舉的著作《荊棘之門》的那一位，他在《宋代與東亞的多國體系及貿易世界》一文裏，就提到重新思考宋史的三個要點，其中，除了唐宋變革之外，他特別強調的兩點，就是東部亞洲的多國體系和海洋貿易體系。[26] 應該說，除了蒙元時代之外，作為一個相對獨立的國際領域和歷史世界，近世的東海和南海聯繫多了，東部亞洲海域在蒙古時代以後，也就是十四世紀中葉以後，到西洋進入的十九世紀中葉，成了一個相對完足的歷史世界。時間上，相當於明清中國／李朝朝鮮／足利、德川日本。空間呢？則包括了整個環東海和環南海的地區。用現代的地理概念講，就是應當包括東北亞和東南亞。

　　為甚麼？我覺得，漢唐之間，也許中國和西邊的交流，包括

26　賈志揚《宋代與東亞的多國體系及貿易世界》，中譯本載《北京大學學報》（哲學社會科學版）2009 年第 2 期。我想，這三點可以分別對應，從唐代的貴族社會轉向平民社會，契丹、西夏以及西北控制權的喪失，北方的失落及大理、安南、高麗的興起。

中亞、西亞的物質文化，南亞、中亞的佛教與三夷教，陸地的絲綢之路，所以"西域"就像布羅代爾說的地中海，是一個歷史世界的中心。但是，蒙古時代把歐亞連成一片之後，到了蒙古勢力退出東亞，跛子帖木兒建立的汗國瓦解，十四世紀、十五世紀之間，亞洲的東方和西方又開始各自成為歷史世界，環繞東海和南海的東亞海域世界，又形成一個自己相對穩定和獨立的國際秩序，所以，明清的"東海南海"就像漢唐的"西域"，又成為一個相對獨立的歷史和文化圈。

三、近世東部亞洲海域：幾個故事

十世紀中葉也就是宋代以後，這個東部亞洲海域世界聯繫越來越緊密，彼此之間互相影響，也彼此交往。我們不說太大的事兒，按照時間順序，我來舉三個前人研究過的小例子：

第一個是木材的故事。

1242 年（宋理宗淳祐二年），南宋的著名禪寺，也就是所謂"禪宗五山"的第一山徑山興聖萬壽寺，突然發生火災。當時徑山寺的住持是無準師範禪師，他從 1232 年就任住持後，第二年就曾經發生過火災，經過三年，好不容易才修復，這一次又發生災難，實在是倒霉得很。可是，不幸中的萬幸，是他在重建徑山寺的時候，居然得到他的日本弟子，前一年剛從中國回到日本的圓爾弁圓和尚的幫助，從日本運送了木材來幫助重建。至今，無準師範給圓爾的感謝信（日本稱為《板渡尺牘》）還保存在日本東京國立博物館裏。[27] 那麼，在無準師範和圓爾之間幫助運輸據說有幾千枚"櫟木大板"，並且來回傳信的人是誰呢？原來，是一個叫做謝國明的中日貿易船"綱首"（船長），他從 1233 年就住在日本福岡，他的住宅就在現在博多的冷泉公園附近。這些商人在海上很活躍，日本學者川添昭二說，宋代中日禪宗互相交流頻繁，當時海上貿易船的中國人，往往可能就是最重要的牽線人。

不只是這一次，這樣的事情歷史上還有一次。[28] 比這還早幾十年，日本禪宗（臨濟宗）第一人榮西禪師，也曾支持天童山千佛閣之重建。南宋有名的士大夫樓鑰在《天童山千佛閣記》記載，虛庵懷敞禪師"自天台萬年來主（天童山）"，但原來宏偉的千佛

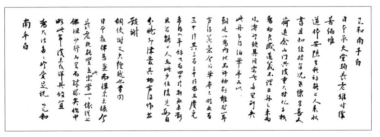

日本東京國立博物館所藏《板渡尺牘》

27　參看榎本涉《"板渡の墨跡"と日宋貿易》，載四日市康博編著《モノから見た海域アジア史 ── モノゴル−宋元時代のアジアと日本の交流》（福岡：九州大學出版會，2008）第二章，39−70 頁。

28　最早注意到這件事情的是著名的日本東洋史學者藤田豐八。他在《宋代輸入之日本貨》裏已經提及這一問題，也引用了這些文獻，只是他沒有提到稍後徑山興聖萬壽寺重建中圓爾弁圓與無學祖元的《板渡尺牘》。參看藤田豐八《中國南海古代交通叢考》（何健民譯，太原：山西人民出版社，2015）下冊，420−428 頁。

閣"歲久浸圮，且將弗支"，這時，正在虛庵懷敞門下學習的"日本國僧千光法師榮西"表示，"他日歸國，當致良材以為助"，即願意從日本支持木材。"越二年，果致百圍之木凡若干，挾大舶，泛鯨波而至焉。千夫咸集，浮江蔽河，輦至山中。"樓鑰記載，重建時大多數的木料來自日本，其餘的少數才是本地山裏提供。到宋光宗紹熙四年（1193）甲申終於完工，據説"為閣七間，高為三層，橫十有四丈，其高十有二丈，深八十四尺，眾楹俱三十有五尺，外開三門，上為藻井……"[29] 你如果去看日本京都榮西所在建仁寺的三門，大概也能感受到類似這個宏偉建築的風格。

　　木材是當時中日貿易的重要商品，在中國文獻裏面可以看到，中國對日本木材很看重，《諸蕃志》裏面説，日本的木材"長十四五丈，徑四尺餘，土人解為枋板，以巨艦運送"，大概出口中國很多。據説，一個叫做吳潛的寧波（慶元）官員曾經給宋理宗上書，提到"倭商"最重要的出口中國的商品，就是"倭板"和"硫磺"。最早研究這個問題的日本學者是藤田豐八，他在《宋代輸入之日本貨》[30] 裏，引用《諸蕃志》《寶慶四明志》等文獻，經過仔細研究後指出，宋代進口的日本物品，在木材之外，還有錯金為欄的"五色箋"、作為藥用的珍珠，以及水銀、鹿茸、銅器等等，其

29　參看樓鑰《攻媿集》（"四部叢刊"影印本，上海：商務印書館，1935）卷五七，頁七至頁八。

30　藤田豐八《宋代輸入之日本貨》，載藤田豐八《中國南海古代交通叢考》（何健民譯，太原：山西人民出版社，2015）下冊，420-428 頁。

中南宋人對日本木材最為看重，比如，1225年的趙汝适《諸蕃志》裏就説倭國的杉木、櫪木很好，往往出口泉州；1227年修纂的《寶慶四明志》卷六"市舶司"也説日本輸入松板、杉板、櫪板，其中櫪板"文細密，如刷絲而瑩潔，最上品也"；1291年的周密《齊東野語》也記載，湖州景德寺大殿用櫪木，幾百年都不倒。據説，連南宋大詩人陸游死了之後用的棺材板，都是花三十貫（三十千）買來的"倭板"。

　　《宋史・食貨志》裏面曾經記載説，宋代的海上商船，大的叫做"獨檣"，可以裝載一千婆蘭，每婆蘭是三百斤，那麼，也就是三十萬斤，很驚人吧。[31] 你從這些事例裏，就可以看出：第一，在十三世紀，中日之間貿易往來很頻繁；第二，中日之間可以運輸的各種物資數量超出想象的龐大；第三，日本當時向中國出口的商品大多是原材料，説明宋代工藝和商品比日本高明。[32] 但是，更重要的是，日本學者通過這一木材貿易，還發現宋代市舶司徵收進口關稅相當嚴重，在無準師範給圓爾的《板渡尺牘》中發現，某次運送的1000塊木材，他只拿到530塊，除了140塊有另外原因不能到手之外，有330塊被慶元市舶司扣留作為稅收，這是很沉重的。所以，寺廟的僧人也只能通過送"人情錢"的方式，把這

31　《宋史》卷一八六《食貨志下八》，4565頁。又，吳自牧《夢粱錄》（北京：中國商業出版社，1982）卷十二也記載，浙江海商的船隻，大的可以裝載"五千料""五六百人"（102頁）。

32　榎本渉《"板渡の墨跡"と日宋貿易》，載四日市康博編著《モノから見た海域アジア史——モンゴル—宋元時代のアジアと日本の交流》（福岡：九州大學出版會，2008）第二章，39頁以下。

些木材贖出來。這個人情錢有多少呢？據說是"三萬緡"就是三萬貫。從這個事例中，是不是可以看到很多有趣的東亞歷史現象呢？

第二個是煙草。

卜正民在《維米爾的帽子》的第五章《煙草學校》裏[33]，引用明代人楊士聰《玉堂薈記》説，十六世紀末，大概在天啟年間（1621－1627），北京開始有人抽煙，後來甚至引起崇禎皇帝的不滿，因為農民種煙葉卻不種穀物，危及糧食供應。卜正民把這件事情當作全球網絡的一個例證，説美洲的西紅柿、馬鈴薯、辣椒、煙草傳遍全球，煙草通過三個途徑傳入中國，一是由葡萄牙人從巴西經澳門，二是由西班牙人從墨西哥經馬尼拉，三是"輾轉經東亞數地進入北京"。其實，第三條道路也包括經由日本、朝鮮到達中國東北，日本學者浦廉一在《明末清初滿、鮮、日關係的一個考察》中就說到，《朝鮮王朝實錄》裏面記載，萬曆四十四年（1616）、四十五年（1617）的時候，煙草就由日本傳到朝鮮，但是"不至於盛行"，到了天啟元年（1621）、二年（1622）的時候，"無人不服，對客輒代茶飲"，比前面説的傳入北京還早。到了清崇德三年（1638），也就是明崇禎十一年，朝鮮人還把煙草帶入瀋陽，被清朝發現。這個時候，煙草也叫做"南草"或者"南靈草"，包括抽煙的工具，都成了日本特產，《通航一覽》裏面記載，日本官

---

33 卜正民《維米爾的帽子：17 世紀和全球化世界的黎明》（黃中憲譯，長沙：湖南人民出版社，2017），129 頁以下。

方曾經給朝鮮贈送煙草和煙器，當作禮物。[34]

第三個是一座橋。

越南中部的會安，有一座來遠橋。據史料記載和日本學者的研究，這座橋是十六世紀末，當地的猴年（申年，1593），由日本來安南的商人興建，在狗年（戌年，1595）完工，所以橋的兩端分別雕刻了石猴和石狗。[35] 幾十年以後，大概是十七世紀的二十年代，西洋人來這裏，立下了日本人和華人分開居住，"各守其國之法，各有管理之官"的規矩，於是東邊是日本商人，西邊是中國商人；再往後，日本江戶時代的鎖國政策越加嚴厲，日本人撤離安南，這座橋就完全由華人接管了。十七世紀中葉，明清易代，一些遺民陸續到這裏居住，由於它離菲律賓、印尼、馬來亞近，遂逐漸成為中國廣東、福建經由東南亞與外部世界貿易往來的第一站，慢慢地，一些歐洲人也常常到這裏來。1719 年，越南皇族也到這個繁榮的地方來，有點兒文化的越南貴族就根據《論語》裏面"近者悦，遠者來"的意思，把這座橋命名為"來遠橋"。

這座橋最先是日本商人修的，所以，在日本留下了一幅畫，叫做《茶屋新六交趾貿易渡海圖》，大概是寬永年間（1624－1644）日本商人撤離越南之前繪製的。這幅畫長 690cm，寬 72cm，曾經在岡崎市美術博物館特別企畫展圖錄《家康の生きる時代東と

34　浦廉一《明末清初滿、鮮、日關係の一考察》，載《羽田博士頌壽紀念・東洋史論叢》（東京：東京大學東洋史學會，1950），191－210 頁。

35　這裏的申年、戌年，懷疑是當地風俗，與傳統中國的紀年不一樣，1593 年在中國是癸巳，1595 年在中國是乙未。如果與中國相同，則應當是 1595 年、1597 年，即丙申和戊戌。

來遠橋

西の出會い》介紹過；最早發現這幅畫，並加以研究和介紹的學者是辻善之助，他在《南洋的日本町》(1914) 裏討論了越南的這個貿易據點和日本商貿的關係，此文後來在 1917 年修訂，1929年又有增訂本。辻善之助是日本著名學者，他認為此圖大約作於寬永時代，是有關日本和越南關係的一個新發現的資料，因此，這座橋最早引起了日本學者的興趣。另外大家都知道，越南曾經是法國殖民地，法國對於越南的深入研究，很早就開始了，法國遠東學院最早就在河內，我 2010 年曾經去過，遠東學院的舊址現在已經是越南的歷史博物館了。當年像我們熟悉的法國學者伯希和、馬伯樂，就在河內的法國遠東學院待過，對越南歷史有很多研究，當年河內法國遠東學院的書記官諾埃爾・培理也寫過《日本町的新研究》，這篇文章我沒有看過。不過，後來在 1940 年，日本東京的岩波書店出版了一部書即岩生成一的《南洋日本町の研究》，他對整個來遠橋和日本町的研究史敍述很清楚。可惜的是，他對來遠橋的研究只是綜述和介紹，他自己說這"僅僅是針對資料學的檢討，留下很多課題"。[36]

可是，如果從東亞史角度來看，這座橋很有意思。它雖然只是一座不大的橋，但涉及了好多可以深入討論的問題，甚麼問題呢？比如說：(1) 十六、十七世紀日本、中國和越南的海上貿易，究竟有多大的規模？(2) 日本、中國和歐洲人在東南亞的勢力消長，這個過程是怎樣的？(3) 明清易代中的海外遺民和商人，他們的處境和生活如何？(4) 石橋的風格、管理、命名，以及繪畫的紙張、色彩等，這不是也可以做一些文章的嗎？如果有興趣的話，不妨看一篇很有意思的論文，就是內田九州男（愛媛大學）的《名古屋市情妙寺藏〈茶屋新六交趾貿易渡海圖〉の檢討》。[37]

四、超越國境：交錯與糾纏的區域史

在傳統時代，東部亞洲海域之間的聯繫很多很多，我要特別

---

36 岩生成一《南洋日本町の研究》(東京：岩波書店，1940 年第一版，1966 年增訂版)，66 頁。

37 收在櫻井清彥、菊池誠一編《近世日越交流史 —— 日本町、陶瓷器》(東京：柏書房，2002)，51–68 頁。

強調的是，在十五世紀以後，也就是中國的明清時代，這個聯繫就更加密切。

我們不妨再說兩個故事。像著名的"壬辰之役"（1592），一般都注意到這是東亞中、日、朝之間的重要事件，但是再往下看，它並不只是中日朝之間，《明史》裏面說，豐臣秀吉統一了日本的六十六州之後，"威脅琉球、呂宋、暹羅、佛郎機，皆使奉貢"。[38]豐臣秀吉的野心很大，所以他發動的這場戰爭，不只影響東北亞，也波及了東南亞。就連東南亞的暹羅，也曾經向明朝建議，要出兵幫助中朝對抗豐臣秀吉。當時主持軍事的兵部尚書石星就建議，讓暹羅出兵攻擊日本，這就是"圍魏救趙"的方法，但兩廣總督蕭彥就表示反對。另外在呂宋，因為日本商船和商人在呂宋活動很多，當時的福建巡撫許孚遠就希望在那裏打探日本情報，甚至還和當地的西班牙殖民者合作。另外他還建議加強和琉球以及南海諸國的聯繫，開放上野貿易，以便斬斷日本的左臂右膀。[39]可見，"壬辰之役"這個事情涉及很廣，不放在整個東海南海，甚至全球，你不大能看得完整。[40]到了明清之間，這種聯繫並沒有變少，你看好多遺民、好多和尚，像高泉性潡（1633－1695年），

---

38 《明史》卷三二二《日本傳》，8357 頁。

39 參看葛兆光《難得儒者知天下 —— 倒寫朝貢圈》，載《讀書》（北京：生活・讀書・新知三聯書店）2021 年第 12 期。

40 其實，記載"壬辰之役"的朝鮮人申炅《再造藩邦志》卷二就記載有"時天朝方議出援，適有暹羅國使臣來貢，聞此議，欲助滅倭國兵。"這一方面的消息，也可以參看《續文獻通考》和朝鮮鄭崑壽《赴京日錄》的相關記載。

就從中國到了日本，成為日本黃檗宗的第五祖（這類遺民不只是朱舜水和隱元隆琦），他繼承隱元隆琦，把福建黃檗宗的"教禪一致"、《黃檗清規》、"苦行"（血書、掩關、戒疤）之風、文字編纂（僧傳與詩歌）風氣傳入日本，形成以宇治萬福寺為中心，可以抗衡曹洞、臨濟兩大派的禪宗門派。[41] 佛教徒裏面，不光是東渡日本，也有南下安南的。著名曹洞宗禪宗僧人大汕（1613–1705年），很有名，能寫詩，會畫畫，他在明清易代的時候，就到了越南（以及澳門）另闢天地。中山大學歷史系的姜伯勤先生就對他有很深入的研究。

這些故事很多很多，所以，當你超越國境，從"東部亞洲"這個區域看歷史，你就可以看到很多過去不注意的新鮮事。遺憾的是，中國學界歷來形成了"中國史"和"世界史"各自為政的局面，現在更麻煩，不光分為兩個一級學科，把考古文博還分出去了，所以沒多少人關心，或者專心於夾在中間的"東部亞洲海域"的歷史。在這一點上，中國與長期以來逐漸形成"東洋史""西洋史""本國史"三分天下的日本情況不同（由於日本有"東洋"這個概念，又必須面向西鄰的朝鮮與中國，所以對於"東亞"有一種關心，無論這種關心出於甚麼目的），因此，在中國研究中提倡"亞洲視野"或者"東亞世界"，自然有其意義。

最近，海外學界已經充分意識到，歷史研究這種畫地為牢的

41　參看野川博之《明末佛教の江戶佛教に對する影響 —— 高泉性激を中心として》（東京：山喜房佛書林，2016）。

缺陷，注意到歷史超越國家的聯繫性。像歐美學界，近二三十年就特別提倡"交錯的歷史"，或者"糾纏的歷史"，英文叫做"entangled histories"，你不要以為這只是比較歷史研究，這種取向的歷史研究並不是只關注簡單的比較，而是對"遭遇""影響""互動""轉移"感興趣，像入江昭（いりえ　あきら，1934—　）他們，就特別注意這一方面，當然他們也把它叫"國際史"。應該說，這是對孤立地看"一國史"的糾正。另外，我注意到歐美學者現在也特別注意所謂"逆向反應"，也就是政治、文化以及宗教傳播中的後坐力和反作用，這一點以後我們再詳細說。[42] 這裏我給大家多介紹一下我熟悉的日本情況。舉兩個例子，第一個是上田信的《海與帝國：明清時代》，這本書是傳統意義上的明清史，但是他特別強調了海洋及其周邊在明清兩代的歷史意義。為甚麼呢？他自己就說，這是受了兩大學術潮流的影響，一是布羅代爾的地中海研究，刺激了歷史學界的轉向，從關注陸地上由於政治形成的帝國、王朝的歷史主軸，轉向貿易、宗教和戰爭往來的海洋這個主軸；二是沃倫斯坦的"近代世界體系"理論，不再根據進化論和現代觀來區分先進和落後、殖民和被殖民、中心和邊緣，而是改變歷史觀念，把原來屬於直線"時間"的歷史，放在同時代

42　所謂"逆向反應"，比如過去費正清有"衝擊—反應"理論，過去的研究方法只是注意到西方主動，東方被動，但是，現在的研究者就尤其關注"衝擊"的反作用和後坐力，特別注意看上去主動的衝擊方，如何在不知不覺被改變，也就是說在這種歷史過程中，主動方並不是只是"施與"，其實也同時在"移位"，而被動的回應方，也不只是被動改變，也會參與變化的進程，所以，如何有意識地理解和改變外來資源，從而融新入舊，就很值得考慮。

的"空間"上觀察，把歷史看成是一個互相聯繫與影響的世界。所以，他在這部書中，特別用了"東部歐亞"這個概念，討論環日本海、渤海、黃海、東海、南海的周邊陸地和島嶼，因此和過去的明清史不太一樣。[43] 第二個是桃木至朗等學者專門編的一部《海域アジア史研究入門》。在這部書的《總說：海域亞洲史的可能性》裏，他們也承認布羅代爾"地中海"研究的刺激。1999 年，日本學者川勝平太翻譯了布羅代爾的《地中海》一書，此書把狹義的歐洲史放在海洋史背景下觀察，使得他們開始思考把亞洲史也放在海洋背景下研究的可能性。所以他們也建議，不要凸顯某個地區重要性和中心意味（如中國），而是注意到東南亞、蝦夷、琉球等邊緣地域，作為不可或缺的歷史構成要素，並且主張努力進行"海域亞洲史"，特別是強調了以下三個"主領域"：第一是超越"自國史"，邁向"對外關係史""海上進出史"；第二是超越"東洋史""東西交涉史"，邁向"大航海時代史"；第三是超越"近代史"，邁向"世界體系"和"亞洲貿易圈"。[44]

只是我要再提醒一句，全球史也好，亞洲史也好，東部亞洲海域史也好，其實並不是都要宏觀論述，就像前面說的，並不是"上下五千年，縱橫十萬里"，而是一種研究意識。這個意識就是，無論你研究甚麼歷史問題，最好背後都有一個大背景，盡可能超

43　上田信《海與帝國：明清時代》（講談社・中國的歷史之 9，高瑩瑩譯，桂林：廣西師範大學出版社，2014）。

44　桃木至朗等編《海域アジア史研究入門》（東京：岩波書店，2008），引用的《總說》作者是桃木至朗、山內晉次、藤田加代子、蓮田隆志。

越邊境，無論是行政區劃的邊界，還是帝國王朝的邊疆，要善於尋找更大的聯繫。但這絕不是一種時尚，並不是要你去趕時髦。現在有一種趨勢，就是把理論當作時裝，好像越新越好，因此，這種超越民族國家的區域史研究，可能會成為新潮流、新時尚，使得原本也有相當意義的國別史研究，受到很大的挑戰。因此，我也想倒過來提醒大家，所謂的亞洲／東部亞洲歷史的整體性研究，雖然可以改變"沒有亞洲的中國"，但是要警惕的是，它是否又會導致一個"沒有中國的亞洲"，也就是說，在國別史和區域史之間，如何尋找平衡與互補，這一點值得三思。

亞洲＼東部亞洲史的研究方法

引言　二十世紀九十年代以來歷史學的變化趨勢

有研究世界史學的學者最近曾經說到，歷史學從二十世紀九十年代以來，已經有了很多的變化。其中，有五個方面變化最快，成績也很大，這五個方面是：

1. 新文化史以及歷史學的文化轉向。

2. 性別研究，女性史，女性視角的歷史。

3. 歷史和社會科學再度合作，與歷史學的社會科學取向。

4. 後現代、後殖民主義下的對國別史的批判和超越。

5. 世界史、全球史和對全球化歷史的研究。[1]

最後的這個方面，其實就涉及超越民族、超越國境的歷史研究，無論是區域的還是全球的，大凡強調跨國境聯繫之研究，都很流行。英文裏面有所謂 "entangled histories"，中文可以叫做"糾纏的"或者"交錯的"歷史，這種研究不是在簡單地比較異同，而是注意"遭遇""影響""互動""轉移"等等。美國哈佛大學日裔教授入江昭和法國學者合作，邀請了 25 個國家的 350 位學者，在編一部十九世紀以降的跨國史詞典 (*The Palgrave Dictionary of Transnational History: From Mid—19th Century to the Present Day*)，據說有四百多條詞條，分為十大類。內容都是過去單個的國別史忽視的，除了世界秩序和失序之外，主要就是人口流動，

1　伊格爾斯和王晴佳。

文字聲音和訊息，貿易市場，環境和資源，身體與靈魂，知識，新的團體、組織和事業等等。

我們這裏所説的亞洲或者東部亞洲史，也是研究糾纏的和交錯的，也是更關注“遭遇”“影響”“互動”和“轉移”，所以，我們過去提倡“從周邊看中國”“交錯的文化史”等等，就是在實踐這樣的跨國境歷史研究。

一、仍然是歷史、考古與語言：
亞洲史研究在中國

研究的立場、視野和重心一旦變化，方法當然也有一些變化。不過，只要是歷史的研究，大概都不能不遵守一定之規，按照通行的一些方法。關於亞洲 / 東亞史研究方法，我想説，在這一領域沒有甚麼特別的方法，説得簡單一點，其實，還是歷史、考古、文獻與語言。唯一需要特別強調的，就是語言之學。因為區域歷史，是超越一個國家的歷史，所以，它必然要使用超越一種語言文字的歷史資料，因此，多種語言的掌握就格外重要。以前，歌德説“只知其一者，一無所知”，這句話成為馬克斯·繆勒（Friedrich Max Müller，1823－1900 年）建立“比較宗教學”的不二法門，成了比較宗教學的鑰匙之一，就是説，在研究不止一個宗教、一個地區、一個國家歷史和宗教的時候，歷史語言學和比較語言學就格外重要。

你看，當歐洲人逐漸涉足埃及早期歷史的時候，古埃及象形文字、兩河流域的楔形文字就成了很重要的學問。你聽說過羅塞塔石碑的故事嗎？羅塞塔石碑的發現，使得解讀埃及文字有了鑰匙，一下子就開拓了一大片歷史世界。當他們涉足印度宗教的時候，繆勒編《東方聖書集》，不僅推動了奧義書、佛教、耆那教的研究，而且梵文、巴利文就成了重要的學問。當二十世紀初，西域和敦煌各種文書逐漸發現的時候，吐火羅文、佉盧文、藏文就成了重要學問，下一講我們講歐洲東方學的時候，就會看到歐洲東方學的一個重要標誌，就是對這些語言文字的研究。同樣，當二十世紀初蒙古史、滿洲史和北方亞洲歷史成了大家關注的研究領域，蒙文和滿文也就很關鍵了。在這一方面，你可以想想，為甚麼傅斯年 1928 年建立的歷史研究所，要叫做"歷史語言研究所"？

十九世紀到二十世紀之間，歐洲東方學推動了亞洲史的研究，日本人的滿、蒙、回、藏、鮮之學也刺激了亞洲特別是東亞史的研究——關於這個學術史的問題，我們下一講再說——這裏只是要提醒大家一點，對於這一領域，過去中國學者常常把它叫做"四裔之學"，甚至叫"虜學"，這是有點兒問題的。為甚麼？因為你這麼稱呼，隱含了一個盲點，就是它是中國之周邊的"四裔"的研究，是漢族中國之外的異族也就是"韃虜"的

傅斯年

研究，但是，"中國"就不在裏面了。這恐怕是把中國與亞洲、中國與東亞割裂開了，不在亞洲中看中國，不把中國放在亞洲裏面，這就不對了，這怎麼算亞洲史或者東亞史呢？我們提倡的是"包括中國的、交錯的亞洲或者東部亞洲史"。其實，過去歐洲的東方學和日本的東洋學，不只講亞洲，也包括中國，更注重的是亞洲各國交流史。

亞洲史在過去的中國情況如何呢？其實，在歐洲東方學和日本東洋學的影響下，晚清民國時期，中國各個大學裏面已經有一些亞洲史的課程，你可以看王應憲編的《現代大學史學系概覽(1912−1949)》這本書，裏面介紹民國時期北大、清華等各個大學的課程，比如，北大1931年就有張星烺講"南洋史地"，從南洋地理說起，講印度文明傳入馬來西亞，到中國與馬來西亞的交通，一直講到歐洲殖民者來到南洋，基本上是東南亞大歷史；而同一年王桐齡也在北大講"東洋史"，包括上古印度、波斯、大夏、安息，中古的大食、匈奴、東胡、契丹、回鶻、吐蕃、三韓、日本，近古的南詔、占城、驃國、西遼、花刺子模、帖木兒帝國，甚至還有近世的日本、暹羅等亞洲各國。[2] 你還可以去看尚小明《民

---

2 王應憲編《現代大學史學系概覽（1912−1949）》（上海：上海古籍出版社，2016）上冊，62−64頁。差不多同時，張星烺、王桐齡還在清華大學歷史系兼課，開設"南洋史地"（1932）和"東亞史"（1930）。如王桐齡的"東亞史"，就講"歷史上中國在東亞所佔之地位，及其對四圍民族與四圍民族相互之關係，並東亞民族與遠洋民族之關係，中國以外東亞各民族政治、文化發展亦述大概。"同上書，326−327、319−320頁。

國大學的亞洲史教育》這篇文章，[3] 他就介紹了民國時期的情況。宏觀的亞洲史課程，像中山大學開過"亞洲史"，大夏大學開過"亞洲通史"，燕京大學開過"亞洲史概論"，北京大學開過"東洋史"；亞洲各個區域史，像南洋（東南亞）、中亞（西域）、北亞的歷史，在各大學也都開設過，至於日本、朝鮮、蒙古與中國密切相關的亞洲國家史，更在各個大學裏面有不少課程；同時，也有過像方豪（南亞史及中外關係）、陳序經（東南亞史）、馮家昇（日本與朝鮮史）、邵循正（蒙古、波斯及西域）、韓儒林（中亞、蒙古史）、李思純（亞洲各國史）、馬堅（回教及阿拉伯民族史）、羅香林（南洋史地）、納忠（西亞史及回教史）這樣很有成就的專家。即使在中國史領域，也已經有了很多可以視為亞洲或東亞歷史的研究成果，你可以看到陳寅恪先生對敦煌、蒙古、滿洲的研究（當然，後來他逐漸放棄並轉向其他領域），其實就是當時"預流"的學問。你也可以注意馮承鈞翻譯歐洲東方學的種種論著，他所說的"西域南海之學"其實就是亞洲史。你也可以注意到王古魯翻譯、介紹日本東洋學的情況，以及翻譯白鳥庫吉的著作，他也看到日本東洋學涉及的歷史世界，遠遠不只是"中國"或者"漢族"。

　　1949 年以後，對於歐洲東方學和日本東洋學這方面的翻譯和介紹，漸漸少了一點，1951 年，季羨林先生曾經寫過《史學界的

3　尚小明《民國大學的亞洲史教育》，載《北大史學》（北京：北京大學出版社，2012）第 17 輯，130－149 頁。

另一個新任務》，呼籲重視亞洲史。[4] 不過，受到當時的政治意識形態影響，主要出現的是一些從"被壓迫國家""第三世界""亞非拉"立場出發，作為與歐美資本主義世界的歷史主線對立的意義上，重新講授亞洲史的課程，比如二十世紀五十年代中期，北京大學（周一良）和中山大學（朱傑勤）先後開設了亞洲史。同時，也出版了幾部亞洲史教科書著作，如：王輯五（1900－1981年）《亞洲各國史綱要》（北京：高等教育出版社，1957）[5]；何肇發（1921－2001年）《亞洲各國現代史》上下卷（北京：高等教育出版社，1958）[6]；朱傑勤（1913－1990年）《亞洲各國史》（廣州：廣東人民出版社，1958）[7]；周一良（1913－2001年）《亞洲各國古代史》上冊（北京：高等教育出版社，1958）。

但是，有點兒遺憾的是，因為中國學界習慣了"世界史"和"中國史"的兩分體制，在世界史領域又習慣了各國國別史的研究傳統，應該說，一直到現在，所謂"亞洲史"的研究，尤其是打破

4　季羨林《史學界的另一個新任務》，《歷史教學》1951年第6期，1頁。

5　王輯五曾經著有《中國日本交通史》《一六〇〇年以前的日本》，編有《世界史資料叢刊》（中世紀史部分），其傳記見《中國現代社會科學家傳略》第7輯。由於他本人被打成右派，這部《亞洲各國史綱要》雖然是"解放以來的第一部"，但兩年後也受到政治批判，指責他沒有突出人民的歷史，把亞洲史寫成帝王將相的歷史和王朝更替的歷史，參看歷史系一九五九級亞洲各國史科研小組（指導教師李茂梓）所編《批判王輯五所著〈亞洲各國史綱要〉》，載《湖南師範學院人文科學學報》1959年第3期，49頁以下。

6　何肇發是中山大學東南亞歷史學、社會學教授。此書也有劉玉遵的政治性很強的短評，參看《評〈亞洲各國現代史講義〉》，載《讀書》1959年第15期。

7　朱傑勤的這部書，出版之後也有一些充滿政治意味的批評，但口氣相對緩和，參看劉玉遵《對朱傑勤編著的〈亞洲各國史〉現代部分的幾點意見》，載《中山大學學報》1959年1－2期合刊，147頁以下。

國別的、跨地域的和聯繫的研究，在中國還不那麼流行，因此，亞洲史研究無論在文獻資料、語言訓練和敘述方法上，還需要花很大力氣來推進。[8]

當然，我必須提醒大家，這並不是說每一個做亞洲史或者東亞史的人，都要大筆一揮，從東京到伊斯坦布爾，從西伯利亞到雅加達，甚麼都要做，上下都要寫。其實，亞洲史更重要的是一種研究方法，是一種觀察歷史的角度，無非就是把任何大的、中的、小的歷史人物，歷史事件，歷史文獻，自覺地放在亞洲大背景下去研究，看看有沒有更大的背景和視野。進行亞洲史或者東亞史研究，你也完全可以選擇一兩個、兩三個具體個案，只要你時時記住，我的研究不局限在一個王朝或一個國家裏面，而是涉及各個國家、各個族群、各個區域之間的互動就好。

我在下面，給大家舉四個東亞史研究方面的案例，作為亞洲史或東亞史的一般研究途徑，供大家參考。這四個方面是物、人、書、事，也就是 (1) 物品的研究，(2) 人物的研究，(3) 書籍的研究，(4) 事件的研究。

8　關於"文革"之後中國學界的亞洲史研究，可以一提的是 1986 年福建師範大學曾經在福州召開第一次"亞洲史學術討論會"，但是此後的發展未必理想；此後的研究綜述，參看何芳川《近年來國內的亞洲史研究》，載《世界歷史》2006 年第 1 期，109–110 頁；畢健康等《"十一五"期間我國亞洲史研究狀況》，載《世界歷史》2011 年第 4 期，120–127 頁。

二、物品：物質文化史的途徑

首先，我們看有關物品的研究，這也可以叫做"亞洲或者東亞的物質文化史研究領域"。這方面我們可以舉出的例子有：

勞費爾（一譯勞弗，Berthold Laufer，1874－1934年）的《中國伊朗編》[9]。這是一部老書，出版100年了，不過還是經典，台灣也有一個中譯本，是杜正勝翻譯的。勞費爾這本書的副標題是"中國對古代伊朗文明史的貢獻，特別圍繞着植物種植和產品的歷史"，好像他主要意圖是從中國文獻中尋找資料，說明古代伊朗農產品、植物和物質文化的歷史，但是，他收集的很多資料，也證明了古代中國和波斯之間的物質文化交流情況，更多地讓我們看到，中國古代物質文化怎樣受到西亞、中亞的饋贈。比如，你可以從中了解，我們常常看到的葡萄、石榴、黃瓜、蠶豆、苜蓿、胡椒、胡蘿蔔、西瓜這些東西是怎麼從西亞、中亞傳到中國來的。除了這些植物之外，他還討論

勞費爾《中國伊朗編》

9　勞費爾《中國伊朗編》(*Sino—Iranica: Chinese Contributions to the History of Civilization in Ancient Iran with Special Reference to the History of Cultivated Plants and Products*, Chicago, 1919；中文本，林筠因譯，北京：商務印書館，1964、2001)。在1925年，中國學者章鴻釗就曾對此書加以介紹，並且稱讚它"博大浩瀚，凡於中國植物、金石稱謂沿革，搜討備勤，其餘一名一物之微，詳加疏證。"《洛氏中國伊蘭卷金石譯證·自敍》，載《地質專報》乙種第3號(1925年6月)。

了波斯的紡織品、礦物、寶石等等傳到中國來的情況。當然，在後面他也專門設立一編《伊朗中國編》，討論中國的絲綢、黃連、茶、高嶺土、紙、硝石是怎樣傳到伊朗去的，這裏面涉及的絲綢、茶葉、製作瓷器的高嶺土、紙張，都是很重要的東西。[10]

還有一本書值得介紹，就是薛愛華（一譯謝弗，Edward H.Schafer，1913－1991年）的《撒馬爾罕的金桃》[11]。這部書也是一本老書，出版半個多世紀了。這本書研究的比勞費爾的書還要寬廣。首先，他涉及的是中外交流最頻繁，文獻資料也豐富的唐代；其次，他不像勞費爾主要圍繞植物，更把視野放寬到人、家畜、禽獸、木材、食物、香料、藥物、紡織品、顏料等各種日常器物和宗教器物，甚至還包括書籍；再次，正如譯者吳玉貴所説，他不光是討論物質，而且涉及了唐代社會，"目的是要通過對於外來物品的討論來研究這些物品對唐代社會、文化的影響，並進而更深刻、更全面地了解唐朝社會"（《譯者的話》，6頁）。比如，在第三章《家畜》中討論馬，就用了18頁的篇幅，從唐代對於戰

10　比如他提到原產於西亞和埃及的葡萄，指出雖然最初產地中心不是那麼清楚，但是肯定來自東方（指歐洲之外的北非和西亞），公元前三四千年埃及就有葡萄和葡萄酒，葡萄從這裏傳到希臘和意大利，而中國從大宛得到葡萄樹，"那是早期中國人所完全不知道的植物"（45頁）。然後，他引用了正史、筆記、地志以及各類中外文獻，也包括像沙畹等學者的研究，介紹了葡萄和葡萄酒在中國的情況，考證"葡萄"（在《史記》等文獻中作"蒲桃"）的名稱是否來自西域語言，也討論了宋代以及此後葡萄及葡萄酒在中國的種植、儲藏、產地、釀製，甚至還介紹了葡萄和葡萄酒在日本的流傳（43－70頁）。

11　Edward H. Schafer: *The Golden Peaches of Samarkand: A Study of T'ang Exotics*, University of California Press,1963；中文本，吳玉貴譯，一名《唐代的外來文明》（北京：中國社會科學出版社，1995）。

馬的重視（《新唐書》"馬者，國之武備，天去其備，國將危亡"），討論到龍馬也就是歷代中國對西域駿馬的依賴，從漢代的大宛馬、唐太宗的昭陵六駿、唐玄宗的六匹汗血馬，說到吐蕃、渤海靺鞨、室韋、奚人，特別是突厥的馬，不僅涉及戰爭、貿易、管理，而且討論到唐代的馬球和舞馬，更涉及唐代七、八世紀的風氣，最後說到"將天上的龍馬視為一種可信的尤物，八世紀的唐代人應該是最後的一批，從此以後，對外來物的喜尚就帶有了自然主義的態度，而不再有虔誠恭敬的象徵主義"（153 頁）。

研究某種"物"，是否就只能局限在這個"物"，而不能有更大的歷史視野和歷史意義呢？不是的。我想給大家介紹季羨林先生的《蔗糖史》，看上去，這是一個有關"糖"的研究，但是，他通過蔗糖的製造技術、生產、消費，在各個地域之間的傳播、變化，實際上是一個跨地域的物質文化史的研究。

季先生的研究問題意識來自敦煌文書。他注意到敦煌文書裏面有一個詞叫"煞割令"——就是蔗糖，而這個"煞割令"應當來自梵文 Śarkarā 和巴利文 Saekkhara，然而世界上的蔗糖這個詞，英文 sugar，法文 sucre，德文 Zucker，都來自這一名稱，那麼，是不是蔗糖的生產，也是從印度到中國又到歐洲的呢？他從這裏開始了研究。我記得二十世紀八十年代的時候，我在北大讀書，經常看到年事已高的季先生，從他家出來，繞過未名湖，到圖書館查書。那個時候不像現在，有電子文本，有 google、百度，他就是一⋯⋯地查資料，寫出了有關蔗糖的兩大冊著作。那麼，這兩大⋯⋯就是講了一個蔗糖的歷史嗎？不是的。如果大家注意一下，就像我前面說的，茶葉、白糖、鴉片、瓷器、絲綢都是超越國境的全球史或區域史的重要內容，那麼，研究糖有甚麼意義呢？

如果大家注意到，國際學界幾乎同時出版了好些有關糖的書籍，就也許會想到更多了。1985 年，前幾年剛剛去世的美國學者西德尼・敏茲（一譯西敏司，Sidney W. Mintz，1922－2015 年）在企鵝出版社出版了一部經典著作《甜食與權力：論糖在現代歷史裏的角色》(*Sweetness and Power: The Plece of Sugar in Modern History*) [12]，從十七世紀以後西印度群島上殖民者的糖業發展，說到價格便宜的蔗糖大量銷往英國，促成工業化的英國大量消費蔗糖，糖成為工人階級卡路里的廉價來源，從而降低了勞動成本，推動了工業的發展。你看看，糖的意義不只是糖吧。這本書的影響非常大，季先生當然不是受到這本書的刺激和啟發，不過，他一定感到，這種通過某種具體的物品，貫穿到跨國境的歷史研究，一定很有意義。在季先生撰寫這部著作的同時，日本和歐美學者又出版了一些有關糖的著作，比如日本的川北稔，在 1996 年出版了《砂糖的世界史》。我們知道，日本對於蔗糖非常敏感也非常重視，明清兩代的唐船貿易，最大宗的就是糖，常常一船十幾萬斤。日本對蔗糖的需求相當大，後來日本佔領台灣，讓台灣大量種甘蔗作為製糖基地，就是這一原因。川北的這部小書，就討論了作為“世界商品”的糖的來源（主要是中國和印度），也討論

---

12 現在這部書已經有中譯本：西敏司《甜與權力：糖在近代歷史上的地位》
　　 譯，北京：商務印書館，2010）。

了砂糖在亞洲、非洲以及歐洲的生產，以及它和殖民地、販賣奴隸的關係 [13]；另一位美國杜克大學的穆素潔（Sucheta Mazumdar），則於 1998 年在哈佛大學出版社出版了《中國：糖與社會：鄉民、技術與世界市場》（*Sugar and Society in China: Peasants, Technology and the World Market*），其中論述了中國製糖業的歷史和社會影響，論述了糖在世界市場的交換情況，也涉及我們關注的中日之間唐船貿易中的糖 [14]；一直到 2017 年，還有邁克·阿隆松（Marc Aronson）和瑪麗娜·巴杜思（Marina Budhos）出版的一本通俗讀物《糖改變了世界：一個關於香料、奴隸制、自由和科學的神奇故事》（*Sugar Changed the World: A Story of Magic, Spice, Slavery, Freedom, and Science*），從印度宗教儀式用糖開始，講到歐洲中世紀，講哥倫布如何把甘蔗切成塊帶到美洲，糖的生產和消費如何導致了大量的奴隸貿易，又如何帶去了革命種子，刺激了殖民地的自由追求。[15] 好家伙，大家想一下，從 "糖" 這個主題，能帶動多少的領域，串聯多大的區域，發掘多深的歷史！

我想，季先生的這部書，至少它參與了有關 "糖" 的全球史研究，也把中國在 "糖" 的全球史中的位置寫進去了。

13　川北稔《砂糖の世界史》（東京：岩波書店，1996）。

14　此書現在已經有中譯本：穆素潔《中國：糖與社會 —— 農民、技術和世界市場》（葉籬譯，廣州：廣東人民出版社，2009）。

15　邁克·阿隆松和瑪麗娜·巴杜思《糖改變了世界：一個關於香料、奴隸制、自由和科學的神奇故事》（*Sugar Changed the World: A Story of Magic, Spice, Slavery, Freedom, and Science*, Clarion Books, Boston, New York,2010）。

三、人物：族群與文化融合的歷史

其次，我們來看人物的研究。有的人物，不是屬於一個國家的歷史，而是屬於更廣大的區域的歷史，這種人物的研究，就有了跨國境的意義。

以前，陳垣先生的《元西域人華化考》(陳智超導讀本，上海：上海古籍出版社，2000)，就是研究西亞、中亞的異族人，怎樣在東亞的漢族地區逐漸漢化的，他分儒學、佛老、文學、美術、禮俗、女學等六類，討論了132個非漢族人的文化變遷。雖然，在那個時代的陳垣，不免過分強調了漢族文化的影響力和感染力，有一點兒漢族中心主義和漢族文化優越的思想，把蒙元一朝的漢族文化當作最高和最大的主流，忽略了漢族地區也存在"蒙古化"現象，但是，他敘述的文化史現象還是非常重要的，至少他看到了異族異國人存在着"中國化"或"漢化"現象。按照他在《結論》裏說的，蔥嶺以東 (在現今中國版圖內) 的人有五十六人，包括了畏兀爾、高昌、龜茲、于闐等；蔥嶺以西 (在中國新疆以西) 有六十八人，包括回紇、回回 (伊斯蘭)、大食 (阿拉伯)、也里可溫 (基督徒) 等；還有其他的八人，包括色目、朵魯別和尼波羅人。這一課題，雖然還是立足中國，但是，涉及的是整個亞洲西部和中部這個廣大的世界。所以，日本學者桑原騭藏就說，中國學者有關"關係外國之問題"的歷史論述中，像陳垣這樣引起"吾人注意"者不多，因為陳垣的研究，一是研究"支那與外國關係"，二是有"科學方法"。陳寅恪則在《重刻元西域人華化考序》中，也稱讚這部著作"材料豐實，條理明辨，分析與綜合二者俱極其功力"。

說到桑原騭藏，大家可能聽説過他的名著《蒲壽庚考》，這是一部非常精彩的著作。蒲壽庚是一個歷史上被忽略的外國人，南宋末元代初，他曾經當過中國的市舶司官員 —— 也就是現在海關的關長 —— 三十多年。桑原騭藏説，他在"宋元鼎革之際，舉足輕重，關係至大"，可是，無論是《宋史》《元史》各種文獻中，對他都沒有專門介紹，"於其人之經歷、血統，一無所記。東西學者，亦未詳悉其事也。"[16] 桑原騭藏從各種各樣的零星記載中，重新拼出了蒲壽庚的事跡。原來，這是一個宋元之際的阿拉伯人，這個姓蒲的異域人，可能祖先就是《桯史》裏面説的廣東第一富豪，"總理諸蕃互市"。十三世紀中葉，蒲壽庚的父親從廣東移居泉州，他便在中國的泉州當南宋的海關長官，掌握很多船隻，但蒙古人來了以後，至元十三年 (1276) 他卻投降了元朝，他掌握的船隻被蒙元所用，他反而對流亡的宋朝皇帝來個拒而不納，於是，他當了元朝的二品大官 —— 福建行省中書左丞。關於蒲壽庚的倫理道德，我們不必關心，因為要一個阿拉伯人恪守漢族傳統的王朝正統觀念，實在也有點兒過分。

值得一提的，倒是在這個蒲壽庚的事跡中，你可以了解到那

---

[16] 桑原騭藏《蒲壽庚考》(陳裕菁譯訂，原譯本出版於 1929 年，1954 年重印，北京：中華書局，2009 年重排本)，87 頁。其實，在桑原騭藏這本名著問世前幾年，藤田豐八就已經對蒲壽庚有了初步研究。參看藤田豐八《中國南海古代交通叢考》(何健民譯，太原：山西□□出版社，2015) 上冊《泉州之阿剌伯人》，65-68 頁。

個時代的沿海風情、貿易狀況、中外往來、胡漢雜居。在我們今天的中國歷史書裏，可能很少有對這種"胡漢雜處"做濃墨重彩的敍述的。其實，不僅是異族掌握權力的蒙元，就在宋代，泉州、廣州沿海一帶的外藩人是很多的，想來那些城市裏，可能也有那時像香港一樣的"蘭桂坊"和"荷李活街"。順便説，1972 年，德國學者傅吾康（Wolfgang Franke，1912—2007 年）和中國學者陳鐵凡，還在加里曼丹的文萊達魯薩蘭國，發現了南宋時代的蒲氏墓地，説明那個時候阿拉伯人就從印度洋到了南海東海，沿着海上航線來到東亞。而桑原的這部書，藉了一個蒲壽庚，不僅介紹了從唐到宋元的中國海外貿易情況，介紹了沿海的外藩人、伊斯蘭教徒在漢族地區的生活情況，介紹了宋元易代的時候各種人的表現，使得隱沒在大量主流歷史敍述中的各種瑣碎事件、人物和活動，都凸顯起來。你看看桑原騭藏不僅使用了大量邊邊角角的漢文文獻，也大量引述了各種外文資料，所以，這部書價值是非常大的，等於把亞洲當時最活躍的阿拉伯人、蒙古人、漢人的活動呈現出來了。

研究跨越國境的各種人物，通過他們的事跡，呈現亞洲交錯的歷史，這種方法應當比較容易，只要有這個意識，資料並不難找。現在我們學界，尤其是中古學界，特別重視對出土碑誌的研究，這些碑誌裏面記載的漢族人，你可以討論他的家族系譜，討論他們的階層、分佈和生活。而且，還有很多非漢族的呢！比如天竺人、粟特人、鮮卑人、突厥人的碑，也不斷地被發掘出來，通過這些碑誌，一樣可以考察這些異族人的遷徙路線、生活狀態、文化特性和族群認同，也一樣能呈現亞洲交錯的歷史。

四、書籍：圖書中的亞洲史

再次，我們看看書籍或文獻的研究。書籍或文獻的亞洲史研究，尤其是本身就記載了跨國家／王朝的歷史的書籍或文獻，對它們做研究就等於是在研究亞洲或者東亞史。比如正史裏面有關西域的《史記・大宛列傳》《漢書・西域傳》，有關東亞的《明史・日本傳》，比如雜史中，宋代趙汝适的《諸蕃志》、周去非的《嶺外代答》，比如近代黃遵憲的《日本國志》，這些書籍或者文獻都涉及了中國之外很大的一個亞洲或東亞的區域。

以前，我曾經仔細讀汪向榮的《〈明史・日本傳〉箋證》，他引用了中國和日本的好多文獻，對原本比較簡單，只有18頁的《明史》第三百二十二卷《日本傳》，做了非常詳細的注釋，長達162頁。等於是一編在手，古往今來很多有關日本的文獻，包括中國的正史、實錄、雜史、筆記，也包括日本的各種漢文資料都匯齊了，用起來多麼方便！比如《明史・日本傳》中記載的有關永樂元年（1403）派遣使者趙居任、張洪去日本之前，日本貢使到寧波的這一件事情，汪向榮的箋注就引用了中國的《明實錄》《吾學篇》《籌海圖編》，日本的《大乘院日記目錄》《增修和漢合運圖》《東寺王代記》《蔭涼軒日錄》等，說明：（1）除了趙居任、張洪之外，出使日本的還有僧錄司右闡教道成；（2）到寧波的日本使者是僧人，正使是天龍寺僧人堅中圭密，隨從有梵雲、明空，以及通事徐本元，他們帶來的禮物有馬、瑪瑙、水晶、硫磺、佩刀等等；(3)日本遣使入貢船隻中帶有兵器，被中國方面禁止，但永樂皇帝表示要網開一面；(4)趙居任等是永樂二年（1404）五月分別乘坐五艘船到日本的，其中，三艘曾得到足利義滿的迎接；(5)這次明朝頒給足利義滿的"日本國王之印""光輝照人，斤兩尤重，兩手難以提持"，後來日本方面曾多次使用。[17]

這種對於書籍的研究，其實並不容易，因為它涉及域外的很多知識、文獻和歷史，你沒有點兒功夫是不行的。以前我一直説，與其你去做一個沒有甚麼意思也沒有特別創見的概論式論文，不如去針對一部書做考證式的箋注。過去，周一良先生的哈佛大學博士論文《唐代密宗》[18]，就是對《唐書》中幾個密宗僧人傳記的箋證和研究，恰恰等於論述了印度、西域和中國的密宗傳播史，這不比空頭寫一本泛泛而論的《唐代密宗史》強多了？王邦維在季羨林先生指導下做的北大博士論文《南海寄歸內法傳校注》，是對唐代去印度取經學習的僧人義淨的著作的校注，他的前言當然很精彩，但只有六萬字，但更重要的是後面的箋注，比論述性的前言長得多。你要把中國、印度和中印往來交通途徑中的地名、風俗、史跡一一搞清楚，要花很大的力氣，也要有豐富的中外文獻基礎，比起簡單的論述來，也有用得多。

---

17 汪向榮《〈明史・日本傳〉箋證》（成都：巴蜀書社，1987）。

18 周一良《唐代密宗》（原為英文，錢文忠譯，上海：上海遠東出版社，1996）。

我在這裏要特別介紹一本著作，就是美國的賴肖爾（又名賴世和，Edwin Reischauer，1910－1990年）的《圓仁在中國唐朝的旅行》[19]。賴肖爾是哈佛大學的教授，曾經當過美國駐日本大使，和費正清一樣是美國東亞研究的領袖級人物。他的這部著作其實就是研究九世紀日本僧人圓仁（794－864年）的《入唐求法巡禮行記》的。《入唐求法巡禮行記》是日本僧人圓仁到唐朝來學習佛教，結果遭遇到唐武宗滅佛（840－846年）那一段，他對當時唐朝各方面的記載，剛好就是一個異域人對中國的觀察，也是當時東亞史的重要資料。可是，在賴肖爾之前或之後，研究這部書的著作已經很豐富了。因為這部書在日本也是重要的寶貝，它的價值日本人、中國人早就了解。傳說，這部書的手稿原來就在京都東山的延歷寺，而它的一個抄本，在宋代初期曾經作為禮物，由日本僧人進獻給中國當局。但是，因為最後一卷就是第四卷記載了唐朝滅佛等不好的事情，所以獻給中國的只有三卷，這傳說不知道是真是假。但是，確實有一個古抄本收藏在日本京都東寺的觀智院，明治年間被發現後，被日本定為"國寶"。所以，怎麼會沒有人研究呢？以我的有限了解，早在1926年，觀智院抄本就影印過，著名學者石田幹之助（いしだ みきのすけ，1891－1974年）也對它進行過研究，岡田正之也對它進行過解說。[20] 後來，有兩部

19　Edwin Reischauer: *Ennin's Travels in Tang China* (New York: The Ronald Press Company, 1955).

20　石田幹之助《入唐求法巡禮行記》（用東寺觀智院本影印，岡田正之的"解說"，收入"東洋文庫論叢"第七"附篇"，東京：東洋文庫，1926）。

圓仁法師木像

日本學者的著作都可以稱為名著：一是足立喜六注（鹽入良道補注）的《入唐求法巡禮行記》，一是小野勝年的四卷本《入唐求法巡禮行記的研究》，都是很了不起的研究。我在北大讀書時代的老師白化文和李鼎霞夫婦，在小野勝年的著作的基礎上，也做了中文的修訂注本，當然這些注釋遠在賴肖爾之後了。[21]

可是，儘管有這麼多的研究，賴肖爾還是率先以他西方學者的眼光和特別的詮釋角度，對《入唐求法巡禮行記》做了文獻和歷史的解說，闡發了這部書在世界史上的偉大意義。

他是怎樣闡發的呢？大家注意第一章。第一，賴肖爾很聰明地把九世紀的圓仁《入唐求法巡禮行記》與十三世紀《馬可·波羅遊記》聯繫起來，讓西方讀者一下子就意識到，比起震驚世界的《馬可·波羅遊記》更早四個世紀，更清晰準確的中國紀行，意義有多大。但是，比起世人皆知的馬可·波羅來，居然圓仁的名字和他的著作，只在其故國日本的學者圈裏被人所知，這是很不公

---

21 足立喜六注、鹽入良道補注《入唐求法巡禮行記》（"東洋文庫"，東京：平凡社，1970）；小野勝年《入唐求法巡禮行記の研究》四卷（東京：鈴木學術財團，1964–1969；法藏館重印，1989）；小野勝年校注，白化文、李鼎霞修訂校注《入唐求法巡禮行記校注》（石家莊：花山文藝出版社，1992）。

平的。第二，圓仁比馬可‧波羅對中國的敘述更加準確和深入。賴肖爾暗示說，由於馬可‧波羅廣為人知，人們習慣了從馬可‧波羅這一西方人的立場、角度和眼睛中看中國，但是，如果從一個原本看上去就是漢文化圈內的圓仁眼睛中看中國呢？從比較文化學的角度上看，是否也有另外的意義？賴肖爾相當聰明地指出，"（與馬可‧波羅）相反的是，圓仁是從與中國文化分家——日本——來的，因此多少有點兒像是中國文化的繼子，他受過複雜的漢字書寫方法教育，也是一個優秀的佛教學者，而馬可‧波羅則是作為統治和歧視當時中國人的蒙古征服者的朋友，來到中國的，因此，圓仁與中國人相同，信奉佛教，更容易進入中國人的內部生活世界，即更能夠從內部洞察中國人生活，而馬可‧波羅則不過是在外部眺望中國而已。換句話說就是，對於中國，圓仁是作為同胞來體驗的，而馬可‧波羅是用‘夷狄’之眼來觀看的"（4頁）。第三，進一步，賴肖爾指出了一個非常重要的現象，就是從世界史角度看，圓仁無意中參與了一個重要的文明進程，那個時代，正處在文明史的兩個重要發展之間。歐洲的羅馬帝國結束了，亞洲的漢唐帝國盛世也結束了，世界高等文明越過了舊世界的壁壘，可以看到，地中海文明北上，席捲了整個北部歐洲；中國文明南下，波及南方中國甚至東南亞，而東北則進入滿洲、朝鮮和日本。也就是說，從六世紀後半到九世紀中葉，偉大的文明如同洪水急速而且強烈地衝擊各個國家，而圓仁就是這個大潮流末端出場，並且見證了遠東歷史腳步的一個重要人物（5頁）。這樣，就把圓仁及其《入唐求法巡禮行記》的意義大大提升，進入世界史範圍內了。然後，賴肖爾才開始敍述九世紀中國的一般狀況，敍述唐代玄奘、圓珍和成尋這幾個遠道求法者的事跡和著述，這樣，就把圓仁的記錄安放在這樣一個世界歷史和中國歷史的大框架裏面，它的意義就更加凸顯了。[22]

其實，這一類書籍或文獻的研究成果很多很多，大家不妨注意一下。比如，季羨林先生主編的《大唐西域記校注》、王邦維對《南海寄歸內法傳》的校注和研究、謝方先生對《法顯傳》的研究，[23] 都非常精彩和深入。而值得研究的這一類書籍也很多，比如：(1) 涉及中國和日本的中國文獻，像明代鄭舜功的《日本一鑒》、清代汪鵬的《袖海編》；(2) 也有日本方面的文獻像《華夷變態》《唐通事會所日錄》等；(3) 涉及中國和朝鮮的，就有朝鮮王朝的各種"朝天錄"和"燕行錄"，還有金慶門的《通文館志》；(4) 中國的各種"使朝鮮錄"；[24] (5) 涉及中國和東南亞的，包括越南所收藏的各種"北使行紀"，以及他們自己的歷史書比如《大越史記全書》，裏面說的都是越南和中國歷史上的角逐，那是有關印度支那半島的大歷史。

關於這些文獻，我們在第四單元裏會仔細討論和介紹，這裏就從簡，略過去了。

22　這本書有日文譯本《世界史上の圓仁——唐代中國への旅》(田村完誓譯，東京：實業之日本社，1963)。其內容為，第一章，圓仁的日記；第二章，圓仁——巡禮與師父；第三章，遣唐使；第四章，圓仁與中國官吏；第五章，在唐代的生活；第六章，大眾的佛教；第七章，滅佛；第八章，在中國的朝鮮人；第九章，回國。

23　王邦維《南海寄歸內法傳校注》(北京：中華書局，1995)；謝方《法顯》，載《謝方文存》(北京：中華書局，2012)，449－514 頁。

24　殷夢霞、于浩編《使朝鮮錄》("中朝關係史料叢刊"，北京：北京圖書館出版社，2003)。

五、事件：涉及亞洲不同國家的歷史事件研究

再接下來，我們來看看影響亞洲和東亞的歷史事件。對於涉及亞洲或東亞的歷史事件的研究，這方面的例子太多了。比如，小野妹子出使隋朝的事情，為甚麼中國皇帝對"日出處天子致書日沒處天子"這種稱呼那麼介意呀？後來，北宋寶元年間（1038–1040），唃廝囉的上表稱呼宋朝皇帝"趙家天子及東君趙家阿舅"，元豐四年（1081）于闐使者的國書"于闐國傉儸有福力量知文法黑汗王，書與東方日出處大世界田地主漢家阿舅大官家"[25]，為甚麼隋唐反應強烈，宋代就沒有這樣的反應呀？到了清代，英國使者馬嘎爾尼朝見乾隆皇帝的事情，雙腿跪還是單腿屈，為甚麼又成了公案了呢？

這類涉及多國，成為亞洲或者東亞的歷史事件，自古以來很多很多，無論是我們前面提到的"蒙古襲來"事件，還是後來中、日、朝都捲進去的十六世紀末東亞大戰"壬辰之役"，還是震動東亞的"明清易代"，你都可以研究。我最近試圖把"明清易代"這件事情，不再當作"中國史"，而是當作"東亞史"來看，覺得有

---

25 《續資治通鑑長編》卷三一四（元豐四年），7612 頁。又，見周煇《清波雜誌》卷六，寶元年間，劉渙出使唃廝囉，原來吐蕃和唐朝通姻，所以把唐朝叫"阿舅"，吐蕃瓦解之後，到了唃廝囉，"蕃中不識稱朝廷"，寫章表還是"趙家天子及東君趙家阿舅"；元豐四年于闐的上表是"于闐國傉儸大福力量知文法黑汗王，書與東方日出處大世界田地主漢家阿舅大官家"；政和年間，于闐的國書作"日出東方、赫赫大光、照見西方五百里國，五百里國內條貫主，黑汗王，表上日出東方、赫赫大光、照見四天下、四天下條貫主，阿舅大官家"。載劉永翔《清波雜誌校注》（北京：中華書局，1994），250 頁。

很多不一樣的地方：首先，它的歷史不只是從疾病流行，引發明末流寇，到滿洲崛起、流寇進京、吳三桂之叛、清兵入關，一直到三藩之亂，這麼一個簡單的脈絡。其次，你還要看江南經濟的發展和南北失衡，"壬辰之役"對日本、李朝朝鮮和明王朝的深刻影響，西洋（以及美洲的）知識、商品、白銀以及火炮等進入東亞，蒙古、日本和朝鮮對明清易代的文化反應，等等。

我這裏只是舉例而已。有關亞洲、東亞的研究領域太寬了，只要你把你自己的研究視野越出一個國家或者一個王朝，你就能看到很多題目、很多問題，你要是願意研究宗教，不光是佛教、伊斯蘭教、三夷教（祆教、摩尼教、景教）、天主教，哪一個會僅限於一個國家？它往往要看到整個，至少半個亞洲，才能說清楚。

討論：文獻、歷史和語言

但是，亞洲史或者東部亞洲史，在中國學術界還沒有那麼多研究，我們仍然習慣於"沒有世界的中國史"，或者"沒有中國的世界史"，搞世界史的，不怎麼關注中國史，搞中國史的，也不怎麼關注世界史，更不要說夾在中間的亞洲或者東亞史了，這也是我們始終要提倡"交錯的文化史""從周邊看中國"等課題的原因。

不過，真正提倡亞洲或者東亞史，遇到最大的挑戰，除了掌握文獻和歷史知識之外，就是語言了。大家知道，當年傅斯年開辦史語所，就曾經提倡中國學者要去做"虜學"，他在《歷史語言研究所工作之旨趣》中說："我們中國人多是不會解決史籍上的四裔問題的……凡中國人所忽略，如匈奴、鮮卑、突厥、回紇、契丹、女真、蒙古、滿洲等問題，在歐洲人卻施格外的注意。說句笑話，假如中國學是漢學，為此學者是漢學家，則西洋人治這些匈奴以來的問題豈不是虜學，治這學者豈不是虜學家嗎？然而，也許漢學之發達有些地方正借重虜學呢。"請注意最後這一句，你要研究好中國，就得注意中國之外，要研究中國之外即所謂四裔，你就得掌握各種"殊方之書、異域之文"。

這是沒有辦法走捷徑的。有人說，亞洲就是幾個文字的"圈"，漢字的文化圈，梵文、藏文、蒙文的文化圈，突厥文、波斯文、阿拉伯文的文化圈。可是，過去中國學界只有陳寅恪、翁獨健、韓儒林、周一良、季羨林等少數學者，具備這種多語言的知識，所以在這一方面，正像傅斯年說的，我們不僅落後於西洋，也落後於東洋。現在，提倡亞洲或東亞史，我們要強調的就是文獻、歷史、考古和語言這幾樣，沒有更廣泛的各國各族文獻，談不上研究，沒有多脈絡多線頭的歷史知識，你不可能把各種錯綜複雜的各區域的歷史連接起來，而沒有多種語言工具，這種研究絕不可能深入。

下面，我們就用一段前輩史學家的話來共勉：

姚從吾在《歷史方法論》中說："歷史學者雖然不能盡通各種文化民族的語言，但語言實在是研究歷史最重要的工具。本國語言之外，與自己研究範圍有關係的語言，均應儘量兼習，且應當把它當着選擇題目、劃分研究範圍的先決問題。"他說，維也納大學歷史學教授鮑瓦（W. Bauer）《歷史研究入門》中曾經引用紐曼（K. J. Neumann）於 1910 年作為施查斯堡大學校長時的就職演說《上古史的進化與問題》，紐曼說："沒有完全運用如意的語言工具，而治上古史，將終是假充內行而已"；而鮑瓦更進一步說："豈但是上古史，對於一切的歷史，都是如此"。

所以，姚從吾對年輕學者的建議是：（一）兼習英文、法文、德文、日文、俄文等現代世界語言；（二）兼通研究有關的語言，如研究唐史，不可不兼通土耳其文、阿拉伯文、西藏文；研究宋史，不可不兼通契丹文、女真文、西夏文、阿拉伯文；研究元史，不可不兼通波斯文、阿拉伯文、蒙古文、畏兀兒文、拉丁文；研究明史，則不可不兼通回回文（土耳其文）、拉丁文；清代的歷史，除了滿文、蒙文、西藏文、回文以外，關涉的外國文字語言更多……[26]

姚從吾和陳寅恪、季羨林一樣，是從德國留學回來的，毫無疑問，深受德國東方學傳統和歷史語言學方法之影響，他又在大學兼教史學方法，故特別強調歷史語言之學。他要求多學語言的話，雖然有點兒要求太高，但你如果真要做超越中國的亞洲史或東亞史，仔細想想，確實還是有道理的。

26　姚從吾《略論歷史學的輔助科學》，收入《歷史方法論》（陳捷先、札奇斯欽編《姚從吾先生全集》一《歷史方法論》，台北：正中書局，1977 年第三版），59、60—61 頁。

建議閱讀論著

1. 宮崎市定《亞洲史概說》，謝辰譯，北京：民主與建設出版社，2017。

2. 費正清編《中國的世界秩序》(英文本，哈佛大學出版社，1968)，中文本，杜繼東譯，北京：中國社會科學出版社，2010。

3. 許倬雲《我者與他者：中國歷史上的內外分際》，北京：生活・讀書・新知三聯書店，2010。

4. 斯圖亞特・戈登 (Stewart Gordon)《極簡亞洲千年史：當世界中心在亞洲 (618－1521)》，馮奕達譯，長沙：湖南文藝出版社，2017。

5. 羅茲・墨菲《東亞史》，林震譯，北京：世界圖書出版公司，2012。

6. 羅茲・墨菲《亞洲史》，黃磷譯，北京：世界圖書出版公司，2011。

7. 傑里・本特利、赫伯特・齊格勒《新全球史》(第三版)，魏鳳蓮等譯，北京：北京大學出版社，2007。

8. 艾茲赫德《世界歷史中的中國》，姜智芹譯，上海：上海人民出版社，2009。

9. 朱雲影《中國文化對日韓越的影響》，桂林：廣西師範大學出版社，2007。

10. 楊軍、張乃和《東亞史》，長春：長春出版社，2006。

11. 葛兆光《宅茲中國：重建有關"中國"的歷史論述》，北京：中華書局，2011。

12. 武安隆、熊達雲《中國人の日本研究史》，東アジアのなかの日本歷史12，東京：六興出版，1989。

13. 康燦雄《西方之前的東亞：朝貢貿易五百年》，陳昌煦譯，北京：社會科學文獻出版社，2016。

14. 濱下武志《近代中國的國際契機 —— 朝貢貿易體系與近代亞洲經濟圈》，朱蔭貴等譯，北京：中國社會科學出版社，1999。

15. 岡田英弘《世界史的誕生：蒙古的發展與傳統》，陳心慧譯，新北：廣場出版，2013。

16. 杉山正明《忽必烈的挑戰：蒙古帝國與世界歷史的大轉向》，周俊宇譯，北京：社會科學文獻出版社，2013。

17. 司徒琳編《世界時間與東亞時間中的明清變遷》，趙世瑜等譯，北京：生活‧讀書‧新知三聯書店，2009。

18. Pamela K. Crossley, Helen F.Siu and Donald S. Sutton ed. *Empire at the Margins: Culture, Ethnicity, and Frontier in Early Modern China*, University of California Press, 2006.

19. 濮德培《中國西征：大清征服中央歐亞與蒙古帝國的最後輓歌》，葉品岑、蔡偉傑、林文凱譯，台北：衛城出版，2020；英文本 *China Marches West: The Qing Conquest of Central Eurasia*, Harvard University Press, 2005。

20. 拉鐵摩爾《中國的亞洲內陸邊疆》，唐曉峰譯，南京：江蘇人民出版社，2005。

21. 狄宇宙《古代中國與其強鄰：東亞歷史上遊牧力量的興起》，賀嚴、高書文譯，北京：中國社會科學出版社，2010。

22. 巴菲爾德《危險的邊疆：遊牧帝國與中國》，袁劍譯，南京：江蘇人民出版社，2011。

23. 卜正民 *Mr.Selden's Map of China: The Spice Trade, a Lost Chart and the South China Sea*, Bloomsbury Press, 2013；繁體字本《塞爾登先生的中國地圖——香料貿易、佚失的海圖與南中國海》，黃中憲譯，台北：聯經出版公司，2015；簡體字本《塞爾登的中國地圖——重返東方大航海時代》，劉麗潔譯，北京：中信出版社，2015。

第二單元

亞洲史的學術史：歐洲東方學、
日本東洋學與中國的亞洲史研究

問題：為甚麼要討論學術史？
亞洲研究與日本東洋學的興起

　　這一單元的內容，是有關亞洲 / 東亞史研究的學術史，我要和大家討論三個問題：第一，亞洲史或者東亞史的研究，在東方和西方學術界是怎樣形成的？第二，它為甚麼會形成？第三，從學術史上看，現在中國的亞洲或東亞史研究，還有甚麼問題？

　　很早我就講過，討論學術史不是為了懷舊，也不是在表彰，而是要了解學術的變化，就像一句老話講的"一代有一代之問題"，或者"一代有一代之方法"。我以前多次説過，學術史研究的目的有四，就是看清轉型、背景、方向和路徑。具體説就是，第一，"轉型"。也就是説通過學術史，了解今天的現代學術是怎樣從過去的傳統學術"轉型"的。第二，"背景"。通過學術史了解這樣的轉型，背景或者動力是甚麼，是域外刺激？是政治危機？是新資料發現？第三，"方向"。就是通過學術史的回顧，掌握當下學術研究的方向、理論、方法，甚麼重要？甚麼是前沿？甚麼是潮流？第四，"路徑"。就是通過學術史的回顧和研究，探索學術研究未來的方向和路徑是甚麼，甚麼才是可以持續發展的、有前景的領域。[1]

　　回顧亞洲史或東亞史研究的形成與發展，我們看到，這一學

1　關於 "學術史" 研究的意義，參看葛兆光《學術史講義 —— 給碩士生的七堂課》（香港：香港商務印書館，2023）《開場白》。

術潮流是從東洋和西洋先開始的，這一點我們不能不承認。所以，我們先從東洋説起。

1853 年 7 月 8 日，美國的佩里（Matthew Calbraith Perry，1794－1858 年）准將帶領四艘軍艦進入江戸灣，迫使日本答應開放港口，這就是所謂的 "黑船事件"。經過 1853 年到 1868 年也就是所謂 "幕末" 時代，日本很快開國，進行轉向近代西方的改革，這就是 "明治維新"。明治維新以後，簡單地説，日本的政治、社會和文化出現的三大變化，就是：第一，尊王攘夷。將權力逐漸從幕藩收歸中央，當時維新人士提出尊王是為了攘夷，也就是通過建設富強的現代國家，以融入國際的方式，對抗來自國際的壓力（具體策略包括 "大政奉還" 與 "撤藩置縣"）。第二，確立神聖國家，為了強化帝國的神聖性，要樹立國族之根本。這裏包括神化萬世一系的天皇系譜，以及通過 "神佛分離" 與 "祭政一致" 確立日本國體特殊性與文化獨立性。第三，進入世界，福澤諭吉所謂的 "文明"（《文明論概略》）和 "脱亞"（《脱亞論》），實際上呈現了日本當時的一個思潮，也就是一方面大量吸收西方的知識技術和文化，一方面又要努力捍衛本國的文化獨特性。從所謂的 "和魂漢才" 轉為 "和魂洋才"，刺激了日本的世界潮流與亞洲意識，也塑造了日本的普遍價值和日本主義，形成非常糾結的國民意識形態。

也正是在這三個背景之下，日本有關亞洲 / 東亞的學術研究出現了重大的轉型。其中，有三方面格外明顯，這就是學術取向上的 "趨向現代"、解釋亞洲上的 "與歐人爭勝" 和政治上的視東亞 "有如國土"。

第一講

從歐洲東方學、
日本東洋學到亞洲史研究

引言 趨向現代：明治以來的東洋學

首先，明治時代興起的日本東洋學，是一種現代的學術研究，或者說是現代學術體制支持的，按照科學邏輯運作的學術研究。應該說，這種學術方式在很大程度上是受到西方刺激而產生的。

當時的西方，尤其是影響巨大的德國歷史學，一方面固然在為民族國家書寫歷史譜系，另一方面則強調客觀而理性的史料批評。大家可以注意到，當時日本學界很注重國際學術交流，很多人在德國、英國等地留過學。比如，開創中國哲學史的井上哲次郎（いのうえ てつじろう，1855－1944 年）就在德國留過學，東洋史的重要開創者白鳥庫吉（しらとりくらきち，1865－1942年），也曾於二十世紀初兩次在歐洲長期訪學。著名的歷史理論家

白鳥庫吉

坪井九馬三（つぼい くめそう，1858－1936 年）也是到德國、瑞士留過學的。特別是明治年間，德國的歷史學家李思（Ludwig Riess，1861－1928 年）在東京帝國大學教授史學理論，通過他傳來的歐洲史學理論和方法影響了很多學者。[2] 大家看看浮田和民（うきた かずたみ，1860－1946 年）的《史學通論》

2　他對日本歷史也有一些研究，後來日本學者曾把這些研究收集成書。參看《ドイツ歴史學者の天皇國家觀》（原潔、永岡敦日譯本，東京：新人物往來社，1988；亦收入 "講談社學術文庫"，2015）。

和《史學原論》就知道了，他是留美的，在耶魯大學留學。中國的梁啟超也受到浮田和民的影響，等於是通過日本轉手，把西方史學理論引進中國了。[3] 當時，很多日本學者的歷史學理論和方法，都帶有強烈的歐美色彩。簡單說，十九世紀以德國的蘭克史學為代表的西方現代史學，一方面強調客觀、中立、史料和考據，另一方面強調現代民族國家的形成，從後來看，這兩方面都對日本產生了影響。

除了李思之外，還有兩位美國的學者，直接在日本史上發生影響。1877 年，美國的考古學家和生物學家莫斯（Edward S. Morse，1838－1925 年）對日本石器時代的發掘和研究，在日本產生了相當震撼的影響，他用英文在東京大學發表了對武藏大森（在今東京吉祥寺一帶）之貝塚的研究（*Shell Mounds of Omori*），描述了古代日本的繩紋陶器，1879 年，他的報告由矢田部良吉譯成日文，題作《大森介墟古物篇》。這一科學考古方法，深刻地影響了日本學界諸如坪井五郎等一批學者。而另一個美國考古學家高蘭德（William Gowland，1842－1922 年），對於古墳時代的考古和研究，更給日本帶來巨大的震撼，他也因此被稱為日本考古學之父。[4] 因為他們客觀的、講究證據的、盡可能還原古代實況的研究方式，不僅示範了一種科學方法，而且在某種程度上顛覆了

3　參看浮田和民《史學通論》（李浩生等譯，鄔國義編校《史學通論四種》，上海：華東師範大學出版社，2007）

4　參看中村久四郎《現代日本における支那學研究の實狀》（東京：外務省文化事業部，1928）第八章《支那考古學に關する》，153－158 頁。

日本所謂的"神代史"，瓦解了早期用神話傳說構造起來的系譜。

現代歷史學一開始就有一種使命感，就是追求真相。真相，真相，還是真相！用真相瓦解神話，用真相揭破謊言。而且現代的歷史學相信，歷史是有真相的，歷史學是能夠發現真相的，歷史學家依靠證據可以恢復真相。現在，這種自信和使命，也許在後現代理論那裏，有點兒被質疑，但是在十九、二十世紀這種信念很強，而且是歷史學大潮流。在這種潮流裏，日本也逐漸形成了一種追求"科學"的歷史研究風氣。在這種歷史學潮流中，日本明治時代的東洋學根據這一科學、客觀、中立的立場，出現了旨在瓦解過去東亞（中國、朝鮮和日本）傳統的歷史系譜，用西方近代的判斷方式和概念工具，對東亞歷史重新進行敍述和整編的取向。

這裏舉一個大家都知道的例子。過去，中國一直是依照三皇五帝到如今的歷史脈絡，朝鮮則有檀君和朱蒙的傳說，日本則有神武天皇的傳說，這都是"起源"神話，也就是構造出來的國家和民族的神話或者叫做神聖歷史。

可是，那珂通世（なか みちよ，1851－1908 年）《支那通史》（1888）就已經對此表示懷疑，指出三皇只不過是"後人徒設其名，以表三才開始之序也"；白鳥庫吉則在明治二十七年（1894）寫了《檀君考》，對朝鮮流傳的早期神話加以批判，指出這是朝鮮半島三國時代（高句麗、百濟、新羅）為了統一重塑歷史，從《魏書》裏面找出一個"檀君王儉"，來證明自己的歷史彷彿堯、舜、禹，比殷周之際的箕子要長。而檀君神話，可能來自佛教的牛頭旃檀故事，在中國實際上是東晉咸安二年（372）至北齊天保二年（551）之間才形成的，那時在朝鮮半島還沒有三國，還是高句麗的鼎盛時代；[5] 他也撰寫了《支那古傳說之研究》和《關於尚書的高等研究》，他和那珂通世一樣，質疑中國傳說中的帝王堯、舜、禹，只不過是比附後世儒家所謂"三才"即天（天下為公）、人（孝順倫理）、地（勤勞成長）三種價值。[6] 在這裏，中國和朝鮮的"五千年文明和歷史"都被他顛覆了。他的私淑弟子津田左右吉（つだそうきち，1873－1961 年）對於日本神代史、天皇萬世一系的質疑，也同樣顛覆了傳說中的日本歷史。[7] 而後來的今西龍（いちにしりゅう，1875－1932 年）則更精細地考證了朝鮮的早期神話傳說，在《檀君考》[8] 裏面指出，檀君不過是平壤一帶的神話傳說，原本只是地方性的，加上當地流行的薩滿儀式，要到蒙元入侵的時候，為了鼓舞和動員高麗民眾建構自己的認同，檀君才被塑造成全民族的始祖。

　　這一類研究，對於現代歷史學產生的影響，就是把傳說和神話從歷史裏面驅逐出去。說到這裏，也許大家會聯想起中國以顧

5　白鳥庫吉《檀君考》，載《白鳥庫吉全集》（東京：岩波書店，1970）第 3 卷，1–14 頁。

6　白鳥庫吉《支那古傳說之研究》，原載《東洋時報》第 131 號（1909 年 8 月）；中譯本見黃約瑟譯《中國古傳說的研究》，載《日本學者研究中國史論著選譯》（北京：中華書局，1992）第 1 卷，1 頁以下。

7　津田左右吉《古事記及び日本書紀の新しい研究》，1924 年修訂本，後收入《津田左右吉全集》（東京：岩波書店，1973）第 1 卷，474–475 頁。

8　今西龍《檀君考》，原載 1929 年漢城出版之《青丘說叢》第 1 卷，後收入今西龍《朝鮮王朝古史の研究》（東京：國書刊行會，1970）。

顧頡剛為代表的"古史辨"運動，東亞整個早期歷史的再書寫，把神話傳說從歷史裏面驅逐出去，使原本神聖化的古代不再具有神聖性，打破古代（在中國是三代）黃金時代的想象，其實可以看成是一個學術史上的大趨勢，就是東亞歷史學現代轉型的大趨勢。[9]

一、何為東洋？明治、大正時代 日本對中國周邊之研究

請大家注意，明治時期日本的東洋學，出現的一個很大轉變，當然是使傳統日本關於中國的學問（比如漢學），轉化成具有現代性意味的東洋學。這裏面包含了很多新趨向，其中最重要的是，更加注意史料的批判，更加注意中國的周邊。由於涉及史料的視野超越了漢族中國經典之外，使得歷史學更講證據和更加科學化，這都是現代的學術意識。其中和我們今天討論的話題最有關係的，就是一方面超越漢族為主的傳統中國，一方面超越王朝為中心的傳統文獻，把原來的中國史放大為東洋史。所以，我們應該承認，日本明治時期形成的東洋學是很現代的學術。現在流行一個詞叫做"現代性"，這種追求客觀的、中立的、科學的歷史

9　白鳥庫吉這些論說，也許對梁啟超、李泰棻和顧頡剛都有所影響。梁啟超《中國歷史研究法》第 2 卷《五千年史勢鳥瞰》論"神話時代"有"因三皇五帝等神話，推想三才五行說之起源"；李泰棻《中國史綱》也說："五帝者，亦未必實有其人，蓋由五行聯想而生。"後來，顧頡剛的"古史辨"也與此或許有關，這一點很多學者都有考證，這裏從略。

研究，相信歷史有真相，相信這個真相可以被認識，也可以說是歷史學的現代性吧。

可能大家都會注意到，在這個時代，日本有關中國的歷史地理文化研究，事業已經擴大了。特別是當時的東京帝國大學，以白鳥庫吉為代表，逐漸和歐洲東方學一樣，不僅注意到傳統中國（他們叫做"本部"），而且越來越關注中國周邊，還不只是滿蒙回藏鮮（滿洲、蒙古、回部、西藏、朝鮮），甚至不僅僅是歷史上和中國相關的匈奴、鮮卑、突厥、回紇、吐蕃、契丹、女真，他們的視野已經延伸到中亞、南亞和西亞（包括傳統的粟特、天竺、波斯、大食）。這一點，下面我們再仔細講。但是要補充說一下，這裏我講的好像主要是出自東京帝國大學那個學脈，其實應當說，在日本明治時代，不只是東京帝國大學一脈，也不只是西方現代史學的單一影響。在日本現代東洋學裏面，從京都帝國大學一脈那裏，你還可以看到來自中國的清代考據學的資源，也在起着催化轉型的作用。換句話說就是，日本東洋學從日本"漢學"或者日本對於中國學術的傳統知識中，也轉化出來一種很"現代"的研究方法。

大家知道，日本漢學（けんがく）和我們現在講的歐洲漢學（sinology）不完全一樣，在日本語境中，它指的是對漢文典籍的學習和對儒家思想的研究，這使得一部分日本學者從這些知識傳統中，直接繼承了中國宋代、明代和清代的知識傳統和問題意識。特別是有一部分人受清代學術影響，沿襲了中國清代的考據學傳統。到了明治時代，一些學者又把這些知識和方法，與來自西洋的近代主義思路結合起來。其中，這一風氣在日本東洋學裏表現特別明顯的，是所謂"京都學派"，比如以狩野直喜（かのなおき，1868－1947年）、內藤湖南（ないとうこなん，1866－1934年）和藤田豐八（ふじだ とよはち，1869－1929年）為代表的這一批人。可以一提的是，中國學者羅振玉、王國維曾經長期住在京都，既深受日本京都東洋學的影響，也深刻地影響了京都東洋學。陳寅恪在《王觀堂先生輓詞》裏說到，王國維與羅振玉曾一道在京都，和日本學者互相切磋。其中有兩句是"東國儒英誰地主？藤田狩野內藤虎"，就是說的藤田豐八、狩野直喜和內藤虎次郎（湖南）。[10] 這批人跟東京的、受到歐洲學術風氣的那些學者相比，表面上好像有一點兒不太一樣，無論在學術方法上、研究重心上，還是價值判斷上。其中，有三點很重要，第一，他們認

王國維

為，現實中國雖然不好，但歷史中國還是很好的，中國傳統中的那些思想和知識、學術，還是很了不起的，像章學誠、崔述等等，就很科學，這一點與東京不太一樣。第二，他們研究中國歷史與文化，往往心中的問題意識來自日本的歷史、社會和文化，以及中國這些傳統的政治、社會、思想、文學與日本的關係。第三，他

10　陳寅恪《詩集》（"陳寅恪集"，北京：生活・讀書・新知三聯書店，2001），15頁。

們離明治時代的政治中心比較遠，學術與政治的關係也比較淡，因此他們似乎呈現一種更加中立、科學和理解的研究方式。他們把來自中國的這種考據學學術傳統，結合現代科學規範，形成後來所說的"京都學派"。後來，他們提出很多關於亞洲和中國的歷史見解，比如"唐宋變革""明清學術的近代色彩""中古的貴族社會"等，都很有影響。

但是，雖然很多人都把學術史上日本的關東和關西分成所謂"東京學派"和"京都學派"，據說這是日本現代中國學的風景之一，但從根底裏說，他們都是在明治、大正時代大潮流之下形成的，相同的地方還是更多。怎麼說呢？我歸納有三點：(1) 他們都開始不局限於傳統歷史文獻，重視邊緣資料與參與實地考察；(2) 研究的視野，同樣逐漸超越傳統漢族中國或中央王朝，把滿、蒙、回、藏、鮮甚至更遠的東南亞、南亞和西亞納入考察範圍；(3) 越來越注重新問題和新觀念。

京都帝國大學的學者和東京帝國大學的學者一樣，也注意發掘西域、南海和滿蒙的資料，像內藤湖南對滿洲檔案的注意就是一例，他曾經編輯了蒙文版的《蒙古源流》，也在日俄戰爭後在瀋陽故宮發現《五體清文鑒》，還收集了很多滿文老檔，出版了《滿蒙叢書》[11]；而狩野直喜更是日本最早研究敦煌文書的學者之一。1909 年，敦煌發現古文書的消息，先是由於伯希和在北京的宣

11　參看羽田亨《史料搜集家としての內藤博士》，原載《支那學》第 7 卷第 3 號（1934），後收入《羽田博士史學論文集》（京都：同朋舍，1975），583—588 頁。

傳[12]，後是經過北京一家書店"文求堂"的日本老闆田中慶太郎，以及中國學者羅振玉的介紹，狩野直喜就特別注意到敦煌文書的意義，他請羅振玉代拍了照片，這一年的 11 月，也就是伯希和透露消息的一個月以後，他就率先在京都史學研究會第二屆會議上展覽，引起當時京都很多學者（如小川琢治、富岡謙藏、濱田耕作、羽田亨、桑原騭藏等人）的注意，還約定分頭研究，他本人就開始了敦煌本《老子化胡經》的研究；第二年也就是 1912 年，他更親自到歐洲調查敦煌文書；再過一年（1913），他在"支那學會"上做了《敦煌發掘物視察談》的報告。到了 1917 年，他又在"支那學會"上做了《敦煌の遺書に就いて》的報告，促進了日本對敦煌的關注。他自己則對敦煌文書裏面的俗文學資料（比如變文）進行了深入的研究，1916 年就發表過《支那俗文學史研究の資料》[13]。大家可以聯想到，當時在京都的羅振玉、王國維等，也都受了他的啟發，後來居上，在敦煌研究方面，反過來對中國學界起了很大的推動作用。

其實，明治、大正年間東京與京都的學風，未必那麼截然兩

12　伯希和 1909 年 5 月從河內北上，10 月在北京六國飯店與學界柯劭忞、惲毓鼎、董康、蔣黼（伯斧）等見面，介紹了敦煌文書的發現。北京"文求堂"書店的日本老闆田中慶太郎（救堂，1879—1951）最早對此進行報道，在 1909 年 11 月 1 日日本僑民刊物《燕塵》2 年 11 號（總 23 期）發表《敦煌石室中的典籍》，這是有關敦煌文書的最早報道。參看王冀青《伯希和 1909 年北京之行相關事件雜考》，載《敦煌學輯刊》2017 年第 4 期，167—176 頁。

13　參看狩野直喜《支那俗文學史研究の材料》（上）（下），載《藝文》第 7 年（大正五年，1916）第 1 期，104—109 頁；第 3 期，95—102 頁。他本人就專門研究過《唐太宗入冥記》《秋胡變文》《伍子胥變文》《董永變文》等。

分，他們彼此交錯，互相影響，像在京都任教的藤田豐八、桑原騭藏以及後來的羽田亨、矢野仁一、宮崎市定等，與東京究竟有多大區別？更何況他們都在明治、大正日本學術整體轉型的大背景和大趨勢裏。當然，如果從學術特色上說，和東京帝國大學為中心的那些東洋史學者比起來，也許京都帝國大學的一部分學者，他們的主要學術貢獻和研究特色不是滿、蒙、回、藏的研究，還是在傳統中國的文獻中不斷發掘出有關中國的新資料。包括後來對中國影響很大的清代學術研究，像對考據學者崔述的發掘和研究，對於史學家章學誠的研究，當年胡適都曾經受到日本學者那珂通世和內藤湖南的啟發和影響 [14]；而魯迅撰寫《中國小說史略》，雖然不應當說是"抄襲"日本成果，但也應該承認，確實受到過日本人鹽谷溫的啟發。

以上，就是日本東洋學轉型的一個方面，大家如果有興趣，我願意向大家推薦一本老書，這就是王古魯《最近日人研究中國學術之一斑》。這部書現在沒有重印是很奇怪的，在 1936 年它剛剛出版的時候，很多人都很重視，有過好些書評，雖然它主要是編譯，也就是編譯日本人自己的綜述，但是他還是做了一番整合和評論。其中，特別值得注意的是書的《附錄》部分，題為《明治維新以來日人研究中國學術的趨勢》，裏面有王古魯自己的分析，

14　最先校點和刊刻《崔東壁遺書》是那珂通世在 1903－1904 年進行的。最先表彰章學誠的學術與思想的，是內藤湖南 1920 年的《章實齋先生年譜》。

很值得一看。[15]

　　總而言之，明治、大正時期，這是日本東洋學追求現代性的時代，換句話說，就是明治、大正時代的日本中國學，有意識地把傳統中國影響下的學術（漢學），轉化為具有現代科學特質的東洋學，把單純的漢族中國的文史研究，轉化為對中國及其周邊也就是"亞洲"的研究，這種轉換不僅對當時的日本學界，也曾經對近代中國學界產生了重要影響。在這一方面，大家也可以參考以下幾種著作，即嚴紹璗《日本中國學史》、李慶《日本漢學史》和錢婉約的《從漢學到中國學》。[16]

二、"與歐人爭勝"：歐洲東方學之刺激

　　更重要的是第二方面，也就是當時歐洲所謂"東方學"對日本學界產生的刺激。

　　事實上，歐洲人的東方學在源頭上，跟早期傳教士對中國和日本的考察，以及新興的人類學對亞洲的闡釋分不開，十八至十九世紀歐洲東方學和傳教士、人類學家、探險者都是彼此有關的。一方面，傳教士了解中國和日本，跟一般意義上的中國學

15　王古魯《最近日人研究中國學術之一斑》（上海：生活書店，1936）。

16　嚴紹璗《日本中國學史》第 1 卷（南昌：江西人民出版社，1991）；李慶《日本漢學史》五卷（上海：上海外語教育出版社，2002 年以下）；錢婉約《從漢學到中國學：近代日本的中國研究》（北京：中華書局，2007）。

家，尤其是日本熟讀中國經典的學者不一樣，他們往往帶有傳教信念，所以會深入到邊緣地方，下潛到基層社會，去了解跟經典中、文獻中的中國不太一樣的中國。另一方面，當時一些歐洲學者在亞洲探險，同時做人類學和文化學的比較，甚至進行地質、動植物、語言學的研究，當然有人說這是為殖民主義深入亞洲做準備，但在這個探險過程中，歐洲東方學者像李希霍芬、斯文·赫定、斯坦因、伯希和，還有一些俄國學人等等，對中國周邊，比如中南半島（印度支那半島），以及蒙古、新疆、西藏、雲南這些地方，乃至所謂"亞洲內陸"，都有很多了解。歐洲人在這個基礎上，形成的對亞洲的了解，促使歐洲學者形成後來人們說的"西域南海之學"，這在很大程度上刺激了日本學界。

日本學界從一開始就有跟歐洲東方學爭勝的心理。我曾經在《宅茲中國》中寫到過："日本學者對於進入世界學術潮流相當自信，他們甚至覺得，日本人比中國人懂得西洋新方法，又比西洋人更善於閱讀東洋文獻，所以，日本才應當是'東洋學'的前沿。"[17] 也就是說，有一個"究竟是誰更了解亞洲"的動力在裏面，當然也有誰是亞洲的主人這個意識在裏面。這很快就刺激出來一種學術傾向，日本也不再把漢族中國，當作唯一的或主要的研究對象，而是把中國及其周邊國家乃至整個亞洲，都放置在日本的所謂"東洋學"的範圍內。

17　葛兆光《宅茲中國：重建有關"中國"的歷史論述》（北京：中華書局，2011），240頁。

這裏，我們不妨粗線條地回顧一下十八世紀歐洲人對東亞史的認識。[18]

最早研究和撰寫中國或者亞洲歷史的，是往中國來的傳教士。書寫東方歷史的歐洲來華傳教士裏面，有幾個人很值得注意。

首先，是法國傳教士馮秉正 (Joseph-François—Marie-Anne de Moyriac de Mailla，1669－1748 年)。他有《中國通史》十二卷，唐代以前的部分，本來是對朱熹《通鑒綱目》的編譯，唐代以後宋元的部分，則加上明代商輅《續通鑒綱目》，而明代以及明清之際的歷史，主要是收集了明末清初的一些史料，加上傳教士們自己的見聞。這部書編纂完成以後，在 1737 年，也就是乾隆二年送回法國。當時，法蘭西金石考古文藝院秘書長準備出版這部大書，但是很不幸，這個秘書長很快去世了，而馮秉正也在十年以後去世，這部書的出版就耽擱下來。一直到 1773 年，耶穌會解散，1775 年在里昂的大學院 (Grand Collège) 圖書館發現了書稿，這才得以陸續出版 (1777－1783 年)。後來，到了 1785 年，又出版了第十三卷，這不是馮秉正的著作，是古羅歇神父的《中國志》(巴黎，1785 年)。根據日本學者石田幹之助的說法，這部書一出版，"不知為歐洲之中國史，尤其是不懂中文者的中國歷史增添

---

18 以下的介紹，參考了各種資料及前人研究論著，如馮承鈞《續修四庫全書總目提要（西學與中外交通部分）》，載《馮承鈞學術著作集》(上海：上海古籍出版社，2015) 下冊，1080 頁以下；石田幹之助《歐美における支那研究》(東京：創元社，1942)；高田時雄編《東洋學の系譜（歐米篇）》(東京：大修館書店，1996) 等，除了特別需要外，不一一注明。

了多少知識！極大推動了歐洲中國學日新月異。"[19] 後來，法國學者考狄（一譯高第，Henri Cordier，1849－1925 年）的《中國通史》就受到他的很大影響。

但是，如果注意看歐洲東方學的歷史，就會發現後來情況在逐漸變化。如果說，這部中國史還是傳統知識，仍然圍繞在"傳統的中央王朝"歷史裏面，那麼，這個時代其他法國傳教士，則看到了漢族中國之外的情況，就有一些變化，明清易代可能是一個很重要的原因。我們看劉應（Claude de Visdelou，1656－1737 年），他是康熙四十六年（1707）到中國來的，那個時候已經是大清帝國了。他很敏感地注意到，書寫東方歷史不能僅僅圍繞漢族中國和中央王朝，要注意塞外和周邊其他民族的歷史。不過，由於流傳的文字史料不足，他也強調漢文史料的重要性，他覺得"東方文庫"裏面，沒有依靠中國的資料是一個遺憾，所以，他翻譯了中國各個正史裏面有關匈奴、突厥、契丹、蒙古的記載，又取馬端臨的《文獻通考·四裔考》，編成《韃靼史》（*Historie de la Tartarie*）四卷稿本。

這個取向在稍稍晚一些的傳教士，比如宋君榮（Antoine Gaubil，1689－1759 年）那裏看得更清楚。他到中國來之後，不僅學了漢語，而且學習了滿文，他在 1739 年出版了《蒙古史》（*Historie de Gentchiscan et de Toute la Dynastie des Mongous*, Paris,

---

19　石田幹之助《歐人の支那研究》（"現代史學大系" 第 8 卷，東京：共立社，1932），206 頁。

De l'imprimerie de Quillau, 1739 年），雖然他還是主要用清代學者邵遠平的《續弘簡錄》即《元史類編》等資料，但他的關注焦點，顯然並不是只有傳統中央王朝了，也許是因為那個時代，中國已經是一個包括滿蒙漢在內的龐大帝國，不能只關注漢族中國了。

有的學者把十七世紀之後，歐洲傳教士逐漸關注漢族中國之外所謂"四裔"的趨勢，叫做"前—民族志"（Proto-ethnography）觀察。比如葡萄牙人曾德昭（Alvaro Semedo，1585－1658 年）的《大中國志》對中國北方"韃靼"應分為東、北、西三部的説法，以及對滿洲人的一些記載；意大利人衛匡國（Martino Martini，1614－1661 年）的《韃靼戰紀》對所謂滿洲韃靼也就是女真後裔的記載，特別是對於明清易代，韃靼統治中國的記載，也已經使得"沒有歷史的人民"或者"不為西方所知"的中國四裔即非漢族群，進入了西方視野。[20] 應當説，再往後一些，上面我們説到劉應和宋君榮的這種研究趨勢，即使在十八世紀還未必開花，但是在十九世紀則逐漸結果。可以説，歐洲東方學的巨大變化，出現在十八世紀末十九世紀初，大家可以注意到，那個時代英國、法國、德國、荷蘭紛紛成立了東方學會或者亞洲學會，一大批很驚人的、有關亞洲史的學術成果出來了。

我們舉兩個十九世紀上半葉歐洲東方學者的例子和一個文獻的例子：

20　參看張先清《"韃靼"話語：十七世紀歐洲傳教士關於滿族的民族志觀察》，載《學術月刊》2009 年第 2 期，118－127 頁。

一位學者是法國的雷慕沙（Jean Pierre Abel Rémusat，1788-1832年）。據說他身體極差，而且很早就一隻眼睛失明，但是個神童，十一歲的時候就自己編了一本《神話小詞典》，十四歲就編過《英國王室系譜》。1815年，他二十七歲，擔任法蘭西學院特地創設的"漢學講座"第一任教授，第二年就被選為法國著名的金石文學院的院士。

雷慕沙

他在 1829 年出版了《新亞細亞雜纂》兩卷本（*Nouveaux Mélange Asiatiques*, 2 tomes, Paris, 1829）。大家注意，其中的第一卷就包括對元代周達觀《真臘風土記》的譯注，還有根據清代邵遠平《續弘簡錄》編譯的《旭烈兀西征記》，根據元代馬端臨《文獻通考》研究西藏和中亞住民，以及對《馬可·波羅遊記》的研究，關於日本的《小笠原島志》，還有《基於回教文獻之蒙古史》等；第二卷裏面又有《蒙古皇帝海山論》，有關成吉思汗以及其後的各色人包括回鶻出身的丞相統阿、蒙古將軍速不歹等的人物論，佛圖澄的傳記，以及傳教士人物等等，當然也包括中國思想史上的一些人物。

另一位學者是德國的克拉普羅特（Julius Heinrich Klaproth，1783-1835 年）。這是一個精通漢語、滿語、回鶻文等語言的學者，他和雷慕沙都是歐洲亞細亞學會的發起人。他在二十歲左右就寫了《中國佛教》《滿清中國征服記》等論文，1806 年他二十三歲的時候到中國，開始收集漢、滿、蒙、藏文資料，他曾經編纂過第一本德國圖書館中文藏書目錄，出版過《亞細亞文學、歷史、語言雜稿》（1810），也出版過漢文、回鶻文雙語對照的《高昌譯語》（1820）。其中，斷定維吾爾人屬於突厥種的著名論文《畏兀兒言語文字考》，就是在 1812 年發表的。

他的最重要的著作是《亞細亞雜考》（*Mémoires ralatifs a L'Asie, contenant des recherches historiques, géographiques et philosophiques sur les peuples de L'Orient*, 3 tomes, Paris, 1826—1828），這部大書書名直譯過來，就是 "關於亞洲的記憶，包括關於東方人的歷史、地理和哲學研究"。其中，第一卷中有《俄清國境考》《中國紀錄中的俄國》《蒙古可汗史：蒙古源流的批評》《台灣島志》《台灣語彙》《滿族起源考》《韃靼考》；第二卷有《蒙古所傳佛經》《琉球諸島志》《和闐城的歷史》《中日所繪製的印度地圖》；第三卷中有《中國的異名》《阿富汗族的語言》《阿羅史密斯的亞洲地圖》《大英博物館藏日本所繪世界圖》，以及有關滿文的研究論文等。

以上是兩個歐洲東方學者，你大概可以看出他們的研究取向。下面是一部書，大家再從這部文獻的研究中看看他們的興趣在哪裏，這部書就是元代周達觀的《真臘風土記》。

《真臘風土記》是元代溫州人周達觀在元成宗元貞元年（1295）奉命隨團出使真臘之後，對真臘也就是現在柬埔寨情況的記載，大約成書於十四世紀初。因為周達觀在真臘住了差不多一年，對當地情況有深入了解，這一文獻是那個時代對柬埔寨唯一，也是最可靠、最詳細的記載，因此非常珍貴。中國學者對其研究不多，但十九世紀起，由於法國進入東南亞，所以法國學者一直非常關注這部文獻。1819 年，雷慕沙根據《古今圖書集成》本，把這部文獻做了翻譯，大家知道，這種涉及古代異邦的文獻，有很多地名、人名、風俗、事物，都是需要通過各種證據來考證的，所以這一翻譯就等於是一次歷史文獻的考證；接着在 1902 年，伯希和（Paul Pelliot，1878－1945 年）又根據《古今説海》對這部書做了譯注，比雷慕沙的本子更為精審，這個譯注後被馮承鈞翻譯成中文，收在《西域南海史地考證譯叢》中。伯希和本來還想做更加詳細和周密的新譯本，但是這個工作一直沒有完成，直到他去世後的 1951 年，才由戴密微（Paul Demiéville，1894－1979 年）和戈岱司（George Coedes，1886－1969 年）續補並整理出來。大家看，他們對於這些涉及中國四裔或者説亞洲的文獻與史地研究，有多麼濃厚和持久的興趣。[21]

從以上這三個例子我們就可以看出，歐洲東方學的視野是整個亞洲的，他們不僅對中國有興趣，對整個亞洲都有興趣。從十九世紀到二十世紀上半葉，歐洲出現了很多傑出的東方學者，他們的研究都不只局限在中國本部，所以也不能説是漢學家，這裏沒法細説，只能採取"點鬼簿"的方法點個名，主要是法國、英國以及荷蘭方面的幾位，比如：

21　周達觀《真臘風土記》有夏鼐的《真臘風土記校注》（北京：中華書局，1981），關於法國學者對此書的研究，夏鼐在《校注者序言》中説得很清楚，此處就是用夏鼐之説。而夏鼐自己也説，他對真臘的事實和地名之注釋，主要就是依據伯希和 1902 及 1951 兩個譯本的考證（4 頁）。

〔法〕儒蓮 (Stanislas A. Julien，1797－1873 年)，翻譯《大唐西域記》《大慈恩寺三藏法師傳》。

〔法〕畢甌 (Édouard Biot，1803－1850 年)，譯《算法統宗》等。

〔英〕玉爾 (Henry Yule，1820－1889 年)，他在 1871 年就譯注了《馬可‧波羅行紀》，又有《東域紀程錄叢》，後由考狄修訂。[22]

〔法〕考狄 (一譯高第，Henri Cordier，1849－1925 年)，有《中國學書目》。

〔荷〕高延 (Jan Jakob Maria de Groot，1854－1921 年)，有《中國宗教系統》六卷本。

儒蓮

〔法〕烈維 (Sylvain Lévi，1863－1935 年)，研究梵文、佛教和中印交通史。

特別值得介紹的是法國學者沙畹 (Édouard Émmannuel Chavannes，1865－1918 年)，他除了做過《史記》的翻譯之外，也對漢族中國之外的中亞、印度、南海等區域的中西交通史始終特別關

22　玉爾撰，考狄修訂《東域紀程錄叢》(*Cathay and the Way Thither: Being a Collection of Medieval Notices of China,* London,1913－1916)。按：此書有日譯本《東西交涉史：支那及び支那への道》(東洋史研究會譯，東京：東京帝國書院，1944)，而張星烺《中西交通史料彙編》之資料大多出自此書。向達在《中外交通小史‧作者贅言》中也說，"書中關於中古時代西方人士說到中國或親自到過中國而寫成的紀行之作，收羅很詳，考證也極詳審"。

注。他對《魏書‧西戎傳》(1905)、《後漢書‧西域傳》(1907)、《後漢書‧班超班勇傳》等有關中西交通的文獻，做過很深入的研究。在翻譯文獻上，沙畹除了得到"儒蓮獎"的法文翻譯義淨《大唐西域求法高僧傳》(1894) 之外，還有與人合譯的《悟空行紀》(1895)、北魏的《宋雲行紀》(1903)、宋初的《繼業行紀》(1902、1904)，以及宋代出使遼金的許亢宗《宣和乙巳奉使行程錄》(1897－1898)、南宋淳熙年間周煇的《北轅錄》(1904)。同時，他也對景教碑 (1897)、突厥十二支 (1906)、印度來華僧人僧會 (1909)、求那跋摩 (1904)、闍那崛多 (1905) 進行過研究或考證。此外，如果你要了解今天的雲南，也要看他當年對南詔德化碑等石刻資料 (1900、1909)、麗江歷史 (1912) 等的研究論述。你看，他的關注點在哪裏？[23] 大家有興趣，也可以看看中華書局2014 年出版的《沙畹漢學論著選譯》[24]。

　　沙畹有三個著名的學生，也就是大家都熟悉的伯希和、馬伯樂 (Henri Maspero，1883－1944 年)、葛蘭言 (Marcel Granet，1884－1940 年)，大體上都是延續着這一路數的。所以，歐洲十九至二十世紀的東方學有兩大特點：第一點是視野放大到整個

23　我所看到有關沙畹的學術評介，包括：馮承鈞《沙畹之撰述》，原載《大公報‧副刊》1931年 3 月 30 日，收入《馮承鈞學術論文集》(鄔國義編校，上海：上海古籍出版社，2015)，55－61 頁；日本學者池田溫的《沙畹》，載高田時雄編《東洋學の系譜（歐米篇）》（東京：大修館書店，1996），104－113 頁。近年來，張廣達先生對沙畹做了中文世界迄今為止最詳細和最深入的研究，參看李丹婕對張廣達先生的訪談，載《東方早報‧上海書評》(2015年 2 月 25 日)。

24　《沙畹漢學論著選譯》(邢克超譯，北京：中華書局，2014)。

亞洲。雖然中國研究還是大宗，但他們的視野早就已經擴大到整個亞洲，難怪後來馮承鈞翻譯歐洲學者的東方學研究論著集成，名字就叫做《西域南海史地考證譯叢》。西域之學包括中亞、西亞、南亞，南海之學則涉及東亞和東南亞。[25] 第二點是語言學的發達，無論在埃及、印度還是中國研究上，歐洲學者的語言工具都格外出色，這是歐洲漢學和東方學的長處，他們不僅掌握漢語，而且掌握很多活的和死的亞洲語言，不僅包括了梵文、藏文、巴利文、吐火羅文等，也包括東南亞的各種語文。[26] 大家不妨拿他們和傳統中國學問比一比，像至今都推崇的清代三個史學家，王鳴盛的《十七史商榷》、錢大昕的《廿二史考異》和趙翼《廿二史札記》，除了錢大昕對《元史》的研究之外，大多數還是聚焦在傳統的、經典的漢文史料中，主要還是正史、通鑒、實錄、十通、會要之類的文獻，顯然歐洲學者已經大不一樣了。

25 1927 年 9 月，馮承鈞為法國費琅著《崑崙及南海古代航行考》撰寫《譯序》時說：「宋元以前，歐洲文化尚淺，（對於亞洲全部及其周圍島嶼）其無載籍可知。如欲了解此半部古代世界史，非求諸中國之史地撰述不可。故晚近三十年來，歐洲學者根據此種無價鴻寶，研究亞洲古史者，日見其眾，而其成績，亦頗多粲然可觀。昔日不相連續之事跡（如印度中古史，全據中國之撰述補綴而成），詰屈聱牙之名號（如突厥、回鶻名號之類），今皆不難索解矣。」參看《馮承鈞譯著集・崑崙及南海古代航行考；蘇門答剌古國考》（上海：上海古籍出版社，2014），4 頁。

26 1938 年，馮承鈞在伯希和《摩尼教流行中國考》的《譯序》中說到，沙畹、伯希和（1911、1913）研究摩尼教，陳垣研究摩尼教，與羽田亨（1912）研究波斯教殘經，成績相似，「可見用科學方法研究者，終不難殊途同歸也」，但是他特別指出，陳垣與沙畹、伯希和比較，範圍較小，「蓋彼方有多數之德、法、俄、英、比、荷、義、匈等國學者研究之成績，互相參考，又有波斯文、康居文、突厥文、梵文等語言專家，以相輔助，此皆我國所缺乏者也。」參看《馮承鈞譯著集・中國之旅行家；摩尼教流行中國考》（上海：上海古籍出版社，2014），40 頁。

到了十九世紀下半葉，俄國學者也進入亞洲研究的潮流。當時，俄羅斯逐漸併吞了中亞各國，1860 年之後，他們先後蠶食了現在的木鹿（Merv，又稱"馬魯"，在今土庫曼斯坦）、布哈拉（Bukhara，在今烏茲別克斯坦）、撒馬爾罕（Samarqand，在今烏茲別克斯坦）、希瓦（Xiva，在今烏茲別克斯坦，即古代之花剌子模）等，領土從裏海一直延伸到阿姆河，並且向南發展，尋求打通進入印度的通道。這種擴張趨勢，和早就在印度擁有利益的英國，在阿富汗等地就發生了衝突。當時，英國採取"前進政策"（forward policy），控制了整個克什米爾，1880 年英國又把阿富汗納入保護國。在這種背景下，英國人也好，俄國人也好，都對中亞、西藏、新疆、蒙古的民族、語言、歷史發生極大的興趣，很多探險者就出現在那個時代，好多旅行家就是探險家，旅行記就是考察報告，形成了一種對陌生、未知、荒蠻區域的探索風氣。俄國人中間最重要的，就是有名的普爾熱瓦爾斯基上校（Nikolay Mikhaylovich Przhevalsky，1839－1888 年），1870 年起，他在騎兵護送下，四次從西伯利亞出發，經過新疆的羅布泊，越過崑崙山，進入青海和西藏，以及中亞地區。[27]

27　他對中亞和中國西部有過四次考察，分別是 1870－1873 年到蒙古、新疆和西藏；1876－1877 年到準噶爾和羅布泊；1879 年到西藏，1883－1885 年再到西藏。波波娃指出，"他為歐洲人開闢了通向中央亞細亞的道路，激發了對這一難以走進的國家的興趣，並因此促進了大規模定期考察的組織和實施。"參看波波娃《19－20 世紀的中央亞細亞考察研究》，載《國際漢學研究通訊》（北京：北京大學出版社，2021）第 22 期（2020.12），358 頁；又參看本田實信《ブレットシユナイダー（Emil Vasilievich Bretschneider，1833－1901）》，載高田時雄編《東洋學の系譜（歐米篇）》（東京：大修館書店，1996），53 頁。

這當然是政治意圖刺激下的探險活動。不過從學術史來看，正好那個時代也就是十九世紀，歐洲興起的“亞洲”熱，以及對陌生異邦的歷史和語言的重視，帶動了這一風氣向學術研究方向發展。當時原著的校訂、翻譯、注釋、考證，成為東方學的“第一工作”，而阿拉伯文、突厥文、拉丁文、梵文、中文、波斯文的文本被高度關注，也被大量翻譯，逐漸刺激和探明了亞洲內部、歐亞之間，特別是中國和歐洲之間那麼廣大的區域的交往和影響。

　　俄國人後來居上，也很快加入了“亞洲研究”或者東方學研究。我不懂俄語，但是，通過翻譯的文獻知道，俄國東方學也很值得注意。舉一個例子，有一個學者中文名叫貝勒（Emil V. Bretschneider，1833－1901 年）[28]，就很值得注意。從 1866 年起，貝勒作為醫生在俄國駐大清國使館工作，從三十三歲一直到五十歲，在中國住了十七年。他在北京的東正教大主教的指導下，學習東方語言和知識，當時北京的東正教大主教帕拉迪烏斯（Paladius）在中國生活了三十多年，很有學問。貝勒的一些論文，你可以看《皇家亞洲文會北華支會會刊》（*Journal of North-China Branch of Royal Asiatic Society*），比如《中亞與西亞中古時代之史地考》（1875）、《先輩歐洲人對中國植物的研究》（1879）、

28　他的研究論著，1936 年就被中國學界注意到了。顧頡剛等編《禹貢》第 6 卷第 10 期就曾發表王日蔚翻譯，署名“裴智乃耳德”的《中世紀西方史家關於維吾爾之研究》。裴智乃耳德就是貝勒。參看崔華傑《俄國漢學家裴智乃耳德與中西交通史研究》，載張西平主編《國際漢學》（北京：外語教學與研究出版社）2019 年第 3 期（秋之卷），28－33 頁。

《中國植物志》三篇（1881、1890、1894）等等[29]，他在植物、地圖特別是西域研究方面很有成就。此外，他對中西交通、中亞史地的研究也非常重要，在英文的《教務雜誌》(*Chinese Recorder*)上，他1870年寫的《大秦國》(*Ta-Ts'in Kuo*) 一文，率先指出中國古文獻中的"大秦國"就是羅馬，這當然很正確；而他1870年寫的《扶桑國，或誰發現美洲？》(*Fu-Sang, or Who Discovered America?*)，當然不可靠，但也開啟了後來所謂"中國發現美洲"的話題；特別是他編的《中古中國西域旅行者紀行》(1875)，有點兒類似王國維的《蒙古史料校注》，匯集了耶律楚材《西遊錄》、烏古孫仲端《北使記》、丘處機（長春真人）《西遊記》、常德《西使記》、《元史·耶律希亮傳》等進行校注，但比起王國維類似的工作，要早了差不多四十年。

　　有一件標志性的大事值得注意，這就是1890年《通報》(*T'oung Pao*) 的創刊。

　　法國東方學家考狄（高第）和荷蘭學者施萊格爾（Gustav Schlegel，1840−1903年，曾任荷蘭自然博物館館長、萊頓大學教授，研究中國與日本，曾經編有《荷（蘭）漢詞典》四卷本，也有關於天地會的著作），在萊頓創立了《通報》這份東方學的雜誌。在《通報》創刊的第一卷上，共發表了十三篇文章，其中十二篇由考狄親自撰寫。這個雜誌在此後的一百多年裏面，一直到現

29　參看上海圖書館整理《皇家亞洲文會北華支會會刊（1858−1948）》（上海：上海科學技術文獻出版社，2013）。

《通報》

在，始終是有關東亞或者亞洲研究的最重要刊物[30]，而它最初的副標題，就是"東亞歷史、語言、地理、人種志研究的檔案"。

有關歐洲東方學這一方面，我想向大家鄭重推薦馮承鈞的《續修四庫全書總目提要》當中有關西學和中外交通部分的若干篇提要。[31] 這些提要現在收在《馮承鈞學術著作集》下冊。

這實際上是一個很好的早期歐洲東方學的入門讀物。它的前半部分，一一介紹了伯希和、沙畹、多桑、希勒格（施萊格爾）、色伽蘭（謝閣蘭）、烈維、費琅等歐洲大學者的東方學著作，你從這裏面可以看到，歐洲東方學在十九世紀到二十世紀上半葉的大體趨向；中間的部分，是關於明清以來傳教士著作的介紹，你從裏面可以看到西學傳入中國的軌跡；再往後，則是中國學者對於中西交通史方面的研究，這也是這一領域很好的簡明學術史綱要。以前有成語叫做"按圖索驥"，還有一句叫"順藤摸瓜"，其實，馮承鈞的這些提要就是一個很好的入門和

---

30 1903 年施萊格爾去世後，沙畹加入了《通報》的編輯工作，1918 年沙畹去世後，伯希和又加入了《通報》的編輯工作，1925 年考狄去世之後，有一段時間伯希和獨立擔當起《通報》的編輯工作。

31 馮承鈞《續修四庫全書總目提要（西學與中外交通部分）》，載《馮承鈞學術著作集》（上海：上海古籍出版社，2015）下冊。

進階，如果你要粗粗了解，只需要看看提要，如果你想進一步深入研究，那你就按照提要，把原書找來仔細看看。

至此，在我這些粗略的介紹中，你可以看到，十九世紀蓬勃發展的歐洲東方學，它發展出來的新領域和新興趣，和中國、日本、朝鮮、越南依據經典漢文文獻進行研究的傳統領域，是相當不同的，他們關注的是：

1. 西域與南海之學——包括蒙古、中亞與新疆地區、西藏地區、滿、鮮、琉球與台灣地區、東南亞。

2. 歷史與語言的結合——中亞、蒙古、滿洲、西藏地區，以及東南亞各種語言文字。

3. 中國與周邊之交往——旅行記、出使行紀、諸蕃志、殊域志、航海記錄等。

4. 走進宗教與社會——佛教與道教、民間宗教、社會生活禮俗（如高延和祿是遒對中國民間信仰的研究，沙畹對道教泰山投簡的研究等）。

5. 邊緣資料的調查與發現——包括宗教遺跡（寺觀、洞窟、造像、建築）的調查、攝影與收集；西域（中亞）南海（東南亞）資料、敦煌文書和民間文獻、異族語言文獻（如蒙古史）的發掘。

我想，這就是那個時代所謂"預流"之學問，或者說是"國際"的學問。那麼，為甚麼這一學術取向會成為潮流？一方面，當然是"形勢比人強"，近代歐美列強的力量大，他們的學術取向也就成了潮流；另一方面，這些又確實是東方人研究東方所缺失的或落後的地方。正因為如此，十九世紀末，歐洲東方學對日本學者產生了巨大的刺激。原來，日本學界有一種固執觀念，認為日本比歐洲人更懂得東亞，更懂中國，可是這個時候他們卻發現，近代以來，特別是在西域南海這些區域，由於文化、宗教、風俗上的距離遙遠，以及工具、資料和方法上的差異，歐洲人比日本人早走了一步，這使得在理解"亞洲"和"中國"上，日本已經落後於歐洲。

歐洲東方學的刺激，應當是日本東洋史研究變化的一大背景。這一點，如果看明治四十年（1907）白鳥庫吉撰寫的《亞洲研究為戰後一大事業》，就可以看到白鳥庫吉焦慮的是，英國在倫敦設立皇家亞洲學會之外，在印度、中國和韓國設立支部，發行雜誌與調查報告；法國在巴黎建立了東方語言學校及亞洲學會，在越南的河內設立法國遠東學院，發行考察遠東與東南亞歷史與文物的雜誌；德國在柏林大學設立東方語言學校，發行了亞洲研究的刊物；俄國也因為領土大半在亞洲的緣故，亞洲研究更加興盛，在海參崴設立東方學院專門從事遠東的研究調查。他在震驚之餘，很感慨歐洲諸國亞洲研究的著作之多，"遠在本國人夢想之外"。[32]

據榎一雄（えのき　かずお，1913—1989年）回憶説，白鳥庫吉還在高中讀書的時候，就已經深受那珂通世的影響[33]——那珂

32　白鳥庫吉《亞細亞研究は戰後の一大事業なり》，《白鳥庫吉全集》（東京：岩波書店，1971）第 10 卷，54—55 頁。

33　窪寺紘一《東洋學事始：那珂通世及び其時代》（東京：平凡社，2009）。

通世的意義，下面再仔細講 —— 他已經明確地意識到，東洋史不只是中國史，而是東洋各國的歷史，那珂通世在明治二十七、二十八年也就是甲午戰爭前後，就意識到這一點。所以，白鳥庫吉就立志要超越歐洲人，使得日本在亞洲史的研究水準也高於歐洲。[34] 有一個故事很有象徵性，據說桑原騭藏曾經從別人那裏聽說，法國學者沙畹不僅閱讀過《悟空行記》，而且在 1895 年就對這個唐代就到西域天竺達數十年的佛教僧人旅行記做過很好的譯注和考證，而日本學者包括他本人，卻連"悟空"這個名字都沒有聽說過，因此大受震驚和刺激，覺得必須迎頭趕上，和西人一較高下。因此，日本東洋學家們要努力通過和西方學術一致的工具、資料和方法，從事西方學界感興趣的領域、課題和問題，使用和西方科學相同或相似的、被標榜為"中立"的所謂客觀主義立場，來促進日本"東洋學"的形成。在這些方面，最重要的領域就是所謂"四裔之學"，而所謂"四裔之學"實際上就是亞洲區域的史地語文。

我們來看明治、大正年間這兩個日本頂級學者的夫子自道：

白鳥庫吉《滿鮮史研究の三十年》中說："為了不輸給歐美學者，我們建立了規模很大的東洋歷史學會，與實業家、政治家攜手，提倡根本的東洋研究的必要性。特別是，當時歐美人在東洋研究方面，多在中國、蒙古、中亞，確實其中有非常權威的成就，

34　參看吉川幸次郎編《東洋學の創始者たち》（東京：講談社，1976），22－23 頁。

但是，在滿洲和朝鮮研究上，卻尚有未開拓處，因此，我們日本人必須要在歐洲人沒有進入的滿洲、朝鮮的歷史地理方面，有自己的成果。"[35]

桑原騭藏《支那學研究者の任務》曾列舉美國的柔克義（Rockhill，研究西藏和蒙古佛教、文化、地理及研究《諸蕃志》、《島夷志略》等有關南海交通文獻），英國的菲利普斯（Phillips，研究荷蘭佔領時期的台灣史及明代中國與南洋交通）、衛禮（Wylie，精通蒙古文、梵文、滿文，研究傳教士對中國的影響）、理雅各（Legge，研究和翻譯中國經典），俄國的貝勒（研究蒙古時代）等人的成果，沉痛檢討"我國（日本）最大的失誤，在於我國的支那學研究，還沒有充分使用科學的方法。"[36]

正是在這一學術史的大背景下，日本東洋學界，以東京帝國大學和白鳥庫吉為代表，開始了與歐洲東方學爭勝的努力。

一方面，東京帝國大學在哲學、文學、漢文學之外，在1886年新設立"博言學科"也就是歐洲所謂 "Philology"（1900年改為"言語學科"），在歐洲人張伯倫（Basil H. Chamberlain）的推動下，發展文獻學和語言學結合的方向（高楠順次郎和上田萬年作為最早的博言學科教授）。

35 白鳥庫吉《滿鮮史研究の三十年》，原載《國本》第14卷第9號（1934），收入《白鳥庫吉全集》（東京：岩波書店，1971）第10卷，403−404頁。

36 桑原騭藏《支那學研究者の任務》，原載《太陽》第23卷第3號（1917年3月），收入《桑原騭藏全集》（東京：岩波書店，1968）第1卷，589−606頁。這篇文章，曾經很快被譯為中文，在當年最新潮的《新青年》上刊登，對胡適產生相當大的影響。

另一方面，佛教界的南條文雄、笠原研壽也去歐洲留學，學習當時德國和英國的比較宗教與比較語言，主攻梵文、藏文和巴利文。配合這一趨勢，寺本婉雅等人也在政府支持下，到處收集滿文、蒙文、藏文的《大藏經》，推動了各種語言之學的興盛。[37]

而在考古方面，日本學者也開始把注意焦點從中國擴大到整個東亞甚至亞洲，中村久四郎（なかやま きゅうしろう，1874－1961年）曾經指出，明治四十年（1907）到大正初年，像關野貞、鳥居龍藏、濱田耕作等人，已經把考古的空間延伸到滿洲、朝鮮、蒙古。特別是第一次世界大戰之後，東方對歐洲文明有一些疑問，因此更要向東方自身尋找文明源頭。為了要回應和推翻瑞典學者安特生（Johan Gunnar Andersson，1874－1960年）的"文化西來說"，對東亞整體的考古就更有興趣，除了外蒙古、西伯利亞之外，他們對於古代朝鮮如漢代樂浪郡的考古、吉林集安的高句麗早期王陵的考古，都發展起來。[38]

其中，明治、大正年間最值得注意的，當然就是白鳥庫吉的研究成就。他最引人矚目的學術成就，基本都圍繞着中國四裔的

---

37 寺本婉雅從北京黃寺得到藏文《大藏經》（151部，350冊），後來上呈宮內省收藏；日俄戰爭時期，日軍佔領奉天之後，明治天皇賜金，將蒙文《大藏經》、滿文《大藏經》都運回日本，連同藏文《大藏經》一起，交給東京帝國大學收藏，但在1923年毀於關東大地震。

38 1926年日本學者和北京大學考古學會合作，在北大二院成立了"東亞考古學會"，中國學者馬衡、羅庸，日本學者濱田耕作、原田淑人、池內宏還在學會做了有關中國和日本的古玉（濱田）、樂浪出土的封泥（池內）等報告。參看中村久四郎《現代日本における支那學研究の實狀》（東京：外務省文化事業委囑項目，1928）第八章《支那考古學に關する現代日本學界の現狀及び關係事項》，153－276頁。

歷史與語言研究。例如 1900 年他在赫爾辛基世界東方學會上引起轟動的報告《突厥闕特勤碑銘考》和《匈奴及東胡諸族語言考》（發表於 1900 年聖彼得堡的學士院雜誌十三卷二期），1902 年在德國漢堡世界東方學會上獲得好評的《烏孫に就いての考》和《朝鮮古代王號考》，1922 年在巴黎亞細亞學會百年紀念會上發表的《匈奴起源考》等，都屬於這一類論著。[39] 正如市村瓚次郎所説，白鳥庫吉的研究囊括“東南西北”，東是朝鮮、滿洲和日本，南是東南亞，西是中亞和西南亞的民族，北是蒙古。[40] 如果大家有興趣，不妨看看他的論著。他的一些論著由王古魯和方壯猷分別翻譯，早就在中國出版了。王古魯翻譯的《塞外史地論文譯叢》，收有他的《條支國考》《大秦及拂菻國考》；方壯猷翻譯的《東胡民族考》，收有《東胡考》《烏桓鮮卑考》《羯胡考》等，都是有關中古中國影響甚大的北方非漢族有關族源與文化問題的考證。[41]

讓我們具體看一個例子。如果你讀《東胡民族考》裏白鳥庫吉的各篇論文，你會發現他對“東胡”的研究相當深入。

首先，他對歐洲東方學家們把“東胡”整個説成“通古斯”族，是相當不贊成的。比如，雷慕沙、克拉普羅特等學者，把東胡説成是蔓延於西伯利亞和中國東北民族的總稱，但是他引用《史記·

39　現在這些論文都收錄在《白鳥庫吉全集》（東京：岩波書店，1970）第 3 卷至第 7 卷中。

40　參看市村瓚次郎《白鳥博士還曆紀念‧東洋史論叢の序に代ぶ》，載池內宏編《白鳥博士還曆紀念‧東洋史論叢》（東京：岩波書店，1925），卷首。

41　白鳥庫吉《塞外史地論文譯叢》（王古魯譯，太原：山西人民出版社，2015）；白鳥庫吉《東胡民族考》（方壯猷譯，太原：山西人民出版社，2015）。

匈奴列傳》和其他資料證明，早期的"東胡"只是中原漢人對北方匈奴以東部族的稱呼，大體上在宣化（今河北）以東、瀋遼（今遼寧）以北，他們和匈奴／蒙古人有關，只是因為在東方，所以叫做"東胡"，並不在西伯利亞。他特別指出，古代族群的名稱，開始往往是"一地方之小名"，只是因為歷史變化或勢力擴張，"遂成一國一州之總稱"，就像邪馬台變成日本之名，韃靼變成蒙古之名，所以，考察"東胡"也要注意歷史變化。[42]

其次，他非常仔細地考證了屬於東胡的烏丸（烏桓）、鮮卑、羯胡、蠕蠕、吐谷渾等族群的起源和位置，這一點雖然主要依賴中古中國的文獻，但也充分使用各種當時留下的語詞，進行對比和考證。

再次，他充分運用突厥、蒙古、回鶻、契丹、西夏、女真等語文，特別是突厥各部的語言資料，對北方胡人各種姓氏進行考證，[43] 如慕容、拓跋、禿髮、宇文、乞伏、地豆于等。比如"慕容"這個姓氏，他破除了古代中國人望文生義，把慕容解釋為"步搖"或"愛慕美顏"的説法，指出慕容氏出自"西喇木倫至義州"即右北平到上谷一帶，發展到東北靠近朝鮮的區域，所以他們用"燕"這個名稱。慕容是胡語即古文獻中之"莫輿"，應當是 Ba-yan 的漢語寫法，在突厥、蒙古、通古斯語中，就是"富裕"的意思，它

---

42 白鳥庫吉《東胡考》，載白鳥庫吉《東胡民族考》（方壯猷譯，原出版於 1934 年；重印本，太原：山西人民出版社，2015），12–13 頁。

43 中國學者姚薇元《北朝胡姓考》（北京：中華書局，1962）當然更加細緻和全面，但是這一問題卻是延續白鳥庫吉的。

原來是一個部族酋長的美稱，後來成為一個族群的姓氏。這一説法很有意思。[44] 又比如説，羯胡的石勒，《魏書》卷九五説他小字"匐勒"，白鳥庫吉則注意到《北史》卷九八《高車傳》裏面記載，北魏太和十一年 (487)，"（柔然）豆崙犯塞，阿伏至羅等固諫不從，怒率所部之眾西叛，至前部西北，自立為王。國人號之曰侯婁匐勒，猶魏言大天子也。"他敏感地注意到這個詞，因為高車是突厥系的族群，因此從突厥語來看，"大"就是 ulu 或者 ulug，即"侯婁"，而君長或王，突厥語是 baj，或 beg，或 big，所以，他斷定"匐勒"或即高車語的 bejlik，或者 beglik。石勒的小字，也是大王或者天子的意思。[45] 他進一步説明，匈奴、突厥、通古斯語是有互通詞彙，也就是有血緣關係的。這種充分運用歷史文獻和歷史語言知識的考證方法，正是研究中古民族史的不二法門。所以，他在當時東西學界的聲譽很高，成為中國周邊歷史、民族和地理研究的權威學者。

白鳥本人的學術研究成績當然很大，但是從學術史上看，他最重要的作用是作為日本東洋學的領導者和組織者。正如羽田亨（はねだ　とおる，1882－1955 年）回憶白鳥庫吉一生事跡時所説："振興我國的東洋學，使之達到甚至超過世界學界之水準，乃是白鳥庫吉博士的夙願。"他列舉白鳥庫吉的功績，包括：(1) 組織亞

44　白鳥庫吉《東胡民族考》的翻譯者方壯猷大概是先看到白鳥的説法，所以也贊成並發揮這一説法，參看方壯猷《鮮卑語言考》，載《燕京學報》1931 年第 8 期，1437 頁。但是，應當注意另外的學者如聶鴻音和繆鉞並不同意白鳥的説法，這裏從略。

45　白鳥庫吉《羯胡考》，載《東胡民族考》，58－59 頁。

細亞學會，並在明治四十一年 (1908) 和東洋協會調查部合作，出版學術報告，後來在明治四十四 (1911) 年改為《東洋學報》；(2) 明治四十一年 (1911) 推動了滿鐵株式會社進行滿鮮歷史地理的調查事業，編輯了"白山黑水文庫"，出版《滿洲歷史地理》(包括德文版)、《朝鮮歷史地理》；(3) 大正十三年 (1924)，他推動岩崎家建立了"東洋文庫"並親自擔任理事和研究部長等。[46]

在白鳥庫吉之後，當過京都大學校長的羽田亨成了這一趨勢的領袖人物。用石田幹之助的話說，羽田亨推動了日本學界"注意中亞探險隊的發現與成果，也注意到敦煌、高昌、龜茲、于闐遺址出土的如流沙墜簡、石室遺書，以及這些發現帶來的新方法，努力使用語言學知識，靈活地使用新出的殘簡逸籍，並介紹西方人的新材料和新研究，為我國學界注入了新的活力。特別是入主京都大學，為這個大學帶來新風氣，尤其是將敦煌學帶入了京都大學。這是二十世紀初以來世界中國學的新潮流和新趨勢，也是任何中亞、遠東研究者不得不接觸的新學問，也就是陳寅恪教授所謂的'預流'，否則就會'不入流'。"[47]

當時日本東洋學界對亞洲或者東亞史的研究，也就是我們說

---

46 羽田亨《白鳥博士の思て》，載《東洋史研究》第 7 卷第 2–3 號 (1942)，收入《羽田博士史學論文集》(京都：同朋舍，1975)，593–597 頁。又，中見立夫在《日本東洋學の形成と構圖》中，也特意介紹過白鳥庫吉在日本"亞洲研究"領域的組織作用，特別提到他 1907 年發表的《亞細亞研究は戰後の一大事業なり》以及這篇文章與日俄戰爭結束這一背景，載《"帝國"日本の學知》(東京：岩波書店，2006) 第 3 卷《東洋學の磁場》，35 頁。

47 石田幹之助《歐美における支那研究》(東京：創元社，1942) 中所收《我國における西域史研究》對羽田亨的介紹，316–317 頁。

的"四裔之學",成為一個很大的潮流。我們再舉一些例子:

比如前面提到過的,和羅振玉、王國維都是好友的藤田豐八,他在中國待過十幾年,漢語很好。他主要關注的就是西域和南海之學,尤其是東西交涉的歷史。他對敦煌發現的《慧超往五天竺國傳》做過箋釋,對元代汪大淵記載海外各國的重要文獻《島夷志略》做過研究,[48] 就是因為這些文獻是有關中外之間交通,是涉及中國之外史地的。他最重要的著作,當然是兩卷本《東西交涉史の研究》(1932—1933),分為《南海篇》和《西域篇》,其中,尤其是 1932 年先行出版的《南海篇》,收錄了二十幾篇論文,更是這一領域必讀的著作。[49] 有一些內容非常精彩,比如,他比桑原騭藏還早,指出蒲壽庚是大食(阿拉伯)人,並且説明因為他並沒有漢族中國人的認同感,做着宋朝的官兒,卻幫助了蒙元入主中國;[50] 又比如,他還考證了五代十國時期,南漢的先祖劉謙也是大食人,[51] 這一點是他最先發現,當然後來陳寅恪等有一點兒修正和補充,可以看陳寅恪的《劉復愚遺文中年月及其不祀祖問題》[52]。當

48 參看藤田豐八(劍峰)《慧超往五天竺國傳箋釋》(北平:泉壽東文書藏,1931)和藤田豐八《島夷志略校注》("叢書集成續編"影印,台北:藝文印書館,1971)。

49 藤田豐八《東西交涉史的研究・南海篇》,1932 年先出版於岡書院;後《東西交涉史的研究》全編本,包括《南海篇》《西域篇》及《附篇》的全本,1943 年由荻原星文館出版。中譯本有何健民譯《中國南海古代交通叢考》(太原:山西人民出版社,2015)。

50 參看藤田豐八《中國南海古代交通叢考》上冊《泉州之阿剌伯人》,65—68 頁。

51 藤田豐八《中國南海古代交通叢考》上冊《南漢劉氏先祖考》,137—149 頁。

52 陳寅恪《劉復愚遺文中年月及其不祀祖問題》,載《金明館叢稿初編》("陳寅恪集",北京:生活・讀書・新知三聯書店,2001),343—366 頁。

然也有人不同意，這可以另外討論。所以，江上波夫介紹說，藤田特別關注的，首先就是東西之間的交通路線和要衝，如城鎮、港口，以及國與國之間的歷史地理；其次是國與國之間的貿易、殖民、物產、生活；再次是中亞和北亞遊牧民族的起源、移動、王號、軍隊等。[53]

此外，像稍稍晚一點兒的池內宏（いけうち ひろし，1878－1952 年），是研究東亞如朝鮮史、日本史的大學者，前面提到的今西龍則是研究朝鮮史的大學者。而再晚一點兒的，像原田淑人（はらだ よしと，1885－1974 年）對明代蒙古的研究和對滿蒙的考古發掘；石浜純太郎（いしはまじゅんたろう，1888－1968 年）精於西夏、藏和滿的歷史和語言之研究；和田清（わだ せい，1890－1963 年）精於滿洲和蒙古的研究。這些學者的學術，都呈現了明治、大正時代日本東洋學的取向。

羽田亨曾經總結說，這一時期日本東洋學的一些進步[54]，就表現在：(1) 東方新的考古資料與諸文獻的研究（如闕特勤碑）；(2) 古代語文的發現（如回鶻文、吐火羅文、西夏文）；(3) 西域各國的人種的研究；(4) 各種非漢族宗教文獻的新發現（如摩尼教經典）；(5) 粟特文化對東方的影響；(6) 回鶻文化的東漸。另一個著名學者宮崎市定（みやざき いちさだ，1901－1995 年）也總結

53　參看江上波夫《藤田豐八》，載江上波夫編《東洋學の系譜 (2)》（東京：大修館書店，1994），25 頁。

54　羽田亨《晚近における東洋史學の進步》，原載《史林》1918 年第 3 卷 1、2 號；後收入羽田亨《羽田博士史學論文集》（京都：同朋舍，1957、1975），635－653 頁。

過明治、大正時代東洋學的變化，從明治時代的那珂通世《支那通史》、桑原騭藏《中等東洋史》，到大正年間桑原騭藏《中等教育東洋史教科書》，當然也包括其他東洋史著作，這是日本逐漸明確了亞洲史就是東洋史的重要性，也逐漸區分了單純的中國史和東洋史，"中國史以記述中國自身沿革為最終目標，東洋史要解明東洋所包含的所有民族的命運。"[55]

這個逐漸發展的歷史學取向，就意味着要把研究視野從漢族中國拓展開，逐漸關注到整個東亞，甚至整個亞洲；把過去純粹依賴文獻進行的歷史研究，變成結合考古學和語言學的歷史研究。而現代形態的"東亞/亞洲史"的研究，在日本就是這樣，在明治、大正年間，蓬蓬勃勃地開展起來的。

三、"有如國土"：明治、大正時代日本的侵略野心與學術取向之關係

我這麼強調日本東洋史研究者在超越漢族中國的歷史研究方面的作用，並不是說同時代的中國學者，就不關注漢族中國之外的歷史、地理與文化。事實上，從十九世紀中葉以後，中國也有後來叫做"西北史地之學"和"補訂重修元史"的學術潮流。正如

55　宮崎市定《宮崎市定自跋集》（東京：岩波書店，1996），24頁。

王國維所説："道咸以降，途轍稍變。言經者及今文，考史者兼遼、金、元，治地理者逮四裔，務為前人所不為。雖承乾嘉專門之學，然亦逆睹世變，有國初諸老經世之意。"所以，王國維才説"道咸以降之學新"[56]。這個觀察，不是只有王國維一個人有，陳寅恪後來也説，晚清的學風"治經頗尚公羊春秋，乙部之學則喜談西北史地。"他並且指出，公羊學後來變成改制疑古，和浪漫的文學與變幻的政治連在一起，倒是西北史地之學比較接近樸學，將來可能"驚雷破柱，怒濤振海。"[57]

為甚麼那個時候西北史地之學也開始興盛呢？這大概和當時大清朝的周邊環境刺激有關。大家知道，從康熙到乾隆，清朝開疆拓土，最終把西域、西藏併入大清，使異域變成了新疆。但是，乾隆盛世之後，國勢漸漸衰退，俄國、英國等新帝國對中亞、新疆一帶虎視眈眈，而大清帝國的理藩院，經營這一片新的土地，卻捉襟見肘，力不從心。剛好，這時有一些知識人，由於各種機緣，到了新疆或者關注西北。於是，開始有一些西北史地著作出現，對原來屬於異族殊方的邊疆地區，進行了初具規模的研究，也撰寫了不少著作。比如下面這些：

劉統勛（1698－1773 年）《欽定皇輿西域圖志》

七十一（姓尼瑪查，字椿園，？－1785 年？）《西域聞見錄》

---

56 王國維《觀堂集林》卷 19《沈乙庵先生七十壽序》，載《王國維全集》（杭州：浙江教育出版社；廣州：廣東教育出版社，2010）第 8 卷，618 頁。

57 陳寅恪《朱延豐突厥通考序》，載《寒柳堂集》（"陳寅恪集"，北京：生活・讀書・新知三聯書店，2001），162－163 頁。

（包括《新疆紀略》、《外藩紀略》、《西陲紀事本末》、《回疆風土記》、《軍台道理表》）

祁韻士（1751−1815 年）《欽定外藩蒙古回部王公表傳》

祁韻士、祁雋藻（1793−1866 年）撰，張穆改訂《皇朝藩部要略》

松筠（1752−1835 年）《伊犁總統事略》

徐松（1781−1848 年）《西域水道記》

魏源（1794−1857 年）《聖武記》

張穆（1805−1849 年）《蒙古遊牧記》

何秋濤（1824−1862 年）《朔方備乘》

一直到光緒年間（1875−1908），還有韓善徵的《蒙古紀事本末》四卷出現。至於重修元史的，除了眾所周知的學者錢大昕之外，另有邵遠平《續弘簡錄》即《元史類編》、汪輝祖《元史本證》、魏源《元史新編》。到了晚清民初，出現了域內域外的各種新史料，除了早先張穆從《永樂大典》中輯出來的《元朝秘史》，清初薩岡根據蒙文、藏文資料撰寫的《蒙古源流》之外，人們又看到了海外文獻和論著（如波斯人拉施特哀丁的《史集》、蒙古人阿卜而嘎錫《突厥世系考》、法國人多桑《蒙古史》、西域人志費尼《世界征服者史》等），於是，又出現了不少有關蒙元歷史的新著。比如：

洪鈞（1839−1893 年）在光緒三年（1877）出使俄國，看到了很多新史料，於是撰寫了《元史譯文證補》三十卷，他採用了國外的新資料，對蒙元帝國的初期歷史（主要是太祖、太宗、定宗、憲宗這四朝的歷史）做了補正。

屠寄（1856－1921 年）撰《蒙兀兒史記》，用紀傳體對開國武功和西域汗國的歷史系統敍述。

柯劭忞（1850－1933 年）撰《新元史》二百五十七卷，整個兒重寫重編了蒙元史（1922 年出版後，曾作為正史）。

沈曾植（1850－1922 年）撰《蒙古源流箋證》，對原有文獻做了精細的考證。

如果再加上姚瑩（1785－1853 年）《康輶紀行》十五卷對西藏史地的記載[58]，李文田（1834－1895 年）《元秘史注》十五卷對蒙古早期歷史的疏證[59]，就可以看到那個時代，也就是道光、咸豐、同治以後，一直到民國初年，中國學界已經有了西北史地和異族歷史的研究風氣。

不過值得深思的是，晚清中國學術大勢，並沒有像陳寅恪所說的那樣，這些超越中國本部的學術研究，能夠“驚雷破柱，怒濤振海”，相反卻重返書齋，成了“絕學”。前幾年有一個年輕學者研究清代西北史地之學的著作，書名就叫《絕域與絕學》，絕域是指遙遠的西域新疆，絕學就是說的西北史地之學。[60]

這是為甚麼呢？我嘗試做一個解釋。

58　現有《康輶紀行校箋》（劉建麗校箋，上海：上海古籍出版社，2017）。

59　周清澍《張穆、李文田手跡考釋》指出，由於李文田做注，“影響擴及海內外，使繼起從事《元秘史》研究、注釋、還原、重譯或譯成各種文字者，迄今累計達數十家。”原載《內蒙古大學學報》1997 年第 2 期，收入其《學史與史學》（上海：上海古籍出版社，2011），33 頁。

60　郭麗萍《絕域與絕學》（北京：生活・讀書・新知三聯書店，2007）。

一般來説，現代的學術和政治，確實應當有一些距離，否則學術被政治糾纏和干擾，往往不能客觀、中立和科學。但從學術史上看，人文學術的盛衰成敗，又常常與政治分不開。按照愛德華·薩義德（Edward W. Said）《知識分子論》的説法，甚麼是知識分子？知識分子就應當是在體制之外不斷給它搗亂和批評的，換句話説，知識分子就是批評者。[61] 政治制度的實際變化，固然有執政的政治家的努力，學院的學者往往插不上手，不過如果政治制度和意識形態有問題，知識分子就要説話了，他的批評就像通常説的啄木鳥，把有害的病蟲剔除出去，讓政治重返清明公正。歷史學也是這樣，歷史學家可以通過歷史知識，對現實政治表示支持、修正或反對，而現實政治有了歷史知識的支持，就擁有歷史合理性也就是權威性，如果現實政治沒有歷史知識的支持，那麼它就沒有合理性、權威性。由於政治影響每一個人，所以，政治在某種意義上，會對歷史研究產生影響，歷史研究也會對政治產生很大的作用，而在這種雙向過程中，學者也會經由政治關懷和社會影響，對學術方向有所引領或限制。以前，傅斯年就説過，"學問不應多受政治之支配，固然矣。然若以一種無聊之學問，其惡影響及於政治，自當在取締之例。"[62] 其實，學術與政治之間，從來就沒有絕對的界限，尤其是涉及國家、民族和認同的歷史

61　薩義德《知識分子論》（單德興譯，北京：生活·讀書·新知三聯書店，2005），15頁。

62　《傅斯年致朱家驊、杭立武（1939年7月7日）》，載王汎森等編《傅斯年遺札》（北京：社會科學文獻出版社，2015）中冊，1016頁。

學，這是沒有辦法的。

中國的西北史地之學、重建蒙元史之學，並沒有進入公眾關注的政治領域，也沒有和社會關懷掛上鉤，卻漸漸成為所謂 "絕學"。甚麼是 "絕學"？它很難，會的人很少，陽春白雪，只是書齋的學問，也就是所謂荒江野老的素心之學。日本的東洋學之所以蓬蓬勃勃地發展起來，卻是因為它和日本明治、大正時代的政治，具體說來，就是明治維新成功以後，東洋學的趨勢和試圖成為東亞盟主，因而產生的領土要求和侵略野心，兩者剛好合拍，由於政治和學術互相激盪，使得東洋學成為 "顯學"。大家知道，日本在 1894 年甲午戰爭打敗清朝之前，就已經對中國有很大的心理優勢，因為它覺得自己已經成為東方最先進的國家了，所以它從一開始就對中國帶有一種蔑視。日本當時的普遍心理，就是覺得歷史中國和文化中國是很不錯的，但現實中國是很差的。所以，它在通過明治維新成為現代化世界強國以後，就對中國產生了很強烈的傲慢意識，甚至認為，中國應該被瓜分，而日本一定要參與對中國的瓜分。日本近代思想的奠基者之一福澤諭吉（ふくざわ ゆきち，1835－1901 年），就是一萬日元鈔票上印了頭像的那一位，在 1898 年發表《十四年前の支那分割論》就說，他早在十四年前的 1884 年就預見中國會被瓜分，所以日本應該參與。[63] 中島端、有賀長雄、大隈重信等人，無論對中國的感情好

---

63 福澤諭吉《十四年前の支那分割論》（明治三十一年一月十二日），收入《福澤諭吉全集》（東京：岩波書店，1958）第 16 卷，204－207 頁。

與壞，都持有這種看法。

日本很早就認為，十七世紀中葉明清中國的變化，就是"華夷變態"，也就是中華變成了夷狄。所以在他們心目中一直有一種想法，就是長城以內十八省的明代疆域是"中國"，而包攬滿、蒙、回、藏、鮮的清代疆域，則未必是"中國"。這種日本傳統的中國觀念，在明治、大正時期，隨着日本國力增強，變成所謂"支那非（現代）國家論"或"中國唯本部論"，這種論調在十九世紀後期到二十世紀初期的日本非常流行，因此，他們對"中國本部"之外的一些地方，尤其是已被日本控制的朝鮮，毗鄰朝鮮的滿洲，與滿洲相連的蒙古，當然還有已經被割去的台灣，都懷有極大興趣，甚至產生了"如同國土"的感覺。[64] 這種國家政治意義上的興趣恰恰與學術上受到歐洲東方學影響的"四裔之學"風氣互相結合，就推動了明治、大正年間對鮮、滿、蒙，甚至回、藏的研究熱潮。[65]

關於這一政治與學術潮流，我們不妨看幾則日本的史料：

中野正剛（耕堂）《大國、大國民、大人物 —— 滿蒙放棄論を排す》（1895）

福澤諭吉《十四年前の支那分割論》（1898）

---

64 中野正剛（耕堂）曾經明確地以《大國、大國民、大人物 —— 滿蒙放棄論を排す》為題，以傳統中國的歷史興衰來論證日本爭霸與擴張的必要性。他說中國變弱始於秦始皇築長城自保，他認為"我國乘新興機運，漸有台灣、併朝鮮，向滿洲與蒙古發展的曙光出現，若於朝鮮國境築長城，守四方，弱士氣，這豈非亡國之兆？"參看中野正剛《我が觀たる滿鮮》（東京：政教社，1915），335 頁。

65 關於這一點，可參看葛兆光《從"帝國疆域"到"國家領土" —— "五四"之前有關"主權"問題的日本刺激與中國反應》，載《文史哲》2019 年第 3 期，5–13 頁。

中島端《支那分割の運命》(1912)

浮田和民《支那の未來》(1913)

酒卷貞一郎《支那分割論》(1917)

　　特別可以代表日本東洋學這一政治趨向的，就是東京與京都的白鳥庫吉和內藤湖南這兩位大人物。白鳥庫吉在明治、大正年間推動滿、鮮、蒙研究，就和日本對朝鮮、滿洲、蒙古這一區域對日本的安全與利益考慮相關，所以，他在 1915 年創刊的《滿蒙研究匯報》第 1 號 (1915 年 11 月 1 日)《發刊詞》中說，"滿蒙於我 (日本)，一位北門之鎖鑰，一位東洋和平之保障，今滿洲為歐亞聯絡最捷徑，在未來東亞文明接觸圈，況我於滿洲投入戰費二十億，人命犧牲五六萬以上，倭國民豈可輕忽視之？"[66] 這個意思他在《滿洲歷史地理》的序文中又一次說到，"(朝鮮) 半島對於我國 (日本) 來說，有着密接之關係，古今無異，而半島上的風雲變幻，又往往來自滿洲的曠野，因此，滿洲也與我國國運消長息息相關，同樣古今如一。從這一點思考，查明這一區域的民族競爭之真相，就非常必要。"[67] 同樣，內藤湖南的《支那論》(1914) 也與他對現實國家與區域的關懷相關。[68] 他的一個重要想法，就是斷定中國的政治、經濟和文化，負擔不了維持龐大帝國疆域，

66　《滿蒙研究匯報》第 1 號 (1915 年 11 月 1 日)《發刊詞》，1 頁。

67　白鳥庫吉《〈滿洲歷史地理〉序》，《白鳥庫吉全集》(東京：岩波書店，1971) 第 10 卷，449 頁。

68　內藤湖南《支那論》(東京：文求堂書店，1914)。關於這一內容，尤其值得注意的是第一講《君主制抑或共和制》。

所以中國的領土應該縮小，不能被"五族共和"這樣的空頭理論綁架，而要基於實力考量，寧願一時失去領土而求得內部統一。這裏隱含的，一方面當然就有把滿、蒙、回、藏不當作"中國"的意思；而另一方面，則是暗示日本對這些區域和族群負有某種使命。內藤湖南是一個把政治和學術結合得很密切的學者，他的這些論著和思路，把日本東洋學裏有關中國四裔研究興趣的政治意圖，說得相當明白。

這就可以明白，日本明治、大正時代東洋學的興趣點為甚麼從朝鮮、滿洲、蒙古這個路線過來；[69] 白鳥庫吉為代表的一批頂尖東洋學家，為甚麼要與滿鐵株式會社合作，進行滿鮮歷史與地理的研究；[70] 為甚麼到了"二戰"之中，東亞的歷史視野會擴大為"大東亞"。有關這個問題的研究很多[71]，日本學者自己也有很多反

---

69 關於明治、大正年間日本東洋學界滿蒙歷史研究的情況，可參看和田清1932年撰寫的《我が國に於ける滿蒙史研究の發達》，載和田清《東亞史論叢》（東京：生活社，1942），242－268頁。

70 在白鳥庫吉領導下，包括稻葉岩吉、箭內亙、瀨野馬熊、松井等、和田清、津田左右吉等，於1908年，藉助滿鐵設立滿鮮歷史地理調查部，出版了《滿洲歷史地理》2冊、《朝鮮歷史地理》2冊。此部停辦後，又在東京帝國大學文學部繼續，1934年出版《滿鮮歷史地理研究報告書》13冊，每冊300到700頁。關於這一過程的詳細記載，可以參看鶴見佑輔（一海知義校訂）《正傳·後藤新平》（4）《滿鐵時代（1906－1908）》（東京：藤原書店，2005），此書曾記載說，"在世界上，這十幾冊《滿鮮歷史地理報告》在東洋學史上佔有很高地位。昭和六年（1931）九月，滿洲事變發生時，日本人頓時對滿洲之關心增長，此書的書價暴漲至數百金"（337頁）。

71 中國學者在二十世紀三十年代就察覺日本學界的這些取向，參看蕭桑《最近三百年來日本關於滿蒙研究的史的檢討》，他指出，"日本關於滿蒙的研究，已在學問的意味的後面，披覆着一襲背景了，換言之，已不是純學術的探討了。日本國民公認為將來出路的大陸政策，已由潛伏期的醞釀而發酵而抬頭了。"載國立師範大學研究院歷史科學研究會編《歷史科學》（北平）創刊號（1933），5頁。

思[72]，我就不多講了。這種有關中國四裔研究的政治意味，到了"二戰"前後，就促成了隱含侵略意味的"大東亞論"。

下面我們來看幾個典型的例子：

其一，和田清在《支那及び支那人という語の本義について》（1942 年 1 月與 2 月）中就認為，"蒙古、滿洲、西藏在過去，與中國並非一國，人種不同，語言不同，文字和宗教也不同，風俗習慣也不同，歷史和傳統更是有差異。從滿洲興起的大清帝國統一，才歸到一起，沒有理由把這些一樣地說成是‘支那’或‘支那人’，這無須論證，不言自明。"[73]

其二，矢野仁一（やの じんいち，1872－1970 年）的《大東亞史の構想》。這是"二戰"中東洋史學界最引人矚目的所謂"大東亞"理論。作為日本戰時文部省主辦的文化講座之記錄，矢野仁一在《大東亞史の構想》中提出了逐級放大的"大東亞史"。他說："大東亞史的範圍即‘大東亞共榮圈’之範圍，包括：(1) 以日本為主，包括朝鮮、台灣、琉球的歷史；(2) 至今作為東洋史對象之中國中心及周邊地區；(3) 中國文化與政治範圍之外，受到印度、阿拉伯文化影響的區域；(4) 中國影響範圍之外的，南

72　參看中見立夫《日本東洋史黎明期における史料への探求》，載《清朝と東アジア・神田信夫先生古稀紀念論集》（東京：山川出版社，1992），97－126 頁。

73　和田清《支那及び支那人という語の本義について》；這類見解，他曾多次表達，如《支那の國體について》（載《オリェンタリカ》第 1 號），參看松村潤《和田清》，載江上波夫編《東洋學の系譜（2）》（東京：大修館書店，1994），164 頁。

方印度支那諸國。"[74]

其三，宮崎市定的《亞洲史概說》。據宮崎市定後來的自述[75]，這個亞洲史研究著作形成的經過是和"二戰"分不開的。昭和十三年（1938），在內閣直屬的企畫院下設立東亞研究所，總裁為近衛文麿，第一部長是陸軍中將林桂，第二部長是海軍中將原敢二郎。其中，原敢二郎是京都大學東洋史權威原勝郎的弟弟，由於這一關係，東京大學和京都大學都接受了編寫新歷史書的任務。當時，宮崎市定和安部健夫都是年輕的助理教授，也都參加了這一計劃。最初進行的調查和編寫，包括"異民族的支那統治策""中國的邊境統治策""列強對中國勢力滲透的歷史"，後來，大家可能都看到過其中一部分成果，這就是那部收錄了十九篇論文的《異民族支那統治史》。這一著作很明顯是為了日本統治中國服務的，它的《序》裏就很坦白地說，"回顧各個王朝統治中國的歷史痕跡，無論其巧拙得失、成敗利鈍，都不能一概而論。但對於承擔了大東亞建設任務，需要確立民族對策，而中國問題又是將來最大懸案的日本來說，毫無疑問有着重大啟示。"[76] 這部書後來有中文譯本，是由韓潤棠等翻譯、孫毓棠校訂的，1964年由商務印書館作為內部讀物出版。[77] 到了昭和十七年（1942），文部省

74　參看矢野仁一《大東亞史の構想》（東京：目黑書店，1944）。

75　以下參看宮崎市定《宮崎市定自跋集》（東京：岩波書店，1996），234－252、295－297、302頁。

76　東亞研究所《異民族の支那統治史》（東京：大日本雄辯會講談社，1944），2頁。

77　《異民族統治中國史》（韓潤棠等譯，孫毓棠校訂，內部讀物，北京：商務印書館，1964）。

又計劃編《國史概要》之姐妹篇《大東亞史》。先是任命東大出身的鈴木俊為委員，後又任命山本達郎（京大）、安部健夫與宮崎市定，以東大池內宏與京大羽田亨為監修。

政界和學界畢竟還是不同的。當時，日本文部省最大的着眼點是"樹立新的皇國史觀為基礎的新史學，不只是讓日本國民，也讓大東亞共榮圈多民族閱讀，洗淨迄今為止在日本思想界流毒甚深甚廣以西洋諸國陰謀為基礎的史學思想之流弊"；並且要求，歷史年代指標依"皇紀"，要排斥作為西洋觀念尖兵的西曆，因為西曆是毒害全世界的元兇。可是，東京大學的池內宏和京都大學的羽田亨等人並不同意日本文部省之意見，爭論中最大的焦點是，文部省提出的"所謂大東亞史，作為緬甸以東的東亞範圍，這一歷史必須構想為是日本精神自東而起，逐次廣被。"學者們覺得，這種與歷史常識相悖的説法可能成為笑談。反覆爭議之後，他們提出不依文部省之説，而作為替代方案的，是"把東亞史範圍擴大到亞洲史，把亞洲文化認為是由西亞發生，由絲綢之路向東傳播，但每向東進，則被淨化成優質文化，最後，在日本形成冠絕世界之優秀文化，在如今則轉頭向西前進……"這一方案才得到池內、羽田支持，並勉強説服了文部省。宮崎市定的《アジア史概説》的正編，其實就是"二戰"時期計劃編寫的《大東亞史》之開端部分。在宮崎看來，"亞洲史絕非東洋史的放大，日本史、中國史是一個民族史，但東洋史可以説是一個文明史。前者是起着自我之確定之作用，但亞洲史絕非自我確定。因為它是多民族之集合，從這一意義上説，亞洲史與世界史是同一性質"。[78]

　我們可以看到，由於懷有某種強烈的政治意圖，在大東亞主義的支持和刺激下，一方面使得日本有關東亞和亞洲的歷史研究蓬勃發展起來，它不再是書齋案頭的絕學；另一方面也摻入了很濃重的侵略性意味，這樣，就把學術研究和帝國政治的戰車綁在一起了。[79]這種歷史學取向，一直到"二戰"之後，才得到徹底改變。

四、明治、大正時代：
東洋史研究領域的重要日本學者

　篇幅所限，我沒有辦法對明治、大正時代的日本東洋史學者一一介紹。明治、大正時代，是日本東亞史或亞洲史最輝煌的時期，學者很多，這裏我們只能列出一些最重要學者的姓名，特別是重在研究中國四裔，也就是東亞或亞洲歷史和文化的那些學

78　宮崎市定的《アジア史概說》於 1947−1948 年由日本東京的人文書林出版，1973 年又由日本的學生社出版，現在有中文本，參看宮崎市定《亞洲史概說》（謝辰譯，北京：民主與建設出版社，2017）。

79　參看旗田巍《日本おける東洋史學の傳統》，他指出，"日本的亞洲研究，是對應於在亞洲的日本軍事發展而成長起來的，從大的方面看，日本的亞洲侵略，從明治初年到二戰戰敗，是沿着朝鮮—滿洲—中國—東南亞方向推進的，亞洲研究也大體上沿着這一路線成長。"此文收入幼方直吉、遠山茂樹、田中正俊編《歷史像再構成の課題：歷史學の方法とアジア》（東京：御茶之水書房，1966），207 頁。

者，請大家注意他們的著作。

日本東洋史學者的第一代（1850－1870 年出生者），比如：

那珂通世（1851－1908 年，中國史、蒙古史）

林泰輔（1854－1922 年，上古中國與甲骨學）[80]

井上哲次郎（1856－1944 年，中國與日本哲學史）

市村瓚次郎（1864－1947 年，亞洲與中國通史）

白鳥庫吉（1865－1942 年，內亞與北方民族歷史語言研究）

內藤湖南（1866－1934 年，中國史、日本史）

狩野直喜（1868－1947 年，中國文學，敦煌俗文學）

藤田豐八（1869－1929 年，中國以及西域南海之學）

日本東洋史學者的第二代（1870－1890 年出生者），比如：

桑原騭藏（1871－1931 年，亞洲史）

箭內亙（1875－1926 年，蒙元史、歷史地理）

池內宏（1878－1952 年，朝鮮史、蒙日關係）

今西龍（1879－1932 年，朝鮮史）

藤塚鄰（1879－1948 年，朝鮮史與東亞史）

倉進平（1882－1944 年，朝鮮史、朝鮮語）

羽田亨（1882－1955 年，敦煌學及亞洲史）

原田淑人（1885－1974 年，滿蒙考古、明代之蒙古史）

---

80 林泰輔是最早研究甲骨文的日本學者，他曾在明治四十二年（1909）八月，分三次在《史學雜志》第 20 編第 8－10 號發表《清國河南省湯陰縣發見の龜甲牛骨に就きて》，衝擊了日本學界，也影響了羅振玉等人。他還與他的學生諸橋轍次在 1918 年親自赴安陽考察。

石浜純太郎（1888－1968 年，亞洲語言尤其是西夏文、藏文與滿文）

日本東洋史學者的第三代（1890 年以後出生者），比如：

和田清（1890－1963 年，東亞尤其是滿蒙史）

神田喜一郎（1899－1984 年，敦煌學、文獻學）

除了前面提到的白鳥庫吉、藤田豐八和羽田亨之外，在明治時代日本的東洋學家裏面，我還想挑選幾位影響很大的學者，給大家簡單地介紹：

首先是那珂通世。那珂通世最被人所知的，是他寫下了第一部有現代意義的中國史《支那通史》，這部書是用漢文寫的，晚清就在中國出版過，對中國影響非常大。在日本東洋學歷史上，他最重要的成就不光是《支那通史》，而是把日本歷史學界和大學歷史教育分成了三部分，也就是西洋史、東洋史和本國史（日本史）。這樣就奠定了日本歷史研究的三分天下，特別是“東洋史”，他實際上是把亞洲史看成是“東洋史”，因此促進了日本對於超越中國的亞洲歷史的研究風氣。他的看法是，“東洋史”是可以和“西洋史”相對的“世界歷史的一半”，而且東洋史應當特別注重日本和東洋各國的相關，以及東洋各國和西洋的聯繫，這樣，世界史就不再僅僅是西洋史，也不僅僅是東洋史，而是包括東洋和西洋互相聯繫的大歷史了，這一點很有意義。同時，他也一再強調，東洋史不只是漢族中國的歷史，還要包括“突厥種、女真種、蒙古種的盛衰消長”。這一點也很重要，這樣就等於把滿、蒙、回等族群納入東洋學的歷史視野了。[81]

　　那珂通世自己也非常注意漢族中國之外的各族歷史研究，他曾經翻譯校訂洪鈞的《元史譯文證補》，1902 年在東京文求堂出版；也曾請文廷式和著名藏書家陳毅幫助尋找有關蒙元的史料，特別是通過內藤湖南得到《蒙古秘史》抄本以後，曾經用了三年時間研究，在 1907 年出版了校訂譯注本《蒙古秘史》（即《成吉思汗實錄》）十二卷，刺激和啟發了明治日本對於蒙古史的研究風氣。後來日本有那麼多學者，比如我們熟悉的本田實信、岡田英弘等等，都是在這一延長線上，結合西洋學術成果，進行蒙古史研究，那珂通世就是開創風氣的人。不過話說回來，他最重要的影響，還是在西洋、東洋、本國歷史的三分法。那珂通世的傳記，是日本有名的文人、國粹主義者三宅米吉寫的，他也認為這個三分歷史觀，是他的最大成就。[82] 簡單地說，就是日本的 "東洋史"，第一，它是關於整個亞洲的學問，它跟西洋人一樣，把亞洲看成一個歷史世界，中國是這個歷史世界裏的一部分。第二，它把中國變成了一個科學研究的對象，並且放置在亞洲的背景下。第三，它要了解中國和周邊，包括中亞、南亞和西亞，以及跟

81　那珂通世等人徹底改變了日本學界的亞洲史研究與教學，僅僅以中國史以及中國史書為主的趨向。十九世紀八十年代之前，日本有關中國史教學的基本資料，是來自中國的《十八史略》，據李慶《日本漢學史》（上海：上海外語教育出版社，2002）統計，那個時代先後有七種不同的校本。但是那珂通世之後，《十八史略》就漸漸退出歷史教學（205-210 頁）。

82　田中正美《那珂通世》，載江上波夫編《東洋學の系譜（1）》（東京：大修館書店，1992），2 頁。

日本之間的聯繫。這樣就大大改變了過去日本對於"中國"的認知。

接下來要介紹的是市村瓚次郎（いちむら さんじろう，1864－1947 年）。市村瓚次郎是一個很勤於著述通史類教材的學者，在明治二十二年到二十五（1889－1892 年），他出版了《支那史》六卷。這書剛剛問世，很快在接下去的明治二十六年（1893）他又寫了《支那史要》卷上，第二年（1894）出版了《支那史要》的卷下。這兩卷本通史教材，到了明治三十年（1897）在吉川書店重新修訂出版的時候，變成了《東洋史要》。請注意，書名從"支那"變成"東洋"，用日本學者的說法，正是"順應了當時學界和教育界的趨勢"[83]。為甚麼說是"趨勢"呢？就是剛才我們說的，要把原來局限在中國的歷史，放大到整個中國周邊甚至亞洲，要把它和"西洋"互為"他者"，也和"日本／本國"成為對照的歷史。

那個時候，日本出版了一系列叫做"東洋史"的書，像坪井九馬三閱、宮本正貫著《東洋歷史》二冊（東京：富山房，1895），藤田豐八《中等教科東洋史》（東京：東京文學社，1896），那珂通世《東洋小史》（東京：大日本圖書，1903），市村瓚次郎的著作，也是這個潮流裏面的。1897 年《東洋史要》出版之後，他繼續在大學講授歷史，後來又陸續在東京富山房出版了《東洋史統》

83　江上波夫編《東洋學の系譜（1）》（東京：大修館書店，1992），29 頁。

三卷（1939、1940、1943），這當然是後話了。不過，大家可以看到，"東洋"也就是"亞洲"作為一個歷史空間，在日本是非常流行的。

再接下來，我要介紹桑原騭藏。我曾經推薦各位認真讀他的《蒲壽庚考》，這是一部極為精彩的專著。他通過中國歷史文獻中並沒有多少資料的一個叫做蒲壽庚的人，挖掘出了宋末元初一段很複雜的歷史。蒲壽庚是一個宋元之際當過提舉市舶官員的阿拉伯人。這個叫蒲壽庚的異域人，祖孫三代住在中國，南宋後期，他曾在泉州當海關的官員，後來卻投降了元朝，對流亡的宋朝皇帝來個拒而不納。從桑原騭藏的書裏，你可以知道，第一，中國到了南宋，確實像劉子健說的"背海立國"，主要向外的窗口就是廣州、泉州、寧波等等。第二，有很多外國人住在中國，中國人也航海出國，這成了一個問題。據《宋會要輯稿》記載，北宋仁宗景祐二年（1035），廣南東路轉運使鄭載上書指出，"廣州每年多有蕃客帶妻兒過廣州居住"。可見廣州外國人很多，聚集在一起，還要買房子住，蒲壽庚家就是在廣州落地的。又比如宋徽宗政和二年（1112）有大臣上書說，入蕃海商，常常帶着參加過科舉的士人和有犯罪前科的胥吏，"過海入蕃"，這給中國帶來很多麻煩，所以建議"曾預貢解及州縣有學籍士人，不得過海"。可見當時中國人也常常跟着異域商人出海遠航。第三，從蒲壽庚的事跡中可以看到，這些阿拉伯人，並不像漢族中國人那樣，有所謂國家或民族認同感，在宋朝當官，或為蒙元效勞，心理上並沒有甚麼障礙。[84] 你看，研究這一段歷史不能不超越中國，看到更大的範圍。當然，我要補充一下，就像我前面提到的，藤田豐八在這之前，就已經討論過蒲壽庚的問題，不過應當說，藤田的研究還比較簡單，桑原騭藏的研究要仔細得多；而在桑原騭藏這部名著出版之後，中國學者羅香林更通過四種蒲氏家譜的調查，完成了更為詳細的《蒲壽庚傳》和《蒲壽庚研究》。[85] 特別是二十世紀七十年代，德國學者傅吾康和中國學者陳鐵凡，居然在文萊發現了一塊南宋景定五年（1264）的"泉州判院蒲公之墓"石碑，這是南海海域最早的一塊漢文石碑，它位於眾多的回教徒墓地之上，更讓人產生非常豐富的聯想。[86] 有人猜測，這個蒲公是華化的阿拉伯人嗎？作為同時代居住在泉州的一個姓氏，他與蒲壽庚是甚麼關係？他們都是從事海上貿易的商人嗎？這個話題對人們的啟示，也許還會更多呢。

關於桑原騭藏，有三點要格外強調：第一，他也是推動"擴大的新東洋史"的重要推手。他的通俗歷史教材《中等東洋史》和市村瓚次郎的《東洋史要》一樣，也反映了當時超越中國的東洋

84　順便可以提到，這部書不僅在大正十五年（1926）獲得日本"學士院賞"，而且還在 1928 年翻譯成英文（On Pu Shou—Keng）。

85　羅香林《蒲壽庚傳》（台北：中華文化出版事業委員會，1955）；《蒲壽庚研究》（香港：中國學社，1959）。

86　陳鐵凡《汶萊宋碑的發現及其價值》，原載《書目季刊》第 8 卷第 3 期（台北，1974）；後收入《宋史研究集》（台北）第 10 集，403–428 頁。

史研究趨勢。[87] 那珂通世在給這部書寫序的時候就説，過去東洋史"皆詳於中國之盛衰，而略塞外之事變，特別是東西洋之連鎖，中亞之興亡，全被省略。所以欲考察亞洲古今大勢，不免極為不便。"他認為桑原騭藏這部書的好處，就在於"廣泛收集了東西方的大量史料，很好地敍述了東洋各民族的盛衰消長和各國的治亂興亡。"[88] 第二，你也可以注意到，他的研究深受歐洲東方學的影響，比如，他對《大秦景教流行中國碑》的研究和考察，就是受了西洋學者的影響；他往往另闢蹊徑，超越了傳統的以"政治變遷"為核心的研究習慣，背後也有歐洲人類學的影子，所以，他會很注意一些中國文化史的特別現象，比如"宦官""辮髮""殺人祭鬼""吃人肉"之類，試圖從這裏面找到"比較文明史"的軌跡。第三，他在《支那學研究者之任務》[89] 一文中，提出了一些有關中

87　桑原騭藏《中等東洋史》的基本結構是：（1）《總論》，論亞洲的地理、族群、時代。（2）上古期為"漢族膨脹的時代"，從上古到秦統一；其中特別講到漢族與異族的關係以及周代戎狄的跋扈。（3）中古期為"漢族優勢的時代"，從秦到隋唐。除了敍述中國史之外，他專門設立第二篇《西漢的外國經略》講南方諸國、朝鮮、匈奴、西域；第四篇《佛教東漸》講印度、大月氏、西域諸國的佛教傳播；第六篇《五胡十六國及南北朝》，講漢末以來塞外各族與漢族的關係，及後魏與塞外諸國的交往；第八篇《唐的外國經略》，講百濟、高句麗、新羅，突厥與西域，以及吐蕃、中亞與大食以及唐代的東西交通。（4）近古期為"蒙古族最盛時代"，除了漢族宋朝外，專門從契丹、女真、蒙古講到元、明，在明朝部分也特別強調了察合台、伊爾汗、欽察汗、帖木兒，瓦剌和韃靼，以及倭寇。（5）近世期為"歐人東漸時代"，從滿洲興起、清朝塞外經略、蒙古、耶穌傳教士、俄羅斯與清朝關係，講到清朝對塞外的經略，包括平定準噶爾、西南，然後講到英國人東來，英俄衝突與中亞形勢、太平洋沿岸的情況。—— 這顯然是一個亞洲史或者以中國為中心的亞洲史寫法。參看《桑原騭藏全集》（東京：岩波書店，1968）第4卷，3頁以下。

88　載《桑原騭藏全集》第4卷《中等東洋史》卷首，3頁。

89　收在《桑原騭藏全集》（東京：岩波書店，1968）第1卷，589-606頁。

國歷史研究的新看法，表明他也是一個科學主義歷史學的積極推動者，他的這些想法曾經給予中國學者很大的刺激。這篇文章1917 年 3 月發表在日本的《太陽》雜誌第 23 卷第 3 號，當年就被翻譯成中文，發表在風靡一時的《新青年》上，胡適在回國途中曾經認真讀過，顯然它深深地影響了中國學界。[90]

最後要介紹的一個學者是池內宏。1904 年，池內宏在東京帝國大學畢業的時候，就寫出了《明初中日兩國之交涉》和《歐人對日本之最初介紹》，說明他從學術生涯的一開始，就在有意識地跨越中國、日本和朝鮮各國的東亞史領域。他畢業之後，參加了 "滿鐵" 委託白鳥庫吉領導的滿鮮歷史地理研究課題，陸續發表了有關文祿、慶長之役，朝鮮王朝初期和東北女真的關係，金史世紀等問題的著作和論文。[91] 特別是 1931 年出版《元寇の新研究》，是研究東亞史上相當重要的 "蒙古襲來" 的集大成著作 [92]，奠定了他作為東亞史權威學者的地位。

池內宏和白鳥庫吉關係很深，應當屬於白鳥的系統。所以，他一方面堅持實證主義和理性主義的歷史學方法，另一方面他也很善於通過史料的批評和聯想，重新構築歷史，提出 "合理的解

90　前引桑原騭藏《支那學研究者の任務》，中文本《中國學研究者之任務》，J.H.C 生譯，載
　　《新青年》第 3 卷第 3 期，1–12 頁。胡適閱讀之後的反應，見《胡適日記全編》（合肥：
　　安徽教育出版社，2001）第 2 冊，614 頁。

91　池內宏《文祿慶長の役・正篇第一》（1914）、《別篇第一》（1936）；《鮮初の東北境と女真
　　との關係》，載《滿鮮歷史地理研究報告》第 2、4、5、7 期；《金史世紀の研究》（1926）。

92　《元寇の新研究》（東京：東洋文庫，1931）。

釋"。[93] 但是，池內宏在政治立場上，卻和白鳥庫吉等人有一點兒差異，他是一個相當有正義感、有東亞整體觀的學者。"二戰"中，有一次在東京大學山上會館吃飯時，他大聲宣稱，日本出兵侵略中國，和豐臣秀吉差不多，沒有理由，必然失敗，因為歷史上中國很有韌性。他公開表達這種觀點，為此曾被一個學生告密，因而被日本憲兵隊關押在九段下的看守所裏，甚至日本檢察機關打算以"不敬罪"和"人心惑亂罪"起訴他。只不過因為他的學術地位很高，不僅是學士院院士、東京大學名譽教授，而且授過從三位勛二等勛章，所以，在關押了一週之後，檢方只好把他釋放出來。但是，這一周的關押，使他眼底出血，這個病甚至影響了他後來的學術研究。[94]

此外，除了這些通常會被注意的東洋史的大學者，我還想特別提出兩個值得注意而我們中國學者未必那麼注意的日本學者。

第一個是著名的河口慧海（かわぐち えかい，1866—1945年）。他在去西藏之前，曾在印度待過，並且訪問過著名的藏學家達斯（Sarat Chandra Das，1849—1917年），有了一點兒知識準備。1901年，他到西藏去探險，從1901年3月21日到1902年5月才離開。1914年初，他再次到達西藏，在日喀則，把日本《大藏經》獻給九世班禪，9月到拉薩，請求達賴給東京大學

---

93 滋德忠說："多數研究者是在有關係的資料範圍內立論的，但池內宏往往以十分六七資料的基礎上，提出自己的假說，在此基礎上如果能夠形成合理的解釋，那就是真理。"參見滋德忠《池內宏》，載江上波夫編《東洋學の系譜（2）》（東京：大修館書店，1994），88頁。

94 參看吉川幸次郎編《東洋學の創始者たち》（東京：講談社，1976），289-290頁。

贈送古本藏文《大藏經》，到了 1915 年初，在江孜得到達賴所贈送的藏文《大藏經》110 函，他又在日喀則東十里的夏魯寺發現若干梵文佛教典籍，他為此編了目錄。特別珍貴的是，他還得到夏魯寺住持贈送的寫在貝葉上的梵文《法華經》。[95] 他寫成的《西藏三年》很早就翻譯成英文 *Three Year in Tibet*，1909 年在印度和英國出版，影響非常之大。而且他從西藏拿走了很多珍貴的資料，包括梵文、藏文的《大藏經》，以及佛像、佛畫、佛具、經板等，也培養了很多後來日本著名的藏學家，像池田澄達、阿部文雄、鈴木重信，以及曾經擔任花園大學校長的山田無文等等。順便說一下，同時代的寺本婉雅（1872－1940 年），也從北京的黃寺拿走了藏文《大藏經》（151 部、350 冊），另一部原來收藏在瀋陽的滿文《大藏經》，在日本軍隊佔領後，也被日本人拿走，後來由日本天皇贈送給東京大學；而著名的佛教學者高楠順次郎，則在河口慧海的幫助下，1912 年深入印度和尼泊爾，收集到了梵文本佛經二百餘部。這些資料的收集，很深刻地影響了後來日本有關西藏、蒙古和滿洲的研究，從學術史角度講，他們當然有貢獻，但是從政治史的立場講，他們又有很特別的背景和動機。

第二個特別值得注意的學者，就是鳥居龍藏（とりい りゅうぞう，1870－1953 年）。鳥居龍藏大概是對中國內地各個地方了解最多最深的日本學者之一。他既是考古學家、人類學家，也是

---

95 關於河口慧海，可以參看河口慧海《チベット旅行記》（講談社學術文庫，東京：講談社，1978）及《第二回チベット旅行記》（講談社學術文庫，東京：講談社，1981）。

歷史學家，他最早是做苗族研究的，著有《苗族調查報告》，到現在還是研究中國苗族最重要的參考文獻之一。據說，因為日本人佔領台灣以後，想對台灣的原住民有了解，鳥居龍藏就想知道，原住民和哪些內地民族是有關係的，因此而開展對苗族的調查，後來他也對台灣土著做了研究。

此外，鳥居龍藏於 1895 年 8 月（《馬關條約》簽訂四個月後），即赴遼東半島之旅順、海城、遼陽等地考古調查，1905、1908 年又兩次到遼東考察，從地理、地形、人類學、考古學多角度對遼東文化遺址進行研究，後來，他將三次考察之成果編成《南滿洲調查報告》一書，於 1910 年出版。1906、1908 年，他又到蒙古喀喇沁、赤峰、林西、多倫淖爾等地考察，並於 1911 年出版了《蒙古旅行》一書。他的工作在當時中國曾經引起很大反響。我最近做了一些調查，發現當時中國的很多報刊，對鳥居龍藏的活動都有報道，他的《滿洲人種考》《東北亞洲搜訪記》《滿蒙古跡考》出來，很快就有人翻譯成中文在報上發表，報紙上還追蹤他在熱河、內蒙古、貴州的行蹤。不過，他後來一直在北平的燕京大學教書，一直到 1949 年之後才回到日本，回去後不久就去世了，好像對中國是比較友好的。

綜合以上的介紹，大家可以看到幾點：第一，明治、大正、昭和時代，日本東洋學家，對於漢族中國之外，包括滿、蒙、回、藏、鮮，也就是東亞甚至整個亞洲的歷史和文化，有一種極大的興趣；第二，儘管這種興趣背後的原因很複雜，他們確實推動了一種亞洲史或東亞史的研究風氣；第三，他們對於四裔或者亞洲各地的研究，確實有很多深入的成果，至今影響着對亞洲或者東亞歷史的理解。

和歐美尤其是日本相比起來，中國學界對於亞洲史的研究，確實遲了一步。

五、二十世紀中國歷史
諸領域所受日本之影響

二十世紀中國學界受日本東洋史研究的影響，是非常明顯的。我們不妨先列一個表，這個表裏包括歷史、哲學史、文學史、美術史、建築史等各個領域，在晚清民初，當中國學界自己還沒有寫出現代形態的專史著作的時候，日本方面的相關著作都先翻譯出來了。而它們的翻譯出版，當然會影響後來中國人自己撰寫現代歷史著作（括號中標誌的年代，前者是日本原版出版時間，後者是中國譯本出版時間）。

通史	那珂通世《支那通史》（1890/1898）
	市村瓚次郎《東洋史要》（1900/1903）
	桑原騭藏《中等東洋史》（1898，樊炳清中譯本改稱《東洋史要》，1903）[96]

96　桑原騭藏的這部教材，1903 年在中西書局出版，後來多次重印，且被陳慶年改編為《中國歷史教科書》，1908 年甚至被學部確定為中學教材。

哲學史	遠藤隆吉《支那哲學史》(1900/1902)
文化史	中西牛郎《支那文明史論》(1896/1902)
	國府種德、白河次郎《中國文明發達史》(1899/1903) [97]
文學史	笹川種郎《歷朝文學史》(1898/1904)
藝術史	大村西崖《中國美術史》(1901/1928)
建築史	伊東忠太《支那建築史》(1931/1937)
歷史理論	浮田和民《史學通論》(此書亦名《史學原論》,1899;梁啟超《新史學》之《史學之界説》,即受此影響而作,1902) [98]

　　那麼,在亞洲史或者東亞史領域,當時中國學界的情況如何呢?

　　我曾經總結過,晚清民初也就是二十世紀上半葉中國學術從傳統到現代轉型時期的四大特徵 [99]:第一是"歷史縮短",第二是"空間放大",第三是"史料增多",第四是"問題複雜"。這裏簡單地做個解釋。其中,"歷史縮短"指的是科學的歷史學興起,把原來的神話傳説從歷史裏面驅逐出去,可以"古史辨"運動的興起為代表,你可以看到這個學術大取向。前面我們也説了,這個取向和白鳥庫吉等東亞歷史研究潮流有關,至少是互相呼應。"史料增多",指的是所謂"四大發現"(甲骨卜辭、敦煌文書、大內檔

97　此書(改名《支那文明史》)由黑風氏補譯,曾鯤化作序,1903 年在東新譯社出版。

98　關於此書出版及影響梁啟超之關係,參看浮田和民《史學通論(四種合刊)》(李浩生等譯,鄔國義編校,上海:華東師範大學出版社,2007)卷首所附鄔國義《梁啟超新史學思想探源》,2-3 頁。

99　參看葛兆光《預流的學問:重返學術史看陳寅恪的意義》,載《文史哲》2015 年第 5 期,5-17 頁。

案和居延漢簡），以及胡適所謂"日韓有關中國之文獻"。這些發現刺激了中國人文學術很多領域，比如中外交通、古文書學、宗教史、社會經濟、近世政治和社會等方面，也刺激中國學界真正關注重建古史（甲骨卜辭）、關注四裔交流（敦煌），這些史料使得中國學術舊貌換新顏。如果再加上歷史觀念改變之後，各種原本處在邊緣的史料進入中心的視野，這就不是一個單純的史料問題了。"問題複雜"指的是甚麼呢，就是歷史學理論和觀念，在西方影響下改變之後，觀察和分析中國歷史的角度、立場、方法都豐富了，比如，根據進化論提出的社會史分期，超越王朝／政治歷史而帶來的歷史連續性的視角變化，經濟／唯物史觀帶來的重新認識等等，歷史學不再是帝王將相加上王朝政治，複雜得多了。

其中，第二個即我所謂的"空間放大"，就涉及了今天要討論的超越中國的亞洲和東亞歷史。我們知道，這一方面是中國自己學術的變化，前面說到過，從晚清西北史地之學、重修元史之學，中國學者也開始對"殊方異域"和"異族文史"，這就是陳寅恪說的，對"異族之史，殊方之文"關注起來。另一方面，後來受歐洲和日本影響，也對所謂四裔之學／虜學／西域南海之學，開始有了興趣，使得我們的歷史學家們開始關注漢族中國之外的，包括整個亞洲或東亞的族群、文化、語言和歷史。

如果我們稍稍回看晚清民初中國的學術史，你可以看到，實際上中國當時也開始了一個悄悄的學術史變化，這個變化到了晚清民初已經有很多成就。前面已經說過一些，也許大家還不是特別熟悉，這裏再以蒙元史為例仔細談談。當時，有撰《新元史》的柯劭忞，撰《元秘史箋注》的沈曾植和撰《蒙兀兒史記》的屠寄。這一學術潛流來源很久，從嘉慶、道光之後，就有西北史地之學中的張穆《蒙古遊牧記》、魏源《元史新編》、何秋濤《朔方備乘》這三部標誌傳統西北史地之學終結的著作，後來又有柯劭忞、洪鈞、沈曾植、李文田、繆荃孫、屠寄等人有關西北史地和蒙古歷史的學問。[100] 當時，因為中國人善於用中文史料來對證新發現的異族史料，反而在那個時候中國人的學問是很領先的，比如傳說中的沈曾植對突厥三大碑的考釋，也就是號稱"總理衙門三篇"的，曾經就讓俄國學者很佩服。當時，很多日本學者也很重視中國學者的研究，像我們剛才所提到的那珂通世、內藤湖南都要學習中國人當時的論著。應當說，1850－1870 年出生的中國學者，和同時代的日本、歐洲學者，其實沒有甚麼太大差距。所以當時的中國人，像辜鴻銘就對歐洲人的中國學不大客氣[101]，而沈曾植

---

100 彭明輝《歷史地理學與現代中國史學》（台北：東大圖書公司，1995）一書第二章《時代變局與史學動向》中提到了十九世紀四十年代以來的變局對新的歷史地理觀念的影響，引起魏源等研究世界地理的風氣，"其中研究邊疆史地風氣的興起，尤為近代中國史學開闢出一個新的研究領域"，也看到這一風氣乃是"延續清中葉以降的元史研究而來"（42 頁）。他的書中提到了如洪鈞《元史譯文證補》，屠寄《蒙兀兒史記》以及張穆《蒙古遊牧記》，何秋濤《朔方備乘》，徐松《西域水道記》、《新疆識略》，丁謙《西域傳考證》等，在第五章他也指出，樸學考據的孕育、治金元史的流風、外侮迭起的衝擊，使西北史地之學成為清季的顯學（336－337 頁）。但稍顯不足的是，他並沒有特別討論（1）西洋和東洋史學對於四裔的重視對於中國學術史之影響；（2）這一新風氣和新領域（傅斯年所謂"虜學"），在學術史研究諸如研究領域、操作方法、問題意識等方面上，究竟有甚麼深刻的轉型意義。

101 參看辜鴻銘的《中國學（一）》《中國學（二）》，原載 1883 年 10 月 31 日、11 月 7 日上海發行的《字林西報》，後收入辜鴻銘《中國人的精神》（黃興濤、宋小慶譯，海口：海南出版社，1996）。

和羅振玉都敢於講"歐人東方學業尚在幼稚時代";"鄙人昔所研習……創立在歐士之前"這種大話。[102] 後來,陳寅恪也曾經回憶,因為家世因緣,當年他曾經聽到過"京師勝流"中的議論,這時的"學術風氣,治經頗尚《公羊春秋》,乙部之學則喜談西北史地"[103],前者當然是後來思想史學術史必然提及的康、梁之學,後者便是上面說的沈曾植、王國維一流的學術興趣。

如果你再看沈曾植給王國維的信,裏面說:"若條支後裔之西遷,若帖木兒後王之世系,若月支西域之分佈,若案達羅、俱蘭、中印南印之興衰,但得歐籍參證吾國史書,固尚有未經發揮之佳義,可以貢諸世界也。"[104] 可以了解到,當時中國學界對這個學術潮流已經開始有深切認識。所以,你仔細看二十世紀中國歷史學界,歐洲東方學和日本東洋學對於"亞洲"的研究,一直深有影響。除了很明顯的中外交通史領域,如向達、張星烺、方豪、馮承鈞、朱傑勤等學者,他們的論著中要依賴東西方學界的這些研究之外,很多學者受到王國維、陳寅恪的影響,也都很注意歐洲和日本關於中國"四裔"的研究。像邵循正關於中法越南交涉的研究,朱延豐關於突厥的研究,姚薇元關於北方胡族胡姓的研究,特別是有關敦煌文書的研究,都有很深的歐洲東方學和日本

---

102 沈曾植《與羅振玉書》,參看許全勝《沈曾植年譜長編》(北京:中華書局,2007),395、401頁。

103 陳寅恪《朱延豐突厥通考序》,載《寒柳堂集》("陳寅恪集",北京:生活・讀書・新知三聯書店,2001),162頁。

104 沈曾植《致王國維》,載《海日樓遺札》,《同聲月刊》第4卷第2期,96頁。

東洋學的影響痕跡。

可是，我們要問的問題是：為甚麼中國沒有形成"亞洲史"或者"東亞史"的傳統？原因很複雜，前面提到學術取向與政治背景的關係，請大家自行考察，我個人特別注意到的三點是：

第一，晚清民初，重建中國、民族革命是最大的關注點，對於四裔，還不是焦點問題，中國人當時對於亞洲之史沒有一個非常強的研究動力。也就是說，這些學術上的變化沒有跟中國的命運、中國國家的建設、中國民族國家邊疆的建設聯繫起來，中國人當時沒有自覺地意識到這一領域的重要性，所以，這些學問還是少數人的書齋學問，好像象牙塔裏的"絕學"，並沒有成為整個國家共同關心的問題，這與日本是不一樣的。

第二，我覺得中國學界，就像中國政界一樣，仍然殘留了傳統"天朝""上國""中心"的意識，總覺得歷史書寫裏面，"中國"最重要，總是沉湎在自給自足的心態裏面，特別是研究中國史的人，總覺得我們自己的史料汗牛充棟，就像天朝無所不有一樣，書寫中國歷史不必依賴周邊四裔，所以始終沒有發展出"亞洲史"或"東亞史"的風氣來。

第三，一方面是學科問題。機械而教條的學科劃分，不僅在世界史、中國史之間設置了爾疆我界，弄得彼此不相往來，而且按照現在的主權國家的邊界，把傳統時代的中國與中國之外的歷史畫地為牢；另一方面，尤其是因為捍衛現代國家的主權和領土的緣故，使得超越國境的一些研究，有時候老是會碰到各種各樣的政治忌諱。因此，政治和學科兩方面的原因，使得亞洲史或東部亞洲史的研究，很難發展起來。

所以，不要説中亞、東亞、南亞、北亞和西亞，我們看，就是和中國密切相關的滿、蒙、回、藏研究，在晚清民初，好多也不得不依賴日本的研究。[105] 那個時代，考察苗疆有鳥居龍藏的《苗族調查報告》(1903)，研究西藏有河口慧海的《西藏三年》(1909)，討論滿洲有鳥居龍藏的《滿洲人種考》(1910)，研究蒙古有河野原三的《蒙古史》[106] (1911) 和矢野仁一的《蒙古問題》(1916) [107]。

雖然深受歐洲東方學和日本東洋學影響的少數學者，如羅振玉、王國維等，已經注意到這種學術史的變化，但整體上説，中國學界對於亞洲或者東亞史這種忽略狀況的改變，一直要延續到二十世紀三十年代。那時，由於中國處於國族危機的關頭，這些有關漢族中國之外，涉及整個亞洲或者東亞的問題，才成為學界重新關注的大話題，可是這距離日本明治、大正時代東洋學的轉型，已經晚了幾十年了。

---

105 有關西藏，光緒三十三年 (1907) 有西藏調查會翻譯日本西藏研究會編《西藏》(成都：西藏調查會，1907)，有 1908 年四川雜誌社翻譯日本山縣初男《西藏通覽》(四川雜誌社；此書又有 1909 年成都西藏研究會譯本，有 1913 年北京陸軍部重譯本)；關於滿洲，有 1906 年富士英翻譯岡田雄一郎《滿洲調查記》。

106 河野原三《蒙古史》兩卷本，由歐陽瑞驊譯，1911 年上海江南圖書館出版。

107 僅僅以《東方雜誌》為例，第 9 卷 9 號 (1913 年) 翻譯日本的《蒙古風俗談》《雲南土司一覽》；第 10 卷 7 號 (1914 年 1 月) 有章錫琛翻譯日本雜誌的《中俄對蒙之成敗》；第 10 卷 12 號 (1914 年 6 月)，有許家慶翻譯井上禧之助的《滿洲之石炭》；第 13 卷 3 號 (1916 年 3 月) 有病驥譯《日僧入藏取經記》(即河口慧海之事)；第 14 卷 7 號 (1917 年 7 月) 就有君實翻譯日人的《中國之喇嘛教及回回教》和《西藏語之特徵》。

個案：近代東西學術中之
南中國海及東南亞研究

引言　關於環南海或東南亞的歷史研究

"南海"是一個敏感的話題，我們這裏不去談政治、領海、主權這些問題，在這一講裏，我想談一談如下問題：第一，近代東西學術史上的"南海"及東南亞研究；第二，二十世紀上半葉中國有關南海研究，如何在東洋和西洋的刺激下起步；第三，順便談談最近發現的《塞爾登地圖》在南海研究上的意義。

一、東西學術史上的"南海"

這裏我們先簡單講一講，近代東西學術史上的"南海"研究。

前面說到，十九世紀末二十世紀初，歐洲東方學和日本東洋學興盛，"西京"和"東京"影響中國學界至深的領域之一，就是所謂"西域南海之學"。"西域"指的是現在新疆以及中亞甚至更遙遠的亞洲西部，自從西北史地之學、蒙古史重修、敦煌吐魯番等發現以來，這一領域在中國學界也漸漸蔚為大觀，就不需要多講了。而"南海"，則大致上講的是西邊從福州到蘇門答臘的舊港（Palembang），東邊從台灣到菲律賓、文萊、印度尼西亞的加里曼丹，南邊一直到印尼的蘇門答臘、爪哇島，這麼大一片海域。

說是"海域"，其實，指的不只是海上那些航線、海面和島礁，更是環南中國海周邊的各個區域，也就是現在的中國、菲律賓、越南、泰國、柬埔寨、緬甸、老撾、馬來西亞、文萊、新加坡以及印度尼西亞，南面一直到帝汶這一圈兒。這個區域，古代中國尤其是明清文獻中，叫做"東西洋"（如張燮《東西洋考》），當時所謂"東洋"，指的是狹長海域東側的呂宋、蘇祿、文萊，西洋則包括海域西側的交趾、占城、暹羅、柬埔寨、舊港、馬六甲等等。這個相當廣闊的地區，歷史上受到中國和印度兩大文明的影響，內部差異很大，十九世紀才有了"東南亞"這個稱呼，但是並不流行。直到"二戰"時期，先是緬甸專家約翰·弗尼瓦爾用它指稱這一區域，後是蒙巴頓設立"東南亞戰區司令部"，取代了過去"南海""東印度""南洋"之類的稱呼，所以，這一圈兒就被叫做"東南亞"了。當然，這一領域的研究，還涉及了穿過馬六甲海峽之後，更西邊的印度洋上各國，也就是古代中國人曾經去過的斯里蘭卡、印度甚至阿拉伯以及非洲東岸，不過我們說的"南海"，還是主要指環南中國海周邊的"東南亞"。[1]

---

1 簡單地介紹"環南海"即東南亞這個區域。（1）東南亞包括大陸部分和海島部分。大陸部分以前也叫"印支半島"，這是因為它夾在印度和中國（支那）之間。由北向南的山谷和河流，形成族群遷徙的通道，也形成山地和三角洲，這裏包括高棉、泰、馬來、緬、老撾、越等各種相互關聯又各有不同的族群，語言多種多樣；海島部分包括呂宋、加里曼丹、蘇門答臘、爪哇等等。這裏的人群從中國東南沿海、印度、波斯和其他地方遷來，加上原來各島的土著。（2）這個區域現已經有六億多人口，其中印尼兩億七千萬，越南近一億，菲律賓近一億，泰國七千萬，緬甸五千多萬，馬來西亞三千多萬，柬埔寨一千七百萬，老撾七百萬，加上新加坡、文萊等等。（3）這裏的宗教相當複雜，包括伊斯蘭教（印尼、馬來西亞）、小乘佛教（緬甸、泰國、老撾、柬埔寨）、大乘佛教（越南）、基督教（菲律賓）、印度教（馬來西亞、巴釐島）等，語言則有數百種之多，其中如撣語、越語、馬來語、泰語等。（4）經濟類型大致分為沿海及港口（以貿易為主）、三角洲平原（農業耕作、稻米與甘蔗）、山地（農牧業、礦物、橡膠等）。（5）歷史也很複雜，來自西北的北印度與來自海上的南印度，來自北方的陸地中國與來自海上的海岸中國東南部，整個歷史是自北向南的歷史，一方面接受"天竺之法"，一方面向中國"朝貢貿易"，形成很複雜的政治與宗教結合、王權與神權結合的制度。但是十五世紀之後，西方殖民者來到，又給這裏的歷史增添了一個積澱層，形成"中國—印度—歐洲"交錯的色彩。

近代以來，中國學界在"南海"之學上多少有些落了後手。就連二十世紀二十年代中央研究院歷史語言研究所成立的時候，所長傅斯年注意到，一定要在涉及中國四裔的"虜學"上，追趕西洋和東洋。但有趣的是，他也只是提及歷代北方遊牧族群，完全沒有提及南方的海上諸國。他著名的《歷史語言研究所工作之旨趣》中就說："我們中國人多是不會解決史籍上的四裔問題的……凡中國人所忽略，如匈奴、鮮卑、突厥、回紇、契丹、女真、蒙古、滿洲等問題，在歐洲人卻施格外的注意。說句笑話，假如中國學是漢學，為此學者是漢學家，則西洋人治這些匈奴以來的問題豈不是虜學，治這學者豈不是虜學家嗎？然而，也許漢學之發達有些地方正借重虜學呢。"

　　可是，他並沒有特別提及南海。

　　其實相比起來，在"西域"和"南海"之間，西域研究在中國還是略勝一籌，前面提到，畢竟從道（光）、咸（豐）以後，還有過西北史地之學和蒙元歷史之學之興起。上一講裏我們曾經說到，雖然它後來一直被視為"絕域與絕學"，並不能成為大潮流，但至少還有從張穆、徐松到沈曾植等著名學者，有新疆史地、突厥碑、敦煌吐魯番引起的學問。即使到了二十世紀上半葉，中國對西域的研究，還有羅振玉、王國維、陳寅恪這樣一批預流的人物，算是有一些成就。然而，有關"南海"之研究，卻相對冷清些，至少比起"西域"研究來寂寞得多，用現在的話說，就是近乎"失聲"。究其原因，或許這和歷代中國攻防重心都在北方，人們對北方 —— 無論是西北還是東北，是西域還是滿蒙 —— 始終重視有關。近年來，王賡武先生談論近世世界史，力主“大陸體系”與“海洋體系”之說，覺得近代中國之所以吃虧落後，被邊緣化，就在於歷史上中國總是重大陸而輕海洋，而近代歷史的主宰者都來自海洋國家。[2] 王賡武先生的這種說法對不對，可以暫且不論，但中國在海洋史以及南方海洋周邊區域的歷史研究上確實用力不多，這是事實。可是，歐洲東方學和日本東洋學，卻在十九世紀末到二十世紀上半葉，針對“南海”（以及後來形成的所謂“東南亞”）這個領域，出品了相當多的成果。

二、法國東方學家的南海研究：
以費琅、馬司帛羅和伯希和為例

接下來，我們先從歐洲特別是法國東方學說起，我們以費琅、馬司帛羅和伯希和為例。

毫無疑問，要說南海之學的學術史，先得從歐洲尤其是法國東方學說起。如果翻看馮承鈞《西域南海史地考證譯叢》一至九編，我們可以看到法國學者對這一領域的精彩研究。我們不必把這種成就都歸咎於法國對東南亞的殖民意圖，法國學者的學術動機中，固然有東方殖民的背景，但對學者來說，更多還是純粹的

2　黃基明《王賡武談世界史》（劉懷昭譯，香港：香港中文大學出版社，2018）。

學術興趣。此外，也要順便多說一句，我們能夠了解這些歐洲東方學的預流學問，馮承鈞的功績應當記取，我們能夠了解這些學術成就，很大程度上是拜馮承鈞之翻譯所賜。

在這些翻譯過來的論著中，有關南海之研究，我們可以舉三個學者為例：

首先看費琅（Gabriel Ferrand，1864－1935年）。費琅的名著《崑崙及南海古代航行考》[3]，是1919年發表在《亞洲學報》（*Journal Asiatique*）上的，1927年由馮承鈞譯成中文。

這篇長文非常重要，(1) 它首先指出，你不要被"崑崙"這個名字騙了，在古代中國文獻中，"崑崙"這個名字代表的地方很多，大家也許記得唐代就有"崑崙奴"，指的是捲頭髮、黑皮膚的人，大概就是來自印度南方的。費琅引用了中國甚至越南的四十二條資料，從《山海經》《南州異物志》，到宋代周去非《嶺外代答》和趙汝适的《諸蕃志》，再到海外的《大越史記》、日僧迦葉波注釋的《南海寄歸內法傳》，並且證以阿拉伯文和波斯文的資料，說明在古代中國，"崑崙"有時是馬來群島南部，有時也是南海某個種族，並且還說明，崑崙"兼為種族及國王之號"（馮承鈞譯序，5頁）。(2) 接下來他討論了南海由於是海上要衝，所以，古代各處，包括中國、爪哇（今印尼）、吉蔑（今柬埔寨）、占波、交趾都有海上軍事力量，費琅按照時代順序，根據史料一一列舉

---

3   費琅《崑崙及南海古代航行考》（載《馮承鈞譯著集》，上海：上海古籍出版社，2014）。

漢代以來的各處海軍和海上交通（見
"爪哇、吉蔑、占波、中國之海軍"一
節），並且發掘史料羅列歷代歷年南海
各地"入朝中國之使臣"，指出爪哇、
吉蔑、占波三國，在 132 年、225 年、
230 年就已經遣使中國，"此類使臣，
常以得中國朝廷之賞賜逾於貢品之價
值為目的，亦一種謀利之商業也"（45
頁）。（3）他考證了爪哇（今印尼），
扶南（柬、老、泰、越諸國南部），占

費琅《崑崙及南海古代航
行考》

婆（今越南南部），吉蔑（今柬埔寨）在紀元前後受印度文化影響
的歷史，也研究了各種僧俗古籍中所記載的航海途徑，以及各種
地名的現代位置。

　　正如馮承鈞所説，費琅之所以對漢文文獻中各種複雜的記載
能一一解讀，實在是與他精通歷史和語言有很大關係，"費氏為阿
剌伯及南洋諸島語言專家，以其鴻博之語言學識，考定南洋之史
地、名稱、方位，固游刃而有餘"（譯序，5 頁）。雖然馮承鈞也説，
他的中文不太在行，但是，根據轉錄西文譯本，他也還是做出了
前所未有的成績。

　　當然，還可以提及的是他 1922 年同樣發表在《亞洲學報》上
的另一篇《蘇門答剌古國考》。現在，這一篇和《崑崙及南海古代
航行考》合成一本，也收在《馮承鈞譯著集》中，這是對蘇門答臘
歷史上各種古國的考證。蘇門答臘和中國關係很深，它是東亞各

國通過馬六甲海峽，與印度以及更遠的地方交通的要衝，也是歷史上一直與中國有朝貢和貿易關係的重要地方。"其國古時與占婆（Campa，今安南本部）、柬埔寨，同為印度移民繁殖之地，亦為南海中第一大國"（72頁）。在中國古籍中，蘇門答臘有室利佛逝、三佛齊、舊港等名，但是，這些名稱是全島，還是島上一地？是甚麼時代的名稱？這篇長文不僅引用數十條中國文獻，而且用了馬來文、梵文、大穆文的碑銘以及阿拉伯文和波斯文的記載，做了精細的考證。其中，最後兩篇我覺得各位不妨一讀：一篇是他總結各種考證後作的《蘇門答剌史草》，就是七世紀中葉到十五世紀西方人東來之前的簡史。另一篇是《附錄：南海國名考》，這等於是一個簡明的南海海域各國的詞典，非常有用。比如：

黃支：南印度

注輦：南印度東岸

蒲甘：緬甸

狼牙修：馬來半島

扶南：柬埔寨南部

林邑、占城、占婆：越南南部

勃泥：婆羅洲，今加里曼丹

婆利：爪哇東部巴釐島

闍婆：爪哇、印度尼西亞

呵羅單、婆登、干陀利、覽邦：均在蘇門答臘

此外，在馮承鈞翻譯的《西域南海史地考證譯叢》中，還有他的《南海中的波斯》，他用各種史料證明，這個波斯不是那個波

斯。由於費琅精通各種語言，用各種語言、地理和歷史知識，包括方位、服裝、特產、語言和形貌，證明在中國古籍中有一個南海中的波斯，"這一個漢譯波斯，同西方波斯完全無涉"，並不在西亞，而可能一個在緬甸，一個在蘇門答臘，這就澄清了很多疑問。[4] 他的《蘇門答剌島名之最古記錄》則注意到《宋史·三佛齊傳》裏面，有一個"霞遲蘇勿吒蒲迷"，他用他豐富的語言知識指出，應當是 Haji Sumu·trabhūmi，"猶言蘇勿吒地王"也就是蘇勿吒全島之王。他還引用了 1365 年古爪哇語文獻《史頌》、十五世紀阿拉伯人 Sidi Ali 的記載和 1462 年阿拉伯人的詩文等等，證明蘇門答臘在十一世紀初，也就是宋代的時候，無論是中國人還是阿拉伯人，都已經知道它的名字，也就是說有了很密切的往來。

費琅的研究有些很有意思，像《瀛涯勝覽中之麒麟》一篇，非常短，他就說中文古籍裏面有"福鹿"，來自索馬里語的 Furo，而中文裏面的"麒麟"，則是索馬里語裏面的 Giri。但是，他又提出問題說，為甚麼《諸蕃志》裏面記載"弼琶羅"說麒麟是"徂蠟"呢？"弼琶羅"也是索馬里的一個海港，原來，趙汝适在撰寫《諸蕃志》的時候，很多消息來自大食人也就是阿拉伯水手，阿拉伯人用的是阿拉伯語，一直到親自到過非洲東海岸的馬歡《瀛涯勝覽》，才又從阿拉伯語"徂蠟"回到索馬里語"麒麟"。而麒麟就是

4　當然，這個看法現在也還有人不贊成，認為並沒有西亞波斯和南海波斯，而是波斯人散在各處。

長頸鹿，流傳很廣的明代繪畫作品《瑞應麒麟圖》裏面，畫的麒麟就是一頭長頸鹿。當然，明代這幅畫說的麒麟是榜葛剌進貢的，大概是孟加拉（Bengala），並不是非洲索馬里。不過，都是鄭和航海經過的地方。

馬司帛羅（Georges Maspero，1872－1942年）及其《宋初越南半島諸國考》。這一位馬司帛羅，也可以譯為"馬伯樂"。不過，他不是我們熟悉的那個研究道教，與葛蘭言齊名的馬伯樂，而是馬伯樂同父異母的哥哥，名字是"喬治"，他也是一位著名的東方學者，曾在越南長住。這篇論文，是關於九世紀到十世紀之間，東南亞地區的各種國家情況。他引用中國傳統史料和阿拉伯文獻，前者比如《太平寰宇記》《文獻通考》《嶺外代答》《諸蕃志》和《宋史》等等，後者包括阿拉伯文獻，像馬蘇第（Mas'ūdī）的《黃金草原》、阿拉伯商人蘇黎滿的《行紀》，給我們描述了環南中國海的安南、占城、真臘（今柬埔寨）、蒲甘（今緬甸）、吉蔑（今柬埔寨）、羅斛（今泰國南部）、三佛齊（今印尼蘇門答臘）等國。

為甚麼馬司帛羅特別要研究"宋初"的越南半島？這是因為，一方面五代宋初之際，安南逐漸脫離中央王朝，開始強盛並最終獨立；另一方面，這一時期史料增多，中外史料都有了，可以互相比較參照。要知道，當時對於南海有關的中國史料，收集和研究還不多，他是從頭開始做起的，而阿拉伯文獻在當時中國學界更是一無所知，十世紀成書的馬蘇第《黃金草原》，涉及從蘇門答臘到中亞、歐洲和非洲的大部分地區，如中國、印度、波斯、阿拉伯半島、巴比倫、猶太人地區、阿比西尼亞、北非、拜占庭等。大概很多中國人了解它，是因為只有它記載了唐代乾符六年（878）和七年（879）黃巢殺戮萬名泉州阿拉伯人、十二萬廣州阿拉伯商人的事情。馬蘇第號稱"阿拉伯的希羅多德"，也可以說是"阿拉伯的司馬遷"，《黃金草原》成書於 943 年也就是中國的五代（後晉天福八年），是阿拉伯人中世紀百科全書，可是這部書要到1998 年才有耿昇並不那麼好的中譯本（後來中國藏學出版社和人民出版社 2013 年都有再版）。[5]

說到法國人關於南海的研究，不能不提大名鼎鼎的伯希和，伯希和無論在"西域"還是"南海"，都有很深的研究。傅斯年很有感觸的"虜學"不如別人，大概有不少就是受到伯希和的刺激。伯希和在越南住過，對於東南亞有不少著作，其中相當重要的，就是《交廣印度兩道考》。

這篇《交廣印度兩道考》是伯希和 1904 年離開越南之後發表的，也是由馮承鈞翻譯出來的，它的影響很大。伯希和根據《新唐書》的《藝文志》《地理志》，以及《皇華四達記》《古今郡國縣道四夷述》等書，考唐代中國出入四夷，也就是通往境外的

伯希和《交廣印度兩道考》

5　《黃金草原》的部分摘譯，可參看費琅《阿拉伯波斯突厥人東方文獻輯注》（耿昇譯，北京：中華書局，2001），110–123 頁；但這部分摘譯中不包括泉州和廣州的記錄。

道路大體上有七條。[6] 其中第六、七兩道為：安南通天竺道，廣州通海夷道，這兩部分就涉及南海以及東南亞諸國。

這部書分成上、下兩卷。上卷"陸道考"，就是上面說的第六條"安南通天竺"，內容分為唐代之地理概述、交廣之興替、安南都護府治、建昌一道、占城等二十四部分，討論的是中國向南方外出的陸路。下卷是"海道考"，就是上面第七條"廣州通海夷"，分自廣州、滿剌加海峽、中國載籍中之佛逝、師子國等二十六部分，討論的是海路下南海，經過馬六甲海峽，進入印度洋，一直到獅子國也就是今天的錫蘭（斯里蘭卡）。

順便說一下，這篇文章後來引起過方國瑜的反駁，主要並不是他有關海陸兩道的研究結論，而是因為他涉及唐代南詔的族群與歷史，把南詔視為與內地本質不同的異族政權，所以，在1939年抗戰方殷的背景下，方國瑜發表的《讀伯希和〈交廣印度兩道考〉》，其中"南詔所用之文字"一節，就反駁伯希和南詔通用可能是緬甸文的說法，着意指出南詔遺留的石刻、鐵柱銅爐和詩文通用漢文，民間可能通用爨文，這是為了特意強調南詔、大理與內地漢文化的聯繫。這當然是一個可以討論的問題，不過，後來方國瑜說，伯希和"是法國帝國主義侵略越南淪為殖民地之後二十年，正當帝國主義列強狂妄叫囂瓜分中國……為殖民侵略服務的

6　《新唐書》卷四三《地理七下》記載，貞元年間，賈耽"考方域道里之數"，指出唐代中國從"邊州入四夷，通譯於鴻臚者"，共有七條，一是從營州入安東道，二是從登州入高麗渤海道，三是從夏州塞外通大同雲中，四是從中受降城入回鶻，五是安西入西域，六是從安南通天竺，七是從廣州通海夷（1146頁）。

所謂'學者'也大顯身手，伯希和自命是東方學家，以考史為名，為侵略製造輿論而作此書。他為侵略的目的，一片謊言，蠻橫無理。只憑賈耽《路程》所説的一句話，大做文章。"[7] 這可能把學術研究上升到政治批判了。其實，賈耽説"爨蠻安南境也"這句話，説的是當時首領是爨仁哲的蠻夷，控制地區在安南境內，開元年間張九齡就寫有給爨仁哲的敕書，收在張九齡的文集裏，説明當時爨蠻分為"安南、姚州、戎州"三部分，其中一部分是現在中國境內，一部分在越南境內。這並不奇怪。伯希和説，那個時候雲南並不是一個省，其東南部分屬於安南都護府，東北部分屬於戎州（今四川敍州），這是事實，你不能拿現在主權邊界倒推唐代的區域歸屬，更何況那時的安南還是唐王朝的一部分，所以，不能説伯希和的説法是"極其荒誕無恥的讕言"。

此外，請各位有興趣可以參考他的《扶南考》和《中國載籍中之賓童龍》，前面一篇指出爭論不休的"扶南"，應當是柬埔寨，是古代中國與歐洲聯繫的中間站；[8] 後面一篇指出 Panduranga 這個地方，在古代中國有種種稱呼，像奔陀浪、賓頭狼、賓陀羅等等，最早見於《舊唐書》，他引用宋明時代各種中國文獻，證明它應當

7　林超民編《方國瑜文集》（昆明：雲南教育出版社，2001）第4輯；這一部分，也收入方國瑜《中國西南歷史地理考釋》（北京：中華書局，1987、2012）上冊，367–370頁。

8　伯希和《扶南考》，載馮承鈞《西域南海史地考證譯叢》（北京：商務印書館，1995）第2卷第7編，75頁以下。

在越南中圻附近，現在地名叫 Phanrang。[9]而收在馮承鈞《譯叢》七編裏的伯希和《真臘風土記箋注》，也是非常值得認真參考的著作。元代周達觀《真臘風土記》是記載柬埔寨早期歷史文化的重要著作，柬埔寨早期叫"真臘"，也叫"甘孛智"，後面這個名字更接近現名。周達觀是隨同蒙元使團前往真臘的隨員，他這部書是文獻記載加上實地觀察，就珍貴得很了。可是，這裏涉及很多未知的歷史和地理、文化等等，伯希和的注釋旁徵博引，給我們很大的幫助。後來，二十世紀八十年代夏鼐先生才有更仔細的校注本，但夏鼐先生也説，他的校注本，主要參考了法國學者從沙畹到伯希和的研究。[10]

　　一般來説，由於大海無邊，浩浩漫漫，除了路程數和方向，沒有甚麼特別可以記載的，所以，有關海洋的記載，除了島礁之外，都要和環海各地連起來。這些涉及環南中國海沿岸以及各島嶼的資料，就反過來呈現了南中國海。馬司帛羅曾引用《宋史・丹眉流傳》指出，從宋代中國起，中國開始重視南海諸國，是和海上航道有關的。《宋史・丹眉流傳》説："丹眉流國，東至占臘五十程，南至羅越水路十五程，西至西天三十五程，北至程良六十程，東北至羅斛二十五程，東南至闍婆四十五程，西南至程

9　伯希和《中國載籍中之賓童龍》，載馮承鈞《西域南海史地考證譯叢》（北京：商務印書館，1995）第1卷第2編，74—78頁。

10　周達觀《真臘風土記校注》（夏鼐校注，北京：中華書局，2000）。

若十五程，西北至洛華二十五程，東北至廣州一百三十五程。"[11]
丹眉流大概是現在馬來半島北部，也許是泰國洛坤（Nakhon Si Thammarat），大概當時也是一個重要港口。

根據《古代南海地名匯釋》[12]，大概"占臘"就是"真臘"即柬埔寨和越南南部，"羅越"可能是馬來半島南部柔佛州或新加坡，"西天"指西印度，"程良"大概是泰國北部，也有一說是泰緬交界處，"程若"是馬來半島上泰國的董里（Trang），而"闍婆"是印尼爪哇和蘇門答臘，"洛華"是緬甸東南部的土瓦（Tavoy），最後是廣州，即這一區域最北端。把這些地名在地圖上連起來，你就知道，這大概包括了東南亞，也包括了這些國家所環抱的南海海域。在宋代，當北方被契丹、西夏、女真和後來的蒙古遮斷，宋朝就只能背海立國，因而向南方發展很快，包括經由南海的通商，因為通商最方便的當然是海上航線。中國人要去那些國家，通商也好，封貢也好，多數要藉助海上路線，就像元代周達觀《真臘風土記》一開始說的，"自溫州開洋，行丁未針。歷閩、廣海外諸州港口，過七洲洋（伯希和注：paraceles），經交趾到占城。又自占城順風，可半月到真蒲，乃（真臘）其境也。又自真蒲行坤申針，過崑崙洋（伯希和注：馬來群島）入港"。你看，這不是現在最重要的南海那條路線嗎？

研究南中國海，當然要懂得"丁未針""坤申針"所指的方向。

11 《宋史》卷四八九《外國五・丹眉流傳》，14099 頁。

12 陳佳榮、謝方、陸峻嶺編《古代南海地名匯釋》（北京：中華書局，1986）。

大家要了解：(1) 古代中國人航海，要靠羅盤，中國的羅盤以天干 (除去中間的戊、己，即甲、乙、丙、丁、庚、辛、壬、癸)，地支 (子、丑、寅、卯、辰、巳、午、未、申、酉、戌、亥) 和八卦 (除去震、離、坎、兌，只用乾、坤、巽、艮) 配合使用，整個羅盤 360 度，分為二十四個方向，每個方向相當 15 度。(2) 中國的航海羅盤分為"單針" (又稱"丹針") 和"縫針"兩種，單針就是丁、午之類 (天干地支單算)，縫針則是丁午、丙午之類 (天干地支配合)，單丁是 195 度，單午是 180 度，丁午是 187.5 度，丙午是 172.5 度。(3) 羅盤的定向之外，航海者還會根據天空星辰確定方向與位置，這叫"牽星過洋"。(4) 過去傳統時代，海路的里程單位是"更"，一晝夜為十更，一更舊説為六十里，但是現在也有人認為有問題。(5) 測量水深的單位，叫做"托 (庹)"，也就是兩手分開的長度，舊合五尺，大約現在 1.6–1.7 米。以上，這是航海者的基本知識，更要研究沿着海路所經過的東南亞各國，因為古代航海不能不沿着海岸，依賴陸地上的補給和淡水。[13]

當然，早期沒有"東南亞"這個概念，所以，"南海"一名既指茫茫大海，也兼涉了如今的東南亞諸國。

13　參看章巽《古航海圖考釋·序》、《附錄》，收入《〈法顯傳〉校注·我國古代的海上交通》(上海：復旦大學出版社，2015)，345–347 頁。

三、日本東洋學家的南海研究：
以藤田豐八和石田幹之助兩部著作為中心

再接下來，我想介紹一下日本東洋學界之南海研究。這裏只是以藤田豐八和石田幹之助為例。

在西洋學者對南海研究取得成績的同時，十九世紀末二十世紀初，日本東洋學也很快加入了對南海的研究行列。我在前面有關亞洲史的學術史一講裏面，曾經強調日本東洋學，儘管一定有它的政治意圖，但在很大程度上，也是和歐洲東方學較勁兒，就是比賽。他們共同促進了對中國四裔或者說亞洲的整體研究。

在日本學者有關南海歷史地理的研究中，我們首先要提到藤田豐八《東西交涉史の研究・南海篇》。

藤田豐八在中國待過十幾年，漢語很好。和羅振玉、王國維是非常密切的朋友，他主要關注的就是西域和南海之學，尤其是東西交涉的歷史。他對敦煌發現的《慧超往五天竺國傳》做過箋釋，對元代汪大淵記載海外各國的《島夷志略》做過研究，就是因為這些文獻是有關中外交通，涉及中國之外的史地知識。後面的那部《島夷志略》更是直接涉及南海那片區域的元代的重要史料，和《真臘風土記》一樣非常珍貴。藤田豐八去世之後，他的《東西交涉史の研究》先是出版了"南海"部分，1932 年出版於岡書院，很快中國就翻譯了；後來又出版了《東西交涉史の研究》全編本，則包括《南海篇》《西域篇》及《附篇》，1943 年由荻原星文館出版。

其中，"南海"部分的中譯本，已經有何健民譯《中國南海古

藤田豐八
《東西交涉史の研究》

代交通叢考》，這是 1935 年出版的，也就是說藤田豐八此書日文原版剛剛出版不到三年，中國就把它翻譯出來了。[14]

這一部分中，有一些內容非常精彩。1935 年，譯者何健民曾舉出五個例子，說明藤田豐八這部書的精彩，認為他"能錯綜為體，詳略互見，又能融合貫通，聯為一氣。"五個例子中，一是關於蒲壽庚的考證，二是關於五代十國時期南漢先祖劉謙的族群出身，三是日本史上所謂"南蠻"不是高麗人而是毗舍耶即菲律賓人，四是考證出菲律賓歷史上的林鳳、澳門史上的張璉，五是對於《宋會要》等史料的開掘（譯者序，2—5 頁）。

我們看前兩個例子。他的《泉州之阿剌伯人》比桑原騭藏的名著《蒲壽庚考》還早，已經指出蒲壽庚是大食（阿拉伯）人，並且因為他並沒有漢族中國人的認同感，雖然做着宋朝的官兒，卻幫助了蒙元入主中國；而他的《南漢劉氏先祖考》還考證了五代十國時期，南漢的先祖劉謙也是大食人，這一點是他最先說到，後來陳寅恪等人有一點兒修正和補充，可以看陳寅恪的《劉復愚

<hr />

14　藤田豐八《中國南海古代交通叢考》（何健民譯，太原：山西人民出版社，2015）。

遺文中年月及其不祀祖問題》[15]，當然也有人不同意這個説法，這可以討論。應當説，這些都是他的開創之功，所以，日本學者江上波夫説，藤田學術生涯裏面，特別關注的，首先是東西之間的交通路線和要衝，如城鎮、港口，以及國與國之間的歷史地理；其次是國與國之間的貿易、殖民、物產、生活。他的南海歷史研究也是這樣。

這裏我最想向大家推薦的一部書，是石田幹之助的《南海に關する支那史料》。這是石田幹之助 1943 年在日本仙台的東北帝國大學講課時的講義，可惜的是至今沒有中譯本。很早我就聽説這本書，但直到 2015 年，我在東京大學擔任特任教授的時候，才偶然在神保町的叢文閣書店，以 1000 日元的便宜價格買到一冊，真是運氣很好。[16]

毫無疑問，這部書的撰寫與日本"二戰"中南下東南亞的戰略有關，石田在《小引》中一開頭就説到這一點，"關於南海各地的各種知識，從現在的時局來説，是我們不能不具備的"（1頁）。但是，石田畢竟是一個學者，他所做的是把歐洲人東來之

15　陳寅恪《劉復愚遺文中年月及其不祀祖問題》與他的看法有差異，一個外來的伊斯蘭教徒為甚麼姓劉，這絕不是像藤田豐八、桑原騭藏講的，或者是對音的緣故，或者是南漢劉氏對廣州蕃商的賜姓，而是"劉與李，俱漢唐兩朝之國姓，外國之改華姓者，往往喜採用之"，而這個問題的背後，可以看到外來民族，即"家世無九品之官，四海無強大之親"，但父子都可以通過儒學當到中書舍人、禮部尚書，並且維繫着他們自己"不祭祀先祖"的傳統，這就是為甚麼他們會"籍貫紛歧，而俱賈胡僑寄之地"的原因；但是，陳寅恪注意這一現象，還是來自藤田豐八的提示。參看《金明館叢稿初編》（"陳寅恪集"，北京：生活・讀書・新知三聯書店，2001），343−366 頁。

16　石田幹之助《南海に關する支那史料》（東京：生活社，1945）。

前，也就是明代以前的中國各種有關南海的史料，一一做考證和介紹。

這部書按照時代分為六講（漢代、三國時代、兩晉南北朝、隋唐、宋元和明代），每一講中，既介紹那個時代中國有關南海的活動，包括政府出使和商業貿易，更主要的是介紹有關文獻，無論是已經不存在了的逸書，還是各種古典中殘存的片段。比如，唐代有關南海的文獻，他介紹了玄奘的《大唐西域記》、義淨的《南海寄歸內法傳》、杜佑《通典》中的史料、新舊《唐書》中的有關史料、已經亡逸的賈耽《皇華四達記》，以及《唐會要》《冊府元龜》等等；宋代有關南海的文獻，他就介紹周去非的《嶺外代答》、趙汝适的《諸蕃志》和《宋會要》，在《宋會要》下面，也順帶講了講《文獻通考》和《宋史》裏面的資料；對於每一朝代的文獻，他都廣徵博引，有相當深入的介紹，絕不是泛泛而論。

我們隨意舉兩個例子。

第一個例子是隋代的《赤土國記》。石田注意到，那個時代又出現了有關南海的新知識。因為大業三年（607），朝廷曾派遣屯田主事常駿、虞部主事王君政出使南方遙遠的赤土國，常駿回來之後，著有《赤土國記》兩卷。可是，這部書已經不存在了，那麼，赤土國究竟在甚麼位置？這是歷史上著名的難題之一。在這部書裏，他引用了明代人黃省曾、張燮，以及西方學者 H. Kern 的各種說法，眾說紛紜，莫衷一是。有的說是南印度，有的說是暹羅，有的說是馬來半島。然後，他引用日本學者桑原騭藏的《赤土考》以及他自己的《三佛齊考》，證明赤土可能就是唐代的室利佛逝、宋代的三佛齊，也就是後來人所共知的蘇門答臘（國都舊港）。不僅如此，為了進一步提供線索，他還用了一些篇幅，介紹日本學界有關這個問題的討論，比如高桑駒吉、藤田豐八的看法等（103－104頁）。這就非常客觀，也非常謹慎，很有價值。[17]

第二個例子是元代汪大淵《島夷志略》。這是有關中外交通史的重要文獻，其中涉及南海的內容很多。石田非常詳細地介紹了汪大淵的生平事跡，引用此書的三篇序文、《四庫提要》等文獻，指出汪大淵年輕的時候就隨船出海，兩度往來南海各地，因此，這部書是珍貴的、有實地考察內容的著作，儘管也有傳統的虛實相半、新古混淆的地方。而且，由於它是宋代《諸蕃志》和明代初期新出有關南海諸書之間，"代表了元代中國人南海知識水準的有價值的著作"（202頁），所以它還是很珍貴的。

接下去，他一一列舉《島夷志略》中有根有據的內容。從澎湖、琉球、三島到交趾、占城，從羅衛、羅斛到三佛齊、勃泥，從暹羅（泰國）到古里地悶（Gili Timor）、龍牙門（即新加坡海峽），從僧加剌（今錫蘭島）到天堂（Mekka，即麥加）、天竺（西部印度），一共九十八個地名。這裏的大多數地名，石田幹之助都注明了今天的位置。與此同時，他也把"異聞類聚"，也就是汪大淵沒有去過，只是根據書本的傳聞和不可靠的內容，像奇肱國、婆登國、女人國等列出來，其中所介紹的南方風俗，石田

---

17 石田幹之助《南海に關する支那史料》（東京：生活社，1945），103－104頁。

説明，這可能來自《太平廣記》之類的書，沒有特別的價值。再接下來，他又在這一節中考察了《島夷志略》在各種目錄中的記載以及版本情況，還特別介紹了清末沈曾植《島夷志略廣證》，乃是"本書研究之權輿"，但他也指出，對這部書的研究需要越南語、緬甸語、馬來語、梵語等語言知識，所以，真正有價值的研究，特別應當注意藤田豐八，收入印數不多的《雪堂叢刻》中的藤田豐八《島夷志略校注》，這才是汪大淵《島夷志略》最好的研究和注釋。

再接下去，他還介紹了西方學者的研究情況，他説，由於馬伯樂把此書從北京帶回河内遠東學院，伯希和又得到國民圖書館的寫本，以及丁氏舊藏本，對這部書做了研究，並且把它用於對《諸蕃志》的校讀考證，所以漸漸為西方學界所熟悉。[18] 比如，1914 年和 1915 年《通報》上連載的 *Notes on the Relations and Trade of China with the Eastern Archipelago and the Coasts of the Indian Ocean during the Fourteenth Century*，他指出，其中有對《島夷志略》的解題和大部分英譯，並且比對了好些地名。當然他也説到，因為那時藤田豐八的著作沒有問世，所以，其中還有一定錯誤。[19]

18　參看伯希和《諸蕃志譯注正誤》，載馮承鈞《西域南海史地考證譯叢》（北京：商務印書館，1995）第 1 卷第 1 編，90 頁。

19　石田幹之助《南海に關する支那史料》（東京：生活社，1945），202 頁以下。

四、東西學術影響下的二十世紀上半葉
中國學界：以馮承鈞為例

現在我們再回頭來看一下，在東西洋學者影響下的中國學術界，南海或東南亞的研究情況。

順便補充說一句，石田幹之助的這部書，其實是非常好的有關南海之學的入門門徑。[20] 在這部書中，中國有關南海的主要文獻，有了基本的和清晰的介紹，東洋和西洋的相關研究，也有了不錯的提示，讓我們不僅對南海之學有了初步文獻知識，對於南海研究的東西方學術史，也有了初步的了解。我總是很感歎這種上課的方式，石田這樣教書，真是金針度人的好老師。應當說，超出中國之外的四裔研究，其實是二十世紀上半葉國際東方學界的潮流和時尚，而正是在西洋和東洋的學術刺激下，中國學者才開始"預流"，有了這方面的著作。其中，我想給大家介紹的，就是1937年馮承鈞的《中國南洋交通史》。

前面我已經說到，馮承鈞的研究與翻譯成就，應該很好地介紹和表彰。前面兩講裏我講過，在我看來，他和王古魯，分別是介紹西洋和東洋學術，對中國學術有很大影響的兩位譯者，但我

---

20 當然，必須注意到，關於南海及東南亞，不僅有中文史料，還有很多阿拉伯與波斯文獻，比如前面提到的《黃金草原》等。特別是東南亞地區，十五世紀前後已經有不少各國以自己語言撰寫的歷史，如《爪哇史頌》（印度尼西亞，1365）、《馬來紀年》（馬來西亞，？）、《大越史記》（越南，1479）、《王朝年代記》（柬埔寨，1796）等等。參看石澤良昭《東南亞：多文明世界的發現》（講談社"興亡的世界史"叢書之一，瞿亮譯，北京：北京日報出版社，2020）。

馮承鈞《西域南海史地考
證譯叢》

們對這兩位翻譯者的意義說得還不夠。馮承鈞二十世紀上半葉向中國學界介紹法國東方學的最重要學者，除了翻譯的各種專書之外，他翻譯的《西域南海史地考證譯叢》九編，匯集了沙畹、伯希和、費瑯、烈維、馬伯樂等最重要的東方學家的論文，展示了歐洲東方學界林林總總的成績。而馮承鈞這部《中國南洋交通史》，也是在吸收了東西洋學者，特別是西洋學者的研究基礎上寫成的。

《中國南洋交通史》分為上下兩編。上編從漢代與南海的交通說起，歷數三國時東吳康泰等出使南海各國，東晉法顯從印度取經回程的海上經歷，一直到宋元的南海和明代鄭和下西洋，算是一部中國與南海的交通史；下編則分為扶南（今柬埔寨地區），真臘（今柬埔寨地區，繼扶南之後），闍婆（即爪哇，今印度尼西亞），三佛齊（今蘇門答臘，今屬印度尼西亞），以及南海群島各國（二十三個古代國家）、馬來半島各國（十一個古代國家）和印度沿海各國（十三個古代國家），分別梳理有關它們的史料和敘述它們的歷史。

馮承鈞自己在《序例》裏面說，他這部書研究的"南洋"，在明代就是"東西洋"，大致"東起呂宋，西達印度西岸"。按照他自己的說法，這部書重心在考證地名。但是他的主要關注，可能只是在中國下南洋的海路上。他的有些想法，我覺得不太好理解，比如他自己説，他這部書裏，阿拉伯海西岸各地和安南、占城、緬甸、暹羅不包括在內。前者我們可以理解，但後者呢？據他説，安南原列中國郡縣，昔日的占城是今天安南的中南部分，可這兩個地區為甚麼要放棄呢？其實，古代中國無論是官方的還是民間的南洋交通途徑，都離不開今天越南東部海岸線。倒是他説緬甸和中國交通主要靠陸路，倒是有點兒道理，但是不包括暹羅是因為它到元代才成為一國，可是，暹羅那塊地方，在中國南洋交通上也仍然有關，不敍述到它（儘管元代才成為一國，但成為一國之前的各種小國，也還是在南海範圍內）有點兒奇怪。

不過，儘管如此，馮承鈞的這部書在中國學界還是有開創意義的。在很大程度上，他藉助或者説引進了東西洋學者的成果，看他的注釋，就知道他採擷了伯希和、費琅、藤田豐八等人的研究成果。當然，他也説過，除了伯希和之外，無論是東洋的藤田豐八，還是西洋的，"亦多瑕瑜參半"，所以，他的這部書，也有他自己的貢獻。不過現在看來，這部書似乎鋪路的性質比較明顯，而創造性的發現還不太多。

我們不妨把此書的第八章《宋代之南海》與石田幹之助著作的相同章節進行比較。

馮承鈞此書這一章，涉及的史料只羅列了《宋史》卷四八九《注輦傳》、周去非《嶺外代答》、趙汝适《諸蕃志》。他雖然也提及夏德（Friedrich Hirth）、柔克義（William Woodville Rockhill，1854–1914 年）、藤田豐八等等，與石田幹之助《中國有關南海之史料》比起來，大體上差不多，但石田幹之助還仔細地介紹了《諸蕃志》的柔克義英文譯本的譯者序，介紹了 1885 年萊比錫出版的名著 *China and the Roman Orient* 裏面對《諸蕃志》有關 "大秦國" 一則的論述，以及涉及有關南海的西文論述八種。特別是他介紹了 1912 年夏德和柔克義合著的英文本《諸蕃志譯注》(*Chau Ju-Kua: His Work on the Chinese and Arab Trade in 12th and 13th Centuries*)。此外，石田幹之助還注意到了《宋史》之外，有比《宋史》更早，可能是《宋史》來源的《宋會要》《文獻通考》的記錄，這就更有價值了。而在學術史研究方面，石田幹之助又介紹了馬司帛羅的《占婆史》、藤田豐八的南海研究、費琅的有關蘇門答臘的研究，以及桑原騭藏的《三佛齊考》。應當説，晚出轉精的石田幹之助，比起馮承鈞來説，內容要豐富精細縝密得多。不過，我們仍要承認，馮承鈞的《中國南洋交通史》，畢竟在二十世紀三十年代的中國學界還是開拓性的，他歸納和引介了西方和日本的研究成果，給後來有關南海以及東南亞的研究鋪了路。

後來，在這方面很有成績的，還有很多學者。我們不妨舉兩個例子，像許雲樵 (1905－1981 年)，著有《南洋史》[21]，這是一部相當完整的南海海域及東南亞歷史著作。此外，他還有涉及東南亞各國史的不少著作，如《北大年史》等，可惜他很早就僑居海外，去世也早；另外像章巽 (1914－1994 年)，撰有《我國古代的

21　許雲樵《南洋史》(新加坡：星洲世界書局，1961)。

海上交通》[22] 一書，是一部中國與東海南海方面交通的概述性著作，曾被蘇聯國家科學出版社翻譯成俄文，1960 年出版。[23]

其他的，這裏就不再仔細說了。大家如果對這個領域的歷史問題有興趣，一部最好的工具書必須知道，這就是陳佳榮、謝方、陸峻嶺編的《古代南海地名匯釋》[24]。

五、"南海"：歷史課題與政治問題

當然，這裏要請大家注意，關於這個領域的歷史與現實，是一個非常敏感的問題，其中最敏感的，當然就是南海問題。

"南海"之學，使得世界史和中國史都豐富起來，世界史不再是只有大國的世界史，中國史也不再是拘泥在傳統中國之內的中國史。因此，有關南海的中國文獻就給"真正的"世界史做出了貢獻。誠如馮承鈞所說，"近日南海諸國自有史文者固有數國（安南、柬埔寨、爪哇、錫蘭），其古史亡逸，數典而忘祖者亦復不少。賴有中國官私撰述，錄其史事大概。今人欲撰一'真正世界史'或南海諸國史者，終不能不取材於中國載籍之中。研尋久之，近年

22　章巽《我國古代的海上交通》（上海：新知識出版社，1956；北京：商務印書館，1986）。

23　參看廖文輝《許雲樵評傳》（吉隆坡：八方文化創作室，2014）；章巽《〈法顯傳〉校注‧我國古代的海上交通》（上海：復旦大學出版社，2015）。

24　陳佳榮、謝方、陸峻嶺編《古代南海地名匯釋》（北京：中華書局，1986）。

來無史之南海，遂一變而為有史之國民。"

不過，需要説明的是，儘管我們有豐富的南海文獻，證明古代中國對南海以及南海海域各國有豐富歷史知識，也有着豐富的出土資料，比如黑石號沉船上的唐代瓷器，"南海一號"上的宋代瓷器，正如比爾‧海頓《南海》中説的，"中國有數千年的文字記錄，東南亞卻缺乏歷史記錄"（49 頁）。但是對於南海和東南亞的歷史研究，還不能讓人滿意。

大家知道，南海成為一個"領海"和"主權"問題，是很近代的事情。正如拉鐵摩爾（Owen Lattimore，1900－1989 年）所説，古代帝國沒有"邊界"（Boundary）只有"邊疆"（Frontier）[25]；也正如吉登斯（Anthony Giddens）所説，傳統國家與現代民族國家的差別，是"前者有邊陲（frontiers）而無邊界（boundaries）"[26]。有人採用了拉鐵摩爾有關帝國統治是由"從中心向外發展"的説法，指出十九世紀以前，不僅中華帝國是中心與四方、天朝與四裔這種"天下"模式，就連東南亞的統治空間，也"是由中心界定的：亦即由統治者的個人威望所界定，東南亞的曼荼羅式國家（統治範圍限於王都周邊，越遠離首都則統治權力越趨減弱，這種非中央集權，國土經常伸縮變化的國家）或者尼加拉式國家（特點為多中心、跨領土與不穩定），統治者的權威隨着距離王國中心愈

25 拉鐵摩爾《中國的亞洲內陸邊疆》（唐曉峰譯，南京：江蘇人民出版社，2005），163 頁。

26 吉登斯《民族—國家與暴力》（胡宗澤、趙力濤譯，北京：生活‧讀書‧新知三聯書店，1998），98 頁。

遠就愈遞減"，只是在遙遠的周邊，統治者的餘光雖然衰減，但依然餘波不斷，彷彿漣漪。

然而，近代歐洲崛起以後，逐漸興起了以民族國家為主的國際秩序，來安排領土與領海的主權，這就和傳統帝國時代不同了，也生發出好多棘手的問題。在不劃定邊界的傳統時代，"普天之下，莫非王土"，君主權力沒有邊界，這就導致各國，一方面沒有明確而清晰的海疆意識，一方面卻又有着強烈而自負的海上慾望，這樣就不免引發海上的種種衝突。但在傳統時代還並不構成海上航行的大障礙，畢竟海洋很廣闊，容納得下不同國家和商人的船隻。可是，大航海時代之後，海上貿易大大繁榮，誰控制這一片海域上的航道，誰就佔有了和亞洲貿易的權力。十五世紀到十六世紀，葡萄牙人、西班牙人，後來是荷蘭人和英國人相繼東進，因此，在歐洲各國爭相向亞洲發展的時代，出現了有關海權的爭論，出現了雨果・格羅修斯（Hugo Grotius）的《海洋自由論》（1609）。但是，自從十七世紀中葉《威斯特伐利亞和約》（*Peace of Westphalia*，1648）之後，主權國家不僅在陸地上開始明確邊界，也在海洋上開始明確"公""私"畛域。

這就引起了"領海權"的問題。因為古代沒有領海、領土這些意味着"主權"的概念。到二十世紀初，現代主權國家基礎上的現代國際秩序成為主流，也影響到中國，海權才成為重要問題。據學者的研究，引起中國海權意識的一件重要事情，是已經佔領台灣的日本人 1907 年在台灣西南 400 公里，距離中國大陸 260 公里的東沙島開發鳥糞。1909 年，一艘中國漁船發現日本人西澤吉治在東沙島挖鳥糞，消息傳回中國，引起廣東的一波抵制日貨的運動。在民間抗議的壓力下，大清政府才開始試圖解決這個問題，兩廣總督張人駿和日本駐廣州總領事達成協議，日本承認中國對東沙的主權，西澤退出東沙島，換得十三萬銀元補償。同時，張人駿還派出船隻，用了三個星期巡航西沙群島，並且繪製了新地圖，表示這片海域的歸屬（91—92頁）。然而，大清王朝已經到了滅亡的邊緣，這一點爭取主權的努力很快化為泡影。1912年中華民國建立，不過正如過去我指出的，一方面中國已是新的民族國家，另一方面它仍然延續着帝國身影，中華民國宣佈自己的主權領土繼續與舊帝國的領域相同，比爾·海頓指出，"舊'領域'等於新'主權領土'（sovereign territory）這樣一個簡單等式，就是目前對南中國海'界線'起爭議的根本"（93頁）。民國建立之後，不得不遵循新的國際慣例，因而屢次在政府內對這個議題進行研究，1912年，海軍、外交、農林三部就討論過領海界線；1914年第一次世界大戰中，民國政府就擬議設置海界，由陸海軍大元帥統率辦事處牽頭，還預備發佈"公海與領海之界址"[27]；1921年到1922年，在海軍推動下，設立了一個專門討論海權問題的"海界委員會"，主席是倪文德，他指出"海界關係軍務、稅務、漁業"這三方面的國家權利。一方面按照"主權在我"的原則，一方面尊重國際法和國際慣例，他們對公海、領海、內海、海島等等問題，

27　《將公佈領海條例》，載《浙江兵事雜誌》1914年11月第8期，3頁。

參酌英、美、法、日等國的情況，反覆討論了很久，制定了一系列的劃分領海的方法，議定中國領海範圍遵循國際慣例為三英里（約十華里）。在 1922 年，成立了海道測量局，開始進行劃界工作。在這一次劃界時，涉及南海的，主要是西沙群島和東沙島，不過，這個委員會和測量局，並不是一個代表中國政府的正式機構，會議完畢即解散，而當時的海界劃分，由於國際海洋公約還沒有問世，各國關於領海的制度不一，也沒有實際的約束力。[28]

　　"二戰"結束之後的 1946 年，戰敗的日本歸還南海諸島的控制權，林遵奉命前往接收南海諸島並且立碑宣示主權，同年民國政府建立"方域司"，開始審定南海地圖。作為戰勝國，中華民國於 1947 年公佈《南海諸島位置略圖》，1948 年公佈新的《中華民國行政區域圖》，正式宣佈南海的"十一段線"，把南海包括東沙、西沙、南沙一直到曾母暗沙的數百萬平方公里的海域，劃入中國版圖。1949 年中華人民共和國成立之後，仍然延續了這一做法，只是把"十一段線"改成了"九段線"。但是，這一對於南海的主權宣示，最近遇到了很大的麻煩，尤其是南海周邊的菲律賓、越南、印度尼西亞、馬來西亞等國家，對這一海域的海權提出了各自的不同主張。

　　當然，這些就不是我們歷史學者可以說清的問題了。

28　參看陸燁《海界委員會於民初海權意識》，載《史林》2014 年第 6 期；劉利民《民國北京政府海界劃分問題考察》，載《安徽史學》2018 年第 5 期，51–59 頁。

六、有關南海的歷史文獻，以及《塞爾登地圖》

讓我們回到歷史上來。其實，有關南海海域和東南亞的歷史
地理，無論是東洋學者還是西洋學者，他們主要依賴的還是中國
的古文獻，比如下表所列宋元有關南海海域之著作[29]：

時代	著者	著作名	點校	出版
宋	朱彧	《萍洲可談》	李偉國點校	北京：中華書局，2007
宋	趙汝适	《諸蕃志》	馮承鈞注	北京：中華書局，1956
宋	周去非	《嶺外代答》	楊武泉校注	北京：中華書局，1999
元	周達觀	《真臘風土記》	夏鼐校注	北京：中華書局，1981
元	汪大淵	《島夷志略》	蘇繼廎校注	北京：中華書局，1981
元	周至中	《異域志》	陸峻嶺校注	北京：中華書局，1981
元	黎崱	《安南志略》	武尚清點校	北京：中華書局，2000

此外，當然還有各種各樣古地圖和航海圖。其中，最近有一
幅以南海為中心的古代地圖，引起國際學術界的關注，這就是所
謂的《塞爾登地圖》。

如果說波斯人、阿拉伯人帶給中國的，主要是陸地上，歐亞
之間的地理知識，那麼，自從明代鄭和下西洋之後，中國對於南
方海域以及周邊諸國，也逐漸有了比宋代僅僅依賴市舶司，或
來自外洋商買耳聞更多的海外知識。其中，收藏在英國的《塞爾
登地圖》（又名《東西洋航海圖》），最近非常受人關注。加拿大

29　關於明代有關海外文獻，請參看第四單元的介紹。

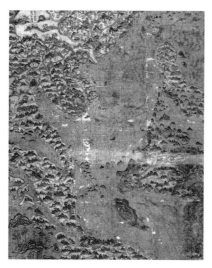

《塞爾登地圖》(牛津大學博德利圖書館藏)

　　英屬哥倫比亞大學的卜正民教授近年出版《塞爾登先生的中國地圖 —— 香料貿易、佚失的海圖與南中國海》(*Mr. Selden's Map of China: The Spice Trade, a Lost Chart and the South China Sea*)，用全球史的方法，對這幅剛剛被發現的古地圖進行了精彩的研究。

　　這幅地圖長 160cm，寬 96cm，據說原來是掛軸，按照卜正民的研究，它大概繪製於 1608 年，由一個中國到東南亞 (據說在萬丹，即今印度尼西亞爪哇的 Banten) 經商的商人繪製，幾年以後，被一個在萬丹擔任商館館長的英國軍官約翰·薩里斯 (John Sarris) 得到。十七世紀中葉，英國最著名的東方學者約翰·塞爾登 (John Selden)，從他手裏買到這幅地圖，1654 年塞爾登去世後，將其捐贈給牛津的博德利圖書館（Bodleian Library）。直到 2008 年，它才重新被發現，現在世界上這是獨一無二的一幅地圖。那麼，這幅地圖有甚麼特點呢？它當然並不能證明中國對於南海的主權，但是它確實證明中國對於南海的歷史知識相當豐富，而這種歷史知識，恰恰不是來自帝國君主的權威統治，而是來自民間自由的海上貿易。我想，《塞爾登地圖》在南海研究上，可能有三點非常重要：

第一，是它不像過去地圖（如宋代的輿地圖，以及明初的《疆理國都之圖》《混一圖》，明代中葉的《廣輿圖》）那樣，總是以中國為中心，凸顯中國疆域而把四周壓縮得很小，而是以南海為中心，大體準確地描繪了東海和南海周邊的地區。這一地圖上面，大半當然是中國大陸，右上角是不太準確的日本和朝鮮，右邊是琉球，往下依次是台灣和澎湖、呂宋（菲律賓）、加里曼丹（包括文萊、馬來西亞與印度尼西亞分別管理的地區），中國的正南面，則是越南、柬埔寨、馬來半島、菲律賓、印度尼西亞，中國的左下方是印度等等，涵蓋了整個東亞、東南亞、南亞廣大地域。這是中國有禹跡圖、輿地圖、廣輿圖、天下圖以來，第一幅超越了中國中心的地圖。

第二，過去，以中國為中心，凸顯王朝疆域而忽略周邊的傳統地圖，其繪製的觀念背景，很大程度受到王朝政治的影響，然而，以南海為中心，描繪環繞東海、南海的各個區域，則主要是考慮經濟即貿易路線。因此可以相信，《塞爾登地圖》的地理知識，主要來自航海貿易的商人。所以，它標識的地形、距離、路程、地名等等，都顯示出它與當時往來南洋海域的中國商船和商人有關。這些世界知識，一方面來自傳統的"海道針經"（比如《順風相送》等），一方面來自現實的航海經驗。尤其是，這一地圖中標識出了六條從中國（主要是泉州）出發的航線，這六條航線是：1. 泉州到日本九州外海的五島列島；2. 經過琉球到日本的兵庫；3. 泉州到王城（馬尼拉）；4. 泉州到今印尼；5. 沿着越南海岸線繞道向西北到今泰國曼谷南部；6. 繞過馬六甲海峽，沿着馬來半島與蘇門答臘島之間，向西方向到印度古里；地圖裏還説明了方向、遠近、位置（每條航線都以天干地支來標誌路程的方向，與上面的羅盤相應）。而超出地圖之外的阿拉伯世界和非洲，則在圖左方的一個方框裏，標誌了海上航行的距離、方向（比如從"古里"，即今印度喀拉拉邦卡利卡特 Calicut，到"阿丹國"即今亞丁、"忽魯漠斯"即今霍爾木兹等等，説明方向與航程），就證明了這一點。

第三，由於這可能是中國商人的作品，當然記載中國格外詳細（大明國部分有很多地名標記），但是，也恰恰由於是商人的作品，所以，對於有商業貿易聯繫的區域，也都有不少記載。例如，有關日本，則有：兵庫（神戶）、亞里馬王（有馬）、殺（穀）身灣子（鹿兒島）、殺子馬（薩摩）和籠仔沙機（長崎）；在東南亞陸地方面，如放沙（今緬甸中部）、暹羅國（泰國）、柬埔寨；特別對沿海岸線的地理記載相對詳細，如安南，記載了從東京（河內）到占城（今越南中南部藩朗一帶）沿海各個城市；此外東南亞的地名，如六坤（今泰國的那空是貪瑪叻 Nakhon Si Thammarat）、菲律賓呂宋島北部的大港（阿帕里 Aparri）、南部的呂宋王城（即馬尼拉 Manila)，加里曼丹島上的文萊（Brunei），蘇門答臘島上的占卑（今印度尼西亞蘇門答臘島東南之 Jambi)、舊港（即三佛齊，今印尼蘇門答臘島東南之巨港 Palembang)，甚至一直到印度尼西亞群島最東南角的池汶（即帝汶 Timor)。在這一點上，不妨可以參看同樣來自閩南沿海的張燮的《東西洋考》，看看他對於現在的越南、柬埔寨、泰國、馬來西亞、印度尼西亞、文萊、菲律賓這一環繞南海區域的敍述，就可以清楚地知道，十七世紀初也就是明代萬曆年間的中國人，特別是中國商人，對於"南海"那一片海域以及周邊，已經相當地了解。

當然，有關這一區域的研究，涉及歷史相當豐富。簡單說，至少還應當包括大航海時代以來，歐洲傳教士在亞洲東部的傳教，經由印度洋和太平洋航線，美洲白銀的流入和植物的引進，葡萄牙和西班牙人在東亞的競爭和荷蘭及英國的東印度公司在這一片區域的活動等等。現在，一方面由於新出資料源源不斷的發現，"南海"及其周邊的歷史研究又有了新的進展，包括中國學者在內，都對南海貿易、文化、政治各方面（包括《塞爾登地圖》）提出了自己的研究心得；另一方面，也由於全球史（或者區域史、海域史）在國際歷史學界的風行，使得南海以及環南海地區，作為全球史急需補強的一環，成了學界熱點。當然，也由於這個地區成為世界上最具風險的焦點，這都刺激了對明清時期東海和南海的海域史的研究。

那麼，我想問的是，我們中國學界在這一領域還可以做出一些甚麼貢獻呢？

討論：通向亞洲史或東部亞洲史的途徑

最後，我想請大家重溫陳寅恪的兩段話。

一段是在《王靜安先生遺書序》裏面，回憶王國維學術成就時說的。他說，王國維之所以取得那麼大成就，是因為他代表了當時學術的新方向，第一是"取地下之實物與紙上之遺文互相釋證"，也就是用地下考古發現的各種實物和現在傳世文獻上的文字材料來相互證明。第二是"取異族之故書與吾國之舊籍互相補正"，就是外族的文獻和中國的史書互補，像研究遼金元、西北史地就要通過這個方法。第三是"取外來之觀念與固有之材料互相參證"，就是用外來的新觀念、新理論跟我們中國本身所有的材料來互相證明，這樣可以在舊話題中開出新思路。[30]

陳寅恪的另一段話，是在《陳垣敦煌劫餘錄序》裏面說的。他說，學術必須要有新材料和新問題，用新材料來研究新問題，這就是這個時代學術的新潮流。做學術的人，如果能進入這個潮流，叫做預流，他說你如果不會用新材料，不會研究新問題，你叫不入流。[31]

好了，那麼我們要想一想，為甚麼超越漢族中國的亞洲史和東亞史很重要？為甚麼要用王國維"三結合"的方法來研究歷史？甚麼是當今的新材料和新問題？

30　陳寅恪《王靜安先生遺書序》，《金明館叢稿二編》（"陳寅恪集"，北京：生活‧讀書‧新知三聯書店，2001），247 頁。

31　陳寅恪《陳垣敦煌劫餘錄序》，《金明館叢稿二編》，266 頁。

建議閱讀論著

1. 桑原騭藏《中國學研究者之任務》，載《新青年》第3卷第3期，1917。

2. 石田幹之助《歐美における支那研究》，東京：創元社，1942；中譯本《歐人之漢學研究》，朱滋萃譯，太原：山西人民出版社，2015。

3. 莫東寅《漢學發達史》，北平：北平文化出版社，1949；上海：上海書店出版社，1989。

4. 馮承鈞《西域南海史地考證譯叢》，北京：商務印書館，1995、1999。

5. 馮承鈞《續修四庫全書總目提要 (西學與中外交通部分)》，載《馮承鈞學術著作集》，上海：上海古籍出版社，2015。

6. 王古魯《最近日人研究中國學術之一斑》特別值得注意的是《附錄》部分：《明治維新以來日人研究中國學術的趨勢》，上海：生活書店，1936。

7. 王古魯譯《塞外史地論文譯叢》，上海：商務印書館，1938；太原：山西人民出版社，2015。

8. 方豪《中西交通史》，上海：上海人民出版社，2008。

9. 向達《中西交通史》，上海：商務印書館，1934。

10. 江上波夫編《東洋學の系譜 (1)》，東京：大修館書店，1992。

11. 江上波夫編《東洋學の系譜 (2)》，東京：大修館書店，1994。

12. 高田時雄編《東洋學の系譜 (歐米篇)》，東京：大修館書店，1996。

13. 嚴紹璗《日本中國學史》第1卷，南昌：江西人民出版社，1991。

14. 馮承鈞《中國南洋交通史》，上海：商務印書館，1937；收入鄔國義編校《馮承鈞學術著作集》中冊，上海：上海古籍出版社，2015。

15. 許雲樵《南洋史》，新加坡：星洲世界書局，1961。

16. 章巽《〈法顯傳〉校注・我國古代的海上交通》，上海：復旦大學出版社，2015。

17. 陳佳榮、謝方、陸峻嶺編《古代南海地名匯釋》，北京：中華書局，1986。

18. 比爾・海頓《南海》，林添貴譯，台北：麥田出版，2015。

第三單元

環東海南海作為一個歷史世界：
十五世紀以後的東部亞洲海域史

問題：為甚麼十五世紀之後，
要談論"東部亞洲海域"？

第一單元裏面，我們講的是"亞洲史研究的可能性"，在接下來這第三個單元裏面，我們往後退一點，因為亞洲畢竟還是太大，我們一開始就講，東亞、西亞、南亞、北亞差別太大。所以，這裏重點講一講，十五世紀以後，可以作為一個歷史世界的東部亞洲海域，也就是環東海南海這一塊兒。

我會重點討論三點：

第一，我要說明，蒙古時代把歐亞連成一片，成為世界史開端之後，十五世紀初又出現波折，又變成"東是東，西是西"了。

第二，我還要說明，十五世紀到十九世紀，大體相當於明清兩代，"東部亞洲海域"也就是環東海南海區域，自有一個國際秩序、貿易圈和知識世界，儘管波折很多，但大體上延續下來，直到十九世紀堅船利炮帶來西方衝擊。

第三，對目前流行的"中央歐亞"理論及"東亞"概念，我們要做一點小小的修正。特別是，如果我們可以把環東海南海作為一個歷史世界，那麼要特別強調海洋，尤其是環東海南海歷史研究的重要性。同時我也想提出，現在中國年輕學者，需要向這個方向下功夫，這也是陳寅恪當年所謂的"預流"。

下面我們分兩部分來講。（1）先講蒙古時代之後，經歷半個世紀，東部亞洲的局勢逐漸穩定，為甚麼特別強調1420年的象徵意義。（2）然後講十五至十九世紀，東部亞洲海域也就是環東海南海海域，為甚麼可以作為一個歷史世界（區域史），講一講這個區域的政治、經濟和知識世界的大體歷史演變。

第一講

蒙古時代以後：東部亞洲海域史的
一個關鍵時代（1368－1420）

引言 歷史的“關鍵時期”

我覺得，歷史上總會有一些“關鍵時期”，值得特別重視和認真討論。在中國史上有不少“關鍵時期”，這些關鍵時期使前後兩段的歷史，呈現出不一樣的風貌，這裏舉兩個例子。一個是唐宋之際。內藤湖南的“唐宋變革”假說一出，就讓歷史學家的眼光聚焦在公元 755 年（安史之亂）到 1005 年（澶淵之盟），也就是中晚唐—五代—宋初這兩個半世紀，這就是一個關鍵時期，學界紛紛深入探索這兩個半世紀，怎樣造成了“中古中國”與“近世中國”的巨變。[1] 另一個是晚清民初。張灝先生提出，中國近代思想史上有所謂“轉型時代”，他把 1895 年到 1925 年這一段歷史凸顯出來，晚清民初的甲午戰敗、戊戌變法、辛亥革命和五四運動被連接起來，這段時間裏，知識群體、新聞出版、教育選舉、政治制度、宗教文化等方面發生巨變，所以，這三十年就顯示了“傳統中國”到“現代中國”的轉型。[2]

我這裏所謂的“關鍵時期”，既是“斷裂”，也是“聯繫”，也是“承先啟後”。這些“關鍵時期”往往造成一個王朝／國家內部

1　內藤湖南《概括の唐宋時代觀》，日文本，載《歷史と地理》第 9 卷第 5 號（1922），1—11 頁；英文本，宮川尚志 *An Outline of the Naito Hypothesis and its Effects on Japanese Studies of China*，載 *Far Eastern Quarterly*, Vol.14, No.4 (1955), pp.533—552；中文本，黃約瑟譯，載劉俊文主編《日本學者研究中國史論著選譯》（北京：中華書局，1992）第 1 卷《通論》。

2　張灝《中國近代思想史的轉型時代》，載張灝《時代的探索》（台北：“中央”研究院、聯經出版公司，2004），51 頁。

的深刻變化。那麼，在超越王朝／國家也就是較大的區域史裏，具體說就是東部亞洲史裏，是否也有一些歷史的"關鍵時期"呢？如果在這些"關鍵時期"中，各個國家在區域中的地位、力量與利益重新"洗牌"，過去的平衡被打破，新的平衡被建立起來，從此奠定了後一段歷史時期的相對穩定，構築了這一區

內藤湖南

域平衡的國際秩序，那麼，這一時期是不是也可以說是這一區域史上的"關鍵時期"？

我覺得，蒙元帝國在東方逐漸解體之後，從 1368 年到 1420 年這半個世紀，就是一個關鍵時期。[3] 這一時期很重要很關鍵，我覺得，大概基於以下三個理由：

第一，這半個世紀裏，席捲歐亞大陸的蒙古帝國，在亞洲東部開始衰退，漢族統治的大明王朝崛起。以帕米爾高原為界，中亞以西與中亞以東，逐漸各自形成自己的政治、經濟與文化秩序。也由於東、西之間的這一阻隔，所以，環東海南海的東部亞洲（包括東北亞與東南亞），就逐漸成了一個相對完足的歷史世界。

第二，在環東海南海海域，從十五世紀初起，幾個主要國家

3　有人也曾經提出，世界近代史應當從蒙元潰退、明朝建立的 1368 年開始，參看趙現海《世界近代史的起點與明代中國的歷史分流》，載《中國史研究動態》（北京）2016 年第 5 期，42–43 頁。

即大明王朝、李氏朝鮮、足利日本，也可以擴大到琉球、安南與暹羅等，經歷了一個妥協、對峙和衝突的過程。可是，在1419年日本所謂"應永外寇"，朝鮮所謂"己亥東征"的事件之後，1420年，以日本僧人出使朝鮮，朝鮮通信使出使日本作為轉折點，環東海南海區域的秩序又形成了新的平衡，也使得這一區域的國際秩序再度穩定下來。

第三，在這段時期之後，環東海南海區域的基本秩序格局，大體延續了幾個世紀（十五世紀上半到十九世紀中葉）。我把這個時代稱為"後蒙古時代"或"蒙古時代之後"。[4] 它的基本格局是：一方面，在東北亞，以朝鮮"事大交鄰"為樞軸，構成了明朝、朝鮮、日本的基本平衡；另一方面，在東南亞，則以朝貢和貿易，尤其是海上商賈的往來，構成了彼此互相依賴的密切聯繫。儘管以後的幾個世紀中，也有"倭寇事件""壬辰之役""明清易代"這些重大變化；還有大航海時代之後，西方人東來的巨大衝擊，但東部亞洲海域秩序的基本格局，並沒有發生太根本的變化。這種秩序，一直要到十九世紀中期，才被西方的堅船利炮徹底顛覆。

4　有學者對"後蒙古時代"有一些異議，日本學者永井匠《後帝國期的明蒙關係》（載劉迎勝主編《元史及民族與邊疆研究集刊》第28期，上海：上海古籍出版社，2014，201頁）中說："後XX是指在XX之後的意思，因此'後蒙古時代'是指'蒙古'之後的時代。那麼，很可能會讓人產生蒙古帝國時代之後，蒙古不復存在的誤解。"這個說法注意到了1368年之後蒙古（韃靼和瓦剌）的延續，有一定道理。但是，在我們討論的東亞（或東北亞）歷史世界中，當1368年蒙古被明朝取代，逐漸退出傳統中國核心地區之後，儘管蒙古（如北元）仍然存在，但其影響確實與蒙古時代不能相比。

好了，下面讓我用最簡單的方式，講一講十四、十五世紀之間（1368－1420年），這關鍵的半個世紀中發生在亞洲東部的歷史。

<h1 style="text-align:center">一、妥協：亞洲東部局勢的
暫時穩定（1368－1405）</h1>

十四世紀中葉之後，明朝建立，蒙古帝國在東部亞洲逐漸潰退，剛剛開始的"世界史"，日本學者特別愛強調，蒙古時代是世界史的開端[5]，可是剛開端，就似乎發生了很大的曲折。

下面這個時間表，大家應當都熟悉。

1368年，朱元璋推翻元朝，建立了基本由漢族統治的明朝。

1392年，取代相當蒙古化的高麗王氏政權，李成桂建立了後來綿延幾個世紀的朝鮮王朝。

1392年，日本的足利義滿逼退南朝後龜山天皇，結束了南北分裂的局面。

1400年，安南的黎（胡）氏取代陳氏，雖然仍然延續着對明

---

5 岡田英弘《世界史的誕生：蒙古的發展與傳統》(日文本，東京：築摩書房，1992；中文本，陳心慧譯，新北：廣場出版，2013)強調蒙古時代開啟了真正的世界史；杉山正明《忽必烈的挑戰：蒙古帝國與世界歷史的大轉向》(日文本，東京：講談社，2010；中文本，周俊宇譯，北京：社會科學文獻出版社，2013)也強調，蒙古時代是可以用"整合性視野來眺望東西方世界的時代"(63頁)，"那是人類史上未曾明確經歷過的局面，也就是說世界史大大地轉向了"(122頁)。

王朝的朝貢，但實際上政治越來越偏離明朝控制。

五年之後的 1405 年，原本計劃轉向征服東方，可能對明王朝構成巨大威脅的跛子帖木兒 (Tamerlane) 去世，帖木兒帝國陷入爭奪汗位的混亂中，不再有餘力覬覦東亞，這標誌着蒙古時代即"全球史中一個長時段"的終結。[6]

從此，東部亞洲在蒙古時代之後逐漸形成自己的國際秩序。

讓我們先看明初中國。元明易代之後，明王朝初期內外局勢還不那麼樂觀，對於明王朝來說，周邊還未安定，內部問題牽扯。因此，一方面，在理念上明朝雖然試圖重建朝貢體系；但另一方面，在實際的政治與外交活動中，明王朝對異國也採取了比較妥協的姿態。

大家看這一段資料。洪武四年 (1371)，朱元璋非常鄭重地訓諭省府台臣，這段資料很重要，大家看全文：

> 海外蠻夷之國，有為患於中國者，不可不討。不為中國患者，不可輕自興兵。……朕以諸蠻夷小國，阻山越海，僻在一隅，彼不為中國患者，朕決不伐之。唯西北胡戎，世為中國患，不可不謹備之耳。卿等當記所言，知朕此意。[7]

6　英國學者達爾文 (John Darwin) 在《全球帝國史：帖木兒之後帝國的興與衰 (1400－2000)》(陸偉芳、高芳英譯，鄭州：大象出版社，2015) 的開頭就指出，帖木兒之死 "是世界歷史的一個轉折點"（《前言》1 頁），並說 "這是一個全球史中一個長時段的終結"（3 頁）。

7　《明太祖實錄》（台北："中研院"史語所，1962；以下凡引用《明實錄》均此本，不一一注明）卷六八 "洪武四年九月辛未"，1277－1278 頁。

這段話很重要。這説明除了北方蒙古之外，明王朝會相對柔軟地處理周邊關係。我們看一件事情就明白，明朝一建立就列出"十五不征之國"，表明了對周邊各國自主的寬容態度。同時明朝還採取了所謂"海禁"政策，對宋元時代活躍的對外交流與貿易採取收縮的策略。由此可見，在朱元璋的時代，總體來説，安內重於攘外，對周邊其他異國，大體採取安撫政策。

這一外交戰略顯然經過深思熟慮。在東部亞洲，無論對高麗和安南，還是對日本，朱元璋的態度都相當克制。洪武二年(1369)四月，他致書高麗國王，宣告自己"北逐胡君，肅清華夏，復我中國之舊疆。"但下面的口氣很平和，只是表示希望高麗與蒙元絕交，站在自己一邊。[8] 儘管當時高麗國王立場在北元與明朝之間還是左右搖擺[9]，但朱元璋仍然網開一面。洪武三年(1370)九月，他曾對高麗使臣張子溫説，"自古天下有中國有外國，高麗是海外之國，自來與中國相通，不失事大之禮。守分的好有。"[10] 這段話表明甚麼呢？説明明朝官方的大原則，是區分了中、外，外國只要"守分"，能夠"事大"就可以了。甚至當來訪的一個高麗使臣偰長壽，向明朝試探性地表示，高麗要改換大明衣冠，

8　吳晗編《朝鮮李朝實錄中的中國史料》(北京：中華書局，1980)第1冊，13頁。參看末松保和《麗末鮮初における對明關係》(東京：岩波書店，1941)第二章《高麗と明の建國》。

9　明朝建立之初，高麗與北元仍然保持聯繫，只是小心翼翼地避開耳目，國王不在白天，而是在夜晚召見北元使者，"蓋畏朝廷知也"(《朝鮮李朝實錄中的中國史料》第1冊，北京：中華書局，1980，27頁)。一直到禑王時代(1376)，北元使者孛羅帖木兒還出使高麗，高麗孫彥出使北元，甚至還用北元的"宣光"年號。

10　《朝鮮李朝實錄中的中國史料》第1冊，19頁。

以表示歸順臣服之意，朱元璋卻寬容地表示，你們愛穿甚麼就穿甚麼，並說"趙武靈王胡服騎射，不害其為賢君。"[11] 到了洪武二十二年（1389），明朝得知高麗發生王位廢立消息時，朱元璋還讓禮部官員告訴來訪的高麗使臣，"立亦在彼，廢亦在彼，中國不與相干。"[12]

明初這種隔離、安撫和妥協的對外策略，不僅針對朝鮮，對日本、安南也大體如此。

洪武二年（1369），明太祖派遣楊載去日本，向日本南朝方面通報中國元明易代的消息。兩年之後（1371），他又派人去日本，面見南朝後醍醐天皇之子、實際執政者懷良親王[13]（1329－1383年）。懷良則派遣僧人祖來，作為使節隨同趙秩到中國。明朝這邊作為回應，第二年派寧波天寧寺僧人祖闡、南京瓦官寺僧人無逸克勤出使日本。[14] 這是南朝，那麼北朝呢？在洪武七年（1374），日本北方的足利義滿，曾派僧人聞溪圓宣來進貢。據説，明朝聽説當時日本國內持明、懷良正在爭鬥，而來貢的人雖然帶來"國臣之書"，卻沒有國君的"表文"，所以，明太祖雖然婉拒朝貢，但

11　《朝鮮李朝實錄中的中國史料》第1冊，71、76頁。

12　《朝鮮李朝實錄中的中國史料》第1冊，85頁。

13　懷良親王，是當時日本南北朝中，南朝的執政者征西將軍，但在中國文獻中常常作"良懷"，如《明史》卷三二二《外國三‧日本》中的"日本王良懷"，8342頁。有學者認為，中國史籍中的"良懷"，有時不一定是懷良或南朝皇室，甚至屬於對立的北朝足利一方，所以說"這種狀況下的‘良懷’，是和實際的懷良並不對應的一個虛像。"參看王來特《明初對日交涉與"日本國王"》，載《歷史研究》2017年第5期，55－67頁。

14　嚴從簡《殊域周咨錄》（北京：中華書局，1993）卷二，51－52頁。

仍然給這些來使贈送了禮物。

　　這種妥協的策略也同樣用於安南。明初對安南的策略很靈活，大家知道，北宋以來逐漸獨立的安南，向來難以安撫，即使在蒙元帝國時期，安南曾三次打敗蒙古大軍，雖然接受元朝冊封，但它不用蒙元年號，甚至國王自己還有"憲天體道大明光孝皇帝"的稱號。[15] 到明初，只是由於內部走馬燈式的政治混亂，加上外部如占城接連入侵，安南處境相當困難，所以才被迫接受明朝冊封，勉強成了朝貢圈中的一分子。但儘管如此，大越國王仍然自稱"皇帝"，對北方的大明王朝並不太買賬，與明朝在邊境上糾紛不斷。但是，明太祖的態度卻始終相當忍讓。比如洪武二十九年（1396），在處理安南侵奪思明府屬地五縣的糾紛中，明朝曾經派出陳誠、呂讓去交涉，但安南方面態度相當強橫，朱元璋仍然說："蠻夷相爭，自古有之，彼恃頑不服，終必取禍，姑待之而已。"[16]

　　回到前面洪武四年（1371）朱元璋深思熟慮的那段話。顯然，他的意思是，海外蠻夷之國如果不為患中國，絕不可以輕易動刀兵。這一段話是從歷史中總結出來的經驗，他看得很清楚。所以明太祖的三十年裏，這種你是你，我是我，先安內後攘外的策略，始終是處理國際關係的基本原則。朱元璋是很有謀略和心機的皇帝，他深知蒙古力量尚未完全消失，高麗背後有兵力尚存的北

15　參看《元史》卷二〇九《安南傳》，4644、4637頁。

16　《明太祖實錄》卷二五〇"洪武三十年三月甲辰"，3626–3627頁。

元，也知道日本、安南等國，始終對中國有二心。但在明初外部尚有強敵、內部並不安定的情勢下，他不打算輕舉妄動。對於可以控制的鄰邦，他只是經常採用胡蘿蔔加大棒的方式。而對異族統治的西域諸國，只要可以懷柔，都表示友好，避免刺激對抗情緒。至於山水相連的國家，他更秉持"不為中國患者，不可輒自興兵"這個底線。

其實，不僅明王朝需要穩定的國際環境，稍後新建立的朝鮮王朝也需要一個緩和的國際環境，更需要贏得強鄰的承認。歷代朝鮮國君其實對明朝未必買賬，但還是虛與委蛇，來應付身邊強大的鄰國。日本也同樣如此，日本對於繼承蒙元的明王朝仍然警惕。不過，剛剛穩定的日本也在尋找新的國際關係模式，以改變孤立狀態。因此，足利氏也在尋找與朝鮮以及大明的溝通契機。根據日本學者田中健夫《中世對外關係史》[17]的研究，由於日本北朝兩度被明太祖拒絕遣使入貢，足利義滿意識到，明朝的天朝意識可能是拒絕明日邦交的原因。為了滿足大明王朝的虛榮，他辭去將軍及太政大臣的職務，以便靈活地以"日本國王"名義與中國交涉。1401年，他以"日本准三后道義上書大明皇帝陛下"的謙卑方式致書大明，試圖進入大明朝貢體制，以換取通暢的邦交和

17　田中健夫《中世對外關係史》(東京：東京大學出版會，1975)，特別是第一章。

貿易[18]；而日本與朝鮮，則用"朝鮮國王殿下"和"日本國王源某"的方式交換國書，以表示對等之禮。[19]在這個歷史轉折時代，東北亞的日本與中國、朝鮮，建立了國家之間的交往關系，開始形成了一個新的國際秩序。[20]

這個東北亞的新秩序，也納入了琉球和安南。洪武五年（1372）十二月，明朝使者赴琉球中山國，帶去明太祖的詔書，兩年後（1374），中山國王尚察度的弟弟來到中國進貢，並且接受了《大統曆》，正式進入明朝的朝貢圈；而安南也不得不暫時妥協，進入這一秩序中尋求自身的安全。機緣湊巧的是，恰好這個時代即相當於洪武一朝的那數十年，西邊強大的帖木兒帝國忙於征服

18　此事見瑞溪周鳳《善鄰國寶記》卷中，田中健夫編《善鄰國寶記》（東京：集英社，1995），108頁。事情大致經過是，1401年（應永八年），足利義滿遣使到大明，遞交了國書，不僅稱呼"大明皇帝陛下"，並且稱"日本國開闢以來，無不通聘問於上邦"，獻上了"金千兩、馬十匹"等禮物，表示了尊敬與妥協。因而在1402年（應永九年）8月3日，義滿在京都北山殿接見使者，接受明建文皇帝所頒正朔《大統曆》，此後1404年（應永十一年），又受"日本國王之印"。

19　據《朝鮮王朝實錄》第1冊《太宗實錄》卷八"太宗四年（1404）七月己巳"條記載，"日本遣使來聘，且獻土物。日本國王源道義也"（301頁下）。朝鮮與日本之間國書，互相用"日本國王"與"朝鮮國王"的名義。在足利義滿在世期間，曾七度遣使朝鮮，而朝鮮則在太宗四年（應永十一年，1404，報聘正使呂義孫）、太宗六年（應永十三年，1406，報聘正使尹銘，曾經遇到海難，修復後再出發）兩度遣使到日本。

20　仲尾宏《朝鮮通信使の軌跡——前近代の日本と朝鮮》（東京：明石書店，1989），24頁。不過，他也指出，這種秩序並不牢靠，因為當時日本的國家外交事務，由於公家方面處於無能為力的放棄狀態，事實上成為武家專斷執行的局面，這體現了日本的二元政治體制。實際上，無論是內政還是外交，都是由武家政治在實際控制。可是在稍後，由於控制全國的足利政權也漸漸弱化，以及各個地方有力量的大名掌握政權，所以，不僅出現地方諸侯的專權化，還出現了瀨戶內海等地海盜橫行，加上掌握了私下流通渠道的商人，於是，在掌握公開外交權力的室町將軍之外，形成了這個時代對外的多元交流。正如田中健夫所說的，在對朝鮮交流上，室町將軍、大名、中小領主、商人都在起作用。

花剌子模、波斯、印度以及西亞各地，無暇顧及東亞，直到帖木兒在撒馬爾罕召集大會，準備揮師東征進犯中國，但是 1405 年二月，他卻在烏滸河附近突然去世，繼任人無法統一帝國，因而改變了原來的態度，與明朝了建立比較友好的關係。[21]

這樣，在東部亞洲海域，暫時形成了一個彼此妥協的新秩序。

二、對峙：東部亞洲國際秩序的一段曲折（1403－1419）

但是，十四、十五世紀之交，事情發生變化。

明太祖（1398 年卒）、李朝太祖（1398 年退位，1408 年卒）和足利義滿（1394 年讓位，1408 年卒）相繼去世。接下來的繼承者，也就是明朝永樂皇帝朱棣（1360－1424 年）、朝鮮太宗李芳遠（1367－1422 年）、日本將軍足利義持（1386－1428 年），這幾個新統治者似乎都躍躍欲試，打算改變這種相對穩定的東亞秩序。

首先是雄心勃勃的永樂皇帝。他從即位那一年起（1403），曾先後五次遠征蒙古餘部，永樂八年（1410）在鄂嫩河擊敗韃靼本雅失里，永樂十二年（1414）在土拉河擊敗瓦剌馬哈木，接着，在

---

21 "統治全亞細亞，就是帖木兒的夢想。他最着急的，是脫離中國的屬藩，並想使中國歸向回教。"有關帖木兒帝國這一段歷史，參看布哇（L. Bouvat）撰，馮承鈞譯《帖木兒帝國》，載《東蒙古遼代舊城探考記・帖木兒帝國》（《馮承鈞譯著集》，上海：上海古籍出版社，2014），114－115 頁。

永樂二十年（1422）、二十一年（1423）、二十二年（1424）三次出征漠北；同時，又以安南殺害受明朝冊封的國王陳天平，而陳氏又無後人為理由，試圖把安南"改土歸流"，併入明朝版圖。永樂四年（1406），明朝出兵南征，經過幾次戰役，"平府州四十八處，縣一百六十八處，戶三百一十二萬五千九百。獲象一百一十二，馬四百二十，牛三萬五千七百五十，船八千八百六十五"，並建立直屬於明朝的交趾，設置了"交趾都指揮司、承宣佈政使司、提刑按察使司"。[22]

　　總的說來，永樂一朝的對外政策，開始從保守轉為進取。[23] 除了前述出兵安南和遠征蒙古之外，也許還應當提到以下幾個事件：（1）先後派鄭和六下西洋（1405–1422年），向南海沿岸諸國誇飾國威，開拓東南亞及印度洋；（2）幾次派遣傅安、白阿兒忻台、陳誠

22　參看陳荊和編校《大越史記全書》（東洋學文獻センター叢刊，第42輯，東京：東京大學東洋文化研究所，1984）"本紀"卷九，494頁。大致過程是：永樂二年（1404），明朝要求安南割讓諒山、祿州，使得安南被迫把"古樓等村凡五十九村還之"；永樂四年（1406）四月派遣征南將軍韓觀、參將黃中率十萬軍馬，借送陳天平返國的名義進攻安南，佔領了諒州、武寧、北江、嘉林等地；九月更派遣太子太傅朱能為征夷大將軍，率征夷副將軍張輔、參將陳旭，以及征夷副將軍沐晟、參將李彬，各率四十萬軍隊分別進攻坡壘關和富令關，隨後幾乎佔領整個安南。次年（1407），以陳氏沒有可以繼承王位者為由，將安南改為明朝的郡縣。以上，參見《大越史記全書》"本紀"卷八，487–490頁；卷九，493–495頁。

23　王世貞《弇山堂別集》（北京：中華書局，1985、2006）卷一"成祖功德"條，就指出永樂一朝的主要功績是向外擴張。其中說到，永樂"即位之後，四征北虜，三下南交，舟車之地，無間大小遠邇，悉奉琛幣，若榜葛剌、滿剌加、忽魯謨斯等處，新受朝命為王者殆三十國。東逾遼水，韃靼、女直、野人、兀良哈之地，立行都司、衛所，設官統治幾三百處。直西部落數百種，皆重譯來附，其請置官府，蓋三之二。西南羌夷建宣慰、宣撫、安撫司及軍衛，郡縣增益數百。"在此之外又說到，永樂時代擒獲安南諸王、勃泥、滿剌加、蘇祿、麻剌朗國王來朝，封日本等外國諸鎮國山，各國來進貢各種異物等（2–3頁）。

等出使中亞諸國（哈烈、撒馬爾罕、失剌思）；(3) 永樂七年 (1409)
在黑龍江出海口設置奴兒干都司，管轄黑龍江、烏蘇里江、松花江
等大片地區；(4) 永樂十一年 (1413) 派遣司禮太監侯顯去尼八剌
（今尼泊爾），派遣楊三保、李達赴西藏，並讓侯顯招諭當時西藏高
僧哈立麻，"借此確立對西藏的軍事控制權" [24]；(5) 在福建、浙江、
廣東設立市舶司，"福建曰來遠，浙江曰安遠，廣東曰懷遠" [25]，從這
三個市舶司的名稱，可以看到永樂帝向外的雄心。

　　這種積極向外進取的對外策略，形成了永樂一朝對外居高臨
下的姿態。就連朝鮮，他也不很滿意。永樂元年 (1403)，他讓禮
部尚書對朝鮮國王傳話說，"君臣之間，父子之際，都有一般孝順
識理的孩兒，有五逆不孝不識理的孩兒" [26]，要挾朝鮮國王要懂得
孝順大明皇帝。接下來又仿效元世祖，強迫朝鮮太宗世子迎娶明
朝皇帝之女，還要求朝鮮給大明皇帝選秀女。同樣，他也改變了
明太祖朱元璋對南海區域容忍妥協的政策。洪武年間，勃泥（今
印尼加里曼丹）不再向明朝進貢，而轉向滿者伯夷（今印尼爪哇）
進貢，明朝派往三佛齊（今印尼蘇門答臘）的使者，也因為爪哇
與三佛齊有嫌隙被爪哇殺死。對此，明太祖始終不願意做過度反
應，但永樂皇帝卻不同，王賡武先生說："1402－1424 年這個時

24　日本學者佐藤長語。參看佐藤長《元末明初西藏的形勢》，鄧銳齡譯，載《民族史譯文集》
　　（北京：中國社會科學院民族研究所歷史研究室，1981）第 9 集，22－23、27 頁。

25　《明史》卷八十一《食貨五》，1981 頁。

26　《朝鮮李朝實錄中的中國史料》（北京：中華書局，1980）第 1 冊，184 頁。

期內，中國之捲入東南亞歷史，在很大程度上是永樂皇帝個人興趣的結果。"[27] 所以，宮崎市定曾經猜測，永樂皇帝超越了朱元璋"消極鎖國主義"，他"並非只想做(明)太祖的忠實後繼者，而是想成為元世祖再世"，也就是説，永樂皇帝改變了朱元璋韜光養晦的策略，這是一大歷史變化。[28]

其次看日本的足利義持。足利義持也改變了足利義滿的基本策略，他對於足利義滿所謂的"對明陪臣路線"進行批判，顛覆了足利義滿奠定的現實對外策略。[29] 一方面，他不再承認大明王朝的宗主地位。永樂九年(1411)，足利義持拒絕接見三寶太監王進，使得王進不得不靠"夷婦密引"，才得以從兵庫回國；永樂十六年(1418)三月，他又拒絕接見明朝行人呂淵，不允許他進入京都。[30] 另一方面，他又在日朝交往中，改變過去"日本國王"對"朝鮮國王"的文書稱謂，而以"日本將軍"對"朝鮮國王"的方式，表示日本最高象徵天皇與朝鮮的宗主國明朝皇帝，算是對等身份，而他作為日本的將軍，和朝鮮的國王之間才是平等往來，試圖在國際關係上以這種方式使日本凌駕於朝鮮之上。

可意想不到的是，朝鮮強硬的國王太宗，雖然已經讓位給兒

27　王賡武《東南亞與華人 —— 王賡武教授論文選集》(北京：中國友誼出版公司，1987)，43頁。

28　宮崎市定《中國史》(焦堃等譯，杭州：浙江人民出版社，2015)，259頁。

29　關於這一點，可以參看小島毅《足利義滿：消された日本國王》(東京：光文社，2008)；特別是232—238頁。

30　參見汪向榮《〈明史·日本傳〉箋證》(成都：巴蜀書社，1987)，44—46頁。

子世宗，但仍然參與甚至主持政事，並在 1419 年夏天突然進攻日本的對馬，把對馬納入朝鮮版圖。這一舉措造成日本的極大震撼，也引起日本關於明朝與朝鮮是否會聯手進攻日本的疑慮。[31] 應當說，這一疑慮影響很深，雖然查無實據但事出有因，因為明朝也確實一改洪武朝的保守策略，由於使臣屢屢被拒，而且屢次得到朝鮮方面提供的情報（說日本在"大修戰艦，欲寇中國"），永樂皇帝對日本相當不滿，曾經藉口日本以朱元璋畫像為箭靶，確實對日本發出過"發船萬艘討之"的威脅。[32]

接着我們再來看朝鮮。其實，國際政治說到底，就是力量較量。東部亞洲的朝貢國，未必對宗主國總是心悅誠服，朝鮮和明代中國關係最近，可是朝鮮太宗對永樂皇帝的野心始終有很深的戒心。特別是永樂遠征安南，朝鮮不免兔死狐悲，這一年，朝鮮看到明朝的《平安南詔》，太宗就對永樂征討藩屬國的強橫行為很不以為然。幾年之後，他又對手下官員說，明朝皇帝北征蒙古，這是身邊的麻煩，所以可以說是不得已。但是打安南，則是

31　日本對中國深有戒心，也許是仍然停留在蒙古襲來的歷史記憶中。《朝鮮世宗實錄》卷十（世宗二年十月癸卯，1420）記載了這次使團的通事尹仁甫《復命書》，其中記載："臣等初到其國，待之甚薄，不許入國都。館於深修庵。……繼有僧惠珙來問曰：聞大明將伐日本，信否？答曰：不知也。珙曰：朝鮮與大明同心也，何故不知？先是，大明使宦者敕曰：若不臣服，與朝鮮討之。繼而使者畏害而逃，故疑而問之。"此事在宋希璟《老松堂日本行錄》中也有記載，說日本僧人惠珙對宋希璟說，去年（1419）夏天對馬之戰，是朝鮮和大明聯手攻日本。參看《朝鮮通信使文獻選編》（上海：復旦大學出版社，2015）第 1 冊，62 頁。

32　參看《朝鮮李朝實錄中的中國史料》（北京：中華書局，1980）第 1 冊，永樂十一年（1413），255 頁；永樂十四年（1416），265 頁。

皇帝的失誤。這時候他想到朝鮮自身，就說我們朝鮮在東方，土地貧瘠，百姓也窮，可是和明朝山水相連，只好"盡心事大，以保一區"，假如明朝真的要來進犯，我們只好"積穀練兵，固守封疆"。[33] 這話，顯然是從安南想到朝鮮，對被併吞的命運相當警惕，只不過採取的策略是"盡心事大，以保一區"，但如果萬不得已，他也暗示朝鮮會練兵自保。

不過，這時"事大"，另外一面的"交鄰"呢？當朝鮮面對日本的時候，也常常會狐假虎威，借用明朝的力量。很顯然，永樂十七年(1419)六月，他敢於讓繼承他的世宗大王主動出兵侵佔對馬島，一方面當然是因為飽受倭寇騷擾之苦，不得不採取激烈措施；另一方面恐怕與明朝轉向對外強硬的態度有一定關係。因為正是在同一年(1419)同一月的稍後幾天，明朝總兵劉江也在遼東望海堝全殲登陸的倭寇，獲得前所未有的一次勝利。[34]

前面說到，朝鮮太宗始終不喜歡永樂皇帝，他不僅批評永樂皇帝侵略安南，甚至私下裏還非常不滿地批評永樂皇帝聽信朝鮮逃亡僧人的讒言，說永樂皇帝"深信浮屠，勝於蕭梁"。[35] 這個比喻很嚴厲，因為歷史上都認為，梁武帝可是因為信仰佛教最後身敗國亡的。不過，在當時形勢下，朝鮮還是與明朝親而與日本疏。

33　《朝鮮王朝實錄》第2冊《太宗實錄》卷二十七"太宗十四年(1412)六月辛酉"，23頁下。

34　比較詳細的戰爭過程，可以參看明萬曆年間嚴從簡《殊域周咨錄》(北京：中華書局，1993)卷二中的"日本"部分，60頁。

35　《朝鮮李朝實錄中的中國史料》(北京：中華書局，1980)第1冊，285頁。

當時的朝鮮君臣曾反覆強調，在懲罰倭寇的問題上，朝鮮與明朝是站在一條戰線上的，而且他們也不斷向明朝傳送有關日本的各種情報，無論是真是假。1419年，被日本擄走的漢人金得觀、彭亞瑾、宋舍佛等陸續逃回朝鮮，隨即被朝鮮送往遼東。其中，金得觀還向朝鮮當局報告"倭賊造戰艦，要於三月作耗中國沿海之地"。於是，朝鮮世宗親自接見金得觀，並和兩個大臣許稠、朴信商討，決定把這個消息向明朝稟報。[36] 當年的二月與四月，朝鮮兩次向明朝報告倭寇的動向，這不僅促使明朝命令沿海衛所嚴加防範，也促使明朝下定決心打擊倭寇以防備日本。在六月明朝於遼東望海堝大捷前後，朝鮮便向對馬出兵，並且在討伐對馬的檄文上說，倭寇的罪行之一，正是"將犯上國之境"。[37]

顯然，朝鮮的對日態度和對日情報，促使明朝改變有關日本和倭寇的態度，而明朝對日態度的改變，恐怕在某種程度上，也鼓勵了朝鮮對日本採取強硬措施。[38]

36　《朝鮮李朝實錄中的中國史料》第1冊，287頁。

37　《朝鮮王朝實錄》第2冊《世宗實錄》卷四"世宗元年六月壬午"，321頁上。

38　參看朱莉麗《圍繞"己亥東征"的朝日交涉及其背後的明朝因素》，載《韓國研究論叢》第30期（2015年第2輯），40—55頁。

三、衝突：“應永外寇”或“己亥東征”（1419）

　　1419 年，是朝鮮世宗元年，也是明朝永樂十七年，日本應永二十六年。這一年五月初九，朝鮮海州（今朝鮮黃海南道海州）地方官朴齡，很偶然地抓到一個倭寇。通常，倭寇都在海上活動，這次居然深入朝鮮中部，讓他們感到很意外。地方官馬上送交京城兵曹審訊。審訊中倭寇交代說，對馬島發生饑荒，所以不得不外出搶掠。四天之後，黃海道監司權湛也向京城報告說，有七艘倭船進犯。接着第二天，權湛再次報告說，有三十八艘倭寇船隻來侵犯，而且倭寇明明白白地說：“我等非為朝鮮來，本欲向中國，因絕糧至此。若給我糧，我當退去。”[39] 接到這一連幾次快報，朝鮮官方覺得十分緊張。因為在朝鮮的歷史記憶中，倭寇是一個巨大陰影。從高麗後期侵犯沿海，導致軍民死傷，到朝鮮王朝建立後屢次騷擾，都給半島帶來不小的麻煩。因此，朝廷一面讓地方官採取妥協和應付的辦法，對付來犯的倭寇，一面決定以大護軍金孝敬為京畿黃海道助戰兵馬使，時刻準備戰爭。

　　特別是他們偵察到，由於對馬島發生饑饉，倭寇主力大多乘船出動掠奪和勒索糧食，島上兵力空虛，留下的大多是老弱妻孥，因此，朝鮮君臣便考慮是否採取圍魏救趙的策略，從根本上解決對馬的倭寇問題。根據《朝鮮王朝實錄》記載，五月十四日

39　《朝鮮王朝實錄》第 2 冊《世宗實錄》卷四 “世宗元年五月丁巳”，316 頁上。

發生在朝鮮朝廷的一次君臣議論十分重要。最初，剛即位的世宗大王曾經提出一個保守和妥協的辦法，詢問臣下是否應當放棄用船在海上攔截的方式，而改為重點放在陸地防守，但這種方法遭到一些大臣反對。在爭辯中，已經退位的太宗決定，棄守為攻，變被動防禦為主動進攻。[40] 於是，任命李從茂為三軍都體察使，率領大軍以及慶尚、全羅、忠清三道的兩百艘船隻，計劃在六月初八進攻對馬島。

不過，朝鮮君臣並不魯莽。他們很有策略地一再把當時日本的九州和對馬島區隔開。五月二十三日，在準備大舉進攻之前半個月，朝鮮就派大臣趙末生和許稠向日本九州的來使說明"國家討對馬之意"。[41] 六月初一，官方又再次向築前來的使者解釋朝鮮對於對馬的不滿；再過一天，當日本九州最高官員源道鎮，派人來通報"南蠻船隻"通商卻被賊搶奪的消息時，朝鮮再一次對日本（九州）表示善意，並借機向日本九州長官表達了對對馬之倭寇行為的譴責，暗示對馬是對馬，九州是九州。到了開戰前三天，也就是六月初五，朝鮮方面還讓人坐船，去告訴九州方面，征伐對馬與日本九州不相干。

這一年，朝鮮久旱無雨。六月八日，也就是朝鮮太宗決心出兵的這一天，世宗不僅親自登壇祈雨，又讓吏曹判書孟思誠在昭格殿祈雨，檢校漢城府尹崔德義在景福宮祈雨，右議政李原祁在

40　《朝鮮王朝實錄》第 2 冊《世宗實錄》卷四 "世宗元年五月戊午"，316 頁上。

41　《朝鮮王朝實錄》第 2 冊《世宗實錄》卷四 "世宗元年五月丁卯"，318 頁上。

圜丘祈雨。也就是這一天，朝鮮第一次也是歷史上唯一一次主動出兵進攻當時日本的對馬島。戰爭中，雙方死傷 3800 人，戰爭很慘烈，結果是朝鮮攻下對馬，迫使對馬藩求和，朝鮮強行把對馬歸併到朝鮮的慶尚道，還遷徙對馬居民到巨濟島。戰爭結束的時候，朝鮮太宗發佈告諭，說朝鮮征伐對馬，實在是不得已，他甚至説："對馬為島，本我國之地。"[42] 這句話，至今還刻在郁陵島面向日本的一塊石頭上。有意思的是，這一天晚上，不知道是祈雨的成效，還是戰爭的感應，朝鮮京城下了大雨。

這裏順便説到明朝的相關動向。這一年（永樂十七年，1419）四月，正是由於朝鮮方面傳來的情報，明成祖命令遼東駐軍對日戒備，並且命令將領劉江（一作劉榮），如有機會就盡力剿捕。[43] 六月，就在對馬之戰後的幾天，劉江組織了望海堝之戰，對日本倭寇進行大規模進剿。《明史》記載說，當倭寇船隻來犯，"榮合兵攻之，斬首七百四十二，生擒八百五十七。"[44]《明太宗實錄》也説劉江報告大捷，在望海堝"擒戮盡絕，生獲百十三人，斬首千餘級。"[45]

朝鮮進攻對馬島的這個事件，在日本叫做"應永外寇"，在朝鮮叫做"己亥東征"，據說，它引起了日本朝野巨大震撼。有人甚

42　《朝鮮王朝實錄》第 2 冊《世宗實錄》卷四 "世宗元年六月壬午"，321 頁上。

43　參看《明太宗實錄》卷二一一 "永樂十七年四月丙戌"，2133 頁。

44　《明史》卷三二二《外國二·日本》，8346 頁。

45　《明太宗實錄》卷二一三 "永樂十七年六月戊子"，2141–2143 頁。

至覺得，這一事件就如同當年的“蒙古襲來”，對於日本來説真是巨大的危機。這時候，東北亞的局勢非常緊張。

四、再平衡：朝鮮通信使出使日本
（1419—1420 年及以後）

就在這個關鍵時刻，各方的理智開始出現，妥協的主張重新佔了上風。前面我們説到，其實，朝鮮方面對日本也投鼠忌器，並不願意貿然把戰火擴大，所以，他們在戰前戰後不斷向日本九州方面釋放善意，表明這只是朝鮮與對馬，而不是朝鮮與日本的一場有限戰爭。而日本九州方面的首領源義鎮，同樣也不願意直接介入這場戰爭。於是在這一年的年底，日本九州方面就派遣博多妙樂寺的僧人無涯亮倪，和一個博多華人後裔平方吉久（據説是接近足利義持的華人陳外郎之子），以求佛教《大藏經》為名去朝鮮，實際上是探聽虛實。

這一年的十二月十七日（1420 年 1 月），無涯亮倪以日本國源義持使臣的身份到朝鮮，據説帶了國書，借着訪求《大藏經》的名義，表示要“使此邦之人，永結勝緣。”[46] 第二年（1420）正月初六，無涯亮倪又參加了仁政殿朝賀，並賦詩一首：“廣拓山川歸禹貢，

---

46 《朝鮮王朝實錄》第 2 冊《世宗實錄》卷六“世宗元年十二月丁亥”，352 頁上。

高懸日月揭堯天；聖朝何以酬皇化，端拱三呼萬萬年。"這使得世宗非常高興，表示要"兩國通好，永堅無渝"。[47] 面對日本方面採取的妥協與和緩姿態，原本就對日本相當忌憚的朝鮮，也順勢採取和好姿態，這樣，兩國之間的緊張關係才算得到緩解。

也是在這一年即永樂十八年（1420），永樂皇帝從南京遷都北京。重心面向北方的永樂皇帝，此後在永樂二十年（1422）、二十一年（1423）、二十二年（1424）三次出征漠北。這些安定明朝北方的舉措，使蒙古勢力逐漸衰退，剛好此時蒙古內部出現問題，北方局勢逐漸緩和，不再能直接威脅明朝。然而，這時南方的安南情況卻發生巨大轉折，也就在這一年，後黎朝的創建人黎利開始大舉起兵，五年後的1425年即洪熙元年，黎利打敗明朝軍隊。[48] 明朝對於原先佔領的安南，逐漸只能採取無奈的守勢。到了永樂皇帝死後不久的宣德二年（1427），雙方終於談妥罷兵，明朝冊封黎利控制下的陳暠為國王。正如《大越史記全書》所說，"還我安南地方，朝貢復依洪武舊制。"[49] 在成為朝貢國的情況下，明朝承認其獨立，以便換來南方的安定。這當然是後話了。

回到對馬島之戰，為了回應九州方面的善意，朝鮮方面以宋希璟作為"回禮使"，於1420年出使日本，向日本贈送《大藏經》。我以為，這是一個極具象徵性的歷史事件。為甚麼？原因很簡

---

47 《朝鮮王朝實錄》第2冊《世宗實錄》卷七"世宗二年正月乙巳"，363頁上。

48 《大越史記全書》"本紀"卷十，526頁。

49 《大越史記全書》"本紀"卷十，549頁。

單，因為它不僅開啟了此後長達數百年朝日外交交流史，也從此基本奠定了以朝鮮"事大交鄰"為樞軸，連接日本與中國的東部亞洲國際秩序，而東部亞洲各國之間的聯繫，重心也逐漸轉向朝貢與貿易。

當然也要說，日本國內形勢也是一個重要原因，由於在1467－1477年的"應仁之亂"後，日本陷入長達一個世紀的內亂，根本無暇顧及海西，只是由山口的大內氏以"日本國王"名義，掌控白銀開採與海外貿易，所以東亞海域內國與國之間關係，大體上相對平靜，只是倭寇的沿海騷擾與掠奪攪起局部風波。一直要到豐臣秀吉統一日本，發動"壬辰之役"，東北亞大勢才開始發生震蕩。

不過宏觀來看，東部亞洲海域從十五世紀到十九世紀，儘管有"倭寇""壬辰之役""德川幕府""切支丹之禁""歐人東來""明清易代"等波瀾，但在十九世紀中葉歐人的"堅船利炮"根本上改變東亞秩序之前，大體上東部亞洲的中國、朝鮮、日本、蒙古、琉球、安南諸國之間，仍然延續了"蒙古時代"之後的這一基本格局，而環南海的安南、呂宋、爪哇、三佛齊、滿剌加、暹羅和真臘，也納入了環南海東海的貿易圈，從此環東海與南海的海域，基本上從巨浪滔天轉為風平浪靜。

五、小結：蒙古時代之後的東部亞洲海域

在"蒙古時代"之後，東部亞洲史或者說環東海南海區域的

國際關係史基本特點是甚麼？這裏重複我的簡單看法，也就是在十九世紀中葉歐洲堅船利炮進入東亞，形成巨大"衝擊"之前——

（一）環東海南海諸國，一方面以朝鮮"事大交鄰"為中心連接東北亞，一方面以朝貢和貿易為重心連接東南亞，東部亞洲海域大體有一個基本穩定的國際秩序，這個秩序從十四世紀中葉之後開始形成，到十五世紀二十年代基本奠定，從此一直延續到十九世紀中葉，幾乎延續了四百多年。

（二）由於蒙古入侵與潰退，刺激了各國文化上的"自我中心主義"崛起，也就是説，"蒙古時代"之後，各國在政治與文化上的獨立意識被逐漸喚醒而形成，過去混沌一團的"認同"，出現了政治承認、文化認同和經濟利用之間的分化，特別是在十七世紀中葉，中國發生明清易代，日本和朝鮮認為中國已經"華夷變態"，這種政治認同上的分離狀況就越來越嚴重。

（三）環繞着東部亞洲海域，形成了一個連通東海南海的貿易圈，官方的朝貢貿易只是其中很小的部分，更重要的是商賈推動的物質流通。在這四個多世紀中，在這個環東部亞洲海域的國際環境裏，各國在經濟上彼此聯繫，在文化上開始競賽，在政治上互相角力，其間雖偶有激烈衝突，但又往往能夠相互妥協，這個歷史格局一直延續到西方通過堅船利炮對東亞發生衝擊的十九世紀中葉。

所以，我説 1368 年到 1420 年這一東部亞洲歷史時期，非常非常重要。其實，以前日本的宮崎市定在《從洪武到永樂》一文中也曾提及，但他只是把它看成中國／明朝政治的變化，我在這裏試圖把它放在東亞史，甚至是世界史的更大背景下去考察。前面提到，很多歷史學家特別是研究蒙古史的學者，都傾向於把"蒙古時代"看成是世界史的開端，比如本田實信、岡田英弘、杉山正明等，但是，從 1368 年到 1420 年的東部亞洲歷史來看，我們也應當注意到，這個橫跨歐亞的世界歷史，在蒙古時代剛剛翻開第一頁，就遭遇劇烈變化。在十五世紀上半葉，由於跛子帖木兒去世，帖木兒汗國內亂，而瓦剌和吐魯番又相繼在西域崛起，迫使明朝退守嘉峪關以東。這使得世界的東西逐漸分離，儘管並不是真的完全"脫鈎"，但總體上這個世界從合而離，又分成若干個各自獨立的歷史空間。從蒙古帝國統治和威脅下解脫出來的東亞諸國，在"蒙古時代"之後，就出現了有意思的變化，也形成了一個特別的歷史世界。

這個問題，我們下一講會繼續討論。

第二講

十五至十九世紀的環東海南海海域

引言　從一部文獻與一幅地圖說起

今天，我先從一部文獻和一幅地圖講起。

1935 年，向達先生（1900–1966 年）到英國牛津的博德利圖書館（Bodleian Library）查資料，發現一個佚名抄本，封面上寫有《順風相送》四字，副頁上有一行拉丁文，説明這個抄本為 1639 年牛津大學校長贈送，因此這部書至少成書在明朝崇禎朝（1628–1644 年）或之前。這是來自中國的一部海道針經，所謂海道針經就是有關航海知識的書，大概是中國從事海上貿易的商人的作品。在這部《順風相送》中，作者記錄當時東海、南海往返的各條航線。其中南海方面，包括靈山（在今廣西欽州）往爪哇，爪哇到滿剌加，福建往交趾，福建往柬埔寨，福建往暹羅，廣東往馬六甲，福建往爪哇，赤坎往柬埔寨，暹羅往滿剌加，萬丹往池汶，松浦往呂宋，泉州往勃泥等，甚至包括從古里（今印度卡利卡特，Calicut）往祖法兒（今阿曼佐法爾，Zufar）和忽魯謨斯（今伊朗霍爾木茲，Hormuz）的航線；而東海方面，則有琉球往日本，兵庫往琉球，琉球往福建，廈門往長崎，暹羅往長崎等。[1] 顯然，

《順風相送》

1　　參看《兩種海道針經》（北京：中華書局，1959），尤其是卷首向達序文。

在當時從事海上貿易的商人看來，東部亞洲海域也就是環東海南海地區，就是一個海上貿易世界。

2008 年，又是在這個博德利圖書館裏，發現了一幅幾百年前的古地圖。這幅地圖長 160cm，寬 96cm，據說原來是掛軸。根據加拿大的卜正民教授研究，它大概繪製於 1608 年，原本可能是一個從中國到東南亞（據說在萬丹，即今印度尼西亞爪哇的Banten）經商的商人繪製，幾年後，被一個在萬丹擔任商館館長的英國軍官約翰·薩里斯（John Sarris）得到。十七世紀中葉，英國最著名的東方學學者約翰·塞爾登（John Selden，1584－1654年）從他手裏買到這幅地圖，1654 年塞爾登去世之後捐贈給牛津的這個圖書館。但此後石沉大海，幾百年無人問津，直到 2008 年它才重新被發現。[2]

這幅地圖的最大特點，正如卜正民教授所說，是它不像過去北宋的輿地圖、南宋的地理圖、明代初期的《混一圖》、明代中葉的《廣輿圖》，總是以中國為中心，凸顯中國而忽略四周，它是以南海為中心的，這幅地圖大體準確地描繪了環東海南海地區，涵

2　這幅地圖又名《東西洋航海圖》，加拿大英屬哥倫比亞大學的卜正民教授近年出版了 *Mr.Selden's Map of China: The Spice Trade, a Lost Chart and the South China Sea*（London: Profile Books, 2013）；黃中憲中譯本，《塞爾登先生的中國地圖——香料貿易、佚失的海圖與南中國海》，台北：聯經出版公司，2015），用全球史的方法，對這幅剛剛被發現的古地圖進行了精彩的研究。需要說明的是，雖然這幅地圖的繪製時間比利瑪竇世界地圖《山海輿地圖》（以及後來的《坤輿萬國全圖》）要晚，但是，顯然它沒有受到西洋世界地圖的影響，這一地圖的地理知識主要來自中國商人。

蓋了整個東北亞和東南亞。[3] 由於《塞爾登地圖》中的地理知識主要來自從事航海貿易的中國商人,所以,這一地圖特別標識出六條從中國(主要是泉州)出發的航線。這六條航線是:(1) 泉州到日本九州外海的五島列島;(2) 經過琉球到日本的兵庫;(3) 泉州到王城(今馬尼拉);(4) 泉州到爪哇(即今印尼爪哇);(5) 沿越南海岸線繞道西北到今泰國曼谷南部;(6) 繞過馬六甲海峽,沿着馬來半島與蘇門答臘島之間,向西方向直到印度古里。這六條航線,把整個東海南海區域連在了一起。

那麼,《順風相送》和《塞爾登地圖》,象徵了甚麼呢?

我總覺得,它象徵了十六、十七世紀東部亞洲海域各地之間的互相聯繫。你通過這一部書和一幅圖,可以想象那個時代的人,特別是從事海上貿易的人眼中,環東海南海無疑是聯繫密切的世界。換句話說,就是在我們習慣所說的"東海"與"南海"之間,或者東北亞和東南亞之間,並沒有一道鴻溝。北起庫頁島和日本海,南到爪哇和帝汶,大海和航道是連貫的,琉球也好,台灣也好,馬六甲也好,只不過是大海中連貫的"驛站"而不是分割

3　卜正民指出,這幅地圖"處處不對勁"也就是自成特點的,一是"它所涵蓋的中國以外地域,比任何明朝地圖通常呈現的都要廣";二是過去的地圖都以中國為中心,但"此圖的中心不是中國,而是南海";三是表現了當時人對東亞陸地水域的視覺認知和今天的很不同。這一地圖上面大半當然是中國大陸,右上角是日本和朝鮮,右邊是琉球,往下依次是台灣和澎湖、呂宋(菲律賓)、加里曼丹(包括文萊、馬來西亞與印度尼西亞分別管理的地區),中國的正南面,則是越南、柬埔寨、馬來半島、菲律賓、印度尼西亞,中國的左下方是印度等。《塞爾登先生的中國地圖——香料貿易、佚失的海圖與南中國海》(黃中憲譯,台北:聯經出版公司,2015),38–39頁。

的"界碑"，而環東海南海周邊諸國，無論是大陸還是島嶼，也是一個互相往來的貿易世界，更是一個彼此相關的歷史世界。

我之所以要強調這一點，是因為在歷史學界（包括國際與國內）的研究傳統中，東北亞和東南亞卻似乎有一條鴻溝。日本學者、韓國學者，也包括我們，可能受傳統，特別是受西嶋定生有關"文化圈"說法的影響[4]，習慣中說的"東亞"，往往指的只是傳統中、日、韓、琉（如果考慮到所謂"漢字文化圈"，則最多再加上越南），好像這才是彼此聯繫密切而且有文化共性的歷史世界。因此過去的"東亞史"往往側重東海即東北亞史，而南海則與"東南亞"連在一起，似乎是另一個不相干的歷史世界。

同時我還必須提到，近年來的亞洲史和中國史研究領域，盛行"中央歐亞"或者"東部歐亞"等概念來討論東部亞洲歷史，這當然是深受過去內亞史以及蒙元史、新清史等研究的影響，注意到了亞洲北部從東到西的族群、信仰、文化的複雜歷史因素。但是，這一研究思路凸顯了橫貫東西的聯繫，卻忽略了縱貫南北的歷史。其實，縱貫南北的歷史，並不只是指陸地上遊牧民族和農耕民族的衝突與融合，更有環東海南海這一環海洋周邊區域的互動和往來。[5]近來，已經有人提倡"東海海域"或"海域亞洲"之研究，並且也意識到東海與南海、東北亞與東南亞的歷史連帶性，

4　參看西嶋定生《古代東アジア世界と日本》（李成市編"岩波現代文庫"，東京：岩波書店，2000），特別是第一章《序說——東アジア世界の形成》，1–30 頁；以及李成市的《解說》，265–274 頁。

5　關於"中央歐亞"和"東部歐亞"的說法，這裏只是簡單提及，後面會有詳細的討論。

這非常重要。然而在相當多學者心目中，"東亞海域"仍然不包括"南海"也就是東南亞各國。而"東部歐亞"也往往忽略了環東海南海由海洋、島嶼和港口聯繫起來的區域歷史。這是我特別要向大家強調再強調的一點。

因此，我在這一講裏，試圖再一次説明，至少在十五到十九世紀，由於政治聯繫、商貿往來和知識傳播這三個重要因素影響，東部亞洲即環東海南海海域已經形成一個相對完足的歷史世界。為了和習慣所指的東北亞或東海海域的"東亞"概念，以及以北方寒帶亞寒帶針葉林和苔原地帶為主的"中央歐亞"或"東部歐亞"相區別，我不嫌囉唆，特意用了"東部亞洲海域"，來表示這一歷史區域，包括環東海和環南海海域，也兼及傳統上説的東北亞和東南亞。

下面我們就來簡單討論這個十五至十九世紀的"東部亞洲海域"。

一、"蒙古時代"之後：
東部亞洲海域成為一個歷史世界

前面我們説了，很多學者尤其是日本學者強調，蒙古時代是

6　桃木至朗等編《海域アジア史研究入門》（東京：岩波書店，2008）倒是改變了這個習慣，已經把東南亞也算在了他們所謂的"海域亞洲"之中。

"世界史的開端"，我很同意蒙古時代確實相當重要，它把亞歐整個大陸連在一起，使得東西之間有了更多聯繫。如果看看十五世紀初朝鮮王朝根據元代兩幅中國地圖所繪製的《混一疆理歷代國都之圖》，這一地圖上不僅有東亞，有西亞，還有中東、非洲，還有歐洲，你就可以知道，元朝秘書監回回人扎馬魯丁所說的"如今日頭出的地方，日頭落的地方，都是咱每的"[7]，並不是在開玩笑。

但問題是，歷史並不一定直線前進而絕不回頭。十四世紀中葉以後，蒙古大帝國逐漸瓦解。1368年明朝建立，蒙古人北撤，至少在東部亞洲，歷史就發生了轉折，橫跨歐亞的世界，在蒙古時代剛剛揭開第一頁，就遭遇大曲折和大變化。到了十五世紀上半葉，雖然跛子帖木兒（Timur，1336－1405）去世，使得明代中國避免了"與非華夏世界發生一次大衝突"[8]，但是，由於韃靼和瓦剌仍然強大，加上稍後吐魯番的崛起，迫使明朝勢力在十五世紀中葉以後逐漸退出西域，甚至退守嘉峪關，封閉了西邊的通道，世界的"東"與"西"又出現某種分離。我要說明，毫無疑問，東、西之間並不是真的完全"隔絕"或"脫鈎"，但總體上看，這個原本在蒙古時代開始連接的世界，又從合而離，分成若干個相對獨立、各有秩序的歷史區域。從十五世紀起，環東海南海也就

7　王士點、商企翁編《秘書監志》（高榮盛點校，杭州：浙江古籍出版社，1992）卷四，72－74頁。

8　正如陳學霖所說，"如果不是一次好運氣（指帖木兒去世），這個威脅很可能使它與非華夏世界發生一次大衝突"，因為"（帖木兒）看起來一定像一個新的成吉思汗。《劍橋中國明代史》（張書生等譯，北京：中國社會科學出版社，1992），285頁。

是我們所說的"東部亞洲海域"，憑藉政治上的朝貢圈、經濟上的貿易圈以及文化上的知識圈，重新疊加成一個縱橫交錯而又互相聯繫的"歷史世界"。讓我分別從政治、經濟與文化三個方面來討論。

首先，讓我們從政治史中來看"東部亞洲海域"。

從明朝建立起，它的國際關注重心，其實就從過去的西北，逐漸轉向了東南，環東海南海區域諸國，才是明朝經營的主要"朝貢圈"。明朝君臣都意識到，西北乃是敵人，"胡戎與西北邊境互相密邇，累世戰爭，必選將練兵，時謹備之"[9]，但東邊卻大多是友鄰，環東海南海的各國，如朝鮮、日本、大琉球、小琉球、安南、真臘、暹羅、占城、蘇門答臘、西洋國、爪哇國、彭亨國、百花國、三佛齊、勃泥，都被明初列為"不征之國"。[10] 而且洪武二十七年（1394），朝廷"更定'蕃國朝貢儀'。是時四夷朝貢：東有朝鮮、日本；南有暹羅、琉球、占城、真臘、安南、爪哇、西洋、瑣里、三佛齊（蘇門答臘）、渤泥（今文萊）、百花、覽邦（蘇門答臘南部楠榜省）、彭亨（今馬來半島北部）、淡巴、須文達那（即蘇門答臘），凡十七國"。[11]

9　《皇明祖訓·首章》，《皇明制書》（楊一凡點校，北京：社會科學文獻出版社，2013）第3冊，785頁。

10　《明史》卷三二二《外國三·日本》記載"列不征之國十五，日本與焉。自是，朝貢不至，而海上之警亦漸息。"（8344頁）。又，參看川越泰博《洪武、永樂期の明朝と東アジア海域——〈皇明祖訓〉不征諸國の條文との關連をめぐって》，載井上徹編《海域交流と政治權力の對應》（東京：汲古書院，2011），35～60頁。

11　《明太祖實錄》卷二三二，3394頁。

請大家注意，這"十七國"中並沒有西北的"蕃國"。為甚麼？因為在漢族中國的歷史記憶中，西北遊牧族群總是巨大威脅，而東南以農耕與貿易為主的半島或島國，總是臣服的進貢國，這就是大明王朝建立之初所想象或所期待的"朝貢體系"：以明王朝為中心，籠罩環東海南海諸國。顯然，這就形成了一個政治上彼此聯繫的區域，即我所說的"東部亞洲海域"。[12]

　　無論我們用"朝貢圈""宗藩制""封貢制"還是"朝貢貿易圈"來形容十五世紀以後的東部亞洲海域，總而言之，東部亞洲海域已經有了大體穩定的基本秩序，這是帖木兒之後的一個世界史大趨勢。洪武、永樂兩朝已經奠定了重心從西向東的這個大趨勢，1420年之後，隨着前面講過的"己亥東征／應永外寇"等事件引起的震蕩逐漸停歇，東部亞洲秩序逐漸穩定下來。[13]到宣德年間，明朝的主要朝貢國有：朝鮮、琉球、安南、占城、暹羅、日本、爪哇、滿剌加、蘇門答臘、真臘、勃泥、撒馬爾罕。[14]就算撒馬

12　這種國際關注重心或者說國際聯繫重心從西北轉向東南的大趨勢，在後來編的《大明會典》中也能看出來。《大明會典》卷一〇五以下記載禮部所負責的"朝貢"，就把東海南海放在首位，而把過去始終重視的北狄西戎放在後面。在第一卷、第二卷中，除了排在前面的朝鮮、日本、琉球東海各國之外，就是安南、真臘、暹羅、占城、爪哇、彭亨、百花國、三佛齊、勃泥、須文達那、蘇門答臘、西洋瑣里、瑣里、邦覽（以上卷一〇五）、蘇祿、古麻剌國、古里、滿剌加、婆羅、阿魯、榜葛剌、錫蘭山國、拂菻、柯枝、麻林、呂宋等南海諸國（以上卷一〇六）。《大明會典》把環東海南海以及通過馬六甲海峽進入印度洋之後遭遇的這些國家，統統歸為"東南夷"，《大明會典》（影印《續修四庫全書》本791冊"史部·政書類"）卷一〇五至一〇六，74-88頁。

13　參看葛兆光《蒙古時代之後——東部亞洲海域的一個歷史關鍵時期（1368-1420）》，載《清華大學學報》（哲學社會科學版）2021年第4期。

14　李雲泉《朝貢制度史論》（北京：新華出版社，2004）第二章，69頁。

爾罕，其實也是時通時不通。特別是在弘治年間（1488－1505），吐魯番侵入哈密之後，大明王朝退守嘉峪關，與西邊世界的聯繫就更稀少。近來，有學者統計明代宣德到天順（1426－1464）四朝三十八年的朝貢情況，除了撒馬爾罕在正統年間（2次）、景泰年間（1次）有過零星朝貢之外，朝鮮（138次）、琉球（80次）、爪哇（30次）、暹羅（16次）、安南（32次）、占城（23次）、滿剌加（8次）、蘇門答臘（7次）等二十三個國家，基本都是環東海南海國家，或者是從印度洋經由東海南海而來的國家。[15]

　　這裏，我以洪熙、宣德（1425－1435）這十年為例，大家可以看到，南海各國遣使前來大明相當頻繁，據《明實錄》記載統計，爪哇至少10次[16]，暹羅至少6次[17]，而滿剌加的國王西哩麻哈剌者和他的弟弟剌殿把剌，更是因為大明王朝出面調停暹羅入侵威脅的緣故，於宣德八年（1433）親自前來表示謝意[18]，在南京、北京逗留兩年。以至於宣德十年（1435）剛剛即位的明英宗，還

15　劉祥學《四夷來朝與明初百年對外關係的變局》，載《歷史研究》2020年第6期，59頁。

16　以爪哇國王名義來朝貢的使臣，有黃扶信（1425）、八智惟連（1425）、弗吽（1426）、郭信（1426）、須里蠻（1427）、張顯文（1428）、長孫（1429）、麻抹（1429）、郭信（1429）、龔用才（1429），我們懷疑，這些所謂朝貢的使臣，並不一定真是國王正式派遣的代表，其中有的就是來通商的，也有的是華裔商賈。

17　暹羅使者有陳珤（1426）、黃子順（1427）、奈注德事剎（1428）、奈勾（1428）、坤思利弗（1433）、坤思利剌者萬直（1434），但《明史》卷三二四《外國五·暹羅》僅僅記載了宣德八年（1433）這一次。

18　《明史》卷三二五《外國六·滿剌加》記載"八年，王率妻子陪臣來朝，抵南京，天已寒，命俟春和北上……及還，有司為治舟。王復遣其弟貢駝馬方物。時英宗已嗣位，而王猶在廣東"，8417頁。

得讓廣東布政司"厚具廩餼，駕大八櫓船"，把他和經由海路前來朝貢的十一國使者一起送回本國，而這十一國就是環南海的或經南海而來的古里、蘇門答臘、錫蘭山、柯枝、天方、加異勒、阿丹、忽魯謨斯、祖法兒、甘巴里、真臘。[19]東部亞洲朝貢圈的這種東南偏向，不只是明朝，到清朝仍然是這樣，稍後我們還會講到。

其次，我們再從貿易史中來看"東部亞洲海域"。

從十五世紀起，由於明朝之初實行海禁政策[20]，但允許有大明王朝頒給勘合的船隻往來，這反而鼓勵東海南海各國借由朝貢名義進行海上貿易。史書記載，從洪武十六年（1383）開始，"始給暹羅（勘合），以後兼及諸國，每國勘合二百道"，這裏包括暹羅、日本、占城、爪哇、滿剌加、真臘、蘇祿國東王、蘇祿國西王、蘇祿國峒王、柯枝、勃泥、錫蘭山、古里、蘇門答臘、古麻剌朗等。[21]在鄭和下西洋即十五世紀二十年代之後，東北亞的明代中國、李氏朝鮮、足利日本，以及東南亞的暹羅、爪哇、呂宋、滿剌加、三佛齊等，一方面是官方勘合貿易，一方面是民間海上貿易。當然，稍後還有日本的所謂"朱印船貿易"，大致上以長崎、琉球、呂宋、滿剌加、巨港、爪哇等港口為樞紐，經由海上商船

---

19 《明英宗實錄》卷四"宣德十年四月壬寅"條，81頁。

20 洪武四年（1371）十二月，明太祖朱元璋就告諭大都督府諸臣，"朕以海道可通外邦，故嘗禁其往來"，並且以福建興化官員派人"出海行賈"為例，要求嚴禁出海。參看《明太祖實錄》卷七〇，1307頁。

21 《大明會典》卷一〇八，107頁。

的往來，形成了一個環南海東海的貿易圈。[22] 東北亞與東南亞之間，無論是日本到安南，中國到琉球，爪哇到朝鮮，暹羅到中國，呂宋往長崎，海上船隻的往來已經相當頻繁。前面提到的《順風相送》和《塞爾登地圖》可以為證。

以暹羅為例。日本學者松浦章曾經指出，從洪武四年（1371）到天啟三年（1623）的二百五十年間，暹羅所謂"遣明使"多達109次，平均兩年多就來一次，最多時居然一年三次。他們名義是"朝貢"，實際是"貿易"。除了象徵性的禮物孔雀、象牙、鸚鵡、馬匹之類外，他們攜帶大量蘇木、胡椒、乳香等，這些東西大多不是上貢的禮物，而是交換的商品。[23] 儘管官方文獻記載中，很多往來船隻是打着國王名義來"朝貢進方物"的，但其中顯然有一些就是商船，而且主人往往就是華人。這些華商們很聰明地利用了天朝喜好"萬國來朝"的心理和"厚往薄來"的習慣，假借南海諸國國王進貢的名義，往來各國之間進行交易獲取利益。他們不僅僅是到中國，也到日本和朝鮮，比如《朝鮮王朝實錄》中就記載了 1393 年自稱暹羅國王使者的張思道去朝鮮呈送香料的故事，也記載了 1406 年自稱爪哇國使的陳彥祥，假借進賀駕駛大船到朝鮮做生意，在朝鮮全羅道被日本劫掠的故事。我懷疑，這兩個叫做張思道和陳彥祥的所謂"國使"，很不像暹羅或爪哇的本土

22 以琉球與暹羅的往來為例，第一階段是 1419–1481 年的"移咨通好"，第二階段是 1509–1564 年的"勘合貿易"。

23 松浦章《萬曆四十五年暹羅國遣明使》，載夫馬進編《〈增訂〉使琉球錄解題及び研究》（沖繩：榕樹書林，1999），184–186 頁。

人,從漢文姓名上看,倒像是在海外經商的華人。

在十五世紀開始的海上交易中,琉球充當了相當重要的角色。在後來被稱為"大交易"的時代,琉球不僅是在朝鮮(三韓)、中國(大明)、日域(日本)之間作為"萬國津梁"的蓬萊島,而且在相當長的一段時間裏還是溝通整個亞洲東部海域的中心。以琉球為圓心向北、西、南三方畫一個半徑兩千海里的扇面,可以籠罩日本、朝鮮、中國、越南、菲律賓。正由於它特別的地理位置,因而它曾經是連接東海(東北亞)和南海(東南亞)的貿易樞紐。從琉球檔案彙編《歷代寶案》收錄的文獻中,我們可以看到不少十五世紀到十七世紀琉球與明清中國及其周邊,包括朝鮮、暹羅(今泰國)、滿剌加(今馬來西亞馬六甲)、三佛齊(今印尼蘇門答臘)、爪哇(今印尼爪哇)等國的外交與貿易往來文書。[24]

十五至十六世紀這兩百年中,琉球在東海南海貿易中獲利相當豐厚。據學者介紹,從中國經過琉球銷往日本、滿剌加、爪哇、舊港、勃泥的絲綢和瓷器,可以使琉球成倍甚至三四倍獲利,而從南海諸國運回琉球再銷往中國的蘇木和胡椒,則獲利十倍甚至二十倍。[25] 順便可以提到的是,在琉球人進行的這種溝通整個東部亞洲海域的貿易活動中,仍然是華人格外活躍,他們往往充當

---

24 一直到十七世紀初,琉球被薩摩征服,《歷代寶案》所載琉球官方文書的重心,才集中到日本與琉球交往上來。關於《歷代寶案》的情況,參看賴永祥《一部中琉關係史料——〈歷代寶案〉》,載《大陸雜誌》(台北)第 10 卷第 12 期(1955 年 6 月),13—17 頁。

25 參看鄭國珍《中琉歷史商貿交往在海上絲綢之路中的地位與作用》,載《海交史研究》1996 年第 2 期,52—59 頁。

了中介的角色。日本學者村井章介（むらい しょうすけ）曾通過琉球保存的華人家譜與官方的《歷代寶案》一一對照，詳細地列出擔任琉球往南海通事（翻譯）一職的，有很多就是久米村的華人士族。可見，琉球華人就像泉州和廣州的華人一樣，不僅負責溝通中國、日本和琉球，而且曾經穿梭往來，作為琉球與暹羅、爪哇、佛大泥、滿剌加、舊港貿易事業中的媒介，[26] 甚至在東海南海上，成為控制與操縱貿易的巨大力量，早期如摻入倭寇的王直之流，後來如橫行海上的李旦、鄭芝龍、鄭成功等。

很顯然，東海與南海之間並沒有障礙，海上貿易始終穿梭往來。

最後，讓我們從知識史中來看"東部亞洲海域"。

大家都知道，傳統中國關注東海南海的歷史自然相當早，漢代就有黃支國（今印度南方）人來到廣州，走的是海路；中古僧人就曾經通過海路往來印度與中國之間。特別是宋代之後背海立國，東海南海之交通越加重要；蒙元橫掃歐亞之際，也南下爪哇。因此，宋有趙汝适的《諸蕃志》、元有汪大淵的《島夷志略》，都說明這一環東海南海的知識積累已經相當豐厚。不過，正如日本學者石田幹之助說的，在十五世紀以後，這種知識有了海量的擴張。[27]關於這一點，現代人最熟悉的例證當然是十五世紀鄭和下西洋

26　村井章介《中世史料との對話》（東京：吉川弘文館，2014）。

27　石田幹之助《南海に關する支那史料》（東京：生活社，1945）第六講中指出，十五世紀之後由於明朝大規模的南海經略，結果使得中國人對南海的知識有巨大的增長（239頁）。

（1405－1433 年）。我們大家一起仔細讀一讀《明史》這段記載，這說明明朝人對南中國海以及印度洋，已經有了很豐富的知識：

（鄭和）經事三朝，先後七奉使。所歷占城（今越南南部）、爪哇（今印尼爪哇）、真臘（今柬埔寨）、舊港（在今印尼蘇門答臘之東南部，北面向海）、暹羅（今泰國）、古里（印度西南部喀拉拉邦的科澤科德一帶，Kozhikode）、滿剌加（今馬來西亞之馬六甲）、勃泥（今印尼之加里曼丹與文萊）、蘇門答臘（今印尼蘇門答臘）、阿魯（今印尼蘇門答臘北部巴魯蒙河口，Burumon River）、柯枝（印度西南海岸之柯欽，Cochin）、大葛蘭（印度南部西岸之阿廷加爾，Attingal）、小葛蘭（印度南部西岸之奎隆，Quilon）、西洋瑣里（宋代稱注輦，大食人稱注輦人為 Soli，今印度科羅曼德爾海岸，Coromandel Coast）、瑣里（同"西洋瑣里"，明人誤為兩國，見《古代南海地名匯釋》1042 頁）、加異勒（印度南部東海岸之卡里爾鎮 Cail）、阿撥把丹（印度南部，不詳）、南巫里（一作喃渤利，Lambri，在今蘇門答臘西北角亞齊河下游哥打拉夜 Kotaraya 一帶）、甘把里（印度南部泰米爾納德邦西部之科因巴托爾，Coimbatore）、錫蘭山（今斯里蘭卡）、喃渤里（即"南巫里"）、彭亨（今馬來西亞中部核心區域，Pehang）、急蘭丹（在今馬來半島東北部，今吉蘭丹）、忽魯謨斯（今伊朗南部，臨霍爾木茲海峽）、比剌（今非洲東岸索馬里之布剌瓦，Brawa；一說是 Bilad Al-Sufala 中 Bilad 的對音，指莫桑比克島）、溜山（今馬爾代夫群島）、孫剌（一說今非洲瓜達富伊角外的阿卜德庫里 Abd A1-Kuli 島，但近來有學者考證，應為 Sfflan 淺灘的對音，代指"索發拉"）[28]、木骨都束（今非洲東岸索馬里的摩加迪沙一帶）、麻林（一說在非洲東海岸即肯尼亞馬林迪一帶）、剌撒（今阿拉伯半島南岸木卡拉 Mukalla 附近 Lasa 村；一說為今索馬里西北部的澤拉，Zeila）、祖法兒（Zufar，一說即今阿曼撒拉拉）、沙里灣泥（今也門東北沿海的沙爾偉恩角一帶，或謂即沙里八丹的訛音；也有人說在印度半島的東海岸）、竹步（今非洲索馬里的朱巴河口一帶，Juba）、榜葛剌（今孟加拉及印度西孟加拉地區，Bengal）、天方（今麥加）、黎伐（今印尼蘇門答臘島洛克肖馬韋與班達亞齊之間）、那孤兒（在黎伐之西，十五世紀蘇門答臘島西北部的一個小國，Nakur 或 Nagur），凡三十餘國。[29]

　　這裏提到的占城、爪哇、真臘、舊港、暹羅、滿剌加、勃泥、蘇門答臘、阿魯、彭亨、黎伐、那孤兒等，都是環南海海域盛產

28　有關"比剌"和"孫剌"，參看金國平、吳志良《鄭和航海的終極點 —— 比剌及孫剌考》，載金國平、吳志良《過十字門》（澳門：澳門成人教育學會，2004），421–436 頁。

29　《明史》卷三〇四《宦官一·鄭和》，7768 頁；各處的地名解釋，參考了陳佳榮、謝方、陸峻嶺編《古代南海地名匯釋》（北京：中華書局，1986），以及耿引曾《漢文南亞史料學》（北京：北京大學出版社，1990），311 頁。

香料的國家。雖然鄭和下西洋，本意是為了宣揚天朝威嚴[30]，但毫無疑問客觀上也是一個把東海南海連接起來的重大事件。

更重要的是，此後有關東海、南海以及印度洋海域的知識，在中國出現了各種重要的著作。[31]除了隨同鄭和下西洋的馬歡《瀛涯勝覽》、費信《星槎勝覽》以及鞏珍《西洋番國志》之外[32]，到了十六世紀之後，特別是從嘉靖到萬曆年間（1522－1620），一方面由於倭寇進犯引起對海上情形及日本的關注，一方面由於東南沿海貿易的逐漸開禁和發達，對東海南海的知識越來越多，出現了很多著作。比如鄭若曾《籌海圖編》、鄭舜功《日本一鑑》、李言恭與郝傑《日本考》、黃省曾《西洋朝貢典錄》（1520）、鄭曉《皇明四夷考》（1564）、嚴從簡《殊域周咨錄》（1574）、羅曰褧《咸賓錄》（約在 1573－1620）、張燮《東西洋考》（1617）、茅瑞徵《皇明象胥錄》（1629）等。

---

30 《明史》卷三〇四《宦官一・鄭和》"欲耀兵異域，示中國富強"，"遍歷番國，宣天子詔，因給賜其君長，不服則以武懾之"，7766－7767 頁。據記載，鄭和曾經擒三佛齊陳祖義、錫蘭山亞烈苦奈兒、蘇門答臘蘇干剌。

31 有趣的是，對中國與南海關係有開拓性研究的馮承鈞，在其《中國南洋交通史》（收入鄔國義編校《馮承鈞學術著作集》中冊，上海：上海古籍出版社，2015）上編，卻把中國與南海關係史，遺憾地中止在鄭和下西洋這一事件，其實，我以為此後明清兩代南海與中國的交通，似乎更加值得注意（735 頁）。

32 馬歡是回教徒，通回回文，任通事，參加第一、四、七次下西洋，《瀛涯勝覽》（1416 年自序，1457 年之後成書；有馮承鈞校注本，北京：中華書局，1955）；費信是軍人，曾四次隨鄭和下西洋，《星槎勝覽》（1436 年成書，有馮承鈞校注本，北京：中華書局，1954）；鞏珍是南京人，宣德五年（1430）隨鄭和下西洋，《西洋番國志》（1434 年成書，有向達校注本，北京：中華書局，1981），據說是根據通事也許是馬歡的轉述寫成的，內容與《瀛涯勝覽》相似。

我們舉兩個例子。

（一）黃省曾（吳縣人，嘉靖十年即 1531 年舉人）《西洋朝貢典錄》三卷。[33] 這部書的內容雖然摘錄了很多馬歡、費信的記錄，但大部分國家和地區都有"針位"，顯然也參考了海上航行者的著作。黃省曾在自序中說到，鄭和下西洋後，明朝中國的海外聯絡越來越發達，"自占城西南，通國以十數，蘇門最遠；自蘇門而往，通國以六七數，柯枝最遠；自柯枝而往，通國以六七數，天方最遠，蓋去中國數萬里矣。故惟天方至宣德始通焉。"而通海之後，海外往中國來的商品，則是"明月之珠，鴉鵲之石，沉南龍速之香，麟獅孔翠之奇，梅腦薔露之珍，珊瑚瑤琨之美，皆充舶而歸"，可見，明朝輸入的主要是奢侈品；至於國際政治，他覺得這是擴大了以明朝為中心的朝貢圈，"凡窮島日域，紛如來賓，而天堂、印度之國，亦得附於職方。"因此，他在此書中一一介紹當時知識世界中的海外知識，第一卷介紹的是占城、真臘、爪哇、三佛齊、滿剌加、勃泥、蘇祿、彭亨、琉球；第二卷介紹的是暹羅、阿魯、蘇門答臘、南浡里、溜山、錫蘭山國、榜葛剌；第三卷介紹的是小葛蘭、柯枝、古里、祖法兒、忽魯謨斯、阿丹、天方。顯然，這部著作表現出十六世紀中國對環東海南海的知識已經越來越豐富。比如對爪哇的記載，他曾說明，這個國家首都叫滿者伯夷，那時"國人惟三等，回回人、唐人、土人；回回人皆

33　黃省曾《西洋朝貢典錄》（謝方校注，北京：中華書局，1982）。

諸番商之流寓者，唐人皆廣、漳、泉之竄居者，服食皆美潔。土人形貌醜黑，猱頭跣足，崇信鬼教，飲食穢惡"；交易用的是中國錢，但是也有自己的文化語言，"文字如鎖俚（瑣里）"，即用的是來自印度的梵文，用刀刻在一種葉子上（25 頁）。又比如他也記載"南浡里"，是蘇門答臘西北部亞齊河下游的一個國家，《西洋朝貢典錄》說，它"東接黎代，西北臨大海，南繞（疑為"饒"）大山，其王與民咸回回人。"可見，明代中國人已經知道，這個西北為印度洋的小國，那時已經是伊斯蘭移民為主。[34]

（二）張燮（漳州龍海人，1574－1640 年，萬曆年間舉人）《東西洋考》[35]，1617 年刻印。所謂"東西洋"，按照向達的說法，西洋就是"交趾、柬埔寨、暹羅以西今馬來半島、蘇門答臘、爪哇、小巽他群島，以至於印度、波斯、阿拉伯"；東洋則是"日本、菲律賓、加里曼丹、摩鹿加群島"[36]，而張燮的這本書，除了琉球、朝鮮是"天朝屬國"不加記載之外，他記載的"東西洋"大體就是我們說的環東海南海的諸國。周起元的《序》指出："我穆廟時除販夷之律，於是五方之賈，熙熙水國，剋餘艎，分市東西路。其捆載珍奇，故異物不足述，而所貿金錢，歲無慮數十萬，公私並賴，其殆天子之南庫也。"[37]

34　分別見於黃省曾《西洋朝貢典錄》（謝方校注，北京：中華書局，1982），7、24－25、72 頁。

35　張燮《東西洋考》（謝方點校，北京：中華書局，1981）。

36　向達《兩種海道針經》（北京：中華書局，1959）《序言》。

37　張燮《東西洋考》周起元《序》，14 頁。

正是因為海外貿易的稅收成為朝廷財政的重要來源,所以,明代萬曆年間大量船隻外出,帶回來海量的知識。在這部書中,不僅作為貿易信息,張燮記載了各地的物產,他也記載了環南海地區最新的消息。特別有價值的是,他"間採於邸報所抄傳,與故老所傳述,下及估客舟人",着重記載了他的時代也就是十六世紀中葉後的南海諸國信息。例如,此書卷五就記載了佛郎機(西班牙)殖民者佔領呂宋的歷史,而且記載了呂宋華人與西班牙殖民者的複雜關係,更記載了 1603 年馬尼拉西班牙殖民者屠殺華人兩萬五千人的歷史。[38]

如果你還能看爪哇、暹羅、真臘、安南的各種文獻,你就會了解到,環東海南海各方,都對這個區域的歷史、物產、文化有了不少知識。

二、海道超越了陸路:
十五世紀後歷史重心從西北轉向東南

下面講第二個問題。我要強調,在十五世紀二十年代以後,從東部亞洲歷史上看,各個地域之間的聯繫,海路逐漸超越了陸路,東南遠遠超過了西北。

---

38 張燮《東西洋考》(謝方點校,北京:中華書局,1981)卷五,92頁。

有人認為，明朝仍然"能夠通過陸路絲綢之路構建西域秩序"，是靠着嚴格遵守"厚往薄來"等規則，"得到西域各個政治體的共同認可"，甚至是"認可與服從"，這恐怕只是一廂情願的想象。[39] 也有人認為，明代與西域以及西域以西諸國交往仍然頻繁，很重要的印象來自陳誠出使西域的著作，也就是《西域番國志》和《西域行程記》，加上《實錄》中例行記載各處"貢方物"，這可能也有些誤會。[40] 如果僅僅看陳誠的記錄，似乎明初特別是永樂年間，東西之間交通往來仍然順暢。不過必須注意，其實，在明朝建國之初，宋國公馮勝兩次率兵西征，攻克河州，以為"化外之地不可守"，就把城樓、倉庫、房屋全部燒毀，然後把人都趕回南邊。所以史書記載，"自洮河至積石關，三百餘里，尸骨遍野，人煙一空"。到了洪武五年（1372），明朝軍隊遠征瓜州、沙州，也因為"懼回鶻之兵"而退。[41] 當時，在嘉峪關外設立"關西七衛"（赤斤、安定、曲先、阿端、罕東、沙州、哈密），以便隔絕胡羌，

39　田澍《陸路絲綢之路上的明朝角色》，載《中國邊疆史地研究》第 27 卷第 3 期（2017 年 9 月）。有的史料是需要檢查和考證的，如其中從《明史・西域傳》引用撒馬爾罕國王的國書，裏面那些譯成漢文時的潤色修飾，誇大其詞，恐怕不能作為"此言集中代表西域諸政治體對明朝在陸路絲綢之路上主導地位的認可和服從"（34 頁）。

40　關於陳誠的《西域番國志》和《西域行程記》，參看王繼光《陳誠西域資料校注》（烏魯木齊：新疆人民出版社，2012）及《陳誠及其西使記研究》（北京：中華書局，2014）。

41　俞本《紀事錄》（李新峰《紀事錄箋證》，北京：中華書局，2015）卷下也記載，馮勝先在洪武二年（1369）克河州後，就認為"化外之地不可守，將城樓、倉庫、房屋盡行燒毀殆盡，拘虜南歸。自洮河至積石關，三百餘里，尸骨遍野，人煙一空"（318 頁）；洪武五年（1372）又一次出兵西征，最終也是"懼回鶻之兵，將甘州所葺城池、營房倉庫，轉運米麥料豆二十餘萬石及軍需，盡焚之，棄城歸"，並寧夏、西涼、莊浪三城之地亦棄"（364 頁）。

就連敦煌都在疆界之外。[42] 可見，明代君臣從一開始，就不打算像蒙元一樣實際控制西域。特別是在永樂皇帝之後，明朝歷代皇帝更沒那麼熱心西域之開拓。到了明代中期，大多明朝人自己認定的疆域只是"東起遼海，西至嘉峪，南至瓊崖，北抵雲朔。"[43]

　　作為比較，大家可以注意，就在歐洲人開始大航海開拓航道的同時，中國在十五世紀二十年代之後，也有一個關鍵性歷史轉折。清人修撰《明史》卷三三二《西域四》有一段記載很關鍵：

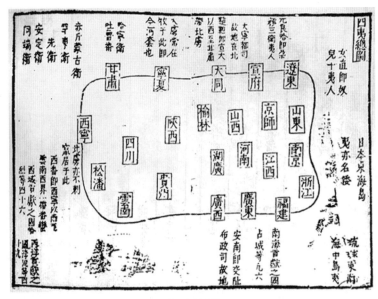

《四夷總圖》

42　方孔炤《全邊紀略》（"四庫禁毀書叢刊"影印本"史部"第 111 冊，北京：北京出版社，1997）卷五《甘肅略》，172 頁。

43　《明史》卷四十《地理一》，882 頁。

自成祖（永樂皇帝）以武定天下，欲威制四方，遣使四出招徠。由是西域大小諸國莫不稽顙稱臣，獻琛恐後……餘威及於後嗣，宣德、正統朝猶多重譯而至。

　　然仁宗（洪熙）不務遠略，踐祚之初（1425），即撤西洋取寶之船，停松花江造舟之役，召西域之使還京，敕之歸國，不欲疲中土以奉遠人。宣德繼之，雖間一遣使，尋亦停止，以故邊隅獲休息焉。[44]

　　這原本是讚揚明朝永樂之後，放棄開拓，與民休息的善政。但仔細分析，雖然這是皇帝對外策略的變化，也是明朝的大形勢所迫。蒙古在元朝之後退出長城之外並分裂為三，但長城以北由東向西的"兀良哈"（今大興安嶺東南）、"韃靼"（約為今內外蒙古區域）和"瓦剌"（約為今蒙古以北的哈薩克以東、俄羅斯西伯利亞地區）乃是明朝的心頭大患，這使得明代不得不退守傳統華夏核心區域即十五省。大家都了解瓦剌，以土木堡一役震動明代朝野，儘管後來瓦剌退到了哈密，但仍然是明朝的邊患。即使後來瓦剌衰落了，但吐魯番又在瓦剌之後崛起了。據《明史》記載，正德年間，吐魯番侵犯肅州，嘉靖年間，"吐魯番益強，瓦剌數困敗。又所部輒自殘，多歸中國"，但"哈密復乘間侵掠"。[45]

44　《明史》卷三三二《西域四》，8625－8626頁。

45　《明史》卷二百十六《外國九》，8503頁。

這裏要特別說到"哈密"。哈密是扼守明代中國與西域的孔道，從明初起，朝廷就充分意識到它的重要，先是在這裏設立哈密衛，後是永樂年間以優厚方式對待哈密王。但畢竟路途遙遠鞭長莫及，哈密王三立三絕，最終被吐魯番侵佔，於是成為東西交通上的很大麻煩。[46] 據《明史·西域傳》記載，弘治年間吐魯番屢犯邊城，當局沒辦法，最後只能"閉嘉峪關，永絕貢道"[47]。"閉嘉峪關"與明代設"九邊"（即遼東、宣府、薊州、太原、大同、延綏、固原、寧夏、甘肅）一樣，都是擺明了對西北採取的是退守策略。[48]

這裏之所以不厭其煩地對明朝西北形勢做介紹，主要想說明的是，從明初開始，對西北的緊張和無奈，使得明廷逐漸把注意力轉向東南，政治上依賴東部的朝貢圈，經濟上依賴東部中國的富裕區域，貿易上雖然最初僅僅允許朝貢貿易和勘合貿易，但最終還是開放民間的海上貿易。這其中的背景，很多學者都曾指出過，一方面與明朝西部被異族阻隔的大形勢有關，另一方面也與國際貿易的主要通道逐漸從陸地轉向海洋有關。十五世紀以後，

---

46 參看曾問吾《中國經營西域史》（上海：商務印書館，1936）上編第六章《明朝之經營西域》，226頁。又，最新並較為詳細的研究，參看陳躍、韓海梅《明代哈密危機與嘉峪關開閉之爭》，載《安徽史學》2021年第2期，34—39頁。

47 《明史》卷二一七《西域一》記載，張海在弘治六年（1493），"遵朝議，卻其（吐魯番）貢物，羈前後使臣一百七十二人於邊，閉嘉峪關，永絕貢道"（8532頁）。以上有關吐魯番、哈密與明朝中國的關係，陳高華《明朝哈密、吐魯番資料彙編》（烏魯木齊：新疆人民出版社，1984）收集了最完備的文獻資料，可以參考。

48 正如沈德符《萬曆野獲編》（北京：中華書局，2004）卷十七所說，從成化到弘治再到嘉靖，明朝一退再退，河套地區被異族佔領，"虜之盤踞日深，我之士馬日耗，陸議大舉，人心已搖，主上亦慮萬一蹉跌，噬臍無及……"（432頁）

海洋交通船隻的便利，越來越勝過陸地車馬駝隊的跋涉，從中東和印度到中國通商港口的海上絲綢之路，正在成為陸上商隊的有力競爭對手。[49]

正因為如此，明代中國與東部亞洲諸國，甚至遠道而來的佛郎機，在東海南海的海上交往越來越頻繁。到了正德年間（1506－1521）也就是十六世紀初，葡萄牙商船就在東南沿海相當活躍，他們把東南亞的胡椒、蘇木、沉香、象牙等等，運到中國，中國人發現他們出售的這些商品價格相當便宜，而向沿海民間購買的米、麵、豬、雞，則價格"皆倍於常"，這使得中國沿海邊民都樂於和這些商船做生意。[50]到了明代隆慶（1567－1572年）之後，為了消弭海上的倭寇騷擾，也為了沿海民眾的生計，同時也為了增加沿海地區的財政稅收，明朝採取了開放海禁的政策。可問題是，當時日本同樣也在大力開展東海南海的貿易，據說，當時僅薩摩港口內，就停泊着開往各國的船隻，同時"有往呂宋船四隻，交趾船三隻，柬埔寨船一隻，暹羅船一隻，佛郎機船兩隻。"[51]這一方面導致東海南海上的貿易往來極為興盛，另一方面導致各國尤其是中日之間利益衝突也越來越激烈。

這也許就是東海南海諸國發生衝突的原因之一。除了眾所周

49　傑弗里・布萊內（Geoffrey Blainey）《世界簡史》（*A Very Short History of the World*，李鵬程譯，上海：上海三聯書店，2018），179 頁。

50　明人林孝元語，張維華《明史佛郎機、呂宋、和蘭、意大里亞傳注釋》引，轉引自博克瑟《佛郎機之東來》，《中外關係史譯叢》（上海：上海譯文出版社，1988）第 4 集，293 頁。

51　許孚遠《敬和堂集》卷六《請計處倭酋疏》，332 頁。

知的東海"倭寇"之外，到了十六世紀中後期，不僅僅是明代中國和琉球，日本也打算在東海南海與明王朝展開角逐。發生在東北亞著名的"壬辰之役"，在某種意義上就是這種東部亞洲海域"帝國爭霸"之一頁。《明史》曾說，豐臣秀吉統一了日本六十六州之後，"威脅琉球、呂宋、暹羅、佛郎機，皆使奉貢。"[52] 日本學者秋山謙藏早在 1939 年就曾指出，豐臣秀吉的野心不止於日本本土，他曾打算把"本據"即根據地從日本移到寧波，進而攻略南洋，同時讓天皇進駐北京，而自己進駐寧波，南北配合，建立一個跨東亞的大帝國。

有趣的是，這一場戰爭不只影響東北亞，也涉及了東南亞甚至全世界。據說，耶穌會亞洲區的負責人之一的加斯帕爾‧考艾琉，曾被豐臣秀吉要求提供兩艘炮艦[53]，事實上，雙方都有歐洲傳來不久的佛郎機大炮和火繩槍，這一因素在這場戰爭中發揮了巨大作用；而遠在東南亞的暹羅，也幾乎捲入戰爭，據說當時稱雄海上，剛剛攻破真臘，稱霸諸國的暹羅，在萬曆二十年（1592）發生"壬辰之役"時，曾經向明朝建議，要出兵直搗日本，幫助中朝對抗豐臣秀吉。[54] 不僅是暹羅，這場中日朝之爭也影響到呂宋，以及佔領呂宋的西班牙殖民者。據張燮《東西洋考》記載，萬曆二十一年

---

52 《明史》卷三二二《日本傳》，8357 頁。

53 林屋辰三郎編《史料大系‧日本の歷史》（大阪：大阪書籍株式會社，1969）第 4 卷《近世1》，101 頁。

54 參看《明史》卷三二四《外國五‧暹羅》，8401 頁。

（1593），福建巡撫許孚遠（1535－1604 年）不僅曾派史世用假扮商人前往日本刺探情報，也曾經派遣人員到呂宋會見當時佔領馬尼拉的西班牙總督路易斯，打聽正在朝鮮與大明交戰的日本情報。[55] 那時，西班牙正好要和中國合作，中國福建方面又正好要通過馬尼拉了解日本的動向，所以，雙方有了合作，路易斯曾給中國官方送去書信，從中可以看到大明、呂宋、日本之間的複雜關係。[56] 可見，"壬辰之役" 這一事件涉及很廣，它的意義如果不放在整個東海南海甚至整個變動中的世界範圍中看，不大能看得清楚。

我想，原因很簡單，當然是因為明代中後期的中國與室町時代之後逐漸統一的日本，不僅都已經把東海、南海視為勢力範圍，而且也非常明確地把東部亞洲海域看成是一個貿易和商品互相交換的世界。在十六世紀末十七世紀初，明王朝固然與南海諸國有官方聯繫，日本和安南、呂宋、暹羅等國也有相當頻繁的官方往來與經濟聯繫。[57] 諸國得到明朝批准的勘合船、中國東南商船（即日本所謂 "唐船"），與得到日本許可的朱印船，已經在東海南海發生爭奪利益的角逐。大家不妨看看日本學者岩生成一（1900－1986 年）的著作，他說在完全鎖國之前的 1604 年到 1635 年，日本官方

---

55 張燮《東西洋考》（謝方點校，北京：中華書局，1981）卷五，90 頁。

56 陳國棟《遣使・貿易・漂流與被擄》一文中有詳細敍述，載《季風亞洲研究》（台北）第 2 卷第 1 期（2016 年 4 月），1－38 頁。

57 參看林緯編《通航一覽》（東京：國書刊行會，1913）卷二六八《暹羅國部四》之《暹羅國王致日本國書》（元和九年，1623）。

曾經頒發數百份給日本、中國、歐洲允許貿易往來的"朱印狀"[58]，大約有近三百艘商船獲得往來日本貿易的許可。由於明朝不允許這些船進入中國大陸港口貿易，所以，這些船隻往來於日本、琉球、台灣、越南和馬尼拉之間。[59] 日本人甚至在南海各地港口如越南的會安和暹羅的曼谷附近，都建立了定居點[60]，這些定居點一直到寬永年間（1624－1644）鎖國政策越來越嚴厲的時候，日本人在東海南海沿岸開闢定居與建立商港的活動才中止。

這裏順便往下說。十七世紀中葉，明清易代，這時東海南海海域各國之間的聯繫和往來，曾出現過一個短暫的休止符。清王朝建立之初，因為提防南明諸小朝廷尤其是海上鄭成功的緣故，順治十三年（1656）發佈禁海令，即所謂"片板不許下海"。順治十八年（1661）又實行"遷界令"，讓民眾遷出海岸三十里；李氏朝鮮王朝則由於明清易代，除了保持對大清例行公事似的朝貢，以及與日本幕府的例行禮節性通信使往來之外，對東海南海的局勢也處在觀望之中；而德川幕府控制下的日本，則由於十七世紀初開始施行"鎖國"，為防止歐洲天主教的影響以及易代之後大清的威脅，也減少了與東海南海的主動往來。

不過，情況很快就改變了。康熙二十二年（1683）清朝攻下台

58　有人統計，大概德川政權發放了 356 份朱印狀。

59　以上可參看岩生成一《朱印船と日本町》（"日本歷史新書"，東京：至文堂，1962），218－228 頁。

60　這裏包括流亡的日本天主教徒、武士和商人，比如，十七世紀初，日本人在暹羅湄南河、安南會安都有定居點。

灣，解除了海上威脅之後，康熙二十三年（1684）立即下令，沿海各省廢除過去的海禁。於是，東海南海的人員與物品的往來逐漸恢復，甚至超過了明代中期以後的常態。[61] 清廷還為此專門設了四個市舶司來管理海上貿易。[62] 清代非官方的東海南海貿易之興盛，很讓人吃驚，以至於有日本學者如上田信和岩井茂樹等，要把這一海上貿易秩序作為時代特徵，叫做"互市體系"。[63] 還值得我們注意的是，儘管清王朝未必自覺意識到東南海域在戰略上之重要，但實際上，與大清王朝關係密切的主要朝貢國，和明朝一樣，已經不是西部北部諸國，而基本來自東部亞洲海域。清代正式的七個朝貢／冊封國，除了朝鮮在東北亞，琉球在東海上之外，安南、暹羅、蘇祿、南掌、緬甸五國都屬於東南亞。[64] 比如，安

61　姜宸英《日本貢市入寇始末擬稿》中說："康熙二十三年克台灣，各省督撫臣先後上言，宜弛航海之禁，以紓民力。於是詔許出海，官收其稅，民情踴躍爭奮，自近洋諸島國，以及日本諸道，無所不至。"參看《清經世文編》（北京：中華書局，1992）卷八三《兵政一四・海防上》，2039頁。環東海南海往來的開放與禁止，在康熙、雍正、乾隆時代當然有變化，比如，康熙時期也曾偶有南洋禁航，如康熙五十六年（1717），也曾下令嚴禁沿海民眾遷徙南洋，要求出洋的商人與民眾回國。但按照莊國土《清初（1683－1727）的海上貿易政策與南洋禁航令》的分析，康熙一朝之所以實行南洋禁航，一是認為南洋盜賊很多，二是擔心賣船給外國，三是擔心把中國米賣給外國。參看《海交史研究》1987年第1期，28－29頁。

62　姜宸英《海防總論擬稿》，收入前引《清經世文編》卷八三《兵政一四・海防上》，2033頁。他說的四個市舶司是"廣東澳門、福建漳州府、浙江寧波府、江南雲台山"。

63　參看上田信《海與帝國：明清時代》（高瑩瑩譯，桂林：廣西師範大學出版社，2014），304頁；岩井茂樹《朝貢・海禁・互市：近世東アジアの貿易と秩序》（名古屋：名古屋大學出版會，2020），322－323頁。

64　參看《欽定大清會典》（上海古籍出版社影印本《續修四庫全書》史部）卷三十九《禮部・主客清吏司》"凡四裔朝貢之國，曰朝鮮，曰琉球，曰越南，曰南掌，曰暹羅，曰蘇祿，曰緬甸，餘國則通互市焉"，372頁；參看李雲泉《朝貢制度史論》（北京：新華出版社，2004）第三章所附"清代主要朝貢國貢、封時間一覽表"，137頁。

南與清王朝山水相連，始終是清王朝的冊封國，即使在黎阮易代之際，也仍然承認清朝為"大皇帝"，需要求得清王朝的承認[65]；而暹羅延綿四個世紀的阿瑜陀耶王朝（1350—1767年），始終與明清王朝保持着密切聯繫，在阿瑜陀耶王朝被緬甸攻滅，吞武里王朝重建暹羅的短暫時代，國王鄭昭（1734—1782年）也始終極力與大清聯絡。接着執掌暹羅王權的拉瑪一世（Rama I，1737—1809年，清朝稱之為"鄭華"），從1782年起就向清朝朝貢，到十九世紀中葉大約派遣了五十次使團，通過南海來到大清，既希望清朝牽制緬甸，又試圖擴大通商貿易。[66] 而緬甸自從乾隆三十四年（1769）被迫臣服於大清，成為冊封國之後，也不斷要求開放陸路的通商口岸。[67] 所以，對清朝來説，由於環南海即東南亞的穩定，正不妨開放海上貿易。所以，這個時代的"互市"也就是東海南海海上貿易，甚至要比明代中期以後還要興盛。[68]

當然，對中國與海外往來所帶來的安全問題，清廷也會感到些許憂慮。不過，雍正皇帝仍然堅持要"固本防患"，並不主張採

65　參看葛兆光《朝貢、禮儀與衣冠 —— 從乾隆五十五年安南國王熱河祝壽及請改易服色説起》，收入《想象異域：讀李朝朝鮮漢文燕行文獻札記》（北京：中華書局，2014），225–250頁。

66　參看葛兆光《朝貢圈最後的盛會 —— 從中國史、亞洲史和世界史看1790年乾隆皇帝八十壽辰慶典》，《復旦學報》（社會科學版）2019年第6期，27頁。

67　緬甸來朝貢，目的是希望：（1）請賞封號；（2）管理阿瓦地方；（3）開騰越關禁，俾通市易。這些要求得到乾隆皇帝的支持。參看《清實錄》卷一三五一，乾隆五十五年（1790）三月下，27004頁。

68　岩井茂樹《朝貢・海禁・互市：近世東アジアの貿易と秩序》（名古屋：名古屋大學出版會，2020），33頁。

取嚴厲禁止的策略。[69] 而熟悉東海事務的大臣李衛（1688–1738年），儘管希望朝廷對日本小心防範，但仍在雍正六年（1728）九月二十五日給雍正皇帝的奏摺中，重申康熙時代貿易開放政策，他還認為南海諸國作為貿易碼頭，雖然有很多漢人，但是不過都是"覓食手藝，初無他患"。至於歐洲人，"皆與中土尚遠"，覺得中國不必過於緊張。所以，康熙二十三年（1684）以後，清廷對中國出海貿易全面開放；雍正六年（1728）更因為李衛等人關於南洋貿易情況的通報，選擇了放開南洋貿易禁令的策略。這一政策導致的結果是，從十七世紀後半開始，中國與各國在東海南海上的民間貿易，遠遠超過政治意義上的朝貢貿易。

這裏我特別要說明的是，後來所謂"閉關鎖國"狀況，根據一些學者的提醒，認為這要到乾隆中期頒佈《防範外夷條規》之後，才真正逐漸嚴厲起來。[70] 也就是説在東部亞洲海域，清朝大體上仍然維持甚至擴大了明代中後期的格局，即在政治上，有所謂宗藩或朝貢體系；在經濟上，有密切的海上貿易往來；在知識上，由於大量人口移動，包括歐洲人來東部亞洲和華人的東南亞移

69　王之春《清朝柔遠記》（北京：中華書局，1989），73 頁。

70　比較明顯的措施都從乾隆年間開始，（1）乾隆二十二年（1757）東印度公司的英國人洪仁輝（James Flint，1720–？）試圖在寧波進行貿易，被乾隆皇帝制止，下令通商限定於廣州一個口岸。（2）同時對海上貿易的貨物，進行越來越嚴格的限制，除了武器之外，大米、穀物、生絲、綢緞等，也在禁止貨物單子上。（3）對外國商人的行動做嚴格規定與防範（即官方頒佈的所謂"防夷"章程）。可以參見乾隆於二十四年（1759）頒佈的《防範外夷條規》。所以，呂思勉《（自修適用）白話本國史》（上海：商務印書館，1933）第四編《近世史下》也指出，乾隆時代把四個通商口岸改在一個澳門，而且加上（1）"收稅官吏的黑暗"；（2）"買賣的不自由"；（3）"管束外商的章程的無謂"，造成了很多問題（13–14 頁）。

民，更導致了有關環東海南海知識的海量增長。

不過，恰恰是來自海上的因素，也就是來自西洋的陌生人，逐漸瓦解了東部亞洲海域原來相對穩定的秩序。

三、自西徂東：東部亞洲海域的
秩序在十九世紀面臨挑戰

大航海時代之後，歐洲人來到東部亞洲，攪動了東海南海海域這一池春水。從印度過來，先是滿剌加，接着是呂宋，再接着是爪哇。當時被稱為"佛郎機"和"紅毛番"的西人東來，加上諸多華人下南洋諸國經商與開墾，正是東部亞洲海域發生絕大變化的開端。[71]

這裏可以順便說個故事。2015 年我在日本的東京大學擔任特任教授，在東洋文化研究所的資料室發現一部彩繪《大明地理之圖》，這幅地圖大約繪製於清代康熙年間（1690，日本元祿三年，清康熙二十九年）[72]，在東海南海上特別畫了四艘滿帆的船隻。很

---

71 《明史》卷三二三《外國四·呂宋》記載說福建人因為呂宋"地近且饒富，商販者至數萬人，往往久居不歸，至長子孫"（8370 頁）；又記載萬曆年間，當地華人被殖民者迫害，而明朝卻不能幫助他們，以至於被屠殺。但"其後，華人復稍稍往，而蠻人利中國互市，亦不拒，久之復成聚"。到了這時，佛郎機人又佔領滿剌加，加上呂宋，"勢愈強，橫行海外"（8373 頁）。

72 因為此圖下放跋語中有"養志齋"，懷疑作者是齋號為"養志齋"的江戶前期學者淺井周伯（あさいしゅうはく，1643−1705）。

有意思也很有象徵性的是，其中一艘船的船員，彷彿是朝鮮人，另兩艘船的船員彷彿是日本人，但還有一艘船上的船員，看上去則是來自歐洲的西洋人。[73] 這也許象徵那個時代，東海南海海域原本穩定的秩序，已經逐漸加入了西洋外來的新因素。

簡單地說，十五、十六世紀的大航海之後，自西徂東的歐洲人中，我認為，以三種人即傳教士、商人和殖民者最為重要。這三種角色的歐洲人，分別對東部亞洲的文化、經濟與政治形成了極大衝擊，也逐漸瓦解了東部亞洲海域傳統的政治、經濟和文化秩序。

《大明地理之圖》中的船隻（1—3）

---

73 《大明地理之圖》在圖例部分有兩行字"歲次辛酉延寶九年六月望"。這說明地圖最初是1681年，即清康熙二十年、日本延寶九年最先繪製而成的。但這幅現存的彩色地圖，也許是幾年之後由人再度摹寫而成的，因為在其後又有跋語："貞享三龍集丙寅仲秋下澣於養志堂模寫之且補之，元祿三年庚午之復模寫焉，始於四月下澣，成於六月十一日云。"說明這幅圖乃是日本貞享三年（1686，清康熙二十五年）摹本的再摹本，最終完成，應當是元祿三年（1690，清康熙二十九年）。

關於這一點，我這裏也用最最簡單的方式，來分別討論。

第一方面，我們看傳教士帶來的歐洲文明與傳統中國的知識、思想與信仰世界，它們的相遇，會激起甚麼變化。

傳教士經由果阿、滿剌加、馬尼拉，進入南海和東海。十六世紀中葉以後，陸續來到東部亞洲各國。在沙勿略之後[74]，利瑪竇、金尼閣、艾儒略等先後來到中國，他們不僅帶來了天主教信仰，也帶來了文藝復興以後歐洲有關天文、地理以及文學藝術的新知識。儘管這些西洋思想文化的根本性影響，要到十九世紀中葉，也就是隨着"堅船利炮"到來才真正顯現出來[75]，在十五至十九世紀的東部亞洲海域，主流文化仍然在原來傳統的延長線上。但從歷史上看，歐洲傳教士和殖民者帶來的天主教、基督教信仰，逐漸開始在東部亞洲沿海港口滲透與影響，無論是在日本（尤其是九州）、在中國（尤其是澳門），還是在呂宋（尤其是馬尼拉）。而伴隨着傳教士而來的西方各種思想、知識和技術，也開始在東部亞洲各地逐漸傳播與擴散。

當然，最先震撼耳目並為人們所熟悉的，還是可以用於戰爭

74　沙勿略（F.Javier，1506—1552）受葡萄牙國王若奧（P.Joao，1502—1557）的委託，先到印度果阿，1549 年從廣州乘坐中國商船到日本南九州薩摩（今鹿兒島）。

75　正如王國維所說，明末歐洲的數學、曆學與基督教都來到中國，但是這些"形下之學"和根本的思想觀念沒有關係，咸豐、同治以來，上海、天津也出版了好些翻譯的歐書，但是也影響不深。要到危機迫在眉睫，嚴復翻譯了《天演論》，告訴中國人"物競天擇"，這才真正"一新世人之耳目"，促成了巨大的轉變，即"達爾文、斯賓塞之名，騰於眾人之口，物競天擇之語，見於通俗之文。"參看王國維《論近年之學術界》，《王國維全集》（杭州：浙江教育出版社；廣州：廣東教育出版社，2009）第 1 卷《靜安文集》，122 頁。

的佛郎機炮、紅衣大炮、火繩槍，各種匪夷所思，被認為是奇技淫巧的機器儀器，以及被驚為天人的數學、曆算方法、水利方法，甚至還有栩栩如生的繪畫技巧。倒是天主教，卻沒那麼容易被接受，為甚麼？因為天主教提倡"天主至尊"，要求"絕對信仰"，這和中國傳統政治高於一切，皇權高於一切格格不入，也和儒家傳統觀念根本衝突，所以單純的宗教信仰，在那個時代儘管也有徐光啟、楊庭筠、李之藻這樣的信徒，但是還是不能成氣候，你看後來的《破邪集》就知道了。

但從思想史上看，其中最重要，而且與東部亞洲的觀念、思想和知識格格不入，特別有可能整體瓦解甚至顛覆傳統中國為主的傳統東方思想、知識和信仰體系的，其實是以下幾方面：第一，是關於宇宙的學說，究竟是天圓地方，還是大地圓形？因為這不僅是一個天文學的問題，也涉及古代中國政治文化甚至皇權的合法性神聖性基礎。第二，是華夏至大且在中心，還是世界有五大洲無數國家，甚至有的國家與中國同樣文明？因為這涉及古代中國有關自我與他者、華夏與蠻夷、文明與野蠻的認知。第三，真理是單獨由孔孟，或者儒佛道傳遞的，還是由神聖的天主宣示的？這涉及古代中國信仰世界的基礎。第四，權力、真理與知識，應當由教廷掌握，還是由世俗皇帝掌握？這涉及傳統中國有關政教關係，也就是宗教與皇權關係的固定觀念。第五，理解天地和應對萬物，究竟靠傳統陰陽五行，還是靠歐洲的科學、技術與知識（天學、曆學與數學）？這涉及誰的知識、技術和文化能更好地認識和處理外部世界、天地萬物。

這才是引起日本大禁教事件、朝鮮教難，以及清嘉慶年間的驅逐傳教士事件的背景。儘管這些思想文化觀念在明清之際並沒有直接衝擊，但是作為一種資源，它在後來十九世紀的"堅船利炮"背景支持下，卻成了瓦解傳統中國文化思想的巨大因素。

第二方面，我們來看歐洲商人東來，和東部亞洲物質與商品貿易圈的變化。

十五世紀到十六世紀，從葡萄牙、西班牙、荷蘭到英國，歐洲人逐漸在東部亞洲海域進行海上貿易。來自美洲和日本的白銀，來自中國的絲綢、茶葉、瓷器，以及來自南海諸國的胡椒、丁香、肉桂，在這一海域進行大交換。

最早來到東部亞洲海域的，是葡萄牙人和西班牙人，明清之間縱橫這一片海域的李旦、鄭芝龍、鄭成功，都曾與來自歐洲的這些殖民者兼商人打過交道。[76] 隨着葡萄牙人佔據馬六甲 (1511) 和中國澳門 (明嘉靖三十二年，1553)，西班牙人在宿霧 (Cebu，1565) 到馬尼拉 (1571)[77]；稍後，荷蘭東印度公司在爪哇和台灣 (1624)，英國東印度公司也從印度洋過來，進入爪哇 (1612)。他們陸陸續續都建立了沿海的據點，並把港口作為殖民和貿易的跳板。

因此，原本相對穩定和平衡的，主要由東部亞洲海域各國商人建立的商品交易，包括中國的生絲、瓷器、絲綢、白糖、藥材，

76　號稱"中國隊長"（Captain China）的李旦，就曾經是天主教徒。

77　1564 年，西班牙人的五艘船隻和四百多人，從墨西哥出發，橫渡太平洋，在米格爾‧洛佩斯‧黎牙實比（Miguel López de Legazpi）指揮下，受命佔領菲律賓群島。

日本的硫磺、白銀，南海的胡椒、蘇木等香料，長期循環交換的這個商品貿易圈就增加了巨大的變數。增加的變數是甚麼呢？就是來自歐洲的商人和來自美洲的各種物品，不僅大大增加了貿易的商品數量，也使得過去的平衡被打破，原本的"內循環"變成了"外循環"，原來相對穩定的東部亞洲海域貿易圈，從此被拖入全球貿易圈。這裏面最重要的變化是兩個：一方面是原本以天朝為中心，在東海南海海域之內，由政治力量控制的貿易（朝貢貿易，即朝廷管制、厚往薄來的交換），加上各取所需的民間互市（日本的白銀、硫磺與銅，中國的絲綢、瓷器、白糖，南海諸國的香料），從此轉向了各大洲諸國之間，更大範圍的互通有無（以大量低成本的白銀，此後是鴉片，對絲綢、茶葉和瓷器，香料、犀角和象牙）；另一方面，是原本由官方管制的口岸（日本長崎、中國廣州），以及東部亞洲各國海上商人自組織的渠道（東海南海上各條航線），從此增加了歐洲商人所要求的，無限制的口岸開放（澳門、馬尼拉、馬六甲、雅加達）和數量更大、更快捷的遠洋貿易（歐洲、美洲、亞洲之間）。

這就導致了乾隆年間清廷的"防範外夷"與貿易限制，甚至也引起了後來的鴉片貿易和鴉片戰爭，以及日本的"黑船事件"等等。大家看，這就是改變歷史的經濟因素。

第三方面，我們要看到歐洲殖民者的殖民事業對東部亞洲海域政治秩序的巨大衝擊。

由於歐洲人東來，十五、十六世紀之後，葡萄牙人佔領的馬六甲、西班牙人佔領的馬尼拉和荷蘭人佔領的萬丹，逐漸打破了東部亞洲原來的國際秩序。原本由朝鮮"事大交鄰"構築的東北亞，"曼荼羅式"國家構成的東南亞，加上政治上明清為中心的朝貢圈構築起來，長達幾個世紀的東亞國際秩序，由於有了外來的歐洲殖民者，逐漸開始動搖。[78]

　　早在十七世紀上半葉，歐洲就有了保障"海洋自由"的《海洋自由論》，和"主權平等"的《威斯特伐利亞和約》。但是，海洋自由論支持下的歐洲人東來，對於東部亞洲海域各國來説，等於是在平靜的東海南海中插進一隻腳，而"主權平等"作為藉口，實際上等於瓦解了以中國為中心，逐級擴大而依賴禮儀構造的秩序。十七、十八、十九世紀，在來自歐洲的殖民者（後來又加上明治維新以後的日本殖民者）支持下，原本以明清中國為中心的朝貢秩序，逐漸崩壞。呂宋為西班牙所控制，爪哇先後為荷蘭、英國進入，滿剌加被英國佔領，安南和柬埔寨則成為法國殖民地，原來大清的冊封國緬甸則在英國手中，一直到甲午之後，崛起的日本帝國侵佔了朝鮮，並迫使清政府割讓了台灣。這些不論以前在大清看來是國土，還是朝貢互市的國家與地方，自此逐漸脱離了明清帝國的籠罩。清末的王之春在《清朝柔遠記》裏就説："明以

78　還可以注意到的是海外移民問題。明清兩代，海上移民，華人與印度人遍佈東南亞。（1）從明代後期開始，到海外的華人移民越來越多，清代康熙年間開放海禁之後，福建泉州人、廣東潮州人等沿海地區的民眾，遠赴菲律賓、爪哇，進行商貿和墾殖，在爪哇北部的蔗園、萬丹的商號、暹羅的大米、阿瑜陀耶的造船、馬來半島和婆羅洲的開礦，到處都有華人的印記。由於雅加達（巴達維亞）、馬尼拉和暹羅首都阿瑜陀耶的華人聚集，發生了不少殖民者、海外移民與本土居民的衝突，如1603年西班牙人在馬尼拉屠殺華人事件。（2）與中國移民同時，還有來自印度和孟加拉的移民，他們從印度洋通過馬六甲海峽進入太平洋，也就是東海南海海域，他們到達爪哇，馬來半島的霹靂、柔佛，把東南亞與印度，以及葡萄牙在印度的據點果阿聯繫起來，也在佛教與印度教之後，帶來了伊斯蘭教。所謂"印度支那"一詞，即象徵印度與中國兩批移民與兩種文化的交錯，同時也帶來文化與經濟的衝突。

前諸島國皆稱朝貢，同列藩服。迨歐羅巴人航海遠來，其始以重幣購片土為埠，蟻舟立市，盤踞既久，漸而劫其君，奪其地，百餘年間蠶滅殆盡，惟蘇祿以彈丸僅存。"[79] 這也就是張之洞說的"二千年未有之巨變"。

環東海南海海域的這種岌岌可危局勢，逐漸引起大清王朝內部的警覺。不過，這種警覺似乎來得太遲緩，大清帝國君臣沉湎在天朝想象和盛世氣象中，至少在乾隆盛世時代，還總是自信滿滿。直到兩次鴉片戰爭，加上太平天國，對大清帝國產生了巨大震撼之後，危機感才出現。這個時候，在西北與東南、"塞防"與"海防"，究竟孰輕孰重這一爭論中，才出現了清朝人士對東海南海海域重要意義的新認識。

關於這一爭論，情況很複雜，資料也很多，研究很不少，我這裏不能多講，只想簡單回顧一下。如果籠統地說，大概可以分三階段：

首先，隨着危機感的增強，十九世紀上半葉也就是鴉片戰爭前後，清朝知識階層開始"睜開眼睛看世界"。而對於西北邊防與東南海防的關注，也正是在這個時代，從魏源、龔自珍、包世

79　王之春《清朝柔遠記》(北京：中華書局，1989)《瀛海各國統考》，363頁。在明代，本來有一批開明人士，對於西人之來並不那麼拒斥。比如明萬曆二十一年 (1593)，福建巡撫陳子貞上書說："洋船往來，習聞動靜，可為我偵探之助。舳艫柁梢，風浪慣熟，可供我調遣之役。"參看《明神宗實錄》卷二六二；大學士徐光啟也認為，"惟市而後可以靖倭，惟市而後可以知倭，惟市而後可以制倭，惟市而後可以謀倭。"甚至在清代前期，康熙皇帝也曾抱有歡迎和開放的態度，但這種開放的策略，在清代中期以後，終於被封閉的觀念和策略所取代。

臣等就開始了。我建議大家可以看以下三篇文獻：一是魏源《答人問西北邊域書》，收在《經世文編》卷八〇；二是龔自珍《西域置行省議》，這是嘉慶二十五年（1820）寫的，收在同上書的卷八十一（同年他另外還寫有一篇《東南罷番舶議》）；三是包世臣的《庚辰雜著》。你會感覺到，有一種隱隱約約對西北和東南的危機感在知識人心中，使他們開始從經史文獻中抬起頭來，考慮中國面對世界的危機。關於這一點，大家也可以同時注意，在這個時代，為甚麼出現了林則徐《四洲志》（1839）、魏源《海國圖志》（1843 年五十卷本，1847 年六十卷本，1852 年一百卷本）和徐繼畬《瀛寰志略》（1849）？這一知識史和思想史的變化現象是很重要的。

其次，到第二次鴉片戰爭之後，清廷官僚中像曾國藩、李鴻章、左宗棠等，都得出一致的看法，即必須"師夷長技以制夷"，這是不能不變了，但向哪裏變？當時大概主要還是學習西洋人的槍炮兵船；但是中國面對外部危機，是重視蒙古新疆以防備俄羅斯，還是重視東南海上以防備日本與西洋諸國？好像還沒有一致意見。

再次，到了十九世紀七十年代，是重視新疆蒙古面對俄羅斯，還是重視東南沿海面對侵佔琉球的日本？這時由於"海防、西征，力難兼顧"，現實問題來了，怎麼辦？官僚集團中就出現了朝廷應當經營西域還是經營海防的意見對立。李鴻章希望專力海防，覺得塞防撤回並不可惜，左宗棠則極力反對，覺得祖宗基業不可輕言放棄。[80] 以"籌餉"為中心，清朝內部有關"塞防"與"海防"之爭，大家可以讀一讀李鴻章的《籌議海防摺》。裏面有一段說："新疆不復，於肢體之元氣無傷；海疆不防，則腹心之大患愈棘。孰重孰輕，必有能辨之者。"但左宗棠呢？他的看法是確定要陸海並重，"東則海防，西則塞防，二者並重，決不能扶起東邊倒卻西邊。"

正是在這種猶猶豫豫之中，中國迎來"二千年未有之巨變"。我們來讀兩段資料。第一段，是王之春《清朝柔遠記》卷首，光緒九年（1883）衛榮光的"敍"。這篇文章中回憶說，"道咸之際，海氛日熾"，他認為，這是因為"當事者每不諳於彼此之情形"。[81] 第二段，同書的光緒十年李元度"敍"也說，"自漢唐以來，至國朝道咸中，而又一變，舉天際海，從古不通中華之國，並梯山航海，重譯來同"，雖然他說，"天不變，道亦不變，蓋至變中，有不變者存焉"，但他畢竟覺得，這"變"也是天意。

"二千年未有之巨變"的結果是甚麼呢？我想有三點很重要：第一，東部亞洲海域原本自循環的商品與物質，被融入全球市場的大範圍流通，成為外循環，原本中華帝國為中心，能夠控制的

80　李鴻章曾經建議放棄乾隆以來的成法，放棄西北而經營東南，試圖通過招撫回疆豪強，許以自治，來抵抗英國、俄國的滲透，強化東南的海防；而左宗棠則強調維持祖宗成法，為對抗俄國等列強而在新疆以傳統郡縣方式建省，通過中央對西北的控制，抵制列強的領土慾望。參看茂木敏夫《清末における"中國"の創出と日本》，載《中國—社會と文化》第4號（東京：中國社會文化學會，1995），258—259頁。

81　王之春《清朝柔遠記》（北京：中華書局，1989）卷首，6頁。

貿易圈平衡被打破。第二，東部亞洲海域原本自成體系的政治秩序，被納入大航海之後的世界新秩序。天朝中心的天下秩序，與歐洲近代的國際秩序發生激烈衝突，原本東部亞洲的政治格局發生了重要變化，傳統帝國不得不轉型為現代國家。第三，東部亞洲海域相對獨立的歷史，也被整編進入近代互相聯繫互相刺激的全球史，歷史不再以中國為中心，也不再僅僅是東部亞洲的歷史。

因此，作為一個歷史世界的東部亞洲海域，在外來的"衝擊"下逐漸分崩離析，各國根據各自的"國情"，開始對這一大變局進行各自的"反應"。

四、小結：對"中央歐亞"與"東亞"概念的反省：
重提環東海南海海域研究之必要

最後，我們要說一下關於"東部亞洲海域"這個概念的問題意識是甚麼？之所以我要強調"東部亞洲海域"這個概念，坦率地說，很大程度上是來自對歷史學界過去流行的"東亞"概念和近年來流行的"中央歐亞／東部歐亞"概念的反思。

大家可能知道，歷史學界尤其是日本歷史學界習慣的"東亞"概念，往往是"東北亞"，或者是西嶋定生所說的"漢字文化圈"，即中、日、朝加上越南和琉球。自從戰後日本學界石母田正、藤間生大、遠藤茂樹等人提倡從"東アジア"整體背景來重新理解日本歷史，特別是古代日本國家形成以來，日本學界對於東亞世界裏面的中國主導性，就很看重。西嶋定生在二十世紀六十年代末七十年代初，明確地把中國文化為中心的文化圈，看成是所謂"東アジア"，並把它當作古代日本國家形成的歷史背景。其中，他着重拈出了漢字、儒家學説、漢傳佛教和律令制國家這四項，作為東亞世界的同一性指標，因此，按照西嶋定生的説法，這個"東アジア"世界，就指的是現在的中國、朝鮮、日本、琉球和越南這個空間。[82]

這個有關東亞世界的理論，後來在東亞如日本、韓國和中國（尤其是台灣地區）影響非常大，它確實有它的優點，也就是確實明晰地界定了歷史上所謂"東亞"曾經有過的政治文化同一性。但也正如很多學者所批評的那樣，這個東亞世界凸顯了"中國"在歷史上的中心意義。這雖然很為中國學者所歡迎，但它也容易忽略東部亞洲區域中，非漢族中國的多元族群、多種語言和多種文化。我也覺得，這種"東亞世界"論，確實用漢族中國政治文化為邊界，把環東海南海，彼此有密切聯繫的其他國家與族群忽略掉了。特別要緊的是，在這一歷史研究的範式中，學者對東南亞即環南海的廣大區域，多少不是那麼注意。像西嶋定生另一本出版於二十世紀八十年代中期的通俗歷史著作《日本歷史の國際環境》，書後所附的八幅不同世紀的"東亞地圖"，就一概不包括越

82　參看西嶋定生《東アジア世界の形成》，原載《〔岩波講座〕世界歷史》第4卷《古代4》，後收入西嶋定生《古代東アジア世界と日本》（李成市編「岩波現代文庫」，東京：岩波書店，2000）第一章《序説》，1—30頁。參看同書所附：李成市《解説》，259—260頁。

南以南（即東南亞）的廣大區域。[83] 也許，這在討論中古時期歷史的時候，問題還不明顯，但是如果討論十四世紀以後，政治重心逐漸由西北轉向東南，貿易重心逐漸由陸路轉向海路，這裏的"東亞"顯然就不太合適了。

另外，是最近二三十年，日本學界喜歡使用"中央歐亞"或"東部歐亞"概念，尤其是研究蒙古時代史和清代歷史的學者，特別願意採用，甚至一些敍述中國史的學者也會使用這個概念來討論"中國"的歷史。我去年去東京大學，注意到這個概念用得非常廣，好像是新時髦。有一個在日本的華裔教授黃東蘭曾經指出，1997 年，杉山正明採用丹尼斯·塞諾（Denis Sinor，1916—2011 年）的 Central Eurasia（中央歐亞）概念，其範圍主要是北亞、中亞、中國西藏、阿富汗、印度西北部、俄羅斯以及東歐部分地區、伊朗、敍利亞、紅海沿岸的"乾旱地區"。[84] 她説，日本學者採用"東部歐亞"或者"中央歐亞"概念的歷史研究，主要集中在兩類學者：一是明治以來的塞外史（研究）領域的學者，這一類既包括明治時代的老一輩如白鳥庫吉等學者，也包括杉山正明等近年來蒙元史領域的學者；二是質疑以過去"東亞"框架來研究日本與中國、新羅、百濟、高句麗、渤海的"相互關係史"的學者。有關這一部分學者，她提到如山內晉次、森部豐、廣瀨憲雄、鈴

83　西嶋定生《日本歷史の國際環境》（東京：東京大學出版會，1985）書後所附《東亞世界變遷圖》。

84　參看黃東蘭《作為隱喻的空間——日本史學研究中的"東洋""東亞"與"東部歐亞"概念》，載《學術月刊》2019 年第 2 期，161 頁。

木靖民等人的研究。

　　其實，"中央歐亞／東部歐亞"的説法，更主要還是受研究北方族群歷史，試圖打通歐亞陸地的學者之影響，而他們可能又深受十九世紀之後歐洲已經控制海洋，試圖把注意力轉移到大陸的趨勢之影響。早在 1905 年，英國人哈爾福德・麥金德 (Halford Mackinder，1861－1947 年) 就提醒歐洲人，"世界現代史的重心在歐亞大陸 —— 在其偉大文化和國家之間的困難重重的、衝突不止的、聯結的和親密的關係中，在從歐洲人的'遠西'到亞洲人的'遠東'一線"[85]；同一年八月，白鳥庫吉就注意到這一概念，他在《高桑駒吉〈參考東洋大歷史〉序》裏面特意説，"東洋和西洋之分為兩科，畢竟只是教學上的權宜，並不是説兩者就截然有別。現在，西洋的地理學者設了一個 Eurasia 的新名稱，就像能夠方便地説明歐亞地理一樣，對世界的歷史、東西方的事跡一體觀察，這才得到其事實的真相。"[86] 因此，我理解杉山正明採用這一概念，主要是針對蒙元史研究，由於蒙元大帝國橫掃歐亞，東西陸路交

85　Halford Mackinder: *The Geographical Pivot of History*，參看約翰・達爾文《全球帝國史：帖木兒之後的帝國的興與衰 (1400－2000)》(陸偉芳等譯，鄭州：大象出版社，2015)，15 頁。

86　原題《東洋史研究の必要》，載《史學界》第 7 卷第 8 號；參看《白鳥庫吉全集》(東京：岩波書店，1971) 第 10 卷，446 頁。又，白鳥庫吉給《東洋史統》作序的時候曾經指出，亞洲歷史一方面是東北對抗史，一方面是東西交涉史。由於南方有豐饒的國度，於是物質匱乏的北方遊牧民族總是要向南侵略，但是由於南方緊密防備北方，北方不得已，也向東西延伸。白鳥氏認為，這一東西方向包括了東起日本、朝鮮、滿洲一直延伸到中亞乃至歐洲。南方的代表國家是中國，北方的代表國家是蒙古。參看《市村瓚次郎〈東洋史統〉序》，《白鳥庫吉全集》第 10 卷，508 頁。

通主要範圍就在這一地區。後來，新清史學者採用這一概念，也正是因為他們對滿洲人的認知，受到滿蒙北方族群歷史研究的影響。包括我最近在日本讀到的一些論著，比如研究清史的杉山清彥，研究中國史的岡本隆司，似乎"中央歐亞／東部歐亞"這一框架非常流行。

但是，據說這一"歐亞"框架，原來是為了批判過去的"東亞"概念，像日本學者山內晉次和廣瀨憲雄，他們之所以採用這一概念，是為了超越以往"中國"中心的"東亞"，強調北方民族如突厥、回鶻、契丹、女真、蒙古一直到滿洲的作用。

可是，對中央歐亞／東部歐亞概念，還是要質疑的。2020 年，我在東京大學和杉山清彥教授的對談中，就曾經針對這一東部歐亞的理論，提出不僅需要考慮東西方向，也就是橫貫北方的朝鮮、滿洲、蒙古、回疆一直到中亞、西亞的歷史線，也就是所謂"中央歐亞"，而且要注意北起庫頁島、南至印尼，縱貫東海南海及其周邊的南北線，就像我們前面一直說的，因為至少宋元明清以來，尤其是十五世紀以後的東海南海海域，已經是一個歷史聯繫相當密切的世界。因此，這種"中央歐亞"或"東部歐亞"的歷史觀，多少有一些把眼光過多放在北方草原各個族群、宗教、政治與文化的連帶，而忽略了從北向南即陸地從北亞到印支半島，海上從日本海、東海，到南海的南北向縱線。[87]

---

87 不過，上田信已經注意這一問題，他在《海與帝國：明清時代》一書中，多次使用的是"東歐亞"（East Eurasia），他說是迫不得已用這個詞，包括日本海、渤海、黃海、東海、南海，以及鄰接這些海域的陸地和島嶼。

討論：有關"東部亞洲海域"，
我們該做甚麼？能做甚麼？

最後，我想和大家說一下，如果把十五世紀之後的東部亞洲海域作為一個歷史世界，需要中國學界做些甚麼？

我覺得最主要的，就是三方面：

第一，重視起來，缺甚麼，補甚麼，過去我們在這方面研究不足，現在就得迎頭趕上，你不妨看看有關這方面的研究綜述，你就知道東洋和西洋的學術界，早就做了好多好多的研究，而我們呢？在環南海或者在東南亞歷史研究領域，說來慚愧，成績真是不多。[88]

第二，要習慣或有意識地使用"他者"的資料、角度與立場，你不能只看中國的、中文的資料，因為這些資料只是中國方面的敘述，帶有中國的立場和偏見，你得尊重和重視別人的立場和角

---

[88] 我建議大家去讀一讀許雲樵1947年寫的《南洋研究的回顧與前瞻》，以及他1960年寫的《五十年來的南洋研究》。前一篇撰於1947年，收入李孝遷編校《中國現代史學評論》（上海：上海古籍出版社，2016），464–472頁。後一篇撰於1960年，原載劉問渠主編《這半個世紀（1910–1960）：光華日報金禧紀念增刊》（馬來西亞檳城：光華日報，1960）。在前一篇裏他指出，"南洋研究在中國，古時倒並不忽視，隋唐時的四方館、明代的四夷館、清初的四譯館、清季的同文館，都是對南洋語文習俗作專門研究的機關"（464頁），但是，近百年研究主要是西方學界的成績。他說，泰西各國研究南洋最熱烈的是法國、荷蘭、英國和美國"四個分割南洋的國家"，而日本也"以南洋為她的海之生命線"，所以也急起直追。他特別提及的，就是法國的伯希和、馬司帛羅（他誤以為是Henri Masparo的弟弟）和費琅，日本的藤田豐八。在後一篇裏，他把中國學者的南洋研究分成四個時代：（1）何海鳴時代；（2）劉士木時代；（3）尚志學會時代；（4）南洋學會時代。可是你熟悉嗎？不熟悉。那麼為甚麼？因為很多人並不關心"南洋研究"。

度，這就是以前我們要提倡"從周邊看中國"的原因，現在也需要提倡從多角度、多方面來看"東部亞洲海域"。前兩年，茅海建就提出過這一想法，他在"澎湃歷史"上有一篇談話，也值得大家讀一讀。[89]

第三，要重視歷史與語言的訓練，重視異域文獻的意義。因為時間關係，我就不多講了。我還是提醒大家，再讀一遍陳寅恪對王國維學術方法的總結，他總結的三個方面，其實始終是我們現代文史之學的方向，也就是：一、"取地下之實物與紙上之遺文互相釋證"；二、"取異族之故書與吾國之舊籍互相補正"；三、"取外來之觀念與固有之材料互相參證"。其中第二點就非常重要。可是，要能讀異族之故書，你就得學異國之語言文字，對不對？[90]

建議閱讀論著

1. 許雲樵《五十年來的南洋研究》，劉問渠主編《這半個世紀（1910－1960）：光華日報金禧紀念增刊》，馬來西亞檳城：光華日報，1960。
2. 上田信《明清時代：海與帝國》，高瑩瑩譯，桂林：廣西師大出版社，2014。

89　茅海建《茅海建論清朝的宗藩關係》，這是作者 2019 年 7 月 30 日在上海交通大學"海洋視野下的東亞國際關係暑期班"的演講，修訂稿分三部分發表於網絡版"澎湃歷史"，第一部分為《藩部，屬國，朝貢國》；第二部分為《緬甸，暹羅，蘇祿，南掌》；第三部分為《跨越千年的異文，遲滯百年的研究》。

90　陳寅恪《王靜安先生遺書序》，參看《金明館叢稿二編》（"陳寅恪集"，北京：生活·讀書·新知三聯書店，2001），第 247 頁。

3. 張雲《東南亞史的編撰：從區域史觀到全球史觀》，載《史學理論研究》2019 年第 3 期。

4. 陳博翼《稀見環南海文獻的再發現》，載《東南亞研究》2020 年第 3 期。

關於東南亞，建議閱讀：

1. Edward Hall: *A History of South—East Asia*, Macmillan, 1955；中譯本：愛德華·霍爾《東南亞史》，中山大學東南亞歷史研究所譯，北京：商務印書館，1982。

2. 尼古拉斯·塔林主編《劍橋東南亞史》，王士錄等譯，昆明：雲南人民出版社，2003。

3. 永積昭《東南アジアの歷史》，東京：講談社，1977。

4. Anthony Reid: *Southeast Asia in the Age of Commerce, 1450—1680,* Vol.1: *The Lands below the Winds,* Yale University Press, 1988.

5. 邁克爾·瓦提裘提斯《季風吹拂的土地：現代東南亞的碎裂與重生》（上海：上海人民出版社，2021）的第二章《季風吹拂的土地》。

6. 石澤良昭《東南亞：多文明世界的發現》（原為日本講談社"興亡的世界史"叢書之一），瞿亮譯，吳呈苓校，北京：北京日報出版社，2020。

第四單元

域外有關近世東部亞洲的
歷史文獻舉例

問題：就算你研究中國史，
是否中國史料就已足夠？

我今天要講的問題是一個也是三個：第一，如果僅僅靠中國文獻來解釋中國，是不是就已經足夠？第二，如果研究近世（宋元以後）的東亞史，又有哪些來自異域的漢文（或者准漢文以及非漢文）的史料？第三，你怎樣理解並且闡釋這些史料的意義？

讓我們先從中國史的研究說起。

作為一個以中國古代文史為主要研究對象的人，我常常會碰到一個問題，就是現在很流行的說法，叫做"以中國解釋中國"。有人說，你不要拿外面的，主要是西方的東西來解釋和理解中國。表面聽起來，這有一定的道理，所以，研究中國歷史，只要中國的經驗就行，只要中國的資料就夠。但是，真的行嗎？真的夠嗎？

正是在這個問題的基礎上，從 2000 年開始，我一直非常關心日本、朝鮮和越南的文獻。那麼，去關心這樣一些文獻，是不是因為中國文獻不夠用了呢？中國文獻不是"汗牛充棟""浩如煙海"嗎？我們幹嗎還要費了勁兒去找那些地區的文獻呢？關於這個問題，我們可以進一步討論討論。

也許有人會覺得，你說的這個問題，其實只是一個涉及處理歷史材料、歷史文獻的技術、方法和範圍的小問題。但實際上，我覺得這絕不是小問題，是涉及我們怎麼樣來理解、怎麼樣來詮釋"東亞"或者"中國"這樣一個大問題。大家都知道，以前比較宗教學的開創者，也是《東方聖書》的編者馬克斯·繆勒，他在《宗教學講演集》第一講就引了一句話，據說這是歌德講的，叫做"只知其一者，一無所知"（He who knows one，knows none）。[1]

這個話很簡單，這個道理大家也都能懂。比如一個人，他打娘肚子裏面生出來，就獨自在荒山野嶺裏面，甚麼人都見不着，就像《魯濱遜漂流記》裏面的星期五。假定說他能長大，他可能都不知道自己性別是男是女，自己長得是高是矮，自己是美還是醜，甚麼都不知道。所以換句時髦的話說，就是在沒有"他者"作為鏡像的時代，"自我"的認識基本上是不可能的。

中國人對於"東亞"和"中國"的認識，實際上也經歷過很漫長的階段的。這幾個階段是甚麼呢？我在好多地方都說過這個看法：

（一）中國人自我認識的第一個階段，就是以"自我"為中心，來想象自己和周邊。大家都知道，在漫長的傳統時代裏面，中國沒有遇到過更強大的、更高級的文明，所以逐漸形成了一個我們稱之為"天下觀念"的思想，同時也形成了"天朝制度"，也就是一個以自己為宗主國、大皇帝的朝貢體系。它總是把自己放在中央位置，在這個時代裏，儘管中國人實際的世界知識已經不少，但對於中國以及周邊的認識，實際上還是有欠缺的。

1　馬克斯·繆勒《宗教學講演集》，中文本譯作《宗教學導論》（陳觀勝、李培茱譯，上海：上海人民出版社，1989），10頁；參看呂大吉《譯序》，3頁。參看夏普（Eric J. Sharpe）《比較宗教學史》（呂大吉、何光滬、徐大建譯，上海：上海人民出版社，1988）第二章《只知其一者，一無所知》，34—59頁。

（二）接下來的第二個階段就不同了。不要說太早，至少在晚明以後，也是西方所謂"大航海時代"以後，中國逐漸被拖入那個"全球時代"的時候，就出現了一個可資對比的鏡像。這個鏡像是一個叫做"西方"的東西。在明清以來的中國人心目中，用來跟中國文化、中國歷史相對照的那個西方，常常是一個同一的、跟中國截然不同的、叫做"西方"的東西。當然，我們現在更清楚地意識到，那個西方內部是千變萬化、差別很大的。但是，在很長時間裏面，特別是晚清被西洋人"堅船利炮"打進來之後，中國人意識到衝擊來臨，所以，常常一比較就說"中"和"西"，或者是"東"和"西"。所以，它的自我認識和他者認識，依賴的只是一面鏡子，就是"西方"。

（三）可是大家都知道，一面鏡子看到的，仍然是一個平面的、單向的對象。你也想看後腦勺怎麼辦呢？你要想看側面怎麼辦呢？所以，第三個階段呢？我覺得現在應該提倡用更多面鏡子來認識自己，不是說"西方"不要了，而是說，"西方"只是一面鏡子，可能是正面很重要的鏡子，但是"周邊"也是鏡子，不僅僅是用一個"西方"作為我們的鏡子，我們"周邊"的那些國家、文化和族群，也有可能互相作為鏡像，成為認識自己的鏡子。

也許有人會說，那些甚麼朝鮮、日本、越南啊等等，過去不都是"漢字文化圈"的嗎？你千萬別把這個說法固定化！我們中國人常常會抱着一個固執印象，就是說日本、朝鮮、越南，他們的文化跟我們差不多，以前都是受我們漢唐中國文化影響的，所以大同小異。我想提醒大家，千萬別那麼想！日本人跟中國人的差異，不見得就比法國人跟中國人的差異小。不光是丸山真男說的"古層"和"低音"，從一開始就決定了我們在根上的不同，到了近世，特別是在十七世紀明清易代以後，大家在文化上越來越分道揚鑣，實際上彼此之間的敵意、差異和想象，是越來越厲害的。儘管我們也同意，東亞各國也許在歷史上確實曾共享過一個傳統，都曾受過中國漢唐文化的影響，但實際上，彼此之間的那個差異，越往後就越顯露出來。不然，現在中、日、韓三國為甚麼不一樣呢？特別是當我們用那個相對來說似乎很微小的差別，來仔細地比照自己的時候，可以看到自己過去注意不到的細部特徵。可是，在我們今天學術界，既能擺脫"以中國解釋中國"這種偏見，又能跳出僅僅用西方尺度來評價中國的人，還不是那麼多；能不是僅就中國談中國，而是能把中國放在東部亞洲，甚至整個亞洲背景下來認識的人，也不是那麼多。

所以，我覺得通過"周邊"，通過周邊所保留的各種有關文獻，來認識東部亞洲，認識傳統中國，是一個非常非常有效的途徑。

言歸正傳，我們回到今天的主題"文獻"。有關這些保存在日本、越南、朝鮮、蒙古的，涉及東亞歷史和中國歷史的文獻，其實，很早就有人提醒過我們了。1938年，胡適代表中國到瑞士蘇黎世參加第一次國際歷史學大會。在會上他曾發表英文文章叫做《近年來所發現有關中國歷史的新資料》(*Recently Discovered Material for Chinese History*)，裏面就提到，當時大家已經意識到有關中國最重要的幾種新史料，其中除了我們大家都知道的所謂

"四大發現"，就是甲骨卜辭、敦煌文書、居延漢簡、大內檔案之外，胡適也提到了保存在日本、朝鮮的中國史料。[2] 可是，從 1938 年到現在，八九十年過去了，在很長一段時間裏，我們能夠看到有關這方面文獻的研究和整理還不多，最主要的就只有吳晗先生當年用《朝鮮王朝實錄》鉤輯出來的那十幾冊有關中國的史料。[3] 此外，還有像日本圓仁的《入唐求法巡禮行記》，像成尋的《參天台五台山記》，像朝鮮崔溥的《漂海錄》，像朴趾源的《熱河日記》，如此而已。可是大家要知道，在日本、越南、蒙古和朝鮮保存的，有關東部亞洲和中國的文獻有多少呢？我現在已經沒法兒描述。光是韓國最近這些年出版的文獻 ——《韓國歷代文集叢刊》，就有 3000 冊，差不多相當於我們一套四庫全書了。光是明清時期朝鮮使者到北京來出差時寫的日記、詩歌和文章，韓國的林基中和日本的夫馬進，先整理了《燕行錄全集》106 冊，就差不多有五萬多頁。後來，林基中從東國大學退休以後，又補編了 50 冊，你看是不是數量很大？

　　可是，為甚麼過去我們那麼不注意呢？我總覺得有三點值得反思，第一點就是我們中國學術界對於中國歷史傳統和文化的研究，有一個自給自足的心態，覺得我們的材料足夠了，所以常說"汗牛充棟"。第二點呢？我們的學科劃得太清，我們的領域變得

<hr/>

2　該文現有鄭群中譯文，載《中國歷史學評論》（上海：上海古籍出版社，2014）第 4 輯，50−54 頁。

3　吳晗編《朝鮮李朝實錄中的中國史料》（北京：中華書局，1962），共十二冊，輯錄《朝鮮王朝實錄》的文獻自 1354 年起，至 1894 年。

很窄。我們不習慣越出自己的學科邊界和研究領域，去看看外面的資料和研究。第三點呢？要怪自己，要了解保存在外國這些的文獻，你多多少少要懂一點外文，你要知道，在你研究的時候，別人也在研究。別人研究的東西可能是用外文寫的，你得去懂一點。所以在這點上呢，可能我們還注意得不夠，是有自身的原因的。

所以，在下面這一單元裏，我會給大家做一個"書目"式的介紹，介紹一下有關東亞史的漢文文獻（也包括若干日本的准漢文或者非漢文文獻）。當然非常抱歉的是，由於文獻數量太大，我們只能做蜻蜓點水式的介紹。

順便說點兒題外話。大家千萬不要小看"書目式的介紹"。四十多年前，我在北大古文獻專業讀書的時候，有一門"中國文化史常識"課，主持這門課的陰法魯先生，請鄧廣銘先生給我們講第一講文化史入門，鄧先生就一再強調書目，也就是目錄學的重要性。很多人都知道，他有"四把鑰匙"的著名說法：第一就是年代，你得學會使用中國歷史年表、二十史朔閏表之類的年代工具，歷史學首先就是通過年代清理秩序的。第二就是地理，年代是時間的順序，地理是空間的坐標，你得懂得地理歷史沿革，懂得查找歷史地名，學會使用從重野安繹（しげの　やすつぐ，1827－1910年）、楊守敬（1839－1915年），到譚其驤（1911－1992年）編製的各種《地圖集》，學會使用歷史地理的工具和論著，像《歷史地理詞典》以及《行政區劃通史》《疆域沿革史》之類。第三則是職官，你要懂得古代的各種官僚名稱和他們的執掌、位階、升降等等，這樣你才能懂得這些制度背後的政治機構和王朝的行政運作，這是鄧廣銘先生的傳統，也是北大歷史系的傳統強項。如果你要懂得中古史，你就得學一學田餘慶、閻步克的書，如果你學宋史，你也得知道鄧廣銘先生的《宋史職官志考證》、龔延明的《宋代官制辭典》，最好手邊還有一冊美國人賀凱（Charles O. Hucker，1919－1994）編的《中國古代官名辭典》[4]。

最後，第四把鑰匙呢，就是目錄學了。看上去，目錄書沒法兒讀吧？都是書名，可是，這也是一門功夫，你懂得目錄學，就會對某一類、某一代的圖書文獻有一個俯瞰式的印象，就可以按圖索驥，就可以得其門而入。我過去讀古典文獻專業，老師就常常要引用章學誠的話，說目錄學不只是目錄，不只是查書目搞版本的技術，而是"辨章學術，考鏡源流"的大學問。所以我們也習慣了，一碰到問題，先到圖書館去瀏覽各種書架上的圖書，然後查看分類目錄去了解某個領域圖書的概況，然後藉助提要目錄，比如《四庫全書總目》和各種藏書家的藏書目錄，以及類似《中國叢書綜錄》之類的目錄去掌握線索。這樣就知道這個領域大體上行情是甚麼，大家不要小看"行情"兩個字，做生意懂行情，做學問也要懂行情。

所以，今天我就給大家用書目介紹的方式，講一講東亞漢文文獻的大概情況。

4　賀凱《中國古代官名辭典》（*A Dictionay of Official Titles in Imperial China*，北京：北京大學出版社，2008）。

第一講

攬鏡自鑒：
為甚麼要關注這些域外史料？

引言　為甚麼有關中國的域外史料
開始引起注意？

　　首先，我要談的是，為甚麼要關注這些域外的史料，這些域外史料對於我們來說，有甚麼意義？

　　我原來做佛教、道教和思想史，主要關注只是中國的歷史、文獻和文化，那麼，為甚麼這二十年來，我會去關注這些東西呢？我自己回想了一下，大概有三個原因。

　　第一個原因，是近年來日本、韓國和港台等一些地區，有關"東亞"的這個說法逐漸在升溫。很多人提倡，歷史研究要超越國境，要研究"東亞"或者研究"亞洲"。像日本、韓國，他們研究歷史的單位，常常就是東亞或亞洲，比如日本的宮崎市定。宮崎市定的大著，就是講アジア史研究，也就是亞洲史研究，現在上海古籍出版社翻譯出版了他的三冊，就叫《宮崎市定亞洲史論考》[5]。從明治時代起，日本學者他們寫的就是"東洋史"，前面我們說了，"東洋史"就是"アジア史"。韓國人受了影響，也和日本人一樣，習慣談"東亞"或者"亞洲"。

　　可是，中國學者為甚麼不習慣"亞洲"或者"東亞"的研究呢？前面我們已經討論過這個問題。我當然強調，由於政治受到國家影響，在政治史領域還是要有國別史的研究，否則無法看清這種政治、

5　宮崎市定《宮崎市定亞洲史論考》(張學鋒等譯，上海：上海古籍出版社，2017)三冊。

制度以及國家意識的由來。而且，作為一個中國學者，我對這個"東亞""亞洲"能不能成為一個政治、歷史、文化的研究單位，當然抱有一點思考和懷疑。為甚麼呢？因為亞洲差異性太大，東亞、南亞、西亞和北亞，以蔥嶺、帕米爾高原為中心，其實分成了好幾個各有特色、各有文化的歷史世界。整體的亞洲史研究，是很有困難的。

即使是東亞，原來文化上、物質上聯繫很多，環繞着東海、南海，好像確實可以成為一個有聯繫的歷史世界，但是也要看到，早期的東亞可能確實以漢唐宋的中國為中心，成為一個所謂的文化"圈"、經濟"圈"或者政治"圈"。可是它不是不變的，到了明清以後"華夷變態"，東亞各國在文化上分道揚鑣，在政治上產生很多裂痕，而經濟各有各的國家利益，在西洋大潮衝擊下，各走各的路，這個時候，我們還能不能簡單地說一個"東亞"呢？

可是，"東亞"是否可以成為一個可以研究的歷史世界？對於這個問題的思考，使我不得不越出我自己所熟悉的"中國"，去關注日本、韓國，以及他們的一些研究，關注這些東西，就是為了介入"亞洲"或者"東亞"這個歷史問題的討論。可是你要想介入，你就得知道他們的槍法、他們的資源、他們的立場，所以，就要去看他們的研究和文獻。剛才我說過，"亞洲"絕不像日本的岡倉天心所說的那樣，"亞洲是一個"，其實，"亞洲"這個詞和"遠東"這個詞一樣，它原本來自歐洲，是對遙遠東方的一個地理描述單位，可是，它憑甚麼成為歷史上或者是文化上的"一個"呢？如果曾經是"一個"，那麼怎麼理解這個"亞洲"，又怎樣書寫這個"東亞"的交錯的歷史呢？這是我關心這些保存在域外的、有關東亞和中國的漢文文獻的第一個原因。

第二個原因，我們前面說了，你不能只是自己看自己，你得通過"周邊"和"中國"的交涉，來理解東亞和中國自身。近年來，歷史學界對以"民族國家"描述歷史的方法提出了很多疑問。他們說，你們以"中國"為單位書寫歷史是不對的。中國是一個嗎？中國是一個可以作為歷史描述的空間單位嗎？有一個著名的印度裔美國學者叫杜贊奇（Prasenjit Duara），他寫的一本書叫做《從民族國家拯救歷史》，他要從民族國家"中國"這個概念裏面，把中國歷史拯救出來。這個問題對我們提出了很嚴峻的挑戰。為甚麼呢？歷史上，中國確實是一個移動的、變化的空間，用現在的"中國"反過來套歷史上的"中國"，確實有很多問題。比如，除了中國核心區域——我不用"本部"這個詞，因為以前認為"本部"這個詞，有日本侵略中國的陰謀在裏面——比較穩定之外，從匈奴、鮮卑、突厥、吐蕃、契丹、蒙古，到現在的滿、蒙、回、藏、苗各個區域，始終變動不居。你用現在的 960 萬平方公里，56 個民族的中華人民共和國反過來說，自古以來那些地方、那些族群，就是應當寫在"中國"的歷史裏面，這當然就不對了。所以，超越國境，回到那個時代的歷史背景中看歷史，一下子就出現了很多在疆域、族群、文化上犬牙交錯的問題，你不能不走出"中國"，了解中國和外面的關聯性歷史，這對於你反過來理解自身中國的歷史，有很大的好處。

特別是，現在後現代歷史學對這種"民族國家"為基礎的歷史研究提出了質疑，所以我覺得你要回應他們的質疑，也要了解犬牙交錯、贏縮不常的周邊世界，以及這個周邊世界對我們的影響。老話說，東山鐘鳴，西山磬應，很多歷史事件，也許並不只是涉及一個王朝、一個帝國、一個國家，就像我們一開頭舉的那個例子“蒙古襲來”一樣。在這個意義上，研究東亞或者亞洲，也把亞洲和東亞作為中國歷史的背景，正是在回應現代歷史學提出的這個問題。因為在某種意義上說，東亞互相關聯的歷史的凸顯，就意味着淡化中國、日本、朝鮮這些民族國家，作為固定不變的歷史空間單位，這個時候，聯繫、交錯、互動、衝突、影響就更重要了。這是第二個原因。

同時呢，還有第三個原因。這就是怎麼理解“中國”。大家都知道，很多歷史學家，尤其是東洋和西洋的歷史學家，以超越漢族中國的理論，比如“征服王朝史”，對傳統的、以中原王朝為主的、漢族中國主幹的歷史，發出很多質疑，尤其突出地表現在蒙古史和滿清史上面。比如日本東京大學的本田實信、東京外國語大學的岡田英弘、京都大學的杉山正明，就提出元朝的那段歷史不要叫“元朝史”，應該叫“蒙古時代史”，而這段歷史就是把歐亞連在一片的世界史的開端。[6] 在清史領域呢，大家都熟悉的，日裔美國學者羅友枝（Evelyn S.Rawski）跟何炳棣先生的爭論，也是

---

6 本田實信《モンゴル時代史研究》（東京：東京大學出版會，1991），特別是看《序文》，v頁；岡田英弘《世界史的誕生：蒙古的發展與傳統》（陳心慧譯，新北：廣場出版，2013）；岡田英弘《中國文明的歷史：非漢中心史觀的建構》（陳心慧譯，台北：八旗文化，2017）；杉山正明《モンゴル帝國と大元ゥルス》（“東洋史研究叢刊”之六十五，京都：京都大學出版會，2004），特別是參看其章《世界史の時代と研究の展望》；杉山正明《忽必烈的挑戰：蒙古帝國與世界歷史的大轉向》（周俊宇譯，北京：社會科學文獻出版社，2013），特別是第七章《世界史與蒙古時代》，55頁以下。

爭論這一個問題。[7] 何炳棣先生說清朝整個歷史，就是滿族漢化、逐漸漢化的歷史，羅友枝堅決反對，認為清朝的皇帝不是中國皇帝，清朝皇帝是一個多民族的，也包括漢族在內的廣大疆域的一個"大汗"。所以，不再贊成說用中國史來描述中國的歷史，而是要超越中國史。當然，同樣也有一些政治上的考慮，比如台灣的杜正勝先生，當他越來越偏向台灣本土化立場以後，就提出一個"同心圓"的歷史觀。這樣一來，中國史就很難成為一個完整的獨立的歷史。這個問題對我們是個很大挑戰。正是因為這些原因，我們不得不去關心，如果我們中國史要重新定位的話，我們要不要關心我們的周邊？到底我們跟周邊諸多民族國家的關係是怎麼樣的？"漢化"或者"文化圈"是不是中國延續和存在，以及朝貢體系成立的原因？

　　這幾個原因，使得我在 2000 年以後，差不多花了五六年時間，不斷地去看這些有關東亞和中國的漢文資料，一方面試圖回應這些提出來的問題，一方面也想提出自己的看法。

7　　Evelyn S. Rawski: *Presidential Address: Reenvisioning the Qing: The Significance of the Qing Period in Chinese History*, *The Journal of Asian Studies*, Vol. 55, No. 4 (1996), pp. 829-850；張婷譯（李瑞豐校）《再觀清代 —— 論清代在中國歷史上的意義》，收入劉鳳雲編《清朝的國家認同："新清史"研究與爭鳴》（北京：中國人民大學出版社，2010）。何炳棣的反駁，載 Ping-ti Ho: *In Defense of Sinicization: A Rebuttal of Evelyn Rawski's Reenvisioning the Qing, The Journal of Asian Studies*, Vol.57, No.1 (1998), pp. 123-155。張勉勵譯《捍衛漢化：駁羅友枝之〈再觀清代〉》，亦收入劉鳳雲編《清朝的國家認同："新清史"研究與爭鳴》。

一、域外史料的意義：舉幾個例子

當我們去看這些資料的時候，我們就越來越發現問題的複雜性，但同時我們也確實有越來越多的發現，當我認真地看這些文獻的時候，我覺得很震驚，因為外面的這些資料太有用了。這個震驚不僅僅是因為它數量非常多，剛才說到，《韓國歷代文集叢刊》3000 冊，《燕行錄全集》106 冊加上續編 50 冊，以及沒有說到的，非常系統和豐富的《朝鮮王朝實錄》《承政院日記》《備邊司謄錄》等等。可這還沒說到日本，日本的《唐通事會所日錄》就不少，描述清代初期中國情報的《華夷變態》，也好幾千頁，這些都是零星一小角。如果你看日本東京大學史料編纂所歷年來陸續編纂的"大日本史料"，看看有關日本與各國交往的資料《通航一覽》，你就會發現有關東亞和中國的東西太多了。

舉個例子，當時在德川時代的長崎，保留的日本官員對中國船員、中國商人的訊問（亦即審訊）記錄，就有好大一堆。大家可能都知道，法國、意大利的歷史學者，常常會運用審訊文書來做很細的研究，比如，法國人勒華拉杜里的《蒙塔尤》[8]、意大利人

8　勒華拉杜里（Emmanuel Le Roy Ladurie）《蒙塔尤：1294－1324 年奧克西坦尼的一個山村》（許明龍譯，北京：商務印書館，2007）。

金茲伯格的《奶酪與蛆蟲》[9]，這些都成了微觀史學的名著。可是如果我們善於使用，是不是也可以找出一些很有趣的東西來呢？比如，日本當時對來日本的中國船主和商人都做訊問，像每一條船帶了甚麼東西、有多少人、這個人叫甚麼名字、出生在哪裏、籍貫在哪裏，都記錄下來。此外，他們還會問各種問題，有很多常問的問題，上至天文、下至地理，左到軍事、右到經濟，甚麼都有。這些資料反過來就是了解中國的很好東西，是不是利用這些細緻的資料，我們也可以做一點兒類似的微觀歷史研究，寫出豐富而深入的故事？

當然，我們也不是說這些資料就沒有問題，在那個時代，日本、朝鮮對中國的了解和對中國的記錄，有很多實錄，也有很多傳聞和想象。為甚麼我說，這些文獻裏面既有實錄，也有傳聞，還有想象？因為那個時候，大家彼此開始隔絕了。十六世紀末期到十七世紀初期，就是在豐臣秀吉侵略朝鮮的"壬辰之役"結束，德川家康掌握大權，開闢了日本的德川時代（1603－1868 年）。

9　金茲伯格（Carlo Ginzburg）：《奶酪與蛆蟲》（*The Cheese and the Worms: The Cosmos of a Sixteenth—Century Miller, trans. by John & Anne Tedeschi*, The Hopkins University Press, 1980）。講述十六世紀一個遭宗教審判並被火刑處死的磨坊工人 Menocchio，他相信宇宙源於一塊腐爛的奶酪，而上帝、天使和人類都是從這裏長出來的蛆蟲。金茲伯格通過細緻的文獻，分析他平時的閱讀書籍、他的思想和感情，包括他的恐懼、憤怒、希望與失望以及有關命運的觀念。在一個印刷術普及和基督新教改革時代，金茲伯格分析磨坊工人的文化成型和社會背景，也就是十六世紀工業革命前夜，所謂大眾通俗文化的變化，也指出這個時代上層文化與下層文化的互相關係，這種關係中，上層到下層，下層到上層，彼此交換與溝通。金茲伯格指出，普通平民也有自己的"文化"，但是值得思考的是，下層文化究竟依賴上層文化到甚麼程度？下層又能否發展出自己獨特的文化？

在德川幕府為了防止天主教而搞"鎖國"以後，只允許在長崎通商，中國、日本之間，就彼此在文化上隔絕得很厲害，互相之間也沒有信任了。而十七世紀中葉，在滿族佔領了整個中國以後，儘管朝鮮還按照規矩向大清朝貢，但在文化上也跟中國有很多隔閡，他們不大承認滿洲人的文明。所以，日本也好，朝鮮也好，對中國有很多想象和偏見，那些資料裏面不完全是見聞和實錄。

以朝鮮史料為例，我跟大家講幾個故事，這幾個故事在我的《想象異域》一書裏都有，大家可以參看。

第一個故事，有關服飾。我們現在不是有很多人提倡穿漢服嗎？當然現在這些所謂漢服不真的就是漢代服裝，而十七世紀中葉之後的那個時候，朝鮮和日本的文人和官員，最主張穿大明衣冠。如果我們看各種燕行錄，特別是明清易代以後的燕行錄，你就會看到朝鮮使者到中國來，常常諷刺中國的漢族文化人，說你們都變成蠻夷了嘛，身上穿的是野蠻人的滿清衣服。他們常常說，雖然我們朝鮮人本是蠻夷，生活在文明邊緣，可是現在我們穿的是大明衣冠，所以，真正的中華文化已經轉移到我們這兒了，"明以後無中國"，我們這兒卻"東國應是小中華"。你可以看到，東亞互相認識中朝鮮知識人的觀念已經有點兒變了，對自我的認知就不免帶了傲慢和自大，對他者尤其是中國的觀察就有偏見和想象。

大明衣冠

第二個故事，是一個江南女子季文蘭的傳說。傳說中，季文蘭是江南女子，滿人把她的丈夫殺掉了，然後把季文蘭從南方弄到瀋陽去了。在路經北京附近豐潤縣的榛子店的時候，季文蘭就在牆上題了一首詩：

> 椎髻空憐昔日妝，
>
> 紅裙換着越羅裳。
>
> 爺娘生死知何處，
>
> 痛殺春風上瀋陽。

　　這首詩寫在牆上，下面還有一首小序，"奴江右虞尚卿秀才妻也，夫被戮，奴被擄，今為王章京所買，戊午正月二十一日，灑淚拂壁書此，唯望天下有心人見而憐之。"這件事情在朝鮮人的文集和燕行錄裏面被提過幾百次，有好多首唱和詩，每個朝鮮朝貢使者經過豐潤縣榛子店的時候，都在這兒發感慨，為她掬一把辛酸淚。這個事情暗含着的意思是甚麼呢？就是"家仇國恨"吶，意思是滿清代表的野蠻人把明朝的漢族文明人打敗了以後，連江南秀才之妻也被擄走為奴了。傳說越來越厲害，就出現了很多同情和想象的詩歌。可是據我考證，這件事兒是子虛烏有，壓根兒就是偏見。為甚麼？因為這件事兒發生在戊午正月二十一日，可戊午並不是明清易代的時段，如果是明朝萬曆四十六年的戊午（1618），滿清軍隊打不到江南去，甚至連北京都打不到，實際上這個戊午是康熙十七年（1678），那時候清廷正在平定吳三桂，而季文蘭的丈夫是吳三桂部下，那麼，朝鮮人知道不知道？很快就知道了這只是個美麗的誤會。但是儘管如此，一直到光緒年間，這麼長時間裏，還是不斷出現對季文蘭的想象和唱和，把她的身世想象成家破國亡的故事。故事雖然虛幻，但是意義卻很大，因為在這裏我們可以看到，當時的朝鮮人對清帝國，是怎麼樣想象和理解的。[10]

第三個故事，發生在 1764 年的日本，一個朝鮮通信使到江戶去祝賀德川家第十代將軍繼承職位，在歸國經過大阪的途中，有一個翻譯鈴木傳藏把通信使屬官崔天宗殺死了。過了若干天，鈴木傳藏就被抓並處死了。這個事情很簡單，無非就是殺人償命，特別的地方只不過是殺了外國人。可是，這件事情在日本很多文學資料裏面被想象和改造，變成一個非常有趣的事情。

據傳説，被殺的不是崔天宗。原本有一個崔天宗，他在日本出使時，跟日本游女交往，後來崔天宗回國，而這個日本游女生了遺腹子。崔天宗回國後，他老婆跟外甥私通，就合謀把他殺了，這個外甥冒名崔天宗，又當了朝鮮通信使的屬官到日本去。但這個時候呢，崔天宗跟日本人的遺腹子長大了，就是殺人的鈴木傳藏，他為了給父親報仇，把冒名頂替的崔天宗給殺了。大家看，這件事情表面上也是很小的，無非是編出來的一個故事。可是呢，這件事情在日本可是廣泛流傳的，為甚麼呢？日本名古屋大

10　參看葛兆光《想象異域：讀李朝朝鮮燕行漢文文獻札記》(北京：中華書局，2014)。

學的池內敏教授討論這個問題，就指出它跟另外一個跟中國有關的資料可以對比，就是"國姓爺"的故事。日本人之所以對鄭成功這個"國姓爺"有興趣，對鈴木傳藏有興趣，據說，有一個共同點是，鈴木傳藏和鄭成功的母親都是日本人。而日本人通過這個故事來表達的意思是甚麼呢？是日本的孩子，才會有復仇的決心和付諸行動的能力，無論是家仇還是國恨。[11]

我們可以知道，日本人、朝鮮人對中國的記載和文獻裏面，確實有很多是想象是傳說。但是，這些想象和傳說背後有真實，你可以看到他們心目中對於中國一些真實的觀念，這在研究思想史的學者那裏，實在是很有價值的東西。那個時候，已經不是漢唐時代而是明清時代，朝鮮和日本帶有偏見的一些想象，他們帶着偏見觀察中國，反而呈現了他們內心的真實思想變化。

可是大家更應當注意，在這些朝鮮、日本還有越南的文獻裏，更多的不是想象，而是實實在在的記錄，這對於了解東亞和中國是很有用的。中國史書的記載，因為有政治的忌諱，也有傳統的觀念影響，還有中國人熟視無睹、習以為常的緣故，有些現象和事件是我們不記，或者扭曲，或者被刪，所以，往往使得那個時代的歷史，被政治、道德和偏見鑄造了一個固化的脈絡。可是，往往是"旁觀者清"，當時的日本人、朝鮮人、安南人到中國來，他看到很多他覺得有趣的東西，他就會記錄，而這些東西可

11　參看池內敏《唐人殺しの世界 —— 近世民眾の朝鮮認識》（京都：臨川書店，1999）。

能中國人就沒有留下記錄，他們補充了我們的歷史。

二、域外史料的意義（續）：繼續舉例說明

有一個最典型的例子，就是吳三桂的《反清檄文》。

康熙十三年（1674），清王朝開始平定三藩，而吳三桂起兵的時候，曾經發佈檄文，表示自己起兵反清，是為了恢復大明天下，檄文裏面聲討清朝，是"竊我先朝神器，變我中國衣冠"。這就觸到了清朝的痛點。我們不管吳三桂這個說法是真是假，但這篇檄文居然在中國文獻中統統不見了，倒是保留在日本的《華夷變態》卷二裏面，也被收在朝鮮的《朝鮮王朝實錄》裏面，朝鮮君臣居然還從這篇檄文中，看到吳三桂"內懷恢復之志"。這就有點兒意思了。因為經過清王朝的宣傳，我們已經習慣了一個說法，就是吳三桂不僅引狼入室，斷送了大明天下，而且後來起兵反清，也只是為了一己之私，根本心中沒有甚麼漢族或者明朝的民族國家大義。可是，這份檄文呢？它就是假惺惺的嗎？清王朝的文獻裏面為甚麼沒有它的蹤影呢？

來自日本和朝鮮的很多資料，還能給我們提供中國文獻所沒有的一些東西。你如果看《朝鮮王朝實錄》就會注意到，朝鮮年年來中國的各種使團，照規矩都要向國王報告出使的情況，但是除了這些正式的報告之外，還會進呈很多所謂"別冊"或者"見聞別冊"，就是給朝鮮國王的中國情報，裏面有很多消息。比如說，

咱們現在有很多演皇上的清宮戲，你們也可以從各種畫冊裏面找到康熙、雍正、乾隆、嘉慶這些帝王的形象。但是，在我們的文獻裏面，很少看到直接、生動地描述皇帝長甚麼樣兒的，民眾沒法親眼見皇上，就會想象"天庭飽滿，地角方圓"。可是，我們在朝鮮的燕行錄裏面看到不少實錄，因為他們是朝鮮的賀歲使、朝貢使，在正月初一早上會面見皇上，他們就會記下來，反正他們也沒有忌諱，所以他們記得很真切。比如說康熙，就說他"身長不過中人，兩眼浮胞，深睛，細小無彩，顴骨微露，煩瘠頤尖"，而道光，他們會說道光皇帝長得很醜，說牙都掉了好幾顆了，"黃面，上廣下狹，短鬚無髯，臉長細眉，大口齒落，身長背僂"。像這些東西，我們過去就在史料上不大容易看見。

又比如，如果有興趣研究東亞的近代史，也可以從日本人、朝鮮人的記載中，找到很多資料。像朝鮮有鄭健朝的《北楂談草》、金允植的《天津談草》，這都是他們和一些很有名的中國官員的對話筆談記錄，我們可以很驚詫地看到當時的李鴻章在日本和朝鮮之間的態度，李鴻章還曾經勸朝鮮，要和美國接近來牽制日本，也看到這些朝鮮人跟許其光、周玉山、劉薌林、馬建忠、徐建寅、羅豐祿這一批當時很重要的人物，進行有關國際關係的對話，其中也說到關於"自強"和"自治"的差別，對於理解東亞三國的現代進程，也許這些資料至今還很有意義。

在異域文獻的記載中，有很多可以補充歷史的細節，有些歷史細節我們也曾經看到，可是他們記的跟我們的可能不一樣，也許能夠幫我們重新理解歷史。比如，我們現在談論"現代性"，在中國歷史裏找呀找，找這些"現代性"的淵源，可是，這些所謂"現代性"現象在清代很多。比如說，人的自然生死可以平靜面對、泰然處之，這可能是現代人的理性觀念；宗教信仰應當多元化，這也是一個現代性的表現；男女之間可以平等，這也是一個現代性態度；市場和商人的普及和地位提高，這更是現代的觀念。可這四個現象在清代好像都常見起來了，以後見之明來說，其實它都是進步。可是，你看日本人和朝鮮人的記錄，尤其是朝鮮知識人，在他們看來，恰恰是這四個現象，表明中國是徹底墮落了，文明淪喪了。他們看不慣的，一是喪禮用樂；二是當時中國崇拜的不是孔夫子，而是佛陀和關公；三是男女無別，內外之分相對來說不嚴格；四是經商之風大盛。如果按照現代價值觀，也許你要說，滿清王朝給我們帶來了"現代性"啊，可是用朝鮮人的觀念來看，這就是漢唐宋中國的滅亡，漢唐宋中國文化的淪喪。這些都值得注意，因為外國人的觀察，有時候是很細的，他初來乍到，在一個陌生的文化環境，甚麼都好奇，尤其是和他們自己國家不一樣的地方，他會記得很詳細。所以，他就給我們帶來了歷史的細節，這是很有趣的。你比如說，北京當時的戲院有幾個，戲票的價錢是多少，戲院的座位有多少，戲院每個月的戲碼兒是甚麼，這些資料都保存在朝鮮人的燕行日記裏面，我就曾經用這些資料做了一個有關北京戲院演出與滿漢意識的研究。

反過來，中國人去日本經商，也有一些資料可以做文化史研究。前幾年，周振鶴教授做了一個有關中國船隻到日本去所攜帶（持渡）書的研究。如果你注意，中國船當時到日本去，帶了甚麼書，甚麼書好賣，日本人需要甚麼書，從這裏你就可以看到，中國當時的刻書業為得到利潤，究竟刻甚麼書，而日本受到甚麼中國書的影響，這是很有趣的一些細節，在這裏面都可以看到。日本已故的大庭脩（おおば おさむ，1927－2002 年）教授，他的名著《江戸時代における唐船持渡書の研究》就是研究這個話題的[12]，後來，他獲得日本崇高榮譽學士院大獎的《江戸時代における中國文化受容の研究》[13]，就是在這個基礎上開拓的。其中，他仔細地講到甚麼是禁止傳入的禁書，這些資料就來自長崎會所（也就是類似海關的機構）的相關賬目、大意書，和商船的舶來書目。而朝鮮人來中國買書呢，也很有意思。我們這些做思想史、文化史的人特別有興趣的資料之一，就是在來華的朝鮮、日本人眼中，中國圖書出版和銷售的情況。比如說，你可以在朝鮮人的記載裏看到當時北京琉璃廠十幾家書店賣的書，你就可以大概知道那時候的學術風氣是不是在悄悄發生變化。雖然官方還在拿程朱理學來考學生，可是，朝鮮人記載，在琉璃廠卻買不到程朱理學的書。有一個朝鮮人跑來跟紀曉嵐講，說我託你買點程朱理學的書，紀曉嵐講近來風氣都變了，都重《說文》《爾雅》之學，你要的那些書，對不起，北京買不着，還得派人到江南去給你買。可是，這就要提個值得思考的問題了，江南不是流行考據學的

12　大庭脩《江戸時代における唐船持渡書の研究》（大阪：關西大學東西學術研究所，1967）。

13　大庭脩《江戸時代における中國文化受容の研究》（京都：同朋舍，1984）。

嗎？為甚麼江南能買得到呢？如果把朝鮮人詳細抄的書單子拿來對勘，你就會看到北京琉璃廠賣的書不一樣了，從那時候熱銷的書是甚麼，不也可以看到一個學術風氣在變化嗎？現在，書籍印刷出版和銷售，已經成了知識史、社會史和文化史研究的熱門，大家如果看法國年鑒學派的費夫賀的《印刷書的誕生》和英國歷史學家彼得・伯克的《從古騰堡到狄德羅》，就知道新文化史裏面書籍史的重要性。其實，你如果會使用這些資料，你從周振鶴編的《晚清營業書目》裏面，也許也可以找到思想史文化史的好資料。

說到學術史和思想史，我們現在了解的清代思想學術史，常常需要知道那些個重要的人物，可是，誰重要誰不重要，這都是章太炎、劉師培、梁啟超、胡適、錢穆他們來告訴我們的，所以我們習慣地接受這種重要人物的名單。可是，你要看朝鮮人在北京跟普通文人聊天時的那些記載，你可能想不到，那時候一般文人崇拜的文化領袖是誰。比如道光年間（1821－1850）在北京的文人成都周向善、雲南汪堅就告訴他們，文壇的領袖人物是孫玉庭（1741－1824 年）、汪廷珍（1757－1827 年）。為甚麼？因為他們"位至卿宰，主當世之文柄"。他們下面，則是湖北人陳沆（字太初，號秋舫，1785－1826 年）、廣西人陳繼昌（1791－1846 年）、四川人王炳瀛、安徽人淩泰封（1783－1856 年），"皆為翰林之官，號為翹楚"。可是，除了陳沆因為著有一部《詩比興箋》，還略有所聞之外，現在我們的文學史、學術史會提到這些人嗎？但從朝鮮人的記載看，他們確實是當時有名的人物。為甚麼呢？原來，陳沆是嘉慶二十四年 (1819) 的狀元，"以詩文雄海內"；陳繼昌是嘉慶二十五年 (1820) 的狀元，而且還是連中三元 (解元、會元、狀元)，他是清代兩個連中三元者之一，也是歷史上最後一個連中三元的人，美國學者羅威廉 (William Rowe) 有一部著作《救世：陳宏謀與十八世紀中國的精英意識》的主角，就是他的祖父；淩泰封是嘉慶二十二年 (1817) 的榜眼 (一甲二名)，著有《東園詩鈔》十二卷，詩歌寫得不錯[14]；而王炳瀛是嘉慶十九年 (1814) 進士，書法很有名，對文字也有研究，著有《小學集解》。可見清朝那時和現在一樣，"高考"就是風向標、指揮棒，人們崇拜的不是日後能影響文學的那些真正文人，而是金榜題名、引領風騷的狀元郎。所以，如果回過頭來，重新通過當時的眼睛看當時的風尚，也許會不一樣，當我們重新追溯一個時代的知識風氣，就會發現現在的歷史描述，常常只是我們的後見之明。所以，我們有必要回到當時，用那時的眼睛來看，當時的眼睛也許是客觀的，特別是當時異域人的眼睛。所以，我們要特別重視這些資料。總的來說，日本、朝鮮以及越南保存的這個史料的意義，首先，就是讓被刪減、遺忘的歷史復活；其次，就是讓我們有可能再看到鮮活的具體的歷史場景，給我們補充很多歷史的細節；最後，是給我們一個文化比較的背景，這一點我覺得這些東西非常珍貴，值得我們去好好地去做。

14　比如《夜雨過山陰》"幾日春江正上潮，晚峰兩岸去迢迢。篷窗睡足三更雨，知過山陰第幾橋"。

三、為甚麼中國學界對此關注不夠？

接下來的一個問題，我就要談為甚麼中國學界對這個東西的關注始終是不夠的。我想在這點上，有時候中國學術界會有一點點自滿和自大，總覺得自己的史料充分，自己的歷史研究也非常完整，不需要藉助這些東西。還有一個很重要原因，我覺得是我們中國的很多學者，習慣了用"西方"這一面鏡子，而不太習慣於用日本、朝鮮、琉球、越南和蒙古這些資料。

我前些年到日本、韓國去，可以看到尤其是日本學界，對朝鮮文獻、琉球文獻、越南文獻，甚至對中國的滿族文獻以及蒙古文獻，研究得非常深入。可是我們呢？做得非常不夠。也許是日本人做過朝鮮殖民者的緣故，日本人對朝鮮文獻，尤其是朝鮮漢文文獻有很多的研究。我們簡單地舉個例子。

日本的天理出版過一個雜誌，幾十年了一直到現在，是一個重要雜誌，叫做《朝鮮學報》。這個《朝鮮學報》，我查了一下咱們的圖書館，只有幾家圖書館收藏。可是《朝鮮學報》是非常重要的一個雜誌。日本大學很多的圖書館，都有《海行總載》《同文匯考》《承政院日記》等朝鮮資料，可是我們沒有。日本有一大批研究朝鮮的學者，我們也沒有。當然，日本對於朝鮮的研究傳統，來自日本殖民者那兒，有歷史上遺留下來的問題，但是，中國人難道不可以去好好做一下周邊研究嗎？更何況我們通過周邊反過來看中國，多了些視野和角度，看得中國形象立體點兒不是很好嗎？

我跟大家講一個詞叫"較量"。學術也是比賽,學術界跟學術界之間,也存在着很多"學戰"。中國學界常常是關門主義,在門檻後面耍大刀,不去"華山論劍"。當然,當你只是研究中國的時候,沒有問題,反正誰也搞不過你,拿出去就是天下第一,日本人、朝鮮人,包括歐美人對中國做研究,有個天生不足,看中國書很慢啊,還得查字典,中國人天然地就能一目十行,當然有優勢。可是,一旦你把你研究的範圍和視野擴大到周邊,大家在同一起跑線上,同一個裁判手下,你就要接受檢驗,你的研究就要放在國際評價舞台上,要人家來評價。中國人有沒有這個本事?中國學術界要不要有這個本事?把自己的研究放大,然後跟他們互相較長論短?我這個話在東京大學、京都大學都講過,我說,將來有可能中國人比日本人、朝鮮人做得還好。為甚麼呢?因為那些文獻大都是漢文寫的,中國人看起來容易得多。

可是,問題是我們現在有沒有充分意識到這一方面的重要性?

四、現代學術變化可能的又一波?

接下來我還想進一步說明,異域有關東亞和中國的文獻研究,從學術史的角度來看有甚麼意義?

我個人覺得,如果大家開始關注這些領域,將是中國學術史發生變化的一個契機。我總覺得,中國現代學術史上有兩次變化是至關重要的。第一次，是清代中後期對於西北地理、蒙古史、遼金史的關注。自從錢大昕以後，清朝的學者逐漸開始關注到中國的西部和漢族之外的異族，包括像張穆、徐松等等，一直到後來的沈曾植。他們的研究，使得中國人的歷史研究和地理研究，超越了漢族中國空間。它帶來了一個很重要的變化，就是逼得你不得不去看"異族之史，殊方之文"，不得不去看外文資料，不得不學術國際化。這是中國學術走出傳統中國學術的第一步。第二次是敦煌學。敦煌學給中國人帶來的衝擊是很大的。為甚麼？因為敦煌學給中國學術帶來的一個變化就是，你不得不去關心中外交通，不得不去關心儒家以外的，像祆教、景教、摩尼教等所謂的三夷教，以及原始佛教的問題，不得不去關心西北的地理、中外交通的地理問題，而且還不得不像季羨林先生那樣，去學異族的死文字。這些資料又涉及亞洲西部、中部和南部的一些民族、宗教和文化。這樣就超出了中國特別是漢族中國，也和國際學界那個時候的一些研究同步了。為甚麼我們現在稱讚陳寅恪先生、向達先生、傅斯年先生有眼光？為甚麼當年中國最好的研究所叫做歷史語言研究所？道理很簡單，學術問題、內容、方法已經變化了，學術不得不國際化，不得不進入國際的學術語境。所以陳寅恪先生才講，這樣的學術才叫"預流"的學術。

可是大家有沒有想過？中國學術逐漸國際化的這兩次變化，它的重心都在西邊。我們能不能在這一次變化裏面，使它逐漸地、部分地轉向東邊？我在《宅茲中國》這本書裏面，專門寫了一章叫做《從"西域"到"東海"》，就是講這個可能的趨勢。如果我們關注周邊，關注到日本、蒙古、朝鮮、越南、琉球的文獻，我們也會向學術界提出很多要求來。比如說，你是不是要拓展過去傳統的史料？你是不是要懂得外面的研究？你是不是要掌握一門以上的外文？也許有這個條件的話，可能會使學術界發生一點點變化。

老實說，我覺得中國文史學界現在有一點點沉寂、有一點點停滯。這種沉寂和停滯表現在關心社會與關心學術兩個方面。一方面，在關心社會上，中國的人文學科、文史領域，好像失去了回應公眾提出問題的能力。有些文史領域的學者好像越來越技術化，變成了一個專業領域的從業人員，已經失去了回應社會問題的能力了。另一方面，在專業學術研究裏面，又好像是始終在一個格套裏面，視野就那麼寬，做的方法也就大同小異，大家都在一個固定模式裏面翻來覆去，彷彿複印機式的生產學術。

面對現狀，我們能不能做一點事情呢？第一，開闊我們研究的視野，超越漢族中國，走向更寬闊的領域。第二，能不能使我們的研究，跟國際學界有個對話？第三，能不能掌握更加國際化的研究工具？也就是語言工具和概念工具。現在學界流行一個詞叫做"互為他者"。"互為他者"，其實就是日本人通過中國來看日本，朝鮮人通過中國來看朝鮮，同樣，中國人也可以通過日本、朝鮮反過來看中國。長期以來，我們太看重那個似乎跟我們完全不同的西方，覺得不是中就是西、不是西就是中。那麼，現在我們是不是可以通過原來曾經共享過一個文化傳統，可是後來卻分道揚鑣的這麼幾個不同的文化群體，通過他們的眼睛來看我們自己？在通過他們的眼睛在看我們自己的時候，我們又多了好多材料，又多了很多歷史的文獻，這不是對我們也都挺好的嗎？

所以，今天我用了一個很文學化的名字叫"攬鏡自鑒"，拿鏡子來照自己，而這個鏡子不是一面，而是很多面，所以說是"從周邊看中國"。

有關東部亞洲與中國的日本文獻舉例

引言　且向東瀛尋逸史？

　　這裏先得說明一下，日本這方面的文獻雖然很多，但是，它們並不全是真正意義上的漢文文獻，有的文獻是漢文，有的文獻用的是日本那個時代的文字（候文），雖然裏面夾雜的漢字相當多，但是並不等於漢文。

　　日本有關中國的記載很仔細，這一點就像戴季陶《日本論》裏說的，他們是把中國放在手術台上，一遍又一遍地解剖。而且日本人向來細緻，記錄事情細大不捐，所以有時候非常有用，所謂"魔鬼都藏在細節裏"，歷史研究一個相當重要的路徑，就是從歷史細節中尋找蛛絲馬跡。

　　過去，中國學界比較熟悉的日本有關中國的文獻，主要是早期日本各種遣唐使帶回去的書目，就是《日本國見在書目錄》，還有我前面提到的日本僧人圓仁的《入唐求法巡禮行記》、成尋的《參天台五台山記》等。其實除此之外，特別是在後世還有很多，比如，相當於中國明代的文獻，如五山僧人兼官方使臣瑞溪周鳳的《善鄰國寶記》、笑雲瑞訢的《入明記》、策彥周良的《入明記》等等。這些文獻不僅記載了日明交往情況，也保存了觀察中國的記錄。大體相當於清代的日本江戶時代，更是有在長崎和其他地方接待清帝國船隻的各種記錄，以及所謂唐通事的資料，像著名的《華夷變態》《唐通事會所日錄》《古今華夷通商考》等，這些史料記錄了日本和中國的往來，也呈現了已經開始和中國文化分道揚鑣的日本對中國狀況的冷眼旁觀，在反映日本的視角上很有價值。而一般記載中國風土人情和普通知識的書籍，像寺島良安編《和漢三才圖會》(1712)、中川忠英編《清俗紀聞》(1799)、岡田玉山編《唐土名勝圖會》(1805) 等，它們背後隱含的眼光和態度，也相當值得注意。

此外，今人所編的《近世日中交涉史料集》(如《近世日中交涉史料集》第一至第五冊中有《中華之儀ニ付申上候覺》《和漢寄文》《朱氏三兄弟集》《荻生北溪集》《蘭園雞肋集》等等)、《江戶時代漂着唐船資料集》(1－7 輯)，也非常值得關注。

下面，我重點介紹幾種。

一、《華夷變態》[1]

《華夷變態》(かいへんたい)，是日本德川時代掌握儒家文化權力的世襲官員，也是日本朱子學大家林羅山 (1583－1657 年) 的第三個兒子林春勝 (1618－1680 年，名恕，號春齋、鵝峰) 和他的兒子林信篤 (1645－1732 年，號鳳岡)，根據 "反古堆" 即日本官方留存有關中國的各種文書檔案，以及 "唐船風説書" 即日本

---

[1] 《華夷變態》("東洋文庫叢刊" 第十五上，東京：東洋文庫，1958；東京：東方書店，1981)；中國學界較早介紹《華夷變態》一書的，有謝國楨《增訂晚明史籍考》(上海：上海古籍出版社，1981)，994 頁。有關《華夷變態》最新的研究綜述，請參看陳波《〈華夷變態〉研究述略》，載《元史及民族與邊疆研究集刊》(上海：上海古籍出版社，2013) 第 25 輯，183－193 頁。

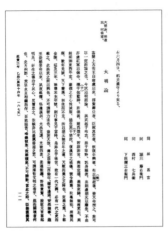

《華夷變態》上冊開頭的明遺民何倩甫《大明論》

長崎海關通過訊問中國船隻人員的記錄向江戶報告中國情況的文書編成的。一共包括從 1644 年到 1724 年八十年間的兩千多份資料，編成三十五卷。之所以叫做"華夷變態"，是因為編者認為，明清易代之後，中國統治者從漢人變成了滿人，文化也從文明轉向野蠻。這就是林春勝的序裏說的，"崇禎登天，弘光陷虜，唐魯才保南隅，而韃虜橫行中原，是華變於夷之態也"（1 頁）。

　　林春勝寫這篇序的時候，是 1674 年（日本延寶二年，清康熙十三年），那時在日本人的眼中，中國剛剛變天，所以叫"華夷變態"。不過，這部資料書雖然 1674 年寫了序，但是後來他的兒子林信篤繼續在編，林信篤死於 1732 年（日本享保十七年，清雍正十年），通常認為《華夷變態》就編定在這一年之前。

　　根據《華夷變態》的記載，清朝和日本，雖然官方往來斷絕了，但是，民間貿易相當繁榮，因為這裏有利可圖。所謂"內地價一，至日本則五，回貨又可二"，有了這十倍的利潤，從中國的東南沿海，不斷有船去長崎。據《唐通事會所日錄》等資料的記載，日本元祿元年（清康熙二十七年，1688），清朝剛剛開放海禁，僅僅六月份就有 4432 個中國人來到長崎，來的人太多，或在船上住，或者租賃民居，很亂，所以開始建設"唐屋"，第二年建成佔地 9373 坪的唐館。而這一年裏，唐船也就是中國船進入長崎港的有 193 艘，"大者五六十萬斤，小亦達十萬斤"。這船上運的是甚麼？主要是糖、藥材，甚至還有阿片。當然，也帶有中國的各種書籍。因為日本當時嚴厲禁止基督教的書傳入，所以長崎有非常嚴格的查驗[2]，負責查驗的機構叫做"奉行所"。正是因為奉行所的查驗，要盤問船上的船員，一面驗貨物，一面驗書籍，所以，留下來很多記錄文書，既包括貨物數量與種類的清單，這成了後來研究中日貿易歷史的珍貴資料；也包括書籍的目錄（叫做"大意書"），這成了後來研究中日文化交流史的珍貴資料。

前面說到，《華夷變態》中收錄了幾千份文書資料（有統計說2300 餘份），其中，最值得注意的有三點：

第一是明清易代之際，日本人對中國的認識變化。明清之際，從 1644 年順治元年清兵入關，到 1684 年康熙二十三年收復台灣後開放海禁，這一段四十年時間，中國和日本消息不通，這恰恰就是林春勝開始編纂《華夷變態》的時間。那個時候，日本對於中國總有一些憂慮，很想知道中國的情況，這些唐船就是了解中國的途徑。書中收錄林春勝的《吳鄭論》說道，"韃虜掠華殆四十年，正史未見，則不詳真偽。然本朝昇平，西海波穩，德風

2　《通航一覽》卷一四九："長崎唐船入港之時，奉行所派官員與五所派遣之官員，各一名，登唐船，查驗載來貨物、天主教門諸物、嚴禁物品等"；江戶時代的隨筆集《鹽尻》卷十七"凡異邦之船入津……聞其士之街談後，始可上岸"。

廣覃，福泉商舶，洊至長崎，譯鞮通語，津司驛傳具達，故余輩竊有所聞。"所以，有關中國巨變的資料，在裏面可以找到不少，其中很多在中國，因為清王朝的禁毀，已經找不到了，比如卷三的明遺民何倩甫的《大明論》，應當就是他剛剛流亡到日本時寫的，裏面痛訴明朝"大臣之誤"（111 頁）。又比如同一卷中，有另一個遺民林上珍的《清朝有國論》，也批判明朝自己的失誤，"罪在庸臣"，並且説，"今天下雖屬偽朝，少有智，亦審其徒竊名器，難享厚福，速禍敗而取喪亡耳"，下面繼續討論吳三桂佔據西南，江南金陵的形勢，清朝不能長久等（112—113 頁）。從這些資料裏面，你可以從中看到當時像朱舜水等遺民的思想動向。當然，你也可以看到東南沿海與日本做生意的普通商人船員的一般觀念，以及中國人對清朝統治態度的變化。比如康熙二十六年（1687）記載日本官員詢問五十六番南京船船員對中國情況的看法，船員們就説："今天下一統，海陸共安寧，古代罕有，康熙帝賢明，皇太后慈愛，萬民一口"，而湯斌"有忠勤之名，經學無二之儒官"；又説："本朝滿洲夷風不宜，用漢土遺俗，尊儒釋道三教。而前明有夷道、外道、外術之輩，或稱無為教、白蓮教、回回教，均罷。近年新申《聖諭十六條》，付各省府縣鄉，選講師一人，於學校每月二日、十六日開講，人民老幼共集，講'孝悌忠信，禮義廉恥，勤儉節慎、愛敬耕讀'十六字，令符先聖先賢之遺行跡，教導民俗"（716—718 頁）。

第二是從長崎方面對於中國資料收集的重點，可以看到日本對於中國關注的重心所在，也可以看到當時日本人對中國的想法。大家要注意，日本在清初也曾經試圖對中國有一些動作，比如幫助明朝遺民像鄭成功，幫助來乞師的如黃宗羲。所以，他們始終非常關注中國的形勢。在大清王朝基本穩定之後，你看《華夷變態》裏面的問題，就知道他們關心甚麼。比如對中國政治形勢的記載，如中國大臣的情況，中國經濟的情況，中國內部是否有動亂等，這些都很注意。又比如，它也記載了三藩之亂如何，康熙南巡如何，湯斌、李光地等大臣如何，各地的收成如何，當然，也詢問大明和大清、滿漢的差異，長城如何防備韃靼等敏感問題。我歸納日本人對於唐船船員們提出的問題，大體上有幾類很常見的：(1) 來自何處，何時來，人數多少？(2) 船上人員的信仰如何？(主要防止有天主教徒) (3) 帶有甚麼武器？(4) 帶的是甚麼貨物？(5) 來過長崎幾回？而對於唐船之外有關中國的問題則非常廣泛，正如第 41 頁引用雍正六年 (1728) 清朝負責日本事務的官員李衛的奏摺說，自己審訊往來日本的商人，"據稱夷人每事訪求天朝故實新聞，諸樣書籍，無所不有"，比如常常是：(1) 當今皇帝如何？(2) 有攻擊他國增廣土地之意耶？(3) 宰相之外有氣量雅識之人乎？(4) 何省何所為重？防日本何處為要？(5) 古今共傳要地之事情如何？(6) 風俗人情有何變異？從中你可以看到，後來日本對於中國的情報收集，也沿襲了這個傳統。

第三，當然是有關中日之間往來的資料，其中不僅有貿易，有政治，也有文化，有關商品貿易這一點，很多經濟史、貿易史的著作有研究，我就不多說了。值得特別提到的是，當時中日貿易的數量很大，前面說了，因為"內地價一，至日本則五，回貨又可二"，就是說幾乎有十倍的利潤，所以海上雖然風險很大，但是中國商船還是源源不斷來長崎。從清單裏面可以看到，貿易中很多有趣的商品[3]，像剛才我們提到的阿片，原來中國人也販賣鴉片，還在英國人賣給中國之前，只不過當時是作為藥品賣給日本的。又比如說，為甚麼要有那麼多的藥材？這些藥材幹甚麼用？日本沒有嗎？為甚麼日本每年進口那麼大量的白糖、冰糖，值得想一想日本缺乏糖的問題和歷史的關係。另外，"回貨"是甚麼？中國為甚麼大量進口日本的銅？浦廉一在《華夷變態解題》裏面就引用《嘉慶會典》指出，中國方面要鑄錢，雲南的銅不夠用，不用日本銅不行，當年需求很大，江蘇 25 萬斤、浙江 40 萬斤、直隸 29 萬斤，這樣從日本販賣銅，也有錢可賺，經濟史家對這個問題也可以討論。[4] 此外，也有國際關係的資料，像《華夷變態》下冊 2699 頁收錄了日本幕府由著名學者新井白石起草，並讓李韜士帶回中國的文書，那段時間，中日官方交往非常少，究竟中國方面有沒有收到？有甚麼反應？其實這些事情是很值得探討的。

這裏要順便提及中日之間的書籍交流，這是一個文化交流史上重要的研究領域。這些來自中國的書籍，在日本有一個名字，叫做"唐船持渡書"（とうせんもちわたりしよ）。有關唐船持渡

3　例如，《江戶時代漂着唐船資料集》中曾記載，安永九年（1779）四月三十日，《續談海》記載元順號船，載白砂糖二十六萬二千五百斤，冰砂糖五十桶一萬二千五百斤，各種藥材如甘草七萬五千七百三十斤，山歸來五萬五千八百斤，另有阿片三百五十斤、犀角兩箱二百廿七斤以及虎皮十張等。

4　《華夷變態》卷首《華夷變態解題》，18-19 頁。

書的研究，首先依賴的就是長崎對中國船隻的審查資料。對中國船帶來書籍的審查，最早是從鎖國的江戶時代禁止天主教書籍開始的。日本在德川幕府初期嚴厲禁止天主教，所以對海外傳入天主教書籍非常警惕，查得很嚴。從 1636 年即寬永十三年，日本下達對天主教的禁令之後，就開始檢查進口船隻帶來的書。1685年，有人（向井元成）發現，還是有改頭換面的天主教書籍，就建議長崎海關編輯"大意書"，也就是進口書目提要。

1693 年，"大意書"開始編輯，如果是沒有問題的一般書籍，大意書只有兩三行介紹，説明哪年出版，大體講甚麼就行了。但是，如果是有問題的天主教書籍，就相當仔細，如果有涉及日本情況的書，也相當嚴格。這種大意書，每冊有三份，交給長崎的奉行所，一份留在長崎，兩份送給江戶。經過長崎的老中（官名）審查後，凡是簽署"右の書物の中にはキリシタンのご禁制の文句はございません"，就可以作為商品販賣了。日本學者伊東多三郎、海老澤有道由於研究天主教在日本的傳教史，都對這個問題深有研究。後來集大成的，就是前面提到過的大庭脩，他在 1967年出版了《江戶時代における唐船持渡書の研究》，1986 年又在這一研究之上，以中日書籍流通為基礎，討論那個時代日本接受中國文化的情況，出版了《江戶時代における中國文化受容の研究》，使他榮獲第七十六回日本學士院賞。

二、《唐通事會所日錄》[5]【附:《清俗紀聞》】

　　這是對長崎的唐通事文書的整理。大家知道,長崎貿易往來中,翻譯很重要,這些日本的中國話翻譯就叫"唐通事",對荷蘭的翻譯叫做"通詞"。唐通事們有的是明清之際到日本去的移民或商人的後代,有的是一直擔任翻譯事務的人的後代,差不多是代代相傳的職業翻譯。這些人地位有高低之分,大翻譯就叫大通事,次一等叫小通事,如果是兼職的,叫唐通事目付等。這些唐通事不僅負責在長崎官員和中國船員之間進行翻譯和記錄,也負責聯絡、安置和管理這些外來的商人和船員,甚至還要管一些流亡在日本的華人,同時還要負責收集情報、整理資料、承辦江戶將軍的御用物品,甚至還得聯絡中國商人常常參拜的三所廟宇(崇福寺、福濟寺、興福寺)。

　　在這些唐通事留下的文書裏,有一些很有意思的資料,涉及中國的方方面面。這裏沒法仔細舉例,不妨看看根據唐通事記錄的材料整理出來的一本書《清俗紀聞》[6]。這是當時長崎官員中川忠英組織手下(包括一些華人後裔)編纂的,主要根據就是唐通事對中國商船人員的問話記錄,以及根據問話描述繪製的圖像。由於

5　東京大學史料編纂所編《唐通事會所日錄》(東京:東京大學出版會,1955 年初版,1984 年再版)七冊。現在日本藏有不少唐通事當年學習漢語的書,如《唐通事心得》,參看木津祐子《唐通事心得譯注稿》,載《京都大學文學部研究紀要》第 39 號(2000 年 3 月 31 日),1−50 頁。

6　中川忠英《清俗紀聞》(方克、孫玄齡譯,北京:中華書局,2006)。

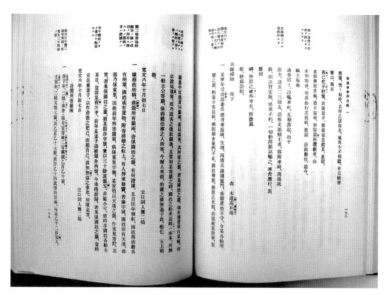

《唐通事會所日錄》

當時來日本的商船主要是從浙江、福建和江蘇來的，所以，記錄的就是清代這三個地方的生活風俗和社會狀況，有圖有文，很有意思。比如：(1) 第一卷"年中行事"，記錄了過春節、十五燈節、皇帝聖誕、三大節、國忌等等，一直到天后誕辰、端午、三元節、乞巧、冬至、孔子誕辰、臘八、祭灶、除夕，一年的風俗都有了。(2) 第二卷"居家"，介紹了這些地方的住宅情況，比如儀門怎麼樣，內房怎麼樣，浴室、茅坑、馬桶、廚房怎麼樣，怎樣設置舖面，平民百姓怎麼樣過一天，甚至還有子女教育、家中祭祀。 (3) 第三卷是"冠服"，一看就知道是各種服飾，這也是很重要的文化史資料，因為它有圖有文，一看就很明白。 (4) 第四卷是"飲食製法",裏面涉及茶、酒、醋、醬油、醃菜、豆豉、宴會菜餚、烹調方法,大菜小菜。(5) 第五卷是"問學",涉及的是當時中國的教育,包括學校、先生、禮儀和教學內容(習字、作文、作詩),甚至還包括女學。(6) 第六卷是"生誕",主要記錄的是生孩子的事情,包括現在人可能已經不太熟悉的"湯餅會""周歲拿周""穩婆謝禮"。(7) 第七卷是"冠禮",(8) 第八卷是"婚禮",這兩卷有點兒跟着《儀禮》"士冠禮"和"士婚禮"來的,不過,這裏也可以看出清朝"剃髮易服"之後的變化,所以它也記載"今之清代,冠禮之古儀式已絕世無傳,既無男子於幾歲加冠之制式,亦無於十三四歲之間視其成長情形慶祝元服(加冠)之事"(中譯本,331頁)。如果你要研究清代"男降女不降""留髮不留頭"之類的問題,研究經典記載的禮儀和實際生活中的禮儀的差異(比如古代所謂婚禮之六禮,在清代是否還完全保留之類的問題),這些都是好材料。(9) 第九卷是"賓客",講接待客人的禮儀和用品,包括做客的禮儀、寫請帖的格式、相見時候的座位、宴席上的規矩等,也包括賀喜、弔喪和探病的規矩,官民往來的各種注意事項。(10) 第十卷是"羈旅行李",説的是當時外出所需要注意的事項和物品,比如驛站、火牌、銀鞘、旅店、關卡、通行證件。(11) 第十一卷是"喪禮",這仍然沿襲着《儀禮》裏面的傳統,對中國人看得特別重的"喪禮"一一介紹,不過,和傳統儒家經典記載相比,清朝民眾的喪禮,顯然已經刪繁就簡,而且受到《朱子家禮》和佛教道教的影響,比如喪服、靈柩、七七法會、出殯、領魂雞等等,就是傳統經典裏面沒有的。(12) 第十二卷"祭禮",記載家廟或祠堂的祭祀，以及拜城隍、土地、天后、關帝的方法，圖畫則有很多像城隍、土地、天后、關帝等等，還有戲台，呈現當時祭祀禮儀與娛樂活動結合的情況。(13) 第十三卷"僧徒"，記載的是江、浙、閩的佛教狀況，他們記載的是商人和船員的描述，所以主要不是講佛教道理和經典的，倒是記載了像寺院、田地、法衣袈裟、供佛物品、每天的功課、各種節日、法事儀軌，以及道教的護符、三清等等，如果研究佛教社會史，這還是很有用的。

在七冊《唐通事會所日錄》裏面，因為沒有經過主題的篩選，所以看上去滿雜蕪的，不過，也有好多有價值的資料。其中，有一些涉及中日之間的民間貿易，可以供經濟史或貿易圈的學者使用。如其中記載，唐船上的人，有的住在船上，有的租用民宿。元祿元年 (1688) 一年中，有九千多外國人從長崎上岸，其中，僅僅六月一個月，也許是因為季風的緣故，就有 4432 個中國人來長崎，日方不得不設立給中國人住的"唐館"。到了第二年，終於把佔地 9373 坪的唐館建成。現在我們還可以從各種繪畫中，看到當時唐館的盛況，這也從一個側面說明中日民間貿易的繁榮情況。另外，也有一些涉及中日兩國民眾之間的相互印象，也很有趣。這裏舉一個例子：寬文四年 (1664) 舊曆正月初五，那個時候，清朝還沒有開海禁，可是，已經有好幾艘中國商船到了長崎做生意。日本依照慣例把它們編號，叫唐船三十五番、三十六番、三十七番，其中，三十五番船的船頭是福州人，叫曾安官、曾卯官，三十六番船的船頭叫陳三官，三十七番船的船頭叫黃武官，大概這些來自福建的船員，很不講規矩，又是賭博喧嘩，又是找町屋女亂鬧，於是，唐通事就奉命給這幾艘船下了通知，讓他們自己小心，通知裏面這樣寫：「百凡是非，恣肆放逸，以及嫖賭生端，不法之虞，皆自醉狂所致，茲值新春年節，未免各有杯樽往來，是為狂放之基，若不節之，必有害己之患，以及刀杖殞命，未可知也。」（第一冊，87 頁）看這些材料，大概可以知道當時中國船員日常生活的情況。

三、《通航一覽》[7]

《通航一覽》是德川幕末時代的大學頭林緯（1800－1859 年，號復齋），以及他手下的宮崎成身等人編纂的，有關日本對外交往的文書彙編。

這套書的卷首，有林復齋 1853 年的序文。這套書的編輯比較有規矩，它按照國別和年代為次序，匯集了從永祿九年（1566）到文政八年（1825），相當豐富的日本對外往來的文書，這些文書包括日本與琉球、朝鮮、安南、南蠻（其實是荷蘭等歐洲國家）、唐國（即中國）、阿蘭陀、諳厄利亞、柬埔寨、暹羅、文萊、勃泥、田彈、巴旦、麻剌加、爪哇等國的官方交往記錄，一共 350 卷之多，後來的排印本分為八冊。其中，像琉球的「來貢」文書有四卷，而朝鮮的通信使和漂流等有兩卷，南蠻和呂宋，涉及禁

7　林緯《通航一覽》（東京：國書刊行會，1912－1913）；箭內健次《通航一覽續輯》（大阪：清文堂，1968－1973）。

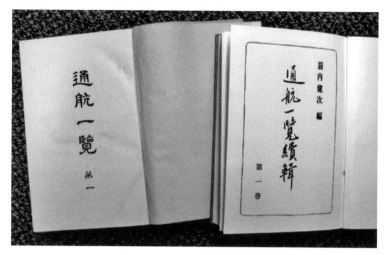

林緯編《通航一覽》、箭內健次編《通航一覽續輯》

止天主教等文書（叫"切支丹禁制"）有一卷，而日本與中國有關的官方往來文件則有二十五卷之多。當然，這些文獻不是我們說的"漢文"而是當時的日本文字。過去，咱們國內的圖書館很少收藏有《通航一覽》，不過，現在日本國立國會圖書館的網頁（Digital Collections）上，就可以看到電子掃描版《通航一覽》，相當方便。

順便補充一下，日本學者箭內健次（やない けんじ，1910－2006年）在二十世紀六十年代末，又編輯了《通航一覽》的"續輯"三十二卷，補充了《通航一覽》沒有收錄的部分文獻。他是日本著名學者箭內亙的第二個兒子，主要是研究日本近世對外關係史，尤其是長崎，著有《鎖國日本と國際交流》《長崎》等著作。

四、《善鄰國寶記》[8]

瑞溪周鳳（1391－1473 年）的《善鄰國寶記》，是相當於明代，
日本與中國交往的重要文獻。瑞溪周鳳是日本臨濟宗的禪僧，應
永十三年（1406）在相國寺剃度出家。日本禪宗在中世是最有文
化的一個團體，因為當時日本文化是以唐宋中國詩文、書畫和思
想為最高級的教養，禪僧們剛好有這些文化，因此，即使是官方
的外交行為，尤其是針對中國和朝鮮的外交活動，總是要請求禪
僧出面，或者起草外交文書，或者充當外交使節。瑞溪周鳳在文
安三年（1446）作為相國寺鹿苑院的塔主，成為"僧錄"也就是中
世禪林最高機構的一員，曾經為日本官方寫過給明朝的表文。[9]《善
鄰國寶記》是他的晚年，從文正元年（1466）到文明二年（1470）
差不多八十歲前後寫出來的。在瑞溪周鳳給笑雲《入明記》寫的
序文裏面，說到他從應仁元年即 1467 年起，就常常與出使過明朝
的笑雲見面，向他詢問明朝的事情。這部著作，就是他根據笑雲
的敍述以及其他各種資料編成的，"以為異時入大明者南針"[10]。

《善鄰國寶記》收錄的基本上是漢文文獻。它的上卷從開天闢

8　瑞溪周鳳《善鄰國寶記》，收入田中健夫編《善鄰國寶記・新訂續善鄰國寶記》（"譯注日本
　　史料"，東京：集英社，1995）。

9　參看瑞溪周鳳《善鄰國寶記》，收入田中健夫編《善鄰國寶記・新訂續善鄰國寶記》卷中，
　　179－180 頁。

10　參看田中健夫《善鄰國寶記解說——成立の事情と背景》，收入田中健夫編《善鄰國寶記・
　　新訂續善鄰國寶記》（東京：集英社，1995），614－640 頁。

地開始，先根據《神皇正統記》追溯日本"神國"的歷史，然後從垂仁天皇八十八年也就是漢光武中元二年(57)，"倭國遣使奉貢朝賀，光武授以印綬"，順着時間線索，敍述早期日本和中國，以及日本和高句麗、百濟、新羅的交往，這裏大多根據中國文獻的記載，比如《魏志》《南史》《六帖》《楊文公談苑》《通鑒綱目》《元史》，當然也有日本的文獻如

田中健夫編《善鄰國寶記》

《日本書紀》《元亨釋書》等。作為禪僧，他當然很注重有關佛教傳入日本的記載，根據各種佛教文獻重點加以記載。[11] 到了推古天皇、聖德太子、小野妹子的時代，也就是"東天皇敬白西天皇"那事兒開始，記載逐漸開始細緻起來，以後唐、宋、元的記載漸漸詳細，雖然多數是日本佛教僧人訪華，但是因為當時中日政治、經濟和文化交往的主角就是禪僧，所以也等於是敍述了主要的中日關係史。最重要的記載，集中在元、明兩代。先是涉及"蒙古襲來"的事件，這部書有比較詳細的記載。到了明代，開始了當時人記當時事，資料豐富，就更為詳細。在《善鄰國寶記》中，收錄了應安六年也就是明朝洪武六年(1373)，瓦官寺僧無逸克勤

11　他特別仔細記載有關中日佛教僧人往來的情況，比如唐代的空海、最澄、義空、真濟、惠運、圓仁、圓珍、宗叡、真如等。

給日本的一封信，通報明朝"驅群胡而出境，復前宋之故土"的消息，而且代朝廷詢問，為甚麼明朝三次聯絡日本都沒有回音，表示希望"修兩國之好，使商賈交通，民安其生，兵不加境"[12]，讓日本派僧人前來。而明朝的使者天寧寺住持仲猷祖闡、瓦官寺長老無逸克勤，也就是這時奉使到了日本，開始了幾百年的明日官方交通。

這部書的中卷，則從應永五年 (1398)《諭朝鮮書》、應永八年 (1401)《日本准三后某上書》、建文四年 (1402)《大明書》開始，收錄了各種日本、朝鮮和中國交往的文獻，涉及足利義滿時代以下，日本和朝鮮、中國的官方往來。以十五世紀初為例，從建文四年明朝皇帝給日本的詔書起，這裏有永樂元年 (1403)、二年、四年、五年、六年 (兩份)、七年、十七年等詔書，而日本方面，從足利義滿以"准三后"名義給明朝的上書起，還有應永九年上書，應永十六年 (永樂七年)《遣朝鮮書》，應永二十六年《諭大明使者》，應永二十九年、三十年、三十一年《遣朝鮮書》，應永三十二年朝鮮國王的《答書》等等。你如果研究東亞三國的交往史，這些文獻很重要。

《善鄰國寶記》的下卷，是東亞三國往來各種頒賜、禮物的詳細登錄。有對朝貢貿易感興趣的，可以注意一下。比如宣德八年 (1433)，明朝皇帝賜給日本國王的禮物，包括白金二百兩、妝花

---

12 《善鄰國寶記》卷上，98頁。

絨綿四匹、苧絲二十匹、羅二十匹、紗二十匹、彩絹二十匹；給
王妃的是一半，包括白金一百兩、妝花絨綿二匹、苧絲十匹、羅
八匹、紗八匹、彩絹十匹；此外，皇帝還特別賜給日本國王和王
妃，包括了座褥、腳踏在內的"朱紅漆彩妝餞金轎""朱紅漆彩妝
餞金交椅""朱紅漆彩妝餞金交牀"，還有渾織金苧絲十匹，渾織
金羅十匹，渾織金紗十匹，彩絹三百匹，銀盂等器皿二十四件，
各色花鏡袋十個，朱紅漆的面盆架兩個，一大堆鍍金的花瓶、香
爐、金碗，以及一百支兔毫筆和一百枚各種紙，不僅如此，另外
還送了蛇皮五十張、猿皮一百張、虎皮五十張、熊皮三十張、豹
皮三十張、芩香十箱（每箱五十斤）、鸚哥二十個等等。而日本方
面為了得到勘合允許，作為貢品，給明朝送的貢品是：馬二十匹、
撒金鞘柄大刀兩把、硫磺一萬斤、瑪瑙大小二十塊、金屏風三副、
槍一百柄、黑漆鞘柄大刀一百把、長刀一百柄、鎧一領、硯一面
並匣、扇一百把。[13]

這個往來禮物清單，可能反映了那個時代的常規往來，再看
景泰五年（1454），明朝皇帝給日本國王的，日本國王進貢給明朝
的，大體上也還是這些東西，調整得不太多[14]，而這一年就是笑雲
到中國出使的一年。笑雲提供的資料裏面，除了這些禮物清單，
還有明朝的禮部給日本國使臣允澎的咨文，主要是"日字壹號至
壹佰號勘合一百道"，咨文裏面也提出對日本進貢方物時的一些

---

13 《善鄰國寶記》卷下，206–218頁。

14 《善鄰國寶記》卷下，232頁以下。

具體要求，比如正貢的硫磺不能超過三萬斤，出使的人員要選擇
"端謹識，達大體，執守禮法者"等等。瑞溪周鳳的記錄一定是來
自笑雲，應當很可信，不會有很大出入。

《善鄰國寶記》的史料價值非常重要，作為日本、中國、朝鮮
交涉史的文獻，我覺得其中有兩方面，特別值得注意：

一方面，是它收錄了日、中、朝三國交往的很多重要文獻，
有一些是可以用來校勘的，有一些是其他地方找不到的，有一些
是可以幫助考證的。比如，"蒙古襲來"事件中雙方往來的文書，
足利義滿以"准三后"名義和建文帝往來的文書，日本和朝鮮有
關倭寇騷擾的往來文書，都可以和《元史》《明史》《朝鮮實錄》等
互相對比，其中，像前面提到的洪武六年（1373）瓦官寺天台座主
給日本方面通告明朝建立的信函，中國方面就好像沒有記錄；像
應永八年即建文三年足利義滿給明朝皇帝的第二封上書，就是差
使僧圭密、梵雲、明空和通事徐本元去明朝，並送"生馬二十四、
硫磺一萬斤、瑪瑙大小二十塊計二百斤、金屏風三副、槍一千柄、
大刀一百把、鎧一領並匣、硯一面並匣、扇一百把"，這一次的文
件，似乎中國方面沒有記錄。[15] 此外，瑞溪周鳳對各國往來的歷史
也有一定考察，比如《元史》裏面記載說，元成宗大德五年（1301）
派了禪僧一山"附商舶往使日本，而日本人竟不至"。瑞溪周鳳就
說，這恐怕不對。從歷應年間（1338－1342），新建天龍寺才有入

15　《善鄰國寶記》卷中，112頁。

元的船隻，而元朝來的船應當在元順帝至元五、六年間（1339、1340），"自弘安四年（1281）至此，五十八九年也，此間不可有兩國通信之使。"[16] 這一點也可以討論。

另一方面，裏面有一些記錄，可以看到那個時代的日本對中國的微妙態度、圓滑策略和固執觀念。比如，書裏引用笑雲以及《天龍寺永育書記》說到，日本僧人天倫、一庵和堅中奉命前往大明"謝建文帝來使之意"，可是到達的時候，正好遇到永樂皇帝打敗建文皇帝，自己登基，於是，他們就改稱自己是"賀新主之使"，但是仍然用了原來擬好的上表。可是，這表文裏面有一些稱謂上的問題，比如日本將軍，在上表中該怎麼自稱，是稱"國王"還是稱"朝臣"，年號是用"彼國年號"（明朝），還是用"吾國年號"（日本），或者是"不書年號"，這些問題其實一直困擾着日本以及朝鮮，為甚麼？因為這涉及日本的國家尊嚴問題，後來的東亞交涉史上，始終為這種稱謂問題糾纏不休。田中健夫在《解說》中，特別提到了十五世紀從足利義持之後，日本自我中心主義和"神國"觀念的崛起，以及時人對足利義滿對明妥協態度的批判。他指出，瑞溪周鳳受《神皇正統記》的影響很大，一開篇引用的"大日本者神國也，天祖創基，日神傳統"，就是來自《神皇正統記》。而他對足利義滿的批判，是覺得日本對中國的往來，是"屈辱外交"，前面提到應永八年（1401）兩國往來文書，明朝文書中有"班

---

16 《善鄰國寶記》卷上，96頁。

示大統曆，俾奉正朔"，這就等於把日本降格到"附屬國"了，所以，《善鄰國寶記》卷中應永九年（1402），就說到足利義滿用大明年號（建文），用"朝臣"名義（准三后），是不對的。這一點很重要，因為這才是日本對中國的真實態度和一貫看法。

順便補充說一下，瑞溪周鳳提到的笑雲，就是笑雲瑞訢，他的《入明記》也是很重要的文獻。笑雲也是一個禪僧，他是明朝景泰四、五年間（1453、1454）來到中國的，他的《入明記》有村井章介等譯注《笑雲入明記 —— 日本僧の見た明代中國》（東洋文庫本，東京：平凡社）。

五、《入明記》[17]

在十五世紀的瑞溪周鳳、笑雲瑞訢之後，是十六世紀的策彥周良的《入明記》。

策彥周良（さくげん しゅうりょう，1501—1579 年）的《入明記》，第一部分叫做《初渡集》，是策彥周良第一次出使明朝的日記，原本分為四冊，收藏在京都妙智院裏，原來並沒有書名，因為後來他第二次出使日記有《再渡集》，京都大學著名學者牧田諦亮（1912—2011 年）才給它起了個名字叫《初渡集》。又因為後

---

17 策彥周良《入明記》（牧田諦亮編《策彥入明記の研究》上下冊，京都：佛教文化研究所，1955）。

《入明記》

策彥周良

　　來對於《初渡集》和《再渡集》，用的都是牧田諦亮的整理和研究，而牧田諦亮著作的名稱又叫《策彥入明記の研究》，所以也就把《初渡集》和《再渡集》合起來稱為《入明記》。

　　策彥周良"別號怡齋，後更稱謙齋"，是臨濟宗僧人，十八歲剃度出家，在京都妙智院修行。因為日本禪僧往往有很好的中國傳統學問，也能寫很好的文言文，所以很長時間都作為日本國使，這一點和中國禪宗很不一樣。天文六年（1537），他受到日本大內氏的委託，作為訪問明朝的副使去中國，但實際上風候不順，直到天文八年（1539），也就是嘉靖十八年五月，才到達中國浙江的定海。之後，他們從浙江寧波府，經過杭州、湖州、蘇州、鎮江、淮安、徐州、兗州、濟南，一直到了北京。這一次的出使中，他留下了日記，就是《初渡集》。過了九年，也就是嘉靖二十七年（1548），他再次作為正使出使明朝，嘉靖二十九年

（1550）才回國 [18]，他這次留下的日記，也就是《再渡集》。

　　雖然日中當時的往來，主要是集中在勘合貿易上，但是，策彥周良的日記中，是細大不捐，記錄所見所聞是很詳細和具體的。他記了一些甚麼？有很多是很有意思的。我們舉幾個例子。

　　日本和中國，那時並沒有朝貢關係，也就是正式的外交，日本這個使團說是朝貢，實際上目的在勘合貿易。但是，即使如此，也會涉及國家與國家之間的尊嚴、平等、認同等等。日本對於自己在中華帝國禮儀秩序中的地位的看法，其實不只反映日本的自我定位，也涉及日本對朝鮮、對琉球、對其他各國地位的認知，還涉及日本對中國的看法。你從《初渡集》《再渡集》的字裏行間可以看到，比如《初渡集》的嘉靖十八年十一月初一，策彥周良就在日記裏面引了日本使團給御史的投訴，抱怨地說我們來了三百多人，這個人數本來是過去商量好的，可是這次中國官方允許上京的只有五十人，而且好多經過的地方"禁拒而不入，不知何謂也"。我們"傳小國命，觀大國光，以聽政教、訪風景為心，豈敢有他"，可是，這回連聞名已久的杭州西湖都不讓我們看，這不是羞辱我們嗎？我們日本"勤改前轍，續斷弦，誠心修職貢，然而不以臣子待，而以強寇待之，何哉？"他憤怒地說，"全非辱生等，實辱國

18　岡本真、須田牧子《天龍寺妙智院所藏〈明國諸士送行〉》，介紹了作為妙智院三世的策彥周良在第二次出使大明的時候明朝文人的送行詩文，可以參考。參看《東京大學史料編纂所研究紀要》第 23 號（2013 年 3 月），233－245 頁。

王"（102 頁）。也許是投訴有理，所以第二天還是進杭州了。[19]

又比如，策彥周良在《初渡集》裏面記載他在到寧波之前和周通事周文衡的對話，他一再強調日本國的地位，"吾國高出朝鮮、琉球之上，是曩昔以來之規也"，證據是甚麼？他說"吾國先王豐聰帝，丁本邦隋帝之朝致書，有東皇帝奉書西皇帝之語"，所以，他對中國把日本看成是"夷人"很不滿，這大概是日本人一貫的看法，也是策彥周良要為日本人爭取地位的宣傳。

可是，在明朝官方眼中，由於日本始終並不在朝貢冊封之內，所以接待來朝貢的日本使團的禮儀，好像比較簡慢。不過儘管簡慢，也還是挺囉唆的。有人如果要研究明代朝貢和中日往來情況，也可以看看這裏的記載。《初渡集》裏的嘉靖十九年（1540）三月七日、三月十七日，有日本使節覲見和參觀北京的記載。嘉靖十九年三月七日這一天，正使碩鼎和副使策彥周良，跟翻譯從東門進皇宮，他們看到門前有大木牌，用朱漆寫着"官員人等說謊者處斬"。然後，他們一個門一個門地魚貫進入，先過了端門，這裏東有文樓，西有武樓，然後有鐘樓和鼓樓；又進入午門，規定要拜一拜。到了正式的朝覲地方，規矩就更大了，"立班於東脅，各深揖低頭。又唱以'拜'者五，又唱'興'，起來之義也"；接下來又"唱以'叩頭'，各頓首者三而退"。據說，各國朝貢使團

19　如果有人研究明代中期杭州城市，也許其中關於杭州的記載，以及《再渡集》裏十月十五日以下在杭州的記載，也是很有用的。參看牧田諦亮編《策彥入明記の研究》（佛教文化研究所研究報告第一，京都：佛教文化研究所，1955）上下兩冊，102－103、239－240 頁。

出了皇宮，還得一一到鴻臚寺（有天官館和最靈祠）、禮部（有大明門）拜謁。據他的記載，皇宮還陳列了大象，東西各三頭。到了十七日，禮部又召見正使碩鼎、副使策彥和通事周文衡，十八日，在會同館舉行大宴會，不過，皇帝並不來親自見他們，只是在會同館"萬國來同"的匾額下面，設了"天子座"，讓他們"向此座前次第立班"。[20]

《再渡集》裏的嘉靖二十八年七月廿八日和三十日，也記載了朝貢使團在皇宮的活動。嘉靖二十八年七月廿八日，"日本人於東畔文樓下五拜三叩頭，羅婆人於西畔武樓下而拜，拜畢，各跨馬歸玉河館"，這是第一次。然後他們在北京參觀各個寺廟的情況，比如大隆善護國寺、大隆福寺的佛事活動等等。到了三十日，是第二次覲見，他和副使從午門之東角進入，從長廊到左順門，"於此門大太監出應而立，即予、副使相並而跪"，然後翰林院捧着聖旨來，日本使臣又是三叩頭，然後翰林把聖旨交給他，他雙手捧過後，再三叩頭，"於是大太監唱吃酒吃飯……"。[21] 後面還有好多，這整個一個繁文縟節的朝覲過程，正式文獻中恐怕記載得都沒那麼生動。

又比如，研究思想史的人可能都知道，明代中後期王陽明崛起的時候，有一個寧波文人豐坊很有名，王汎森曾經專門討論過

20　牧田諦亮編《策彥入明記の研究》（佛教文化研究所研究報告第一，京都：佛教文化研究所，1955）上冊，124、125−126頁。

21　牧田諦亮編《策彥入明記の研究》上冊，262−263頁。

他偽造古本《大學》的事情，他偽造《大學》是和當時圍繞《大學》文本的分章和解釋，程朱一系和陸王一系有激烈的分歧有關的，這涉及怎麼理解四書裏面的《大學》。豐坊偽造古本《大學》，有一個來源就是日本藏有古本。而在《初渡集》裏面，就有關於他的記載，策彥周良還為自己和京都朋友的聯句，請認識的寧波朋友，向豐坊求寫序。因為豐坊在寧波是個有名的人，"茲聞豐解元老大人，詩文字畫妙於天下"，所以他希望豐坊，能"序於顛，跋於末"，後來豐坊也確實給他寫了《謙齋記》和《城西聯句·序》。[22]

　　大家可以看前面我們提到的牧田諦亮《策彥入明記の研究》，這是一部名著。牧田諦亮本來就是中國佛教史的大專家，他做這一整理和研究，雖然側重日本禪僧和明代佛教，但並不是只管佛教問題，而是在歷史和文獻兩方面都花了大功夫，結果水平也極高。它的上冊，包括了《初渡集》和《再渡集》經過校勘的文本，而且還附錄了很多文獻，比如：(1) 策彥周良本人的詩集《南遊集》；(2) 記載日方攜帶的各種物品的單子《渡唐方進貢物諸色注文》，說明日本給中國帶去的有硫磺、瑪瑙、屏風、扇子、硯箱、大刀；(3)《策彥和尚一番渡唐二番渡唐》，也就是使團的行程日曆；(4)《大明譜》，也就是使團在中國經過的各種事情，以及路程中的地名、地理、里數；(5)《圖相南北兩京路程》，包括各個驛站，和一首《沿途水驛歌》；(6)《於定海並嶴山下行價銀帳》，

22　牧田諦亮編《策彥入明記の研究》上冊，94頁；參看朱莉麗《行觀中國：日本使節眼中的明代社會》(上海：復旦大學出版社，2013)，179-180頁。

有點兒像我們説的記賬本；等等。此外還有一些，應當説資料極為豐富。

而它的下冊，則是牧田諦亮對策彥和《入明記》的研究。第一章和第二章，是策彥周良傳，在這個傳記中，等於把策彥周良兩次到明朝出使的細節，一一敍述出來，你如果看這兩章，就大概知道《初渡集》和《再渡集》的内容了；第三章是《策彥入明記的系譜》，考察寫本的流傳和各種版本；第四章《五山文學史上的策彥》，從文學史的角度討論策彥周良以及《入明記》的意義；第五章《策彥入明記》所見的明代佛教，這是從日本訪問者的眼中來看明代佛教狀況；第六章《策彥攜回的〈圖相南北兩京路程〉與類書》，討論明朝的水陸路程的記載，這一章對於經濟史、交通史都很有關係；第七章則把話題拓展開來，討論了和策彥周良時代相近的朝鮮人崔溥進入中國的記錄《漂海錄》和日本人以崔溥原本翻譯翻刻的《唐土行程記》，同時它也把崔溥的《漂海錄》作為"附錄"，收在全書之末。應當説，牧田諦亮的這些研究，不僅資料豐富，而且有很多見解，是水平非常高的，現在也未必能超出其上。

最近中國學者的研究，大家可以看復旦大學文史研究院的朱莉麗的《行觀中國：日本使節眼中的明代社會》（上海：復旦大學出版社，2013）。

附說：明清中國有關日本的文獻舉例

中國記載日本的文獻，最早也是較為系統的，是各種正史中的東夷傳、倭國傳、日本傳等，最早的是《三國志》。宋代以前編的各種正史，有關日本的記載雖然有所增益補充，但是大多來自傳聞，基本框架並沒有太大變化。直到元代之後，明代編修的《元史‧日本傳》，以及明代之後，清代修纂的《明史‧日本傳》，才有較多和實際的記載。汪向榮和夏應元合編的《中日關係史資料彙編》，就把這些正史裏面的各個"日本傳"，按順序編排起來，加上可以作為參考的各種文獻，編成一冊，比如《新唐書》和《舊唐書》的"倭國傳"，他們在後面就附上了《冊府元龜》《古今圖書集成》《日本書紀》《續日本紀》《日本紀略》等文獻中有關唐代中日往來的記錄，用起來非常方便。[23] 關於《明史‧日本傳》，大家有興趣可以看汪向榮的《〈明史‧日本傳〉箋證》[24]，這是一部資料很豐富、很有價值的書。至於各種雜書筆記，比如宋代羅大經《鶴林玉露》裏面也有一些記載，但是都很零散。

真正比較認真記載和考證日本史地風俗語言的書，大概在明代才漸漸多起來。雖然明初有海禁，把日本隔得遠遠的，主要有關日本的情報來自於朝鮮，當時的朝鮮朝天使臣，有責任給明朝帶來各種各樣的"倭情"也就是日本情報。但到了嘉靖之後，因

23　汪向榮、夏應元編《中日關係史資料彙編》（北京：中華書局，1984）。

24　汪向榮《〈明史‧日本傳〉箋證》（成都：巴蜀書社，1987）。

為"倭寇"真正影響到中國的緣故,所以,上上下下都開始關注日本的情況,記錄也多起來了。這些記錄大多數和沿海防禦倭寇有關,比如,嘉靖初年薛俊的《日本考略》[25]、兩浙軍事長官胡宗憲主持修纂的《籌海圖編》、總兵侯繼高《兩浙兵制考》、郭光復《倭情考略》等,都和防備海上倭寇的軍事策略有關,更不要説萬曆年間發生的"壬辰之役",更增加了中國知識階層對日本的高度警覺和研究動力。

下面就簡單介紹幾種文獻。

1. 鄭舜功《日本一鑒》(大友信一、木村晟日文譯注本,東京:笠間書院,1974)

鄭舜功(1522–1566年),新安人,也就是現在皖南人。他曾經作為使者兩次到過日本,分別是嘉靖八年(1529)和三十五年(1556),他赴日本時曾經跟隨日本僧人昌虎到過京都,並為日本辨認漢、日藥方,還曾經被豐後(今日本九州大分)的源義鎮扣留,後來被遣送回國,據説源義鎮讓僧人清授陪同他回國,途中竟然漂流到東南亞的曼谷一帶,好不容易在嘉靖三十六年(1557)才回到廣東。他的這一部《日本一鑒》撰成於嘉靖四十五年(1566),是現存中國人以親身經歷記錄日本最早的一部書,而此前的各種有關日本的著作,大都是輾轉從各種文獻資料中沿

25　薛俊《日本考略》是嘉靖二年(1523)成書的,卷首有當時的定海知縣鄭餘慶序,説他讓薛俊編輯此書,"有俾於邊防",説明該書是在浙江沿海防備倭寇背景下編纂的。嘉靖九年(1530),再由當時的定海知縣王文光增補之後刊刻,這是明代現存最早有關日本的專書。

襲而來的。鄭舜功出使的背景，可以看《日本一鑑》中的《窮河話海》卷九《接使》的記載，這裏就不多講，主要還是為了倭寇滋擾的事情。當時，有兩批明朝的使者到日本。一批是胡宗憲派遣的蔣洲、陳可（寧波諸生），一批就是楊宜派遣的鄭舜功。[26] 實際上，這是鄭舜功第二次到日本，時間是嘉靖三十四年（1555）。當時，他由總督楊宜派遣"夷情探訪"，他沒有從浙江、福建沿海出發，而是避開倭寇，從廣東出發，1556年到達九州的豐後，在日本逗留六個月。當時，日本九州的實權者是源義鎮（即大友宗麟），他要求源義鎮禁止倭寇，並同隨員沈孟綱、胡福寧到京都見到了後奈良天皇（即日本王源知仁）。但是非常不幸，他自己回國後，因為派遣他的總督楊宜已經卸任，被繼任的胡宗憲陷害，無端被逮捕下獄七年。連同和他一道到中國，作為日本入貢使的豐後之僧清授，也被軟禁在四川茂州之治平寺，而另一個日本的使者僧龍喜，則在舟山被殺。

《日本一鑑》分三部分，即《桴海圖經》三卷、《絕島新編》四卷和《窮河話海》九卷，是明代最具價值的日本研究著作。[27] 我們做一個簡單的介紹：

第一部分《桴海圖經》共三卷。第一卷記錄出使之經過，以及

26　參看《明史》卷三二二《日本傳》，8354−8355頁。

27　有關《日本一鑑》的內容，可以參看鄭梁生《鄭舜功〈日本一鑑〉之倭寇史料》，載《中日關係史研究論集》（台北：文史哲出版社，2001）第11集；童傑《鄭舜功生平大要與〈日本一鑑〉的撰著》，載《中南大學學報》（社會科學版）2014年第5期，243−247頁；時培磊《明清日本研究史籍探研》（南開大學博士論文，2010）。

從廣東到日本豐後的所用針路，和關於所經島嶼的《萬里長歌》；第二卷是若干海上地圖，記錄沿途島嶼情況；第三卷《天使紀程》，記錄日本諸島情況和使臣行蹤。第二部分是《絕島新編》，共四卷，則記載日本的各種情況，包括日本的各種地圖，各地的山川河流、州縣町坊和物產情況。第三部分《窮河話海》九卷，則記載了日本的歷史、地理和政治（卷一），記載了日本的疆域、交通和物產（卷二），日本的風俗和文化（卷三），日本的文學、圖書和文字（卷四、卷五），日本和中國的往來關係（卷六、卷七），甚至還有鄭舜功對於日本問題的看法（卷八）以及明朝與日本海上往來的使節交換與海上行船安全（卷九）等，這大概是當時明朝人對日本知識的最全面介紹了。比如其中第五卷《寄語》裏，在片假名之下注了漢字音譯，收錄了3401個（一説3399個）詞彙，內容包括天文、地理、時令、人物、宮室、器用、鳥獸、花木、身體、衣服、珍寶、飲食、文史、聲色、干支、卦名、數目和通用，一共十八大類。這種分類有點兒像中國傳統的類書，而類書其實兼有百科全書的意思，通過詞彙把各種異域知識呈現出來。從鄭舜功所記錄的詞彙上，你就可以多少了解日本的情況了。

　　《日本一鑒》大約刊行於萬曆之後，但明刻本現在已經不存在了，只是清代的一些抄本流傳，據日本學者調查，在中國和日本的各個圖書館中，收藏有十幾種抄本，直到民國年間才有印刷本。

　　2. 李言恭與郝傑《日本考》五卷（《續修四庫全書》史部744冊影印萬曆刻本，有汪向榮、嚴大中校點本，北京：中華書局，1983）

李言恭是明朝開國大將李文忠後代，萬曆初年擔任"總督京營戎政"，萬曆二年（1574）還被封為"臨淮侯"。郝傑大概當時是他的助手，擔任協理京營戎政，而且兼任兵部右侍郎，大概像現在國防部副部長的意思。萬曆年間，經歷了嘉靖時代的倭亂，中國上下開始認真面對日本，也開始收集日本的資料，通過來訪的日本人，侵犯海境的倭寇，與日本做生意的往來商人等渠道，總算不再是霧裏看花了。《日本考》就是當時很有代表性的一部有關日本的著作。

這部著作一共五卷，其中，第一卷介紹日本概況，比如，它說日本的地形像一個琵琶，是西高東低，西邊的頭是九州，東邊的尾巴是陸奧，它把京都叫做"山城"，説山城居中是國都。另外還把各個州也介紹了，裏面很多州，都有漢文名稱也有日文讀音，比如山口（羊馬窟諸，やまぐち）、但馬（噠甚麼，だじま）、土佐（拖撒，とさ），也介紹了日本各個地區的驛站數量、戶口數、人口數等等。

因為當時中國人最關心的，還是倭寇問題，所以，在這一卷裏面，相當仔細地介紹了日本朝貢明朝，以及侵犯邊海的區域、途徑和風向的關係。比如，它記載説，如果是日本的朝貢使團，他們大都從博多（今福岡）出發，這是因為"造舟水手俱在博多"；而如果是倭寇入侵，究竟到哪裏，則要看風向，"東北風猛，則由薩摩或由五島，至大小琉球"；如果北風厲害，往往南下廣東；東風較猛，就從五島到浙江；正東風多，則更偏北，或到洋山之南侵犯臨觀，或到洋山之北侵犯青南或太倉。書裏還注意到，日本的政治制度和中國的不一樣，天皇沒有約束力，不像中國大一統，皇帝很有權力，所以，天皇根本無法控制倭寇。又記載說，本來日本倭寇沒有很好的海上能力，因為他們原本造的船是平底的，到中國來很困難，可是，由於中國福建的沿海奸民，"買舟於外海，貼造重底，渡之而來。其船底尖，能破浪，不畏橫風，鬥風行使便易，數日即至也"(頁十)。

倭寇對於中國沿海，實在是一個大問題。但在某種意義上說，也是明朝海禁的補償。據這部書裏說，日本喜歡中國的幾類物品：(1) 絲、絲綿、棉布、錦繡；(2) 水銀和鐵鍋、鐵器；(3) 瓷器和漆器；(4) 古字畫、古書；(5) 藥材。最後這一類裏面，特別介紹了川芎和甘草，說川芎一百斤可以賣六七十兩銀子，甘草一百斤也可以賣到二十兩。說明這種商品交流和倭寇行為，在當時其實主要是謀利，日本的海盜也好，中國的奸商也好，其實都是一樣。

這部書的第二卷介紹日本的歷史、地理、政治、制度、階級等，大概可以代表當時中國對於日本的最全面認識；第三卷、第四卷，則介紹日本的文字和文學。這裏面也很有一些有趣的資料，比如說第二卷的"朝貢"部分，其實就是中國和日本的交涉史，它從漢代講起，真可以說是一部日中交流簡史。特別是明初以下的部分，更是值得看，因為是當代人的記錄。比如，書裏面提到日本商船所聚集的三大津，是薩摩（今屬鹿兒島）的"坊津"（ぼうのつ）、西海道（今屬九州福岡）的"花旭塔津"（はかたのつ）和東海道的伊勢（今三重）之"洞津"（あなつ），也很可以參考[28]；而第三卷講日文的四十八個字（現在是五十音圖），不僅僅有一些日本詩歌，比如甚麼"秋田曉露""鹿悲紅葉""冬花春發"等，它從書寫方法、讀音、大意也加以細細解釋，等於是幫助中國人學會日本語文。特別是第四卷記錄日本很多詞彙，都有注音，比如"海"（烏密，うみ）、田（塔，た）、山（陽脈，やめ，如今讀やま）、寺（鐵落，てら）。最後一卷，則是日本的各種詩文、山歌、琴譜，甚至還有將棋、圍棋等，等於是介紹了日本的文化。

　　附：侯繼高《日本風土記》五卷（《四庫全書存目叢書》子部第 31 冊《全浙兵制考》後）。侯繼高，明萬曆年間浙江等處總兵，後軍都督府都督僉事，《四庫全書總目提要》之《日本風土記》中，一作"侯繼國"。此書卷數、目次、門類、內容，與李言恭等《日本考》基本相同，甚至版式也相同。侯繼高此書無單行本，附在《全浙兵制考》之後，但是，書前及每卷卷首都沒有作者之名，唯有全書之末署"萬曆二十年欽差鎮守浙江等處地方總兵官後軍都督府都督僉事侯繼高識"。

　　究竟是侯繼高襲取李言恭的書，還是李言恭襲取侯繼高的

28　《日本考》（汪向榮、嚴大中校注，北京：中華書局，1983）卷二《商船所聚》，88 頁；明代茅元儀《武備志》是一部在清代被禁止的書，清代道光年間才重新問世。其中也記載三津，說"坊津"是西海道所屬，為船隻通行的"總路"，所有的船隻必經之地；"花旭塔津"是地方廣闊，人物湊集，中國商人都去那裏，所以還有"大唐街"；而"洞津"則是末津，可是各種貨物齊備。

書，現在學界還有一些爭論。[29]

3. 汪鵬《袖海編》（收入《昭代叢書》續編本卷二十九）

清帝國的官方，似乎和日本很隔。一方面日本那時候鎖國，除了長崎通商之外，與外國隔絕，一方面清朝因為沒有倭患，所以也不怎麼關注日本。我曾看酒井忠夫為代表的日本史料集成編纂會編的《中國、朝鮮の史籍における日本史料集成（清實錄之部)》（東京：國書刊行會，1976）兩卷，收集了《清實錄》裏面所有有關日本的記載，很少很少，要到晚清日本崛起，《實錄》才較多提到日本。

不過，也並不是清朝就一點兒也不了解日本，只是大多數人的日本知識，常常沿襲傳統說法，也常常有誤解和誤傳。大家如果有興趣，可以看康熙年間姜宸英《日本貢市入寇始末擬稿》，收在《清經世文編》卷八三[30]。這是康熙二十三年收復台灣之後，因為各省官員建議"弛航海之禁，以紓民力"，得到皇帝下詔許可，一時間"民情踴躍爭奮"，所以，姜宸英才寫了這篇文字，對日本情況進行分析。他一方面擔心日本人因為通商而"窺伺中國"，另一方面也覺得要掌握通商的主動權，"自彼而來，則必有不測之虞，自我而往，則操縱在我，而彼亦得資中國以自給之利"。另外，康熙雍正年間的著名文人戴名世，就是那個後來被文字獄搞

29　例如武安隆、熊達雲《中國人の日本研究史》（東京：六興出版，1989）認為，《日本考》應當是利用了侯繼國《日本風土記》，以《日本考》為名刊行的，所以侯繼國才是真正的作者（78頁）。

30　《清經世文編》卷八三《兵政十四》（北京：中華書局，1992）下冊，2036－2039頁。

得自稱名教罪人的，寫過《日本風土記》，裏面也記載了中國商船在日本的貿易和日本長崎海關對中國船的審查，說"凡中國有商船至，即遣一小船來詰何等貨，名曰班船。復遣一小船監護之，海濱列市數十，以居中國人，號曰'庶（唐）街'。每百年則發兵盡殺之，名曰'洗街'。島之大者曰薩摩，一曰徹斯瑪，商船所集最盛者曰長崎。"這裏面有真有假，說明那時中國對日本真的是不太了解。[31]

可是，當時日本對中國的情況了解相當多，主要信息來源的渠道，當然是到長崎進行貿易的唐船上的中國商人和水手。不過，也有一些因為其他原因到日本去的中國人，比如雍正五年（1727）精通弓馬之術的沈大成，就去日本傳授"一馬一箭"和"一馬三箭"的打仗技術；雍正三年（1725）去日本教授醫術、儒學、地理以及書本知識的朱來章，也很有名。特別是一個叫做朱佩章的，他也是雍正三年（1725）到日本的，曾經和日本學者荻生總七郎對談，討論清朝的政治、制度和軍事情況，這一對話後來編成《清朝探事》，這是很有名的著作。

清朝官方真正比較了解日本的，是雍正年間的李衛，大家有興趣看《清史稿》卷二九四《李衛傳》，他因為當了浙江一帶的封疆大吏，要處理沿海和日本有關事務，所以，對日本情況多有知曉，往往上報給雍正皇帝，現在留下很多他的奏摺，就是有關日

31　戴名世《日本風土記》，載《南山集》卷十二，收入《清文海》（北京：國家圖書館出版社，2010）第 26 冊，307－310 頁。

本的；那麼，民間對日本了解最深的，當然就是浙江沿海一帶的商人，他們在貿易中對日本情況摸得很熟，雖然按照規定他們只能在長崎一帶逗留，但是，他們也通過交流談話，了解了不少日本情況，其中記錄下來的、最有名的著作，就是乾隆年間汪鵬的《袖海編》。

汪鵬是浙江人，長期在浙江和長崎之間經商。乾隆二十九年（1764），他在長崎唐館停留的時候，寫了這部小書，又名《日本碎語》。據他的序言說，"袖海"的意思來自蘇軾的詩"我持此石歸，袖中有東海"。雖然全書一共只有五千多字，但記載了當時日本的各方面情況。比如日本推行儒家文化，禁止天主教，流行家族繼承制度，特別是詳細記載長崎的情況以及清人在長崎的生活。由於他是親身經歷，本人又有文化，這份記錄就格外有價值。舉幾個例子，第一個是他說，日本在"五倫"之中，最看重君臣主僕之義，其他就不怎麼重要。這一點很敏銳，這也是日本文化和中國文化的差異之一。第二個是關於天主教，他記錄日本禁止天主教，嚴格檢查天主教的書籍，而且對中國來的商船，要讓船員"讀告示、踏銅板"，讀告示就是宣讀天主教是邪教等，踏銅板就是腳踏天主像表示不信教。第三個是，據他記載，長崎唐館原址就曾是天主教堂十善寺，"今多架樓，頗尚精潔，而庫之為樓，俱開拓宏敞，添設前後露台，或翼之左右，靡麗鋪張。"因為中國人來得多，所以長崎有三大寺，興福寺、崇福寺和福濟寺，都是中國僧人住持，浙江人在興福寺，福州人在崇福寺，漳州、泉州人在福濟寺，可見中國的商人、船員還按地域分撥兒。

順便提一下，汪鵬在學術史上最有影響的一件事情，就是他從日本帶回中國失傳已久的逸書，南朝皇侃的《論語義疏》，以及日本學者山井鼎所撰的《七經孟子考文》。

有關東亞與中國的朝鮮史料舉例

引言　最近的"鄰居"，最"漢"的文獻

　　朝鮮史料，是中國學者應當特別注意的，為甚麼？因為古代朝鮮的各種文獻，大多數用的都是漢文，中國學者相對比較容易閱讀，而且它的數量相當龐大，特別是時代相當於中國明清兩代五百年的這部分文集尤其多。比如，《朝鮮王朝實錄》，也就是我們通常説的《李朝實錄》，韓國人很不願意用"李朝"這個詞，説這是殖民主義詞彙，所以，我們就説是《朝鮮王朝實錄》。《實錄》記錄了朝鮮王朝從十四世紀到十九世紀，一共 25 代 472 年的歷史，多達 1893 卷。[1] 以前吳晗曾經從中輯出有關中國的史料，編了 12 冊，1962 年由中華書局出版，對照中國方面的記錄，就非常有用[2]；又比如，前面我們説的《燕行錄全集》，如果把韓國林基中和日本夫馬進編的《燕行錄全集》100 冊和《燕行錄全集‧日本所藏編》6 冊，再加上林基中退休之後編的《燕行錄全集‧續編》50 冊，加起來有七萬頁，包括了明清兩代數百年間，好幾百個出使者對中國的記錄。[3] 復旦大學文史研究院，曾經和韓國的成均館大學東亞學術院合作，在 2011 年影印選編了《韓國漢文燕行文獻

1　《朝鮮王朝實錄》(首爾：國史編纂委員會，1973)。

2　吳晗編《朝鮮李朝實錄中的中國史料》(北京：中華書局，1980)。

3　林基中編《燕行錄全集》(首爾：東國大學校出版部，1981)；林基中編《燕行錄全集‧續編》(首爾：尚書院，2008)；當然，更早還有 1962 年成均館大學大東文化研究院編《燕行錄選集》三冊，2008 年成均館大學東亞學術院和大東文化研究院又出版了《燕行錄選集補遺》。

復旦大學文史研究院、成均館大學東亞學術院合編
《韓國漢文燕行文獻選編》

選編》30 冊，選擇了最好的版本，做了詳細的題解說明，雖然數量只有 30 冊，但應當説是比較好用的一套燕行文獻。[4]

但是，過去在中國只出版過少量朝鮮漢文史料。較早的，像 1934 年金毓黼編《遼海叢書》，作為東北史文獻，曾經收錄了一些朝鮮時代的燕行文獻，比如柳得恭《燕台再遊錄》等。[5] 後來，還有幾種特別著名的燕行文獻，像崔溥《漂海錄》、朴趾源《熱河日記》，也有過整理和出版。[6] 但是，像各種朝鮮文人的漢文文集，

4　復旦大學文史研究院、成均館大學東亞學術院合編《韓國漢文燕行文獻選編》（上海：復旦大學出版社，2011）。

5　金毓黼編《遼海叢書》（大連：右文閣，1934；瀋陽：遼瀋書社，1985）。

6　崔溥《漂海錄》，有葛振家的《崔溥〈漂海錄〉評注》（北京：線裝書局，2002）及朴元熇《崔溥〈漂海錄〉校注》（上海：上海書店出版社，2013）；朴趾源《熱河日記》，有朱瑞平點校《熱河日記》（上海：上海書店出版社，1997），最好的是日本學者今村與志雄日文譯注本《熱河日記》（"東洋文庫"，東京：平凡社，1978、1995）。

有關朝鮮和中國、日本關係的《同文匯考》，專門記載朝鮮時代外交機構以及制度與事件的《通文館志》，朝鮮王朝最高當局的日常記錄《承政院日記》，朝鮮官方負責邊境及交往事務的機構的《備邊司謄錄》，負責接待外國客人的機構的《典客司別謄錄》等，部頭都很大，大到甚麼程度？總之令人吃驚。可是，這麼多的文獻，過去卻很少很少被研究中國歷史和文化的學者關注和使用，這不能不說是遺憾。

還好，現在越來越容易看到韓國方面的文獻了，因為這些文獻，很多已經由韓國整理影印出版，對於研究者來說是相當方便。以大部頭的叢書為例吧，不僅有過去已經出版過的《朝鮮王朝實錄》（現在還可以通過中文在網上檢索 sillok.hisitory.kr/inspection.jsp）和《燕行錄全集》，還有 1999 年韓國景仁文化社影印的《韓國歷代文集叢刊》近三千冊，1986－2005 年民族文化推進會影印的《韓國文集叢刊》五六百冊，現在都很容易得到了。而且，前者有《總目》《索引》，後者還有很好的中文題解叫《韓國文集叢刊便覽》[7]。

下面，我就給大家介紹一些文獻資料，《朝鮮王朝實錄》學界用的比較多，各種燕行文獻現在也已經受到很大的關注，我就不仔細講了，我主要介紹《實錄》和《燕行錄》以外的一些資料。

7　韓國古典翻譯院編《韓國文集叢刊便覽》（首爾：韓國古典翻譯院，2010）。

一、《韓國文集叢刊》[8]

《韓國文集叢刊》

過去，韓國歷史上的文人文集，中國學界比較熟悉的，大概是晚唐時期新羅文人崔致遠（857－？）的《桂苑筆耕集》，這是韓國現存最早的文人文集。崔致遠曾經在賓貢科及第，當過中國的官，二十卷文集又涉及唐朝歷史文化，所以過去中國人常常用到。不過，在他之後的很多高麗時代、朝鮮時代的文集，中國學界好像用得就不多了。其實，朝鮮文集裏面，有關明清中國歷史，有關東亞三國關係，有關朝鮮歷史和文化，有關近世西方宗教和文化在東亞傳播的記載，都相當豐富而且有用。下面我就分幾個方面簡單介紹一下：

首先是有關明清中國歷史的資料。很多年來，我一直提倡"從周邊看中國"，朝鮮人怎麼看中國，大概是最重要的一個周邊視角了。為甚麼？因為朝鮮是所謂"朝貢圈"裏和中國最接近的一個國家，而且長時間有密切聯繫，又使用同一種書面文字，曾經共

8　《韓國文集叢刊》(首爾：韓國文化推進會編)附《韓國文集叢刊便覽》一冊；《韓國歷代文集叢刊》(首爾：景仁文化社，1999)附金成煥編《總目錄》一冊、《時代順序索引》一冊、《著者姓名索引》一冊、《文集順序（韓文順）索引》一冊。

享過一個文化傳統。所以，看看這個最密切的友鄰怎麼理解和敍述中國，可能是跳脱中國自我中心觀的一個好角度。我在《想象異域》這本書裏講的，主要就是這個意思。不過，我這本書主要用的是各種燕行錄，實際上，各種朝鮮文集裏面，有關明清中國的記載也很多。

比如，我們前面提到吳三桂《反清檄文》，這份中國失傳的文書，究竟它的來歷如何？它是怎麼流傳到朝鮮和日本的？在金錫冑（1634－1684年）《息庵集》卷十九《以馬島來問中國事情事移禮部咨》裏面，你可能會找到一些線索。金錫冑這篇給朝鮮禮部的咨文中説，上一年夏秋之間，"東萊倭館譯學等，偶因館倭得所謂福商所傳吳三桂檄文者"，可見，這一檄文是從福建商人那裏傳到日本，又從日本人那裏，經過釜山倭館傳到朝鮮的。金錫冑雖然説，這篇檄文不像"漢人文字，既已毁棄勿留，亦不敢煩聞大朝"，但是這一年六月，朝鮮東萊地方官魚震翼又來報告，説對馬島主平義真，派十三個人來訪，他們隨身帶着一些文書，其中又有這篇檄文，報告還引用了裏面的一些文字如"大明舊臣吳三桂，輔翼先帝遺子"，"仗節舉義兵"等，儘管金錫冑覺得日本人"言多狡譎，俗喜欺詐"，斷定"此書契之辭，又明是賣弄哄人"。但是，他也不敢怠慢，最終還是把情況和文書傳遞給了朝鮮王朝的官方。這樣，吳三桂檄文的來龍去脈就大體上清楚了。

我是研究思想史的，所以特別對文化認同問題有興趣。所以在各種朝鮮文集裏面，我覺得特別有意思的是朝鮮人有關明清易代的記載和反應，這一點我在《想象異域》一書裏也説到。你經常可以在朝鮮士大夫的文集裏面，看到他們總是在尊明貶清，也就是認同明代漢族中國文化，抨擊清代文化為夷狄文化。這反映甚麼呢？當然反映了朝鮮人的華夷觀念，也反映了政治承認（朝貢國）和文化認同（華夷觀）之間的分裂。因為對於他們來説，明清易代就等於是日本人説的"華夷變態"。當然，這裏面有很多是帶有偏見的，也有不少是充滿情緒的，未必準確和真實，只是反映朝鮮士大夫的一種固執的文化觀念，但這就是思想史的資料。我舉一個例子，十七世紀下半葉，清朝剛剛在北京建立十年，閔鼎重（1628－1692年）在《老峰集》卷六的《上同春宋（浚吉）先生》（1654）裏面，就表達了那個時代朝鮮人對清朝的敵意，他説，他觀察天象，"數年以來，月犯昴宿者三矣，夷虜自相殘殺者再矣，傳言天兵已復山西者三矣。虜人之疲殘凋零，歲異而月不同者，又往來使臣之所目見而口談也。"他覺得仰觀天象是這樣，俯瞰大地也是這樣，所以可以斷定"中國必有伸之理，夷狄無百年之命"。這説明在明朝滅亡十年的時候，朝鮮一些知識人還在試圖"亡胡復漢"（474－475頁）。這種想象和情緒，雖然在清朝漸漸淡化，但是，很長時間裏一直綿綿不絕，甚至到了十九世紀下半葉的金平默（1819－1891年）在《重庵先生文集》卷三十二《答族曾孫》，這篇寫於光緒十一年（1885）的文字裏，還在強調清朝的漢族士大夫"既著胡服於身，開眼便是胡人樣子。如角者，吾知其為牛，鬣者，吾知其為馬，縱道先王之法言，無異猩猩鸚鵡之能言，縱效先王之德行，只如契丹之文宣王之戲耳"，所以，他激烈抨擊李光地、熊賜履、徐乾學、張伯行這些儒家學者，都是"虜人”，根本算不上“儒者”（345頁）。

　　研究中國史尤其是明清史，不妨注意朝鮮方面的這類資料，為甚麼？因為那個時代中國方面的反清言論已經被禁止了，這類言論在後來也無法出版，這種激烈的反抗和不滿的情緒反映不出來。

　　其次是有關東亞三國之間關係的資料。我舉一個例子，就是中朝之間的邊界問題，雖然說傳統帝國無遠弗屆，按照拉鐵摩爾的說法，帝國是有邊疆無邊界，並不特別注意線性劃界，但是，中華帝國沒有那麼厲害，從秦漢築長城與匈奴劃界，到唐代以大渡河與吐蕃劃界，到宋遼在華北的雄州一帶劃界，其實也一直有邊界。中國和朝鮮的邊界，是一個複雜的問題，為甚麼呢？因為過去漢代在朝鮮半島設過郡，而高句麗建國連都城那一大塊兒卻在吉林，元、明、清三代中朝邊界也有所移動。所以，在清朝最終的中朝劃分邊界，就成為現代中朝邊界的基礎，很多現代邊界問題，都要追溯到清朝。大家都知道長白山天池劃兩半的事兒，在朝鮮文集裏面，有關清、朝邊界和長白山就有不少記載。你去讀一讀洪世泰（1653－1725年）《柳下集》卷九《白頭山記》記載1712年的劃界情況，就很可參考。而中國和日本之間的關係呢？因為中日之間一直沒有正式外交關係，所以朝鮮在很長時間裏，充當了中日之間的消息情報傳遞者，他們幾乎每年都要匯集情報，編成《倭情彙纂》，交給清朝官方。在這裏面，他們有時候通風報信，有時候故意挑撥離間，也有的時候為了獲取利益，在兩者之間做一些溝通。所以，明清兩代涉及日本的資料，我們常常要看朝鮮的記載。這方面除了朝鮮赴日本通信使的文獻——下面我們還要詳細介紹——有關日本的資料，在文集裏面也有不少，比如金尚容（1561－1637年）的《仙源遺稿》，就記錄了德川幕府邀請朝鮮王朝派遣通信使的事情；金奉祖（1572－1630）《鶴湖集》卷二，就有關於日本情況的匯報《倭情狀啟》；申晸（1628－1687）《汾崖遺稿》卷十一《侎倭日錄》，也是有關日本的好資料。

我們具體看一個例子，權以鎮（十八世紀）《有懷堂先生集》裏面記載[9]，當時，他是倭館——日本常駐朝鮮商館——所在地東萊府的官員，在文集第五卷，有他在東萊府任職的時候給禮部寫的《倭情狀啟》，裏面就記錄了日本在朝鮮的倭館的活動情況。他說，倭館的人，精通韓語，常常和朝鮮的奸民往來，關係好極了。"本府朝有一事，倭人夕已聞之"；日本人在當地和當地男女廣泛往來，朝暮相混，"大則我國事情無不備知，小則與我人交奸鬥詰，以至辱及朝廷"。在卷七的另一篇《上廟堂別紙》裏面，他又向朝廷報告說，倭館裏面，常常有三四百人，和附近的草梁村七八十家村民來往特別密切，這些村民往往成為日本人的內應，跟他們互通消息。

現在關於東亞各國之間情報和知識的交流，是日本、韓國和中國學界都在進行研究的領域，那麼大家可以想見，這一文獻中提到的所謂東萊倭館，作為日本有關朝鮮（也包括中國）的情報

9　權以鎮，雍正二年（1724）曾作為進賀謝恩副使出使清朝，著有《癸巳燕行日記》。

來源，對於東亞史的重要性，就很值得深入探討了。

再次是涉及朝鮮本身歷史的，這當然不用多說，這裏只舉一個有關"檀君"的例子。大家都知道，雖然朝鮮一直受到中國文化影響，也有着強烈的尊崇明代政治和文化的傳統，但是從朝鮮時代以後，其實它也在不斷地強化自己的歷史獨立和文化認同。以前我們提到，日本學者白鳥庫吉和今西龍都寫過《檀君考》，近年來南開大學的孫衛國教授也考察過作為朝鮮歷史象徵的檀君。其實，朝鮮文集裏面還有很多資料可以發掘，比如，十四世紀李詹（1345—1405年）的《檀君朝鮮》，就收在李詹的《雙梅堂篋藏集》卷二十二；十五世紀崔溥（1454—1504年）的《錦南集》卷一和卷二，也有討論《東國通鑒》裏的檀君故事；十七世紀許穆（1595—1682年）的《記言》卷三十三至三十六，也有敍述從檀君開始的歷史。一直到十九世紀、二十世紀之間的金澤榮（1850—1929年），在他的《韶濩堂集》卷五《檀氏朝鮮記》中，還在討論和強化檀君作為朝鮮始祖的說法，並且還注釋了檀君所謂的《天符經》，背後的歷史意味是甚麼呢？是不是試圖在外部壓力下，凸顯朝鮮歷史獨立性和悠久性？這很值得研究。你看十八世紀的洪良皓（1724—1802年）《耳溪文集》卷十《送關西伯蔡伯規（濟恭）序》裏，他很自然地說道，"檀君並堯而治，後千有餘年而得箕子，箕氏千年而德衰，攘奪於衛滿，戰爭於句麗，叛亂於王氏……"由此可見，這些有關朝鮮早期歷史的後來歷史敍述，在十八世紀的時候，已經常識化和脈絡化了。

最後，我想提一下，各種文集裏面還有一些文獻涉及西洋文化尤其是歐洲天主教對近世東亞的衝擊。好些年前，我曾經以"黃嗣永帛書"為主，討論過十六世紀到十八世紀之間日本、朝鮮和中國對於天主教影響的反應。黃嗣永是朝鮮的天主教徒，信仰非常堅定，1801年被捕之後，在一幅絲織品上寫下了萬言供狀，後來輾轉流傳到羅馬教廷，成了東亞天主教傳教的重要文獻，反映了十八世紀末十九世紀初東亞尤其是朝鮮的宗教傳播情況，特別是天主教傳播和被禁的全過程。說起來，這也是費正清所謂的（西方）衝擊（東方）反應之一吧。

大家知道，東亞三國對外來文化態度不一樣，日本對天主教的態度最有趣，一開始是大量引進，很受歡迎，修了好多教堂，很多日本人成為教徒，然後就是極度緊張，極端抵制，最終出現德川初期的"禁教"和"鎖國"，長崎發生的"大殉教"事件是很慘烈的。可是朝鮮呢？從十六到十八世紀，天主教是逐漸滲透到朝鮮去的，其中，一半是朝鮮文化人從北京天主教堂看到的和帶回去的，在士大夫階層中流傳，一半則是由一個中國神父周文謨偷入朝鮮後陸續發展起來的，在民間和宮廷流傳。可是隨着政局變化，在十九世紀第一年（1801），發生了很慘烈的"辛酉教難"，從此天主教在朝鮮被嚴厲禁止。而中國呢？中國是老大帝國，對於天主教雖然並不喜歡，但也沒有那麼緊張，多少有些自信滿滿，雖然也禁止，但是管得不嚴，直到嘉慶十年（1805）發現意大利傳教士私下傳遞西文書信和中國地圖，引起官方的警覺，同時發現連旗人也有信教的，而這時皇帝又親自看了教會的書，覺得有可能危及政治，所以不能不對天主教加以限制，嘉慶皇帝說："與其日後釀成巨案，莫若先事予為之防"[10]，這才緊張起來。

　　所以，十七、十八世紀的東亞，其實對天主教和西洋人的滲透，一直是有反映的。如果仔細看朝鮮的各種文集，可以看到不少資料。比如，看安鼎福（1712－1791年）《順庵集》卷十七，李獻慶（1719－1791年）《艮翁集》卷二十三，就可以看到朝鮮士大夫對天主教的態度；再看鄭宗魯（1738－1816年）的《立齋集》正集卷九《與安順庵》，你就可以看到十八世紀朝鮮兩班士大夫們對西學一旦盛行，是何等的焦慮。我舉一篇較晚的，但很有典型性的文字，是金平默的《海上錄》，收在他的文集《重庵先生文集》卷三十四《雜著》中，其中說到"向見洋胡之書，從頭至末，從幹至枝，從華至實，橫豎反覆，不見有一星子是處，只是縱慾恣奸，引天下之人而同為悖性禽獸"（492頁）；又說到有人把西洋書說成是日本書，"或問：今人諱洋為倭者何意？曰：洋人，祖宗所以草薙禽獮，不會易種於邦域之內者也。今日納洋，則無以防人之口。而適會倭人同其臟腑，而與之周旋，故總稱倭人以瞞之也"（513頁）。這裏面透露了甚麼消息？天主教在朝鮮是怎樣傳播的？它和日本有關係嗎？這很值得想一想。再比如，你要想了解朝鮮天主教思想影響的大致情況，也可以看十九世紀金喆銖（1822－1887年）的《魯園先生文集》卷六《斥邪諸說鈔錄》所摘錄朝鮮天主教思想的不少言論，以及李恆老（1792－1868年）《華

10　《清實錄》（嘉慶朝）卷一四四，967頁。

《西集》卷三和卷二十五裏面關於天主教的討論。

回到前面我講的朝鮮歷史上最有名的"辛酉教難"，你可以看一下李晚秀（1752－1820年）《屐園遺稿》卷五的記載，他就是到北京向大清帝國通報鎮壓天主教事件原因和經過的官方使者。他的報告裏面，引用了天主教徒黃嗣永的自供狀，就是前面我們提到的現在藏在羅馬教廷的"黃嗣永帛書"，而且報告裏也詳細敍述了天主教對朝鮮的滲透和影響，非常有價值。當然，韓國文集裏面有價值的資料很多很多，比如有關朝鮮王朝對程朱理學和陽明心學的看法，你也可以找到很多資料，我這裏只是略舉幾例而已。

二、《承政院日記》[11] 及《同文匯考》

承政院是朝鮮王朝的最高行政機構，他們每天都有工作記錄。由於它是國家最高機構，所以它記錄的，都是一等一的大事情。比如，朝鮮仁祖元年，也就是明朝天啟三年（1623），這一年的七月十六日，就記載國王在哪裏，做甚麼（停常參，只晝講），有甚麼指示（李穎達直赴會試，宋錫胤給二分，其以下各白紙三卷賜給）；然後記載各地官府的報告（如進士奇俊格誣告的事情），國王有甚麼批示；等等。

---

11 《承政院日記》（首爾：國史編纂委員會影印本，1961－1977）；又，標點本，韓國古典翻譯院，2009年後陸續出版中。

如果仔細搜尋《承政院日記》，可以發現很多第一手資料。我曾經用它寫過一篇《天啟五年：明朝使節在朝鮮》，就是講那個時候東北已經很吃緊了，後金崛起，但是明朝的使節在朝鮮還是大量搜刮錢財，而朝鮮君臣敢怒不敢言，只好任他胡作非為的故事。在《承政院日記》裏面，就有好多第一手的資料。

　　《同文匯考》[12] 是朝鮮和明清中國、日本交往文書的彙編。《朝鮮王朝實錄》之《正祖實錄》卷二記載，朝鮮正祖十二年也就是清朝乾隆五十三年 (1788) 九月，校書館呈上《同文匯考》。據說"舊法：事大、交鄰文字，承受分屬，皆由承文院。其貳本三年一印，藏於掌故，著在經國大典。後寢惰廢，胥吏傳寫，遂不複印。訛

《承政院日記》

<hr />

12　《同文匯考》(首爾：國史編纂委員會，1978）；現在中國方面有趙興元等選編的《同文匯考中朝史料》(鄭毅主編"長白叢書・整理系列"，長春：吉林文史出版社，2003）三冊。

謬放逸，不可考徵。上之八年甲辰，命承文院提調李崇祐等，裒集多年詔咨表奏及使臣別單、譯官手本，匯為一書。原編二十五目，別編十四目，補編五目，附編十四目"。[13]

這裏記載得相當清楚。也就是說，《同文匯考》是從朝鮮正祖大王八年即乾隆四十九年（1784）開始編的，到正祖十一年（1787）完成，第二年（1788）由校書館印出來。參與編修的人，有禮部官員鄭昌順、李崇祐（？）、鄭昌聖、洪良皓、李在學等。正如《正祖實錄》記載的，《同文匯考》一開始就分為四類：

（一）"原編"七十九卷（今影印本的 1—37 冊），這是基本歷史線索，按照年代順序編輯各種有關事大交鄰的文獻。分為：封典（包括建儲、嗣位、冊妃、追崇等——這是朝鮮方面的事情）、哀禮（告訃、請諡、賜祭、賜諡等）、進賀（登極、尊號、尊諡、冊立——這是中國方面的事情）、陳慰（中國方面如果有皇家喪事、宮中大火）、問安（指清朝皇帝巡視四方，接近朝鮮國境時）、節使（歲幣、朝貢禮物、貢物總單）等等，一共二十五類。

（二）"別編"四卷（今影印本的 38—39 冊），收集崇德丙子（1636）到順治甲申（1644），也就是朝鮮和明朝關係的散佚文書。也按照封典、進賀、陳慰、節使、請求、錫賚、斸弊等十四目分類。

（三）"補編"十卷（今影印本的 40—44 冊），是使臣行錄、文書格式、詔敕、儀節、聞見雜錄、譯官手本等等。分為使臣別單、

13　轉引自吳晗編《朝鮮李朝實錄中的中國史料》（北京：中華書局，1962）下編第 11 卷，4798 頁。

使行錄、事大文書式、詔敕錄和迎敕儀節五大目。這部分很有意思，因為不完全是制度性、常規性的文獻，常常有一些意外的資料。

（四）"附編"三十六卷（今影印本的 45－60 冊），是朝鮮和日本互相往來的文書。分為陳賀、陳慰、告慶、告訃、告還、通信、進獻、請求、約條、邊禁、爭難、替代（裁判、館守）、漂民（包括朝鮮和日本漂流民的安置和處理）、雜令等十四目。

但是，在正祖十二年之後，《同文匯考》完全按照原來的分目，一直陸續在補充，材料一直增補到 1881 年。因此，現在看到的《同文匯考》，又有了六部分增補的內容：

（五）原編之增補一卷（今影印本 61 冊），報告洋船情況。

（六）原續編十七卷（今影印本的 62－78 冊），即"原編"的增補，事大交鄰歷史的敘述，到 1855 年止。

（七）補續編一卷（今影印本的 79 冊），即"補編"的增補，到 1881 年為止。

（八）附續編六卷（今影印本的 80－85 冊），是原來的"附編"即朝鮮和日本所謂"交鄰"資料的增補。

（九）原編續九卷（今影印本的 86－94 冊），是"原續編"的再增補，從 1855 年到 1881 年。

（十）附編續兩卷（今影印本的 95－96 冊），這是"附續編"也就是朝鮮和日本交鄰史料的再增補，到 1881 年為止。

這樣，就形成了現在的初編六十冊，續編三十六冊，一共九十六冊，總計四百多萬字，這是一份很龐大的東亞關係史料，1978 年國史編纂委員會影印的是首爾國立大學奎章閣藏本，合成四大冊。[14]

下面，我給大家看兩個具體的例子：

第一個例子有關朝貢。卷三十一"節使"中記載，乾隆四十一年（1776），朝鮮向清朝萬壽聖節、冬至年貢、元旦禮物是：(1)黃細苧布三十匹，(2)白細苧布一百二十匹，(3)紅細苧布三十匹，(4)黃細綿綢七十匹，(5)紫細綿綢八十匹，(6)白細綿綢九十匹，(7)螺鈿梳函二事，(8)龍文簾蓆六張，(9)黃花蓆八十五張，(10)滿花蓆六十五張，(11)滿花方蓆五十五張，(12)雜彩花蓆五十五張，(13)獺皮二十張，(14)白綿紙四千卷，(15)黏六張厚油紙一十部。其實在很長時間裏，朝鮮的朝貢物品，大體上都是這些東西，比如卷二十四記載康熙五十一年至五十二年（1712-1713）金昌集來朝賀長至（即冬至）、元旦、萬壽，禮物也是這些東西。這成為一種常規的制度，所以，如果有人研究朝貢貿易的，也可以考察一下，這些使團帶來的常規貢品與清朝例行的賞賜物品之間的價格。第二個例子，有關近代西方船隻來到東亞的情況。《同文匯考》的"洋舶情形"裏面，記錄了同治五年（1866）朝鮮國王把"法國主教二人、傳教士九人及本地習教男婦老幼盡行殺害"，引起中國、法國和朝鮮的外交交涉。這個事件其實是朝鮮"教難"也就是禁止天主教之後的餘波，在朝鮮君臣上下看來，這是理所當然的。可是，你看這些文獻中反映的當

14　除了韓國國史編纂委員會的這一影印本外，台北珪庭出版社也有影印本。

時衰落中的清帝國的尷尬處境和曖昧態度。法國為此事，宣稱要"命將興師，兵船不日即可齊集朝鮮"，而大清就很為難，"中國原不能勉強朝鮮習教，為之發照行文；然亦不能因該國構兵，不為排解"，所以，清朝政府只好勸告雙方，"兩國兵爭，彼此俱有傷損，中國既知此事，自不能不從中排解"。[15] 於是，禮部給朝鮮發去公文，讓朝鮮查照。沒想到這個朝貢國並不買賬，朝鮮方面怎麼回答呢？朝鮮官方回了咨文，堅持說，這些"凶徒匪類，聚黨糾結"，但都是本國人，"衣冠言語與東國無別"，而且"奸昵婦女，幻形匿跡"，他們不能算是法國人，更不能說是宗教徒，我們對外國漂流到本國的人，都護送回去。他們還很強硬地說，如果我國人到你們那裏"冒禁煽訛民，國典受其害，則他國必鋤誅之無遺"，並且強調，這就是作為附屬國"靖封疆，嚴邦禁"的責任。[16]

你覺得宗主國和冊封國，那個時候在西洋壓迫下，關係會有甚麼改變？

三、《通文館志》[17]

如果研究朝鮮王朝對外關係，有一部最概括和最扼要的文

15　《同文匯考》（首爾：國史編纂委員會，1978）第 2 冊，2467 頁下。

16　《同文匯考》第 2 冊，2468 頁上。

17　金慶門《通文館志》（首爾：首爾大學校奎章閣韓國學研究院，2007）。

獻，即金慶門所撰《通文館志》。此書最先成書於 1720 年即康熙五十九年（庚子），記載李朝朝鮮之通文館的沿革、功能、人物等。據作者金慶門寫於 1720 年的序文，朝鮮王朝在確定由司譯院主持"事大交鄰"之後，便設立了通文館。在崔（存窩）相國提舉通文館後，命金慶門撰寫館志，這就是這部書的由來。他記載說，"蓋院有四學，曰漢、蒙、倭、清，其為廳凡三十有四，共六百餘員。院之建置，垂今三百有餘年"（卷首，3 頁），金慶門這部書就記載了通文館的結構、功能和歷史。

但是，現在看到的《通文館志》，除了金慶門撰寫的之外，又有李湛的續補。據 1778 年即乾隆四十三年（戊戌）李湛的序文，知道他在金慶門的基礎上，後來又按照金慶門的體例加以續補，"志舊九篇，而今續紀年一篇，條舊百十有六條，而今續五十三條"（8 頁）。李湛之後，又有人把此書一直補編到咸豐二年（1852），所以現在看到的《通文館志》，實際上記載了超過三百年的朝鮮外交史，也就是從通文館 1639 年建立，一直到十九世紀中葉。

《通文館志》記載的內容包括"事大"和"交鄰"。"事大"，也就是朝鮮和中國的往來記錄；"交鄰"，則是和日本、琉球等的往來記錄。全書共十一卷。卷一是"沿革"，講通文館的歷史過程。卷二是"勸獎"。卷三是"事大"上（包括赴京行使、文書、路費、先文和表箋狀奏咨、渡江狀、八包定數、中原進貢路程、航海路程、入柵報單、中路宴享、瀋陽交付分納、入京、鴻臚寺演儀、朝參、方物歲幣呈納、下馬宴、領賞、齎回數目、辭朝等等）；

《通文館志》

卷四是"事大"下（包括敕使行、牌文、中江宴享、鴨綠江迎敕、龍灣宴享、郊迎儀、仁政殿接見儀等等）。以上兩卷記錄的是朝鮮和明清中國往來的制度和禮儀。卷五是"交鄰"上（包括接待日本、對馬、琉球等國，以及倭館等等）；卷六是"交鄰"下（包括通信使行、京外路資、國書式、三使臣私禮單、我境賜宴、渡海船、水陸路程、彼地宴享、日光山致祭儀等等）。以上兩卷記錄的是朝鮮和日本往來的制度和禮儀。卷七是"人物"，記錄外交往來中的重要人物。卷八是"故事"，記載朝鮮外事往來中的各種典故。卷九到卷十一是"紀年"，按年記載朝鮮外交往來的事情。其中，卷九自丙子（1636）至庚子（1720）凡八十五年，卷十自辛丑（1721）至庚申（1800）凡八十年，卷十一是自辛酉（1801）到壬子（1852）共五十二年。

據《通文館志》記載，朝鮮出使清帝國的赴京使，原本有冬

至、正朝、聖節、千秋、四行、謝恩、奏請、進賀、陳慰、進香
等名目。自崇德（1636－1643年）以來，沒有千秋使而有歲幣使，
到了順治二年（1645），則將正朝、冬至、聖節三節和歲幣合併，
必備正使、副使和書狀三員，叫做"冬至使"（卷三，85－86頁）。
這裏面有很多資料，記載了各方面的制度。比如說，如果你想考
察使團的費用，書裏記載說，其中正使和副使，各白苧布五匹，
白綿綢六匹，木棉、正布各十五匹，賜米十五石（99頁），同時使
團還會攜帶馬匹、白紙、玄銀、錫妝刀、青鞘刀等禮物。如果你
想了解朝貢文書的格式，這部書也有所記載，說朝貢文書有特別
的格式，其中，給大清國的表、箋、狀，正本紙長七寸九分，廣
三尺許，一行書二十字。上表的封筒，長八寸八分，廣三寸一分，
高二寸九分。黃，畫龍，蠟妝；箋筒則紅，畫龍；狀筒則稍狹，
紅，畫鳳（126頁）。在啟程前七八日寫畢後，要由六曹、承文提
調、正使、副使一一查對（127頁）。至於給清朝皇家的禮物，有
各色布若干、各色蓆若干，有豹皮（康熙辛酉免除）十張、人參
（後代以白棉紙）五十斤，有雜色馬三十匹（經海路，後停）；在皇
太后、皇后、太子處，也還有各種不同的禮物。

此書最有用的，是卷九至十一的"紀年"，自從仁祖大王十四
年丙子（1636）遣金堉出使起，記載甚詳細，尤其注釋中也有資料
可取。

此外，還可以注意的是篇幅很大的《備邊司謄錄》與《典客司
別謄錄》（奎章閣資料叢書影印本三冊，有索引，首爾：首爾國立
大學校，1992）。

附說：明清中國有關朝鮮的文獻舉例

中國有關朝鮮的記載，過去常常依賴正史裏面的《東夷傳》或《朝鮮傳》，不過，從宋代徐兢的《宣和奉使高麗圖經》[18] 之後，也有不少私人的記載。明清兩代，這一類文獻就越來越多，有的文獻已經收入殷夢霞、于浩編《使朝鮮錄》（"中朝關係史料叢刊"，北京：北京圖書館出版社，2003）。這裏，根據夫馬進教授的提示和我自己的閱讀，我們簡單介紹若干種明清中國文人官員出使朝鮮的記錄。[19]

先講十五世紀的三種。

（一）倪謙《朝鮮紀事》、《奉使朝鮮唱和集》一卷（國朝典故本、記錄彙編本，《續修四庫全書》影印本史部 744 冊）。

這是景泰元年（1450）他奉命出使朝鮮的日記，始於景泰元年正月十日從遼陽出發，十六日進入朝鮮，結束於經過鴨綠江回國的二月三日，他在朝鮮的王都漢城停留了二十天。不過，全書只有薄薄的十二頁；倒是後面那部唱和集，記錄了他和朝鮮著名學者文人申叔舟、鄭麟趾、成三問的詩歌唱和。

（二）張寧《奉使錄》二卷（收入《四庫全書》本《芳洲集》中）。天順四年（1460），張寧作為正使，與副使武忠一道奉使赴朝鮮

18　徐兢《宣和奉使高麗圖經》（朴慶輝注，長春：吉林文史出版社，1991）。

19　夫馬進《使琉球錄與使朝鮮錄》中，已經詳細介紹了若干種，比我的介紹更豐富更詳細，可以參考。載夫馬進《朝鮮燕行使與朝鮮通信使：使節視野的中國・日本》（伍躍譯，上海：上海古籍出版社，2010），289-309 頁。

問責，也就是調查此前朝鮮殺害毛憐衛都督僉事浪孛兒罕（一作郎卜兒哈）及其子十六人，浪孛兒罕一族人則攻入朝鮮會寧作為報復的動亂事件，他們的目的是查清這一發生在女真人和朝鮮人之間的互相殺害事件，究竟是怎麼回事兒，到底是誰應當負責。這部兩卷本的《奉使錄》，記載了有關文書，也留下了沿途的紀事詩，還有遊鳳凰山記，以及與朝鮮官員的唱和等等。

（三）董越《朝鮮雜誌》一卷（台南莊嚴文化事業公司影印《四庫全書存目叢書》史部 255 冊）。

比較起來，董越有關朝鮮的文字流傳比較廣。他先是寫有《朝鮮賦》，裏面有一些自注，有人就把這些自注抄出來，編成這本《朝鮮雜誌》。據日本學者夫馬進說，負責接待的朝鮮遠接使許琮，贈給董越《風俗帖》，很可能董越對朝鮮的敍述就是根據了這個《風俗帖》和許琮的解釋，因為《朝鮮王朝實錄》記載：成宗十九年（相當於明朝弘治元年，1488）三月五日，許琮向國王報告董越活動，並且說到中國人對朝鮮風俗的誤解。夫馬進教授認為，這也許就是朝鮮方面主動給董越提供資料，希望他重新敍述並納入《實錄》的動機。[20] 這些文字記載了朝鮮的各個方面，也反映了中國文人學者對朝鮮的認識程度。比如：關於朝鮮的制度，其中記載"（其國）官多仿古，俸則給田，鄉試以子、午、卯、酉，會試殿試以辰、戌、丑、未年"，"成均館養五百人，每三歲以明

20　參看夫馬進《使琉球錄和使朝鮮錄》，載夫馬進《朝鮮燕行使與朝鮮通信使：使節視野的中國・日本》（伍躍譯，上海：上海古籍出版社，2010），294 頁。

經取者，謂之生員，以詩賦取者，謂之進士。又自南、中、東、西四學升者，謂之升學，四學避北不敢名者，尊朝廷（也就是大明）也。"關於朝鮮的風俗，則記載朝鮮上下流行極其嚴厲的儒家規矩，比明代中國還要嚴格。比如"民間不許儲分文金銀，其貿遷交易皆以粟布，以積之多者為富貴，故其國貪官少者亦如此"；又比如"國俗：喪必三年，且尚廬墓，奴僕例許行百日之喪"；再比如，"俗恥再嫁，所生及失行婦女之子，皆不許入士流，登仕版。"而這一切也許和朝鮮的兩班制度有關，據他記載，"（朝鮮）門第最重簪纓，以先世嘗兼文武官員者謂之兩班，兩班子弟止許讀書，不習技藝，或所行不善，則國人皆非之。"[21]

再介紹十六世紀的兩種。

（一）龔用卿《使朝鮮錄》兩卷 [民國二十六年（1937）影印本，靜嘉堂文庫藏朝鮮活字本]。龔氏為賜進士及第，翰林院修撰經筵國史官，這是嘉靖十六年（1537）他奉朝廷之命任正使出使朝鮮，告知皇太子誕生之事。他的副手是吳希孟。

在卷首有嘉靖丁酉（1537）序文，其中講到，作為天朝與屬國之間的規則有三，一是出使之禮（包括一迎詔之儀、二開讀之儀、三沿途迎詔之儀、四謁廟之儀），二是邦交之儀（包括一國王茶禮之節、二國王接見之節、三國王宴享之節、四王世子宴享之節、五陪臣參見之節、六國王送行之節、七沿途迎慰之節、八沿途設

21　董越《朝鮮雜誌》，載《四庫全書存目叢書》史部 255 冊，247−248 頁。

宴之節），三是使職之務（包括一道里之距、二山川之限、三各道州府郡縣之屬、四沿途各官迎送之禮、五軍夫遞送之節）。從這裏可以看到明朝作為宗主國和朝鮮作為被冊封國之間的禮儀。

（二）黃洪憲《朝鮮國紀》（《四庫全書存目叢書》史部 163 影印本）。黃洪憲是隆慶五年（1571）進士，也是出使朝鮮的朝廷官員。這部書中記載的朝鮮事情，也有一些值得參考的地方。特別是他怎樣記載和描述朝鮮的文化與風俗，反映了中國士大夫的觀念。顯然中國當時的士大夫，都覺得朝鮮雖然也還有東夷之風，但禮教普遍化和道德嚴厲化，遠遠超越明朝，"官員嫻威儀，燕享鄉射皆如禮"；"法無苛條，其敗常犯賕（即賄賂），及婦人再嫁者，書名三司，其子孫不齒士類" [22]，心中也暗暗承認朝鮮是"小中華"。

再看十七世紀的兩種。

（一）朱之蕃《奉使朝鮮錄》一卷（《四庫全書存目叢書》）。這是朱之蕃於萬曆三十四年（1606）奉朝廷之命出使朝鮮，告知皇太子誕生之事。朱之蕃在這一年的二月十六日從北京出發，三月二十四日到達義州，四月十一日到達朝鮮京城。四月二十一日返回，七月七日回到北京復命。這是"壬辰之役"結束之後，明朝官員赴朝鮮的記錄，到底明朝、朝鮮和日本的關係如何，很值得注意。可惜，這部書主要只是他在沿途寫的詩文。原刻本現存於上

22　黃洪憲《朝鮮國紀》，載《四庫全書存目叢書》史部 163 冊，309 頁。

海圖書館。

（二）姜曰廣《輶軒紀事》一卷（殷夢霞、于浩選編《使朝鮮錄》下冊，影印自光緒二十一年“豫章叢書”本）。這是姜曰廣天啟六年（1626）奉朝廷之命，去朝鮮告知皇太子誕生，他的副使是王夢尹。這一次出使的特別地方，是因為東北女真崛起，遼東半島並不安全，所以這次行程走的是海路。

顯然這個時候的中國士大夫，對局勢都有一點兒焦慮和擔憂了，這在其卷首崇禎元年（1628）舒曰敬的序文中就可以看出來。這篇序中曾經檢討說，朝鮮於中國關係很重要，中國“南臨倭，北鄰虜，僅一朝鮮為扞蔽我國家，篤厚朝鮮，意深遠矣”（380頁），又說到，昔日關白發難侵略朝鮮，“我之師武臣拯救不力，反重擾焉，鮮心失恃於我，猶不我貳，至於今虜復駭其疆場，我方自救不暇，未有以庇也，然則皇華肅將，直以空名蒞之耳，乃其君臣上下延接筵送，不愆於禮，而有餘於情，如王有新喪，易服惟命，降位序立亦惟命，雖良使有詞，亦不侵不叛之世忠，縮結於聖朝者深也”（381頁）。全書的末尾，綴有“史氏曰：吾行海外，而乃知天下小也，我國家獨厚朝鮮，意深遠矣”（455頁）。

最後，再介紹清代即十八世紀的一種。

阿克敦的《奉使圖》[殷夢霞、于浩選編《使朝鮮錄》下冊，影印自嘉慶二十一年（1816）《德蔭堂集》卷六]，是很有意思的一份資料。

阿克敦是滿洲正藍旗人，姓章佳，他就是後來乾隆朝赫赫有名的大官兒阿桂的父親。阿克敦於康熙四十八年（1709）中進士[23]，有《德蔭堂集》十六卷，其中就收有他出使朝鮮的詩文《東遊集》。他曾經兩次出使朝鮮。第一次是康熙五十六年（1717）九月，由於朝鮮國王患眼疾，向中國請求藥物，康熙皇帝派他帶了治療眼疾的空青等物去慰問；第二次是

阿克敦《奉使圖》卷首

雍正二年（1724）十二月，他奉命與侍衛佛倫一道，擔任冊封使，應朝鮮國王的請求，去冊封朝鮮國王的弟弟李昀為世弟。[24]《奉使圖》就是雍正二年出使回來之後畫的，卷首有于敏中的詩二十首，其中，第十三幅題詩中有"丹詔一封來絕徼，牙旗十里耀鳴鑣。慕華館外爭傳說，再睹天人下九霄"；第十六幅的題詩是"聖朝恩德遍寰中，稠疊龍光最海東，今日相公重識面，那能禮數不加隆"（474頁）。

作為冊封國王的使節，阿克敦眼中的朝鮮是怎樣的？清朝尤其是滿洲大臣對朝鮮是怎麼看的？他們的看法和漢族士大夫有差異嗎？大家可以考察一下，因為這份文獻不僅有圖，有詩，而且還有序有跋。大家看卷後的王兆符跋，跋文裏說，"朝鮮自箕子傳國，其風猶有近古者，至習俗之言語衣服飲食歌舞，且以廣域

23　阿克敦的生平，參看《欽定八旗通志》（長春：吉林文史出版社，2002）第5冊卷一七七。

24　《清史稿·阿克敦傳》，10478頁。

外之覻觀乎？而我太宗文皇帝破其王都，追之至南漢山城，獲其妻子於江華島，然終封其社稷，及今久遠，感戴天朝，逢敕使臨其境，其朝臣拜舞，其士女伏地，為恭書之，不又有所重乎？"（470頁）打了人家，人家就感恩戴德？這是不是反映了清朝居高臨下的傲慢？是不是清朝官方並不十分了解朝鮮對清朝的真實態度？

當然，最重要的資料，還是其中記載清朝皇帝使者到朝鮮的冊封過程，以及清朝官員阿克敦眼中的朝鮮。我這裏舉第一幅圖和詩歌為例。第一幅圖，畫了一個北方院落，院落三進，前為瓦屋，清朝使者在前庭側坐，一朝鮮官員疑為接待官員，匍匐在前，有數清人侍立，院落門對朝鮮國旗，表現的是已經進入朝鮮境內的清朝使團情況。阿克敦的詩是這樣的——

粗通言語效中華，

官是鴻臚古大加，

人意未能全解識，

有時書代數行斜。

（朝鮮舊以鴻臚主賓客，即大加也，俗名差講，朝夕侍奉左右，以通言語）

見人蹲踞渾閒事，

趨走庭前禮數繁，

革履風巾仍是舊，

異鄉留此暫盤桓。

（以蹲踞為常，以趨走為敬，習俗然也，黃革履折風巾，
則仍古制矣）

看來這個時候，滿洲人阿克敦是以大國之“文明”自居，
在他眼裏，他的清朝已經是“中華”，而朝鮮仍然是“東夷”，
但他也承認，朝鮮人雖然是東夷，但一方面恪守傳統，穿的衣
服符合“古制”，一方面又風俗有異，它舉出來的就是“蹲踞渾
閒事”。

第四講

有關朝鮮與日本之間交往的漢文通信使文獻

引言　甚麼是"通信使"？日朝之間的往來

"通信使"是朝鮮派往日本的官方使節。元、明、清時期，日本與中國雖然始終沒有正式的、常規的外交關係，日本雖然在某些時候，比如足利義滿時代，在某些局部，比如九州或沿日本海地區，有向中國派遣朝貢使團的行為，但是它並不能算在以中國為中心的"朝貢／冊封"體系中，也不怎麼遵循中華禮儀秩序。但是，朝鮮卻和日本有正式而固定的外交關係，這種外交關係即使是在"壬辰之役"三國關係交惡的時候，也沒有中斷。朝鮮憑着"事大交鄰"，一面和明清中國維持着朝貢關係，一面和日本維持着對等關係。通信使就是朝鮮官方派往日本的使節，包括正使、副使和書狀在內的通信使團，有時候會多達五六百人。

一般來說，朝鮮通信使團的使命，主要是完成兩國官方的一般外交禮節性的交往、保持彼此商貿的暢通、互相交換情報。下面我們分別講。

一、朝鮮通信使的三類使命：
修好睦鄰、刺探情報、弔喪慶賀

大體上，通信使團的使命可以歸納為以下三類：

（一）"修好"與"睦鄰"。朝鮮與日本隔海相望，歷史上一直往來不絕，有文化交流和商貿往來，也有戰爭和敵視。不過，在

唐船待揚之圖

彼此都不可能吞併對方的情勢下，理性地保持邦交無疑是最佳選擇。因此，十四世紀末期李朝建立後，就一直試圖與日本互相通好。即使在激起極大仇恨的"壬辰之役"之後，當時唯一與日本保持外交關係的朝鮮，為了解決"北虜南倭"的威脅，也只能抱着"修好"和"睦鄰"的目的向日本派出使團。除了"壬辰之役"後的一兩次使團還帶有"刷還"即搜尋戰爭中被日本擄去的朝鮮人的目的外，往往是為了互致友好，保持睦鄰關係。比如，朝鮮光海君九年（日本元和三年，1617）派出的使團，就叫"大阪平定祝賀回答兼刷還使"，主要就是祝賀大阪之役勝利以及統一日本，所以，國書上既祝賀"今日貴國平定大阪，統合日域"，又說明"今日修好敦睦，茲遣使價為報殷懇”；[1] 又如，朝鮮肅宗四十五年（日本享保四年，1719）以洪致中（北台）為正使的通信使團，就是單純為了通好而派遣的。這種為通好派遣使團成為一個外交傳統，金慶門《通文館志》卷六《交鄰下‧通信使行》就記載：“日本於洪武初與我修好，我國亦遣使修慶弔禮。申文忠叔舟以書狀官往來，即其一也。”這一傳統雖然在“壬辰之役”後曾一度中斷，但是不久即恢復，“自是羈縻不絕，倭若來請，輒許差遣”。[2]

（二）當然，既有情報刺探和敵國了解的目的，也有互通有無的貿易往來之意義。[3] 當時，日本對於中國情況的了解，往往經由兩個主要途徑，一個是長崎口岸對中國商船（唐船）的例行詢問，《華夷變態》《通航一覽》以及《唐通事會所日錄》中那些詳細的記錄就是例證[4]；另一個是由對馬藩或者設在釜山的倭館，通過往來

1　參看仲尾宏《朝鮮通信使と德川幕府》（東京：明石書店，1996）二《丁巳、元和度》，56 頁。

2　金慶門《通文館志》（首爾：首爾大學校奎章閣韓國學研究院，2007）卷六，331–333 頁。

3　1617 年任第一屆英國商館會長的 Richard Cocks 在他 1617 年 8 月 31 日的日記（*Diary of Richard Cocks*）中曾經描述說，當時一般日本人還認為，朝鮮通信使來訪，是以從屬國身份來獻物朝貢，因為不如此日本就會再次進攻朝鮮，但是其他了解的人就知道，這是因為要維持朝鮮與對馬島以及日本的貿易。當然，朝鮮也要維持與日本的貿易，甚至包括武器購買，像慶暹（萬曆三十五年，1607 出使日本）就記載，通信使團私自在日本購買性能良好的鳥銃 500 柄，見其《海槎錄》（《海行總載》第二輯）本年閏六月初七和初八的記載（49 頁）；而稍後的光海君（1608–1623 年在位）也曾經在日本購買性能良好的鳥銃，以對付女真努爾哈赤的威脅，見《宣祖實錄》卷二〇七 四十年一月五日備邊司的提議（301 頁）。

4　除此之外，還應包括薩摩藩經由琉球得來的中國情報，這些情報主要關注中國南方情況；又可以包括對各種漂流的唐船之詢問，參看關西大學東西學術研究所大庭脩、松浦章等編各種《江戶時代漂着唐船資料集》（日本：關西大學東西學術研究所，1980 年至今）。

朝鮮進行情報收集，然後報告幕府。[5] 日本學者米谷均等指出，明清中國改朝換代 (1644)、清初三藩之亂 (1673–1681)、朱一貴之亂 (1721)，一直到太平天國 (1851–1864)，朝鮮的丁卯胡亂 (1627)、丙子胡亂 (1636)，以及朝鮮國内的李麟佐之亂 (1728)、閔彥貴之亂 (1734) 等情報，很多就來自對馬或釜山。[6]

當然，最重要的一個官方渠道，就是這幾個世紀裏朝鮮派遣使團到日本，在頻繁接觸中，他們在互相摸底也互相刺探。不妨舉一個例子，順治十二年 (1655) 明清易代不久，日本對中國形勢變化總覺得有些撲朔迷離，所以，當十月份朝鮮通信使團到達日本江戶，林靖 (林羅山之子) 就迫不及待地有一連串的詢問。據趙珩 (字君獻，號翠屏，正使) 的記載，林靖所問的問題包括："大明近歲之兵革如何？十五省迷入清國之手乎？年號順治至今猶存乎？皇明之宗脈不絕如線乎？鄭芝龍、吳三桂存歿如何？陝西之李自成、西川之張獻忠皆免摧滅乎？"儘管對日本抱有戒心的朝鮮使者"答以疆域絕遠，未能詳知云。則不為更問"[7]，但往來的朝鮮通信使團總是會成為日本了解中國國情的橋樑。日本通過朝鮮

5　參看劉芳亮《江戶時期日本的中國情報搜集活動 —— 以朝鮮—對馬渠道為例》，載《安徽史學》2013 年第 6 期。此文特别指出"朝鮮或因強烈的排清思明情緒，或因顧及日本的反應，動輒故意歪曲或過濾某些情報，因此該渠道的情報多不可靠"(61–69 頁)。

6　參看米谷均《對馬口における朝鮮·中國情報》，岩下哲典等編《近世日本の海外情報》(東京：岩田書院，1997)，113–126 頁。如康熙十三年 (1674) 吳三桂起兵反清時，聲討滿清"竊我先朝神器，變我中國衣冠"的《檄文》，就是日本人從朝鮮商人那裏得來，又告訴朝鮮官方的。參看金錫胄《以馬島來問中國事情事移禮曹咨》，《息庵先生遺稿》卷十九，載《韓國歷代文集叢刊》(首爾：景仁文化社，1999) 第 605 册，323–324 頁。

7　趙珩《扶桑日記》，《通信使大系》第 3 册影印本，60 頁。

使團了解大清帝國這一渠道，似乎非常重要，一兩百年之後，主持接待朝鮮使團的日本林家，仍然不屈不撓地向朝鮮人打聽中國消息，而朝鮮使臣仍然採取一推六二五的方式，找了各種藉口搪塞，例如朝鮮純祖十一年（日本文化八年，1811），日本的林述齋曾與朝鮮通信使金履喬有這樣一次筆談：

述齋：清朝自入唐山來，康熙、乾隆享國久，版圖闢富強之業，前古希比，及嘉慶主嗣立，今已十餘年，寂不聞聲息，行中諸公定有觀風燕台，得其要領者，不吝一及。

正使（金履喬）：我國之於清人，使行使來，而俺等未嘗有是役，要領有難強說，鄙行文士中熟人有往來者，而亦不過遊戲玩賞而歸耳。

述齋：僕每云，朱明於貴國信為有大造，而不得已於清國，亦時勢之使然也。意今日燕台之德，比之故明，孰厚孰薄？坦懷商量。

正使：我國與清人交好，即是古聖人以小事大之義。使臣家與清人有嫌，故未嘗充燕台使役。所以不欲詳言。我國縉紳家中不可作貴國通信之使者，亦多有之耳。[8]

8　轉引自李元植《朝鮮通信使の研究》（京都：思文閣，1997）第八章《文化度（1811）の使行》，433頁。

當然，反過來朝鮮也在不斷收集日本的情報，在《備邊司謄錄》的各種記載中，就可以看到這一點。朝鮮通信使團不僅為本國打探日本的情報，也順便會為明清王朝打聽日本情報[9]，像光海君時代呈交給明朝的《倭情咨文》即一例。[10]

（三）專門為特別的弔喪慶賀而派遣的使團。這也是一種國與國之間的例行外交行為。舉幾個例子，如朝鮮仁祖二十一年即日本寬永二十年（1643）日本關白德川家光生子，朝鮮國王就派尹順之為正使，趙絅為副使，朴安期為制述官，組織了 462 人的龐大使團赴日本特意道賀，並且首次同意到日光致祭，贈送禮物大鐘；而從朝鮮仁祖二年即日本寬永元年（1624）德川家光襲將軍之職起，此後的德川家綱（1655）、德川綱吉（1682）、德川家宣（1711）、德川吉宗（1719）、德川家重（1748）、德川家治（1764）、德川家齊（1811）歷任關白襲職，朝鮮國王都特意派出友好使團。顯然，通信使團體現的是朝鮮王國"事大交鄰"中的策略，以及在王權（以中國為中心的朝貢體制）與霸權（日本以武力影響和控制東亞）之間不得不進行的妥協。

9　三宅英利《近世日朝關係史の研究》（東京：文獻出版，1986）認為，1607 年的回答兼刷還使團，重要的目的之一，就是刺探日本國的情報（171 頁）。

10　僅僅是對馬藩，就經由朝鮮收集了有關中國的各種情報，其中，如慶應義塾大學圖書館所藏的《唐兵亂風說公儀江被仰上侯控並朝鮮國山賊徒黨御案內被仰上侯控》就記載了從清兵進入北京（1644）到朝鮮國內閔彥貴之亂（1734）的各種情報，參看前引米谷均《對馬口における朝鮮·中國情報》，岩下哲典等編《近世日本の海外情報》（東京：岩田書院，1997），113–114 頁。

二、通信使的影響：東亞文化的交流

如果説，朝鮮通信使團赴日本主要承擔的是政治上的交往，那麼，朝鮮通信使團在日本又有甚麼文化上的影響呢？前面我們説到，由於朝鮮通信使團極其龐大，又非常注重禮儀和服裝，這些異國之使的多次到訪，就成了在相對鎖閉和單一的日本所呈現的一道異樣風景，他們一路經過的，恰恰是日本最重要的東海道地區，而朝鮮通信使團着意表現的禮儀、舉止、服飾，往往給沿途文人和民眾留下深刻印象。至今我們還可以看到日本留存了各種有關通信使團儀仗的屏風、繪畫、浮世繪、版畫，一眼看上去，真是儀仗堂皇而衣冠亮麗，也可以看到日本民間流行的各種《朝鮮人來朝記》或《朝鮮人大行列記》等通俗讀物，裏面流露着羨慕甚至仰慕之情；而使團中的儒生、詩人、書家，也與沿途日本文人學者有唱酬論學，互贈墨寶，至今我們看到各種留存日本的筆談、題詩、繪畫，也確實被日本文化人十二分地珍視。因此，朝鮮通信使在那個時代的日本文化界確實產生了廣泛影響。根據學者們的研究，這些文化影響大致可以歸納為以下三點：

《三韓攻出陣》

（一）朝鮮與日本之間，憑藉漢文、漢詩、儒學、繪畫、服飾、儀節、音樂，形成東亞諸國文化之間的交流和比賽。文化比賽本身就是文化競爭，當然，文化競爭也同時是一種文化交流。[11]

（二）使團的音樂、服飾、舉止儀節，在經過的日本東海道沿線產生了巨大的"時尚"追逐，從現在留存的各種華麗的通信使行繪圖資料中，我們也可以體會到對當地民眾"奢華"的習俗和"文明"觀念的影響。

（三）東亞各國知識技藝的互相交換，日本當時除了朝鮮之外，只有在長崎口岸，與中國和荷蘭保持了關係，這些成為德川日本了解世界的僅有的窗口，而只有朝鮮會把種種政治消息之外的文化知識和技藝，通過畫師、樂師、醫生、文人墨客等傳到江戶即日本的中心地區，產生巨大影響。

三、現存朝鮮通信使文獻：
兩種叢刊與《朝鮮通信使文獻選編》

那麼，現存的朝鮮通信使文獻基本情況如何呢？根據我們的統計，在總共六十多次朝鮮通信使往返中，現在留下了大約四十

11　像林家世代（林道春羅山、林恕鵝峰、林信篤鳳岡、林信充快堂），貝原益軒（在1682年通信使團來日時有唱和），新井白石（1682年二十六歲時即有唱和，後來又與後來的通信使有交涉）以及雨森芳洲（負責對馬藩與朝鮮通信使團的溝通）等等，與朝鮮通信使都有唱和與筆談，其中包含了很多明裏暗裏的文化競爭和文化交流。參看後面的論述，此處從略。

幾種通信使記錄，以及相當數量的筆談、唱和和繪畫等文獻。大多數朝鮮通信使文獻保存在韓國各圖書館，而筆談、唱酬、繪畫等，由於是通信使在日本出使時之作品，則大多數留存在日本。[12] 目前，我們現在可以看到的，收集數量較多的朝鮮通信使文獻的總集主要是以下兩種：

（一）成大中（1732－1812 年）編《海行總載》四冊。[13] 其實，原書最早是 1748 年作為赴日通信使正使的洪啟禧匯集歷代朝鮮使節所著日記而成，名字就叫《海行總載》，由副提學徐命膺謄寫後，改名為《息波錄》，到了 1764 年，隨團出使日本的成大中在這個基礎上增加了這次通信使正使趙曮的著作，重新恢復了《海行總載》原名，才最後編定。此書收錄了從洪武十年（1377）鄭夢周出使日本時寫的若干首詩歌（並附年譜有關出使之事部分）、永樂十五年（1417）申叔舟出使日本兩首詩歌（以及《行狀》有關記載）以下，朝鮮通信使的各種文獻。從申叔舟《海東諸國記》（1471年撰）起，到 1764 年趙曮《海槎日記》共二十二種。

此後，現代韓國學者又補編了《海行總載》續集，補入了原來成大中《海行總載》未能收入的 1420 年宋希璟《日本行錄》（又名

12 參看李元植《朝鮮通信使の研究》（京都：思文閣，1997）第四部《通信使關係資料》，其中包括了《遺墨》《印譜》《通信使行列繪圖》《訪日紀行錄》《筆談唱和集總目錄》五章，非常詳細（563－665 頁）。又，參看高橋昌彥《朝鮮通信使唱和集目錄稿》（一）（二），載《福岡大學研究部論集》（A）第 6 卷第 8 期（2007），17－35 頁；同上第 9 卷第 1 期（2009），21－40 頁。又，高橋昌彥《和韓唱酬、筆談圖書目錄》，載《下關女子短期大學紀要》第 9 號（1990），此文未見。

13 成大中編《海行總載》（首爾：韓國民族文化推進會，1985）。

《老松堂日本行錄》)、1596 年黃慎《日本往還日記》、1711 年任守干《東槎日記》等,以及在成大中之後出使日本的各種通信使文獻,如 1811 年的柳相弼《東槎錄》等,甚至還包括江戶時代之後,通常並不算在"通信使文獻"中的 1876 年的金綺秀《日東記遊》等等。

《海行總載》正續編數量較大,也是比較容易得到的。但是,儘管這些通信使文獻現在大都保留在韓國,但仍有遺漏,直到現在,韓國仍然沒有出版一套體例統一、版本較好且數量完整的通信使文獻彙編,這是非常遺憾的。

(二) 辛基秀和仲尾宏編《(善鄰と友好の記錄) 大系朝鮮通信使》(東京:明石書店,1994－1996) 八冊,一共收錄了德川時代十二次朝鮮通信使團留下來的二十三種通信使文獻。其中,有一些文獻是《海行總載》未收的。特別值得稱讚的是,這八大冊圖文並茂的資料集,不僅收錄了通信使文獻,而且還附上了以下三種資料:(1) 各種研究性的解說,以及 (2) 部分有關通信使在日韓之間的公文文書原件,以及通信使在日本期間的筆談唱和手跡,(3) 有關通信使的各種圖像。不過需要指出的是,這裏所謂的"朝鮮通信使",卻是按照日本的歷史觀念來認知的,只包括德川時代,因此在德川家康執政之前和明治維新"大政歸還"之後,朝鮮出使日本使團的各種紀行文獻,均不在通信使文獻範圍內。這種以德川時代為通信使斷限的做法,是有些奇怪的。

事實上,據河宇鳳對《朝鮮王朝實錄》等文獻的統計,朝鮮時代初期赴日使行,即使僅僅根據《朝鮮王朝實錄》統計,就有六十五次之多，雖然對於通信使團成員的記錄不是很多，只有出使回國之後向國王的報告，還簡略地保留在《實錄》中[14]，但是無論如何，朝鮮通信使文獻也不應當僅僅按照日本德川時代為上下限來討論。

因此，無論是《海行總載》正續編，還是《通信使大系》，都仍然不夠完整，可以互補的地方不少。大家如果有興趣，可以看我們編的五冊《朝鮮通信使文獻選編》[15]，這部文獻選編當然也不全，只是選擇了一些重要的通信使文獻，不過我們做了題解，還有一些附錄，比較好用。其中，這部書前面還有我寫的長篇序文《朝鮮赴日通信使文獻的意義》，討論了朝鮮通信使文獻對於東亞史研究的意義，大家可以參考。

《朝鮮通信使文獻選編》

14　河宇鳳《朝鮮王朝時代の世界觀と日本認識》（小幡倫裕日譯本，東京：明石書店，2008），149頁。

15　復旦大學文史研究院《朝鮮通信使文獻選編》（上海：復旦大學出版社，2015）。

第五講

有關琉球的漢文文獻

引言 十五、十六世紀亞洲東部海上貿易的中心

琉球其實是東亞一個相當值得關注的焦點，因為從明代起，琉球曾經是以中國為中心的冊封體系中的一個國家，又是和日本保持着密切關係的國家，用夫馬進教授的話說，它曾經是"兩屬之國"。琉球一方面經由福州，和北京保持着政治關係，和中國沿海保持着貿易關係；另一方面又和日本特別是薩摩保持着聯繫，還常常因為漂海的緣故，和朝鮮發生關係。從地理位置上看，它也是在日本、中國、朝鮮之間，如果從琉球向西畫一個半徑 2000 公里的扇面，它就正好像扇柄上的那個軸，和日本的九州、中國沿海、朝鮮濟州、菲律賓呂宋等幾個區域都是等距離，再遠一點還可以經過南海到達越南。所以，日本著名學者村井章介教授剛剛出版的一本關於古代琉球的書，副標題就叫《海洋亞洲的光輝王國》[1]。

可能大家對琉球歷史不那麼了解，這裏順便講一講十九世紀後期琉球成為日本一部分的歷史。

1　村井章介《古琉球：海洋アジアの輝ける王國》（"角川選書" 616，東京：角川書店，2019）。

一、古琉球・琉球王國・納入日本：
琉球歷史的簡介

琉球的歷史，簡略地可以分為三個階段。

第一個可以叫做"古琉球"，也就是 1609 年之前的琉球。所謂"古琉球"這個說法，是沖繩學之父伊波普猷（いは ふゆう，1876－1947 年）的發明，他的名著是《古琉球》[2]。當時他是沖繩縣立圖書館的館長，他在此書中確立了"古琉球"這一概念，指的是從 1609 年（日本慶長十四年，明朝萬曆三十七年）之前，也就是被薩摩島津氏征服之前的琉球。在那個時代，琉球在日本的疆域之外，伊波普猷在討論那個時代的琉球時，特意避免用"日本"這個詞，而用"ヤマト"（大和、倭）這個詞來指代琉球之外的那個日本。那個時代的琉球，逐漸形成獨立的王國，並且作為以中國為中心的日本、朝鮮、安南、暹羅等國組成的國際社會一員，在當時，它的地理位置相當重要，不僅是東亞和東南亞海上道路的連接點，而且與中國、朝鮮和日本較早文明化的國家都不遠。

十四世紀，沖繩本島有三個小王國，各自與明王朝有"朝貢—回賜"關係。1420 年，琉球王國結束了三山分立的狀態形成統一王國，在明王朝的支持下，與東南亞各國、朝鮮進行貿易，並且

2　伊波普猷《古琉球》（沖繩：沖繩公論社，1911），有河上肇的跋語。

把這些貿易得來的商品作為貢品，進貢給大明王朝。1458 年在琉球王國首里城正殿懸掛的大鐘，銘文就有"以舟楫為萬國津梁"的話。在這個時代，琉球與以語言為核心的文化層面比較接近的日本（大和、倭），政治關係似乎沒有那麼密切，比起作為中央政府的室町幕府來，倒是薩摩大名島津氏，特別是作為倭寇勢力組成部分的商人、武士和僧人，更是日琉往來的中心。

第二個階段，就是"琉球王國"時期，大致上是從 1609 年到 1879 年。"古琉球"的結束，標誌性事件是薩摩於 1609 年對琉球的入侵。1609 年六月，琉球尚寧王被迫與島津家久見面，八月與島津義久見面，第二年（1610）四月，與家久一道赴江戶，八月在駿台見到德川家康，九月又在江戶城面見德川秀忠。這個月他離開江戶並於歲末回到鹿兒島。1611 年十月，終於回到琉球。他與島津約法三章（即"起請文"），第一條即承認琉球為薩摩藩島津的附庸，第二條宣佈子子孫孫遵守誓約，第三條則是不違反島津的法度。儘管也有像鄭迥那樣（被羈押在鹿兒島的鄭迥曾經委託長崎的福建商人，於 1609 年九月寫成"反間之書"向大明求援），但基本上仍然無用。不過，即使在這個時代，按照夫馬進先生的説法，琉球仍然是"兩屬"，不能完全算是日本。因為日本還是想通過琉球和中國進行商貿往來，所以日本也默許琉球不斷向明清中國朝貢，接受明清中國的冊封。所以，一些日本學者把1609 到 1879 年間的琉球，當作"二重朝貢國"，但他們反對"日中兩屬"這樣的説法。他們認為，這樣會取消"琉球的主體性"，要直到 1879 年"琉球處分"之後琉球王國解體，琉球才成為日本的一部分。[3]

第三階段就是 1879 年"琉球處分"之後。這個時候,明治維新之後的日本,已經接受了現代主權國家規則,通過這一事件,琉球才成為日本的一部分。

1871 年十月十八日,那霸有一艘船漂流到台灣,船上的 66 人中有 54 人被台灣殺害,包括頭領在內。只剩下 12 個人獲救,被送往福州的琉球館,這個琉球館現在還在,王振忠老師有過研究。這本來是琉球與台灣的一個糾紛,可是,日本卻覺得和它相關,因為 1609 年薩摩入侵琉球之後,日本就把琉球置於薩摩管轄之下了。日本那個時候已經開始明治維新,自從 1867 年德川慶喜"大政歸還"之後,權力集中於天皇,結束了長達二百六十年的幕藩體制。1869 年,薩摩、長州、土佐、肥前四個藩主"版籍歸還",朝廷下令收回所有二百七十四個藩主的領地,並在 1871 年宣佈"廢藩置縣",在"尊王"的潮流下,形成了一個強有力的統一國家。成為統一國家的日本,就漸漸有了向外擴張的想法,以出身薩摩的西鄉隆盛為中心的擴張派,除了設想今後的"征韓"之外,也決定把琉球納入保護範圍。

於是,日本宣稱那些被殺的琉球人是"大日本國屬民"。1874 年,西鄉隆盛率領三千餘人從長崎出發,攻入台灣,在台灣給琉球死難者立碑,叫做"大日本琉球藩民五十四名墓",要求清朝政

3　參看紙屋敦之(1946-)的《東アジアのなかの琉球と薩摩藩》(東京:校倉書房,2013)。

府賠償十萬兩銀子，處置殺害琉球民的生番，並且宣佈琉球併入薩摩，由改名為鹿兒島的薩摩管轄。這就是所謂"牡丹社事件"。

當時的琉球仍然是"兩屬之邦，各以禮相待"，但是，實際上國家領土的歸屬、擴張和縮小，總是由實力決定的。日本從 1872 年起，就採取了一系列的措施：(1) 強迫琉球國王為藩，列入所謂"華族"，與日本各藩主並列；(2) 強迫琉球國王慶賀日本天皇"維新"，並把賀表署名"琉球國中山王"的"國王"改成名字"尚泰"，把作為賀使的王子削去名號，把日期"壬辰年"改成"明治五年"；(3) 要求琉球在三大節（新年、紀元、天皇誕生）來進賀；(4) 規定久米島等五大島要懸掛日本國旗，要由日本頒發琉球藩印。其實，這一套手法，甚麼年號、名稱、貢禮，既是現代國家強行併吞領土的新手段，也是古代宗主國對朝貢圈藩屬國的老方式。

在日本史上，這個把琉球納入日本的過程，就叫"琉球處分（りゅうきゅうしょぶん）"。不過，那時候是日本單方面行動，日本一方面步步緊逼控制琉球，一方面仍然默許琉球和清朝保持朝貢關係，和清朝做生意，還用清朝頒發的琉球國王印章。當時，中國雖然自顧不暇，不過仍然不承認琉球歸屬日本，曾經由駐日本公使何如璋和世界各國交涉，主張琉球保持原有地位，仍然作為"兩屬之邦"。但是，當時東亞局勢變化，清朝聲音漸弱，日本聲音漸大。在 1894 年甲午戰爭清朝戰敗之後，琉球歸屬日本，終於由既成事實變成合法事實。雖然此後也還有琉球復國運動，但這種運動也越來越不起作用，一些琉球文人所謂"何隨新教化，不改舊衣冠"，也只是一種無可奈何的表態。

關於琉球與東亞中國、日本、朝鮮的往來，最重要的文獻就是《歷代寶案》，下面我們就簡單介紹一下這套大書。

二、《歷代寶案》

　　《歷代寶案》是琉球國歷代王朝的外交文書彙編，原本有琉球首里王府的抄本和久米村天后宮的抄本兩部。前面一種抄本，在十九世紀末琉球歸了日本之後，被移到日本外務省，但不幸的是，在 1923 年大地震中這一本被全部毀掉了。後面一種抄本曾經藏在琉球華裔家裏，1933 年歸沖繩縣立圖書館收藏，在"二戰"後期毀於戰火。

　　據《歷代寶案》卷一記載，最早有意識地保存文獻，是康熙三十六年（1697）年琉球國官方組織的，當時下令把永樂二十二年

《歷代寶案》

（1424）到康熙三十五年（1696）的文書資料，抄成兩部，各四十九本，分別收藏在"王城"和"天妃宮"。其中，第一集包括十五至十七世紀各種明王朝的詔敕、禮部文書、福建布政司文書、琉球國的表奏、國王咨文、貿易文書，甚至還包括明清之際南明小朝廷弘光、隆武以及唐王、魯王的相關文件，分門別類地編輯；到了清朝雍正年間，

琉球國的官員又把康熙三十六年（1697）到雍正五年（1727）的文件編成十六本，編成第二集；後來這一編輯文書的做法大概成了傳統和制度，就陸續有增補。現在所存的部分，是日據時期的台北帝國大學於 1936－1941 年從上述後一種抄本中再抄出來的，一共收錄明代永樂二十二年（1424）到清代同治六年（1867），長達443 卷的文獻，相當珍貴。現存 242 卷、目錄四卷及別集四卷。

《歷代寶案》都是以漢文書寫的。第一集四十九卷，分成：詔敕、禮部咨文、福建布政司咨文、表奏、國王咨、符文、執照、弘光文稿、隆武文稿、唐王文稿、移彝咨、移彝執照、山南王並懷機文稿、琉球錄等十四類。主要是記載十五世紀至十七世紀期間，琉球國與明清中國及其周邊如朝鮮、暹羅、滿剌加（馬六甲）、三佛齊（蘇門答臘）、爪哇（印尼）等國的外交貿易往來文書。這部分文書很豐富，其中有關琉球與中國的文獻佔了絕大部分。此後，琉球逐漸受日本控制，與各處的往來外交文件漸少，主要文獻漸漸集中到日本與琉球，但是，也還有不少琉球與各處的往來文書留存，《歷代寶案》仍一一抄錄，直至琉球國覆滅為止。

其中，中國和琉球的往來文書佔的比例很大。比如，第一集第一卷裏就記載洪熙元年（1425）明王朝派使者去琉球，帶去的朝廷賞賜物品清單，包括各種明代器具衣冠[4]；又比如，裏面記載

---

4 此事《明史》卷三二三《外國四·琉球》中僅僅簡單記了一筆 "洪熙元年命中官柴敕封巴志為中山王"（8364 頁）；但《歷代寶案》中的記載卻非常詳細，包括正使副使之姓名、詔書之內容、賞賜物品清單等。

景泰六年（1455）明王朝的詔書，說明明朝曾經在這一年派遣使團赴琉球冊封國王；而琉球發往中國的文書方面，比如第二集第七十五卷，就有乾隆五十三年（1788）十一月初二琉球中山國王尚穆的上表，裏面用了中國傳統的格式和套語，像甚麼"聖德覃服，萬國歸心而拱極；皇仁廣被，八方向化以朝宗。航海梯山，玉帛來同於禹甸；望雲就日，冠裳率舞於門階"（3763頁），可見琉球受中國傳統影響還是很深的。

琉球王國最早被納入明代朝貢圈，是明洪武初年。洪武五年（1372）明太祖派楊載作為使者，到琉球去冊封國王，宣讀明太祖詔書，洪武七年（1374）琉球國派了中山國王尚察度的弟弟尚泰期來中國進貢，並且接受《大統曆》，大概主要目的是通過朝貢方式，取得貿易往來的合法性，獲取經濟上的利益，所以，他們來得相當頻繁，幾乎每年都來一次，甚至三次，這就不是普通的朝貢了。由於過於頻繁，總是要接待和賞賜，明朝受不了，但也無法禁止，《明史》裏面就說"天朝雖厭其繁，不能止也"。

但是，由於十四至十六世紀，日本國內戰亂不止，中國又採取海禁，後來又有倭寇問題，所以，琉球成了日本、朝鮮和中國之間的商品貿易中心之一，成為所謂"大交易"時代的一個重心，如果研究那一段時期的東亞史，就不能忽略十四至十六世紀的琉球，而《歷代寶案》就是最重要的文獻了。[5]比如你要是看第一

---

5 關於《歷代寶案》的詳細介紹，可以看賴永祥《一部中琉關係史料——〈歷代寶案〉》，載《大陸雜誌》（台北）第10卷第12期（1955年6月），13-17頁。

集第三十九卷、四十卷、四十一卷，就可以看到滿剌加、暹羅、爪哇和琉球之間往來貿易的文書，你從裏面可以看到十五、十六世紀，琉球和南海各國的貿易非常繁榮，琉球利用當時明朝的海禁，一方面用來自日本和中國的硫磺、腰刀、紙扇、絲綢尤其是瓷器，向東南亞各國購買胡椒、蘇木之類的香料；一方面用東南亞買來的各種香料，假作朝貢品，到大明來換取各種用具、瓷器和絲綢，在中間賺了很大一筆，成為大交易的中心。他們也有他們的理論，就是"交聘睦鄰，為邦之要，貨財生殖，富國之基"[6]，不像大明、大清那樣，重要的是維護天朝的面子，講個威懾四方、上下禮儀，他們治理國家的原則，主要就是和氣生財，所以琉球國王給滿剌加國書裏面就說："食貨乃民之先務，儀禮由國家之當施。苟失交鄰之心，貿易之事，又何以致國之富而使民之安哉？"[7]

三、明清中國有關琉球歷史的文獻

在這裏，我們也順便介紹一下明清中國有關琉球的文獻。

根據日本學者的研究，明朝向琉球派過三十四次使節，其中包括十六次冊封使；清朝向琉球派過十次使節，其中八次是冊封

6　《歷代寶案》（台北：台灣大學，1972）第一集卷四十一，1303頁。

7　《歷代寶案》第一集卷四十一，1314頁。

使。[8] 這些使團中的人（大多數是正使）留下了一些記錄，有的是回國後向朝廷的報告，有的是回國後自己的記錄。有關這些中國方面的文獻，大家可以參看夫馬進教授編的《使琉球錄解題及び研究》[9]，以及中國第一歷史檔案館編的《中琉歷史關係檔案》和《清代中琉關係檔案七編》[10]。

我們選擇其中比較重要的幾種，簡單介紹如下：

1. 陳侃《使琉球錄》一卷（1534）。影印明嘉靖刻本，見《續修四庫全書》史部 742 冊。陳侃（1489－1538 年），浙江鄞縣人，嘉靖五年（1526）進士，嘉靖十一年（1532）為琉球冊封使。嘉靖五年（1526）中山王尚真（1465－1526 年）去世，七年（1528）他的兒子尚清向明王朝請求襲封，明朝禮部於嘉靖十一年（1532）決定派冊封使去琉球，陳侃和他的副手高澄，直到嘉靖十三年（1534）五月三日，才能從福州起航，七月到達琉球冊封，十月二日才返回福州。陳侃就是回來之後，撰寫的《使琉球錄》，此書收錄了十六份文書，包括嘉靖十一年（1532）八月皇帝詔書（冊封）、敕書（賞賜）、諭祭文（祭祀前國王尚真）以及祭品，也包括《使事紀略》即冊封琉球的經過，記載了使團船隻的大小、人員、費

---

8 野口鐵郎《中國と琉球》（東京：開明書院，1977），186－206 頁。

9 夫馬進編《(增訂)使琉球錄解題及び研究》（沖繩：榕樹書林，1999）。這部書對陳侃《使琉球錄》等十二種中國有關琉球的文獻做了相當詳細的解說，包括版本、收藏地點、作者、內容，值得參考。

10 中國第一歷史檔案館編《中琉歷史關係檔案》（北京：中國檔案出版社，2009）；中國第一歷史檔案館編《清代中琉關係檔案七編》（北京：中國檔案出版社，2009）。

《使琉球錄》

用情況，也有《群書質異》，內容涉及對各種有關琉球傳聞的糾謬，還記載有琉球貢品，如馬匹、硫磺、蘇木、胡椒、螺殼、瑪瑙，甚至還有磨刀石；最後附有一篇《天妃靈異記》。全書之後有《夷語夷字附》，按照天文、地理、時令、花木、鳥獸、宮室、器用、人物、人事、衣服、飲食、身體、珍寶、數目、通用分類，比如"雲"是"姑木"，"河"是"盉哇"，"山"是"牙馬奴"，"手"是"帖"，顯然當時琉球通行的就已經是日語了。

2. 蕭崇業、謝傑《使琉球錄》二卷 (1579)。見《續修四庫全書》史部 742 冊。蕭、謝二人，是萬曆七年 (1579) 出使琉球的正副使。原本，萬曆元年 (1573) 琉球新國王尚永久就請求冊封，但是明朝一直拖延到萬曆四年 (1576) 才決定由蕭、謝二人出使。此書前面有《琉球過海圖》七幅，標誌從福州到那霸所經過的各種島嶼，可以參考。全書的形式與陳侃的《使琉球錄》相仿，也是收錄詔書等文獻。

這部《使琉球錄》卷上，有"使事記"，列出明代宣德二年 (1427)、正統八年 (1443)、正統十三年 (1448)、景泰三年 (1452)、景泰七年 (1456)、天順七年 (1463)、成化八年 (1472)、成化十五年 (1479)、嘉靖十三年 (1534)、嘉靖四十年 (1561) 歷次出使琉球的使節名單。其中，由於嘉靖十三年的陳侃、嘉靖四十年的李際春都留下記錄，所以，這兩次的出使琉球，除了有正副使名字之外，還有比較詳細的出使記錄，非常值得參考。比如，嘉靖四十年這一次，使團的船隻五月二十五日從南台（今福州）啟程出行，二十六日到長樂，二十七日到廣石，二十九日到梅花開洋、東涌小琉球，三十日到黃茅，閏五月初一到釣魚嶼，初三到赤嶼，"赤嶼者，界琉球地方山也"，再有一天順風，就可以到琉球的古米山了。這些航海的資料，大概現在也很有用吧。

在這些記載之後，就是他們萬曆七年（1579）出使冊封的詳細記錄了，詳細的內容我就不一一介紹了，請大家看原書。這裏只是特別提一下，此書卷上，對於冊封使所乘船的形制，有相當詳細的描述：（1）船長十四丈五尺，寬二丈九尺，深一丈四尺，有二十八艙，上應二十八宿，"艙口低凹，上覆平板為戰棚，列軍器焉，即官艙亦僅高四、五尺，俯僂深入，上下以梯，面雖啟牖，若穴隙然，蓋恐太高則衝風故"；（2）又記載說，桅杆用杉木，因為它沉實而且耐水泡，"桅豎五，大者長八丈，根圍九尺餘，依次而短"；（3）又記載備有三個舵，但只用一個，"舵長三丈一尺，圍三尺七寸"，而船櫓有三十六隻，大鐵錨四個，每個重五千斤，大棕繩纜有八條，每條的圍粗尺許；（4）船上有裝水的大櫃二，每個大櫃可以裝五六百石，還有十幾個小的甕；（5）船上有佛郎機銃十門、鳥銃六十門、碗口銃四門、袖銃三十門、藤牌一百、長槍六十枝、標槍八百支、鐵甲四十副……。他記載說，駕駛冊封使船，最重要的有三人，一是把總林天贈，二是管桅的李應龍，三是掌舵的羅克念。他還記載說，嘉靖十三年（1534）一船的費用是兩千五百兩，而這一次的費用，一隻船是一千八百兩。

另外，此書卷下也有類似陳侃的《群書質異》，對各種古籍對琉球的記載進行辯證，還有《藝文》，收錄了各種與琉球有關的文章，比如陳侃的《使琉球錄序》，潘榮的《中山八景記》，郭汝霖的《重刻使琉球錄敍》《息思亭說》，蕭崇業本人的《灑露堂說》和謝傑本人的《灑露堂記》等等，也很有參考價值。而所附的《夷語》，似乎是沿襲了陳侃的記錄。倒是《皇華唱和詩》，收錄的是正副使蕭崇業和謝傑滯留琉球四個月裏寫的詩歌，裏面也都記錄的是他們出使琉球的經歷，比如冊封，進王城，宴饗，有點兒像有韻的紀事。

3. 夏子陽、王士禎《使琉球錄》二卷（1606）。現在最容易找到的是《續修四庫全書》史部 742 冊的影印本。[11]

夏子陽是江西人，萬曆十七年（1589）進士，當過兵科給事中、太常寺卿，有《鶴田文集》，據沈德符的《萬曆野獲編》卷三十記載說，他從琉球回來後就得了海上驚悸症，只好退休回家；王士禎的"禎"或作"楨"，夫馬進指出他字旭陽，是泗水人。夏、王二人是萬曆三十四年（1606），應琉球國尚寧的請求，出使琉球冊封尚寧為國王的正副使。這時正是中日朝"壬辰之役"之後，德川時代的開端，明朝對日本有很深的警戒，這時候出使琉

11　另有一個台北"中央"圖書館藏本，收在屈萬里主編《明代史籍匯刊》（台北：學生書局，1969）。

球，也許有戰略上限制日本的意圖？這一點值得考慮。這部書的形式，和前面兩種《使琉球錄》大同小異。比如，卷首也收錄了詔書、祭文、"歷朝使琉球姓氏考"，也有很簡略的海道圖，萬曆三十一年（1603）皇帝給琉球的詔書，"諭：封爾為琉球國王，並賜爾及妃冠服彩幣等物"，裏面包括"紗帽一頂、金廂犀束帶一條、常羅服一套、大紅織金胸背麒麟圓領一件、青褶襖一件、綠貼裏一件、皮弁冠一副……"（626 頁）。從這部書中，你可以大體上知道明朝冊封琉球是怎麼回事兒。

這部書的後面附有"夷語"，也就是所謂琉球語言，從分類和詞語上看，和陳侃《使琉球錄》中的一樣，顯然是沿襲了陳侃的書。這裏所謂"夷語"，很多就是日本語，比如"下雨"（嗑也福祿）、"下雪"（由旗福祿）、"明日"（阿者）、"昨日"（乞奴）、"春"（法祿）、"秋"（阿及），由此可見，即使從語言上看，顯然那個時候的琉球，已經受到日本很大影響。

4. 徐葆光《中山傳信錄》六卷（1719）。影印本見《續修四庫全書》史部 745 冊及《四庫全書存目叢書》史部 256 冊。徐葆光是康熙五十八年（1719）到五十九年（1720）出使琉球的。此書卷首有康熙六十年（1721）汪士鋐序、徐葆光自序，徐葆光在自序中說，明朝的幾種使琉球錄"前後相襲"，崇禎六年（1633）杜三策從客胡靖所記，則"尤俚誕"，到了清代康熙二年（1663）的張學禮《使略雜錄》"頗詳於昔"也就是記載過去的事情比較多，康熙二十二年（1683）的汪楫奉敕修撰《中山沿革志》二卷、《雜錄》五卷，雖然"典實遠非前比"，但是對於山川、轄屬、風俗、制度、物產，還是有缺漏，加上匆忙編就，所以錯誤不少。而他本人從康熙五十九年（1720）二月十六日到琉球，在那裏八個多月，仔細考察，"雖未敢自謂一無舛漏，以云傳信，或庶幾焉"。[12]

這部有關琉球的著作，確實比明代的幾種要好得多。第一卷包括冊封使渡海的情況，如海道針路、氣象情況、歷次冊封使渡海的日期，以及海行日記（其中還有冊封使船、玻璃漏、針盤的圖繪，還有從福建到琉球的《針路圖》，以及《天妃靈應圖》）；第二卷是封宴禮儀，記載各種冊封使在琉球的活動，包括天使館、行香、冊封儀禮、中秋宴、重陽宴（包括多圖，如《冊封中山王圖》《琉球王印》《中山王圖》）；第三卷是"中山世系"，等於是琉球國歷史以及琉球和中國的往來歷史；第四卷是有關琉球的天文地理，包括星野、潮汐、三十六島、琉球地圖以及紀遊；第五卷是"官職"，等於是對琉球國的政治、制度以及風俗的全面介紹（其中還繪製了琉球的服裝）；第六卷則是風俗、屋舍、米廩、器具、女集（市場交換）、舟橋、弓馬、土產和字母語言。值得注意的是最後的"字母"，完全就是日本的平假名和片假名，徐葆光指出，"琉球字母四十有七，名伊魯花，自舜天為王時始製，或云即日本字母，或云中國人就省筆易曉者教之"，但是，他確定無疑是"日本國書"[13]，這一點比明代記錄琉球語的人清楚得多。而後面的琉語部分，也和前面明代人的記錄方式一樣，分為天文、地理、時令、

12　徐葆光《中山傳信錄》卷首《序》，《續修四庫全書》史部 745 冊，427 頁。

13　徐葆光《中山傳信錄》卷首《序》，《續修四庫全書》史部 745 冊，562 頁。

花木等等門類，它記錄的如"雨"（阿梅）、"雲"（枯木）、"海"（烏米）、"上"（威）、"下"（昔着）、"花"（豁那）等等，也還是日本語。

5. 周煌《琉球國志略》十六卷（1755）。影印漱潤堂乾隆二十四年（1759）刊本，見《續修四庫全書》史部745冊。周煌（？—1785年）是四川涪縣人，乾隆二年（1737）進士，他在乾隆二十年（1755）擔任冊封副使，隨正使全魁，赴琉球冊封尚穆為中山國王，乾隆二十二年（1757）返回，進上此書，很快就有武英殿聚珍版刊行。

此書除了卷首有歷代冊封的詔書、祭文以及各種圖繪（如《琉球星野圖》《琉球國全圖》《冊封中山王圖》等）之外，分為十六卷，分別記載星野、國統、封貢、輿地、風俗、山川、府署、祠廟、勝跡、爵秩、賦役、典禮、兵刑、人物、物產、藝文等，完全是一部琉球地方史。而且它好像很規範，前面不僅有引用書目，還有"凡例"。

四、注意朝鮮文獻中的琉球

我在這裏想順便提一下朝鮮人有關琉球的議論，儘管只是一些零星記載，但也不妨略加注意。

我前年給日本學者村井章介的《古琉球》一書寫過書評，我注意到他在研究1609年以前的琉球時，就注意到了朝鮮通過海洋與琉球的接觸，他也用了當時朝鮮王朝的資料，即朝鮮官方有關琉球船隻、漂流人、貿易方面的記載。村井章介的書裏面說，由於朝鮮半島與琉球往往有海上交通，所以，官方文獻中也有包括漂流人救援與商船貿易等記載。當時，琉球與朝鮮也有官方往來。村井章介提到，1455 年，琉球國王曾經派一個博多商人道安為使者，渡海到朝鮮，請求賜予《大藏經》。道安是否得到朝鮮的《大藏經》，史無記載，倒是 1457 年，日本國的使者全密，給了琉球國《大藏經》，這在 1458 年琉球國王的咨文中有記載。不過，朝鮮文獻中，也曾經記載過琉球國王的使者叫"吾羅沙也文"（五郎左衛門），那時的朝鮮，往往也把琉球當作"倭"。[14] 如果大家仔細收羅，《朝鮮王朝實錄》中，有關琉球的資料數量不少。

當然，再看看朝鮮文人對琉球的記錄，特別是對於琉球使團衣冠文化的觀感，也很有意思。你從中可以看到，東亞各國在前近代也就是西方衝擊之前，彼此之間的文化觀念和文化比賽。

這裏列舉我以前隨手記錄的幾條：(1) 嘉靖年間朝鮮人魚叔權《稗官雜記》裏，曾經記載琉球國的朝貢文書"詞意多疵，殆不成章，文獻之不逮本國遠矣"，又記載嘉靖六年丙戌 (1526) 安南、朝鮮和琉球使者在北京爭論衣冠優劣的故事[15]；(2) 蘇世讓《陽谷赴京日記》記載嘉靖十三年 (1534)，朝鮮使團在北京和琉球使者相見的情況[16]；(3) 嚴璹《燕行錄》記載乾隆三十八年 (1773)，朝

14　村井章介《古琉球：海洋アジアの輝ける王國》（"角川選書" 616，東京：角川書店，2019）。

15　魚叔權《稗官雜記》（台北：東方文化書局，1971），11 頁。

16　蘇世讓《陽谷赴京日記》，林基中編《燕行錄全集》（首爾：東國大學校出版部，1981）。

鮮使團與琉球使團在北京的私下往來，還記載了在北京的各國使節年終預演禮儀時，琉球人的衣冠情況，以及琉球漂流到朝鮮的人穿甚麼衣服，他回國後還特意向朝鮮國王匯報琉球人"狀貌"[17]；(4) 另外，朝鮮文人李德懋的《入燕記》和柳得恭的《燕台再遊錄》裏，都記載了乾隆四十三年（1778）和嘉慶六年（1801）他們從精通琉球事務的中國學者李鼎元那裏聽來的有關琉球的知識，李鼎元曾經在嘉慶五年（1800）作為冊封副使出使琉球，是一個很值得研究的人，他著有《使琉球記》六卷[18]，又著有關於琉球語言的著作，本名《琉球譯》，後改名為《球雅》[19]。

通過這些零星資料，你也可以從中進行分析，有關琉球與朝鮮的相互認識，這也是十八世紀之前東亞的一部分文化史。[20]

17　嚴璹《燕行錄》，林基中編《燕行錄全集》（首爾：東國大學校出版部，1981）第 40 冊，219–230 頁。

18　李德懋《入燕記》，278 頁；柳得恭《燕台再遊錄》，313 頁。按：李鼎元的《使琉球記》六卷，記載他作為副使（正使趙文楷），於嘉慶五年（1800）應琉球國世子尚溫的請求赴琉球冊封國王的過程，從嘉慶五年四月一日從江蘇江都出發經福州到那霸，嘉慶五年十一月三日從那霸回到福州的經過，以日記體裁記錄。卷首有楊芳燦和法式善的序。有嘉慶七年（1802）師竹齋刻本，現在有《使琉球記》排印本（"中琉關係史籍叢書"，西安：陝西師範大學出版社，1992）。

19　村尾進介紹說，《球雅》有北京圖書館（今國家圖書館）藏嘉慶十九年（1814）翁樹崑鈔本《琉球譯》一冊兩卷，翁樹崑是著名學者翁方綱的第四個兒子。參見村尾進《李鼎元撰使琉球記解題》，載夫馬進編《（增訂）使琉球錄解題及び研究》（沖繩：榕樹書林，1999），119–130 頁。

20　關於清代中國與琉球關係的研究，可以參看松浦章《清代中國琉球交涉史の研究》（大阪：關西大學出版部，2011），他在書中非常詳細地討論了清代中國與琉球之間的使節往來，以及漂流船隻與人員，茶葉、瓷器的貿易等。

有關越南與中國的漢文史料舉例

第六講

引言　通過北寇敍述塑造認同：越南的歷史文獻

　　先說一段題外話。我十幾年前去河內歷史博物館參觀，那個展覽館就在原來法國遠東學院河內分部的舊址，我看到裏面展出的越南歷史，很驚訝，幾乎就是一個"抵抗北寇"的歷史，感覺中越之間，在歷史認識上，完全不像我們所說的"同志加兄弟"。仔細想想，可以理解的是，歷經中國、法國、美國的壓迫之後，越南要形成國家的凝聚力和動員力，就要從歷史中證明，"我們"是一個民族，是一個國家，是一個有光榮傳統和血淚歷史的共同體，也就是所謂必須確立"他者"，這個"他者"最好是一個侵略者和壓迫者，這樣才能在它的對照下，形成"我們"，"我們"是誰？就是和"他們"不一樣甚至是對立的群體。正是因為如此，從很早開始，整個越南史在這種"尋求認同"的國族立場上來書寫，就被寫成"抵抗北寇史"，這是可以理解的。

　　關於越南歷史、中國和越南關係史，以及有關南中國海西部沿海地區的歷史，我們過去比較熟悉的文獻，是黎崱《安南志略》、吳士連等《大越史記全書》、阮朝官修《大南實錄》、潘清簡編《欽定越史通鑒綱目》，以及清代官方編《安南紀略》等，這些當然都是最重要的史料。[1] 單單說越南方面的漢文古籍，1932年

1　可以參看劉志強《有關越南歷史文化的漢文史籍》，載《學術論壇》2007 年第 12 期，170–175 頁。

馮承鈞先生就曾經整理過《安南書錄》[2]，開列了 175 種越南的漢文古籍，這份書單非常值得參考。

一、掙脫中原王朝的羈縻與控制：安南的獨立史

讓我們先看看安南逐漸脫離中國的過程。

原本在漢唐時代，交趾一帶還是漢唐帝國的一部分。晚唐五代時，中國大亂，帝國的控制力漸漸減弱。宋太宗太平興國五年（980），曾經借交州丁氏內亂，派出侯仁寶等率軍，想把這塊地方重新收歸大宋。[3] 傳為王禹偁所撰的《討交州詔》曾經用身體作為比喻，說中國有四周蠻夷，就像人身上有四肢，雖然南越只是一個指頭，但是一旦有毛病，也很麻煩，中國應當化蠻夷為中華，所以不得不去平定，如果他聽從文明那麼就原諒他，如果他反抗就要討伐他。[4] 但是，隨着第二年（981）侯仁寶征伐交州失利，自己也兵敗被殺[5]，南越的黎桓建立起前黎朝（980-1009 年），一面

2　馮承鈞《安南書錄》，原載《北平圖書館館刊》1932 年第 6 卷第 1 號，收入《馮承鈞學術論文集》（鄔國義編校，上海：上海古籍出版社，2015）上冊，131-152 頁。

3　《續資治通鑒長編》卷二十一，太平興國五年（980）記載，"時丁璉及其父（丁）部領皆死，（丁）璉弟璿尚幼，嗣稱節度行軍司馬，權領軍府事。大將黎桓專權，因而樹黨甚盛，漸不可制"（474 頁）。

4　此詔書載於《大越史記全書》"本紀"卷一，186-187 頁。正文中說是"宋帝下詔出師來侵，遣盧多遜齎書告曰"，注釋中則說是"王禹你（偁）文"。

5　《續資治通鑒長編》卷二十二，491 頁。

自稱"明乾應運神武昇平至仁廣孝皇帝",一面派遣使者到大宋來通好。這時,忙於應付北邊契丹的宋太宗,也只好承認南越事實上獨立,以及黎氏當國的事實。[6]這個黎氏王朝只存在了三十年,1009 年(宋真宗大中祥符二年),黎朝就被李公蘊推翻,李公蘊建立起了李朝,傳八代"二百二十餘年"。直到 1225 年(南宋理宗寶慶元年),才被權臣陳承、陳守度推翻,並扶持陳日煚(1218—1277 年)取代李朝,建立了綿延一百七十多年的陳朝(1225—1400 年)。但是,應當說從北宋初起,南越獨立成為事實,到了南宋宋孝宗隆興二年(1164),也就是李朝中期,宋朝終於承認李天祚為安南國王,"安南"便成為這個國家的國名。[7]

到了蒙元時代,陳朝的安南也並不完全臣服於蒙古王朝,元代雖然強大,但始終沒有真正征服過它。先是元憲宗蒙哥在宋理宗寶祐五年(1257)征服雲南之後,試圖從安南、廣西向北夾攻南宋,派了大將兀良合台出征安南,可是失利,只好互相妥協。此後,在元世祖忽必烈的至元年間,陳朝又三次(1282、1284、1287)打敗蒙元軍隊。到了元成宗時,雙方商定"三年一貢",但實際上"其後難有聘使往來,而冊封之禮,終元不復行"(潘輝注語),安南國王陳日烜曾經自封"憲天體道大明光孝"皇帝,而且還有自己的年號,叫做"紹隆",與元朝分庭抗禮。

到了明朝,其實也是一樣,明朝承認他們"限山隔海,天造地

---

6   參看《宋史》卷二四七《外國四·交趾》,14058—14062 頁。

7   黎崱《安南志略》(北京:中華書局,1995)《總序》,14—15 頁。

設"，朱元璋的時代，曾經聽之任之，只要名義上是朝貢國，也就算了。可是，到了雄心勃勃的永樂皇帝，就改變了朱元璋草創時代那種保守和忍讓的對外政策，從即位那一年（1403）起，不僅先後五次遠征蒙古餘部，也就是永樂八年（1410）在鄂嫩河擊敗韃靼本雅失里，永樂十二年（1414）在土拉河擊敗瓦剌馬哈木，永樂二十年（1422）、二十一年（1423）、二十二年（1424）三次出征漠北，即《明史》所謂"六師屢出，漠北塵清"。[8] 同時在南方，由於以前受冊封的安南國王陳天平被陳朝的權臣黎（胡）季犛推翻，黎（胡）季犛則自稱是帝舜之裔胡公滿之後，改國號為"大虞"，然後又把國王之位傳給兒子漢蒼，自稱太上皇。永樂皇帝開始還不知不覺，後來發現上當，就準備興師動眾。他一方面藉口這是藐視天朝的非法行為，一方面又藉口因為安南陳氏無後人，所以，試圖將宋代以來就實際獨立的安南"改土歸流"，併入明朝版圖。

永樂四年（1406）明朝出兵南征，經過幾次戰役後，"平府州四十八處，縣一百六十八處，戶三百一十二萬五千九百。獲象一百一十二，馬四百二十，牛三萬五千七百五十，船八千八百六十五"，並建立直屬於明朝的交趾，設"交趾都指揮司、承宣佈政使司、提刑按察使司"。但是，此舉最終仍歸於失敗，因為"蠻人自以非類"[9]，並不認同大明帝國。特別是，因為黎朝屢次打敗明朝軍隊，終於，在宣德年間（1427）不得不撤銷布政使司和都指

8　《明史》卷七《成祖本紀三》，105 頁。

9　《明史》卷三二一《外國二・安南》，8314–8315 頁。

揮司，這一勝利復國，使得安南的自國傾向和獨立意識越來越厲害，雖然它不能不承認北方強大的明朝以及後來的清朝為"宗主國"，稱"大皇帝"，但是，它始終自外於"中國"。[10]

二、《大越史記全書》[11]的歷史書寫

《大越史記全書》是越南的編年歷史，根據陳荊和在編校本的《解題：〈大越史記全書〉的修撰與傳本》中所說，它的內容來自阮朝之前歷代修撰歷史的積累，最初的基礎，根據《大越史記全書》本紀卷五《陳紀》記載，是陳聖宗令翰林院學士黎文休編成的三十卷，內容是從趙武帝到李昭皇（前 207－1225 年），於陳聖宗紹隆十五年（1272）上進。在十五世紀從明朝手中恢復安南之後，黎朝聖宗在光順年間（1460－1469），又命吳士連擔任國史修撰，根據並且校正《大越史記》，並廣泛收集北史（中國史書）、野史、傳記等等資料，於洪德十年（1479）完成，改名《大越史記全書》，共十五卷。包括"外紀"五卷（記錄鴻厖氏時代到北屬時代，他

10　李焯然《越南史籍對"中國"及"華夷"觀念的詮釋》根據越南文獻指出，"越南雖然在文化上是受到中國儒家思想的影響，但在政治上對中國政權有所譴責，甚至稱為'北寇'"。參看李焯然《中心與邊緣：東亞文明的互動與傳播》（桂林：廣西師範大學出版社，2015），17 頁。

11　陳荊和編校《大越史記全書》（東洋學文獻センター叢刊，第 42 輯，東京：東京大學東洋文化研究所，1984）。

把自己的歷史儘量上推，即前 2888 年到唐朝控制下的 938 年），
"本紀"九卷（記錄吳權到陳朝滅亡，即 939－1413 年），以及"黎
太祖紀"一卷（從明朝永樂年間佔領的時代，到黎太祖即位，即
1414－1428 年）。

此後又不斷增補。1665 年也就是安南黎朝的景治三年，
范公著又在原來的基礎上加以修訂增補，增加了"本紀實錄"五
卷、"本紀續編"三卷，一共二十三卷，"本紀實錄"續寫了從黎
太祖（1428）之後到莫氏篡位（1532），"本紀續編"則從黎朝莊宗
（1532）一直到黎朝神宗（1662），這一段歷史兩百多年，幾乎相
當於從中國明朝建立到清朝建立，很多中越交往的歷史，都可以
在雙方的文獻，像《大越史記全書》和
《明實錄》之類記錄中互相比較參證，
比如，明朝永樂年間征服安南，把安
南整編進中國版圖，宣德年間又被迫
允許安南獨立的那一段歷史記載，
雙方就有相當不同的立場和角度。此
後，《大越史記全書》還有一些增補修
訂，這裏就不仔細講了。總之，如果
你要研究越南史，十七世紀之前，這
部書是最重要的歷史文獻。[12]

《大越史記全書》

12　參看陳荊和《解題》，《大越史記全書》，1－15 頁。

下面我們來看看《大越史記全書》的歷史記載，對重新理解中國和越南歷史有甚麼作用。

對越南方面來說，這就是一次"侵略"，也是一次"國恥"。我們來看《大越史記全書》中關於這一段歷史的幾段記載：

（一）根據《大越史記全書》的記載，1370 年（明洪武三年），陳朝的藝宗即位時，就強調"先朝立國，自有法度，不遵宋制，蓋以南北各帝其國，不相襲也。"[13]1428 年（明宣德三年），後黎朝的創建者黎利正式即位，建國號為順天元年，"以是年為大定之年"。撰寫此書的吳士連評論說："自天地既定，南北分治，北雖強大，而不能軋南，觀於黎、李、陳之時可見矣。是以三國之末，雖既衰微，然徒內亂而已"。他特別強調，只是因為胡氏"暴虐"，才導致明朝軍隊入侵，"北寇兇殘，南民困屈"，所以，等到黎氏起兵，"因義而征，以仁而討"，[14]就應當重新確立南北分治。而《大越史記全書》的《凡例》中，也始終強調南北平等對立的原則。比如在使用年號上，它就特別說明，陳朝末年胡黎（胡）季犛之後，安南前後有二十年被明朝佔據，但是，《大越史記全書》只用了四年明朝的年號，為甚麼呢？就是因為 1413 年（永樂十一年）之前，還是算陳朝的末尾，勉強可以用明朝年號。但是"戊戌（1418）以後，我朝太祖高皇帝已起義兵，故不以屬明書，正國統也。"[15]

---

13 《大越史記全書》"本紀"卷七，439 頁。

14 《大越史記全書》"本紀"卷十，550 頁。

15 《大越史記全書》卷首《纂修大越史記全書凡例》，68 頁。

安南與中國儘管有所謂朝貢，但始終分庭抗禮，強調安南國家的自主性，這是安南歷代無論是前黎朝、李朝（1010－1225）、陳朝（1225－1400）還是新建立的後黎朝（1428－1788 年），始終一貫的立場。

（二）關於這一次中越之間的戰爭。最初是永樂四年（1406）明朝軍隊南下，《大越史記全書》的記載中，雖然也同意這是因為胡氏篡奪陳朝政權所導致的報應，但是，仍然把北方入侵的明朝軍隊叫做"賊"或"寇"。根據它的記載，明朝先是由朱能作為征夷將軍率兵進入廣西，宣佈胡氏的罪狀，到了九月，明朝的張輔、陳旭率四十萬"犯坡壘關"，沐晟、李彬也率四十萬"犯富令關"。到永樂五年（1407）五月擊敗安南胡季犛軍隊，五月十二日在永寧衛捉獲胡氏，胡氏手下大臣被擒或投降。明朝把安南改編為明朝直屬的州縣，設布政司和都指揮司。但《大越史記全書》在這一過程中，也特別記載了吳免、喬表"赴水死"，並且濃墨重彩地記敘吳免的妻子阮氏，"仰天歎曰：'吾夫事主，一生受祿，今而死節，是得所也，又何怨乎'"，並同樣投水自盡。[16] 到了永樂十一年（1413）九月，記載安南軍隊與明朝張輔在蔡茄港作戰，吳士連就評論說："鄧容、阮帥以孤軍敗亡之餘，當悍將強敵之賊，容夜襲賊營，驚走其帥，燒盡舟船器械，非信有將才，能如是乎？然終於敗亡，天也。雖敗亦榮，何則？容等義不與賊俱生，期於必

---

16 《大越史記全書》"本紀"卷九，494 頁。

滅，故能盡心竭力，左右重光，以圖恢復，五年之間，與賊持戰，雖有不利，志不為衰，氣益以奮，力竭而後已，人臣為國之忠，百世以下猶可想也。"[17] 從《大越史記全書》的敘述中，可以知道安南史家的立場，一是強調明朝軍力太強，安南實力較弱；二是承認胡氏確實是僭越篡權，罪有應得[18]；三是北方來的還是侵略者，反抗侵略者仍是正義之戰。

（三）《大越史記全書》記載，永樂十八年（1420），後黎朝的創建人黎利開始"奮起義兵，削平明賊，十年而天下大定"[19]；到了洪熙元年（1425），黎利逐漸打敗明朝軍隊，"於是，順化、新平悉為我有，諸將推尊帝（黎利）為'代天行化'"[20]；到了宣德元年（1426），黎利派樞密大使范文巧等率兵三千，阻擋雲南援軍，派少尉黎備等率兵兩千，阻擋兩廣援兵，以司空黎禮等，進攻駐紮在安南的明朝軍隊。在此後的戰鬥中，安南陸續擊敗明軍，其中，在宰洞一帶獲得大勝，《大越史記全書》記載說，他們"獲賊間諜，問知賊情，欲於我軍後設炮"，於是將計就計，在宰洞、祝洞等地"斬尚書陳洽、內官李亮及士卒五萬人，溺死者甚眾，寧橋之水為之不流，生擒萬餘人，獲馬匹、軍資、器械、輜重簿書不可勝

---

17 《大越史記全書》"本紀"卷九，507頁。

18 《大越史記全書》"本紀"卷九吳士連的評論說，胡氏是"亂臣賊子"，所以誰都可以討伐他，"國人誅之不克，鄰國人誅之可也，鄰國人誅之不克，夷狄誅之可也，故明人得以誅之也"（497頁）。這裏的夷狄，指的是明朝。

19 《大越史記全書》"本紀"卷十，515頁。

20 《大越史記全書》"本紀"卷十，526頁。

計。方政從古所渡遁歸，王通、馬騏等僅以身免。"[21]到宣德二年（1427），雙方終於談妥罷兵，明朝無可奈何地冊封黎利控制下的陳暠為國王，《大越史記全書》記載説，"還我安南地方，朝貢復依洪武舊制"[22]，至此，安南再一次恢復獨立。這一年，《大越史記全書》引用安南國王的詔書説，安南和中華，"山川之封域既殊，南北之風俗亦異，自趙、丁、李、陳之肇造，我國與漢、唐、宋、元，而各帝一方，雖強弱時有不同，而豪傑世未嘗乏。"在敍述了一大串歷史上的事情之後，又數落胡氏的罪過，"稔惡殆二十年，敗義傷仁，乾坤幾乎欲息"，這才招致明朝軍隊的南侵。最後，他宣佈自己是"以救民之志"，所以能"以弱制強"，終於"開萬世太平之基""雪千古無窮之恥"。[23]

　　如果我們在閱讀《大越史記全書》的時候，再看看中國方面的記載，比如《明實錄》《明史》等，是否可以兩方對照，看到中、越各自不同的歷史敍述立場？[24]

21　《大越史記全書》"本紀"卷十，529頁。

22　《大越史記全書》"本紀"卷十，549頁。

23　《大越史記全書》"本紀"卷十，547–548頁。

24　李焯然《歷史與記憶：中越史家對明永樂四年出兵安南事件的歷史書寫》對這方面有很全面的論述，並且特別指出，安南方面的記載，可以和明朝著名儒家官員邱濬描寫奉命征討安南之張輔的《平定交南錄》（有《記錄彙編》卷四十七所收萬曆刻本）進行對比。參看李焯然《中心與邊緣：東亞文明的互動與傳播》（桂林：廣西師範大學出版社，2015），26–36頁。

三、其他史料：碑銘以及北使或燕行文獻

除了這些熟悉的史書之外，越南還有兩部分史料，也值得特別注意。第一部分是碑誌銘文。越南以前曾經是法國殖民地，法國很多學者都對越南歷史和文化相當好奇，法國遠東學院過去也曾經在河內設立了據點，專門收集越南資料。像前面我們提到的法國中國學家伯希和、馬伯樂都在越南待過。二十世紀二十到三十年代也就是第一次世界大戰和第二次世界大戰之間，法國遠東學院曾經在越南大規模收集金石資料，這些金石資料大都是漢文書寫的，據說共得 10360 件，拓了 25000 份。到了越南獨立後，1958－1980 年，在越南官方支持下，又摹拓了四千張左右拓片。

1997 年，越南的漢喃研究院與台灣中正大學、法國遠東學院合作，出版《越南漢喃銘文彙編》，這些資料上起唐代，下到清代，相當有價值。[25] 我手頭只有第一集，即"北屬時期至李朝"的碑銘彙編，收錄碑銘的時代，大體相當於安南還在中國控制之下的時代，也就是唐朝起，到逐漸脫離中國控制的第一個王朝李朝結束（1225）。第二部分是安南使臣出使元、明、清的文獻，或者安南文人在中國留下的有關中國的記錄，它可以稱為"北使錄"，由於它有點兒像朝鮮的"燕行錄"，我們也把它們稱為"越南漢文

25　參看耿慧玲《越南史論》(台北：新文豐出版公司，2004)《導論》，3-4 頁。

燕行文獻"。我在復旦大學文史研究院
的時候，曾經和越南漢喃研究院合作，
出版了一套二十五冊的《越南漢文燕行
文獻集成》，收錄了八十七種越南人出使
中國的文獻，有詩文集，有日記，時間
從中國的元代到清代，這是世界上第一
次大規模地編纂越南燕行文獻，大家可
以參考。

《越南漢喃銘文彙編》

這些越南燕行文獻很有價值，比如武輝晉的《華程後集》、潘
輝注的《輶軒叢筆》都是很有名的文獻。要是你問這些越南漢文
燕行文獻有甚麼特點，我想簡單地說兩點：

第一點，它和朝鮮燕行錄不一樣的地方是，越南使團出使
中國，是從南到北，走的是現在的京廣線，也就是從廣西進來，
經過湖南、湖北、河南、河北到北京，
和朝鮮使者走遼東、山海關、河北這條
線不同，因此在安南使臣的眼睛裏看到
的，以及文字裏所記錄的"中國"，是另
一個區域的"中國"，這一點就有它的
意義。

第二點，它和朝鮮燕行錄一樣的地
方是，雖然安南最早曾經就是秦漢中國
的一部分，但是逐漸獨立之後，儘管在
文化上深受中國影響，但是始終有着相

《燕軺日程》中所繪
《洞庭湖與岳陽樓》

當強烈的自我中心傾向，因此在這些文獻中，我們經常可以看到這類記錄。

我們舉一兩個例子，比如黎僴（1750－1805 年）的《北行叢記》。乾隆五十一年（1786），安南的黎朝被西山阮氏推翻，黎僴作為遺民逃往廣西，希望向清朝"乞師"就是借兵去恢復黎朝，但是後來失敗了，清朝也逐漸轉向接受阮氏政權，並且冊封阮光平為安南國王。黎僴以文天祥自居，他雖然向清朝乞師，但心裏卻並不認同清朝的政治統治，只是認同中華文化；同時，他更不認同新建立的阮氏政權，因為阮氏向清朝請求冊封，甚至願意放棄傳統衣冠而接受清朝的衣冠[26]，所以他的心情就處於夾縫中左右為

《越南漢文燕行文獻集成》　　黎峻出使清廷後向
　　　　　　　　　　　　　　國王進呈的記載

26　關於安南阮氏與清朝的關係，參看葛兆光《朝貢、禮儀與衣冠 —— 從乾隆五十五年安南國王熱河祝壽及請改易服色說起》，載《想象異域：讀李朝朝鮮漢文燕行文獻札記》（北京：中華書局，2014），225－249 頁。

難。大家看他的《北行叢記》，就可以看到很多這種安南文人的心中觀念和感情。又比如李文馥（1785－1849年）的《閩行雜詠》，他在安南駐福州機構任職，當時清朝把四裔都視為"夷"，所以，把安南駐福州的機構就叫做"粵南夷使公館"，但是李文馥看到後，就非常不滿，表示"我非夷，不入此夷館"，特意撰寫了一篇《夷辯》的文章，聲稱越南本身是"神農之後"，和朝鮮、日本、琉球、中國一樣，都是"天地間同文之國"。這篇文章很有意思，大家不妨讀一讀，很能反映中國周邊各國自我獨立意識的崛起，也反映了當四裔對所謂"天朝"的態度，不能落實在"朝貢國"在政治上對"宗主國"的承認時，只能變成所謂"文化認同"，並且這種"認同"會逐漸空洞化和抽象化。

討論：從各種漢文文獻中看東亞的歷史

以上，我們用"書目"方式，很簡略地介紹了日本、朝鮮、琉球、越南的一些有關東亞史和中國史的漢文文獻。不過，這種"書目"還只是古人說的"略嘗一臠"，要做真正的學術研究，還遠遠不夠，這一點需要大家格外注意。不光是日本、朝鮮、越南還有大量需要發掘的文獻，我們過去沒有充分使用和研究，就是在傳統的中國文獻裏面，其實還有很多很多資料，做研究的人萬萬不可放過。

我想舉一個例子。比如研究明代亞洲和東亞歷史的人，我特別建議他們學一學胡適提倡的方法。當年，胡適曾經對有心研究明史的吳晗説[27]，讀歷史文獻是要有次序先後的。你應當先細細點讀《明史》，同時讀《明史紀事本末》一遍或兩遍，而《明實錄》可以在讀《明史》的時候用來對勘，把人物的姓名、字號、籍貫等記下來，這是第一步。第二步呢？他説，將來再讀詩文集、雜記等，還是這樣的方法。然後把自己的心得用札記或專題小論文（monographs）的方法寫下來。

我現在把胡適的建議再引申一下，如果是有心研究明代有關東亞／亞洲歷史的同學，接下去的第三步，還要讀一讀明代人有關中國周邊外部世界的各種著作，比如：

陳誠《使西域記》（即《西域番國志》《西域行程記》，永樂十三年，1415）

鞏珍《西洋番國志》（宣德九年，1434）

費信《星槎勝覽》（正統元年，1436）

馬歡《瀛涯勝覽》（景泰二年，1451）

黃衷《海語》（嘉靖初年）

嚴從簡《殊域周咨錄》（萬曆二年，1574）

游樸《諸夷考》（萬曆二十年，1593）

楊一葵《裔乘》（萬曆四十三年，1615）

張燮《東西洋考》（萬曆四十五年，1617）

27　胡適《致吳晗》，載蘇雙碧編《吳晗自傳書信文集》（北京：中國人事出版社，1993），75–76頁。

茅瑞徵《皇明象胥錄》(崇禎二年，1629)

這樣，就會對明代周邊世界，以及明代對周邊世界的認識，有個整體感覺；然後，真正深入研究的時候，第四步就是閱讀這些來自日本、朝鮮、越南的漢文文獻，這些文獻數量也夠大，要充分閱讀和消化，大概也得很長時間，花很大功夫。

最後，我想簡單歸納一下這些域外漢文文獻的意義，我覺得，大體上可以歸納為三點：

看到東亞各國觀察歷史的不同立場、角度和觀念。

恢復歷史的細節，從"他者"/"異域"的眼睛裏，看到"我者"/"本土"所不注意的地方。

發現本國文獻中，被"減去"或被"忽略"的歷史。

希望大家對這些文獻多多關注，把中國史研究的視野稍稍擴大，最好可以形成以亞洲/東亞為背景的中國史研究，這就是我這一門課程的全部目的。

課程總結

到今天，這門課就結束了。在結束的時候，按照老規矩，我想歸納或者總結一下，其實，是再講一講我對"亞洲史研究"的一些想法。

從一開始起，我就沒打算全面講亞洲史，只是計劃把這門課當成啟發思路。簡單說，我的目的是讓你們在選擇課題的時候，認真考慮一下，是否可以超出"中國"的國境去思考？或者你在研究"中國史"的時候，能不能自覺地把中國放入亞洲背景裏？我希望大家理解，為甚麼梁啟超當年會講，秦漢以後一直到清代乾隆年間，中國是"亞洲之中國"。

現在很多人讀博，不過讀博不是來混個學位，拿了拼湊的論文糊弄老師，搏十幾萬字通過制度審查，而是要學會怎樣發現某些歷史的意義，要學會自己尋找課題、確立主題、發現問題，能給歷史學界提供一些新的見解。我當然要聲明，我不是研究亞洲史的，無論是歷史、文獻還是語言，我都不夠資格講"亞洲"這麼大的話題，所以，課講的是很勉強的。這學期大家聽下來，也就知道了，我的重點，還是近世的東部亞洲。這一方面是因為我覺得，從中古西域到近世東海，這邊兒的一個區域在歷史上越來越重要；另一方面是因為我也勉強能有資格來講這一塊兒，中古或西邊那塊兒，我真的講不了。但是，也請大家理解，我勉為其難來講這門課，只是希望大家有一個意識，也就是懂得傳統中國的很多歷史，可能不是和周邊亞洲有聯繫，就是可以和周邊互相比較，梁啟超所謂"亞洲之中國"的說法，就是需要我們放大歷史視野。

我們第一單元的三講，主要講一個超越國家之間的歷史事件，怎樣能有多重理解，講亞洲或者東部亞洲史研究是否可能，我們要學會從多個角度來理解歷史，而且要從聯繫中觀察歷史，這種聯繫包括物質流動、戰爭移民、商品貿易、文化接觸、宗教傳播等。最重要的是，我還想通過"物""人""書""事"，舉一些例子，讓大家了解研究亞洲或東部亞洲史的一般途徑。當然，研究區域史的途徑很多，像最近有人通過"人參""毛皮""馬""香料"等交易，串聯起一個區域互相聯繫的歷史，有人通過"環海"（像布羅代爾）、"高地"（像斯科特《逃避統治的藝術》）超越傳統王朝範圍，重建一個歷史世界，這些也都是很好的途徑。

"亞洲史"並不是中國傳統史學就有的領域，是從歐洲東方學和日本東洋學開始的，這一點我們要承認，承認這一點並不是自我菲薄，而是要看到學術史的變化，了解自己的不足。第二單元，我主要給大家介紹的是日本東洋學的興起，為甚麼一下子就發展出和傳統日本史學不同的，有關滿、蒙、回、藏、鮮的學問？他們把整個亞洲都作為東洋，進行歷史研究，是怎樣受到歐洲東方學的刺激？歐洲東方學是怎樣影響他們的？同時，我也想檢討一下中國的亞洲史研究，看看中國在這個領域為甚麼落了後手？大家都知道，二十世紀中國學界講歐洲的東方學問，有所謂"西域南海之學"的名稱，中古是西域，近世是南海，所以，我還要用"南海研究"這個個案，和大家再討論一下歐洲、日本和中國的學術史。其實，我希望大家思考的幾個問題是：

第一，西域南海之學，為甚麼在十八、十九世紀的歐洲，十九、二十世紀的日本成為顯學？

第二，雖然有沈曾植、王國維、陳寅恪等傑出學者的"預流"，但它為甚麼沒有在二十世紀中國學界成為潮流？

第三，有關亞洲或周邊的學問，它的"顯"和"隱"，或者說"興"和"衰"，與社會背景和政治關懷有甚麼關係？

接下來的第三單元裏面，我們具體討論十五世紀也就是"蒙古時代"之後。由於蒙古大帝國的崩潰，世界又變成"東是東，西是西"，這個時候從中國看出去，"西域"沒那麼重要了，"東部亞洲海域"成了歷史重心，政治上的朝貢圈、經濟上的貿易圈、文化上的知識圈，使得十五世紀之後，環東海南海這個地區成了一個完足的歷史世界。可是，也正是在這個時候，歐洲人漸漸來了，環東海南海的歷史糾纏交錯，發生了深刻的變化，我們怎樣理解這四個世紀"東部亞洲海域"的歷史？我不太用"海洋史"這個詞，因為歷史並不僅僅在海上，更多是在環海的陸地及島嶼上。這兩講裏，我還想表達的一個意思是，現在流行的所謂"中央歐亞／東部歐亞"，或者傳統的所謂"東亞"，這兩個概念都有需要修正和補充的地方。這一單元的兩講，就是在討論這個問題，畢竟這幾個世紀的歷史，和今天的中國與周邊，關係最大，不能不仔細討論。

我是學古典文獻出身的，任何歷史研究，都離不開文獻。毫無疑問，研究東部亞洲歷史，傳統中國的文獻是最大宗的，但僅僅是中國文獻並不夠，胡適早就提醒我們這一點，我們研究環東海南海海域，同樣離不開豐富而複雜的域外漢文文獻。它不僅僅是豐富我們對東部亞洲歷史的知識，而且提供從另外的角度和立場觀看東部亞洲歷史的可能。所以，在第四單元裏，我就給大家介紹若干有關中國的域外漢文文獻，這當然只是"點鬼簿"式的目錄之學，但是大家不妨順藤摸瓜，按圖索驥。同時也希望大家懂得，在使用這些域外漢文文獻的時候，第一要注意和中國文獻互相參照對證，第二在重視這些漢文文獻的同時，希望更多注意其他語言文字的資料，像琉球的《おもろさうし》、印尼的《爪哇史頌》、馬來亞的《馬來紀年》、柬埔寨的《王統史》等等，我們這一代語言能力不行，希望年輕一代學者在這一點上，能補足我們的缺陷。

所以我希望，今後有人能把西亞、北亞和南亞的歷史，和我們所說的這部分亞洲歷史，它們之間的相互聯繫，結合起來研究，呈現一個更加宏大的歷史背景，更好地從"周邊"看"中國"。

謝謝大家。